昭通扶贫

昭通市脱贫攻坚大决战实录

绥江卷

政协昭通市委员会 组编

中国文史出版社
CHINA CULTURAL AND HISTORICAL PRESS

图书在版编目（CIP）数据

昭通市脱贫攻坚大决战实录．绥江卷 / 政协昭通市委员会组编．-- 北京：中国文史出版社，2021.12

ISBN 978-7-5205-3176-4

Ⅰ．①昭… Ⅱ．①政… Ⅲ．①扶贫－工作概况－绥江县 Ⅳ．① F127.743

中国版本图书馆 CIP 数据核字 (2021) 第 187178 号

责任编辑：窦忠如　秦千里　方云虎
特约编辑：窦广利　张幼平　邓文华

出版发行：中国文史出版社
社　　址：北京市海淀区西八里庄路 69 号院　邮编：100142
电　　话：010－81136606　81136602　81136603（发行部）
传　　真：010－81136655
印　　装：廊坊市海涛印刷有限公司
经　　销：全国新华书店
开　　本：787 毫米 ×1092 毫米　1/16
印　　张：26.75
字　　数：370 千字
版　　次：2021 年 12 月北京第 1 版
印　　次：2021 年 12 月第 1 次印刷
定　　价：1980.00 元（全 19 册）

《昭通市脱贫攻坚大决战实录》丛书

编 委 会

《昭通市脱贫攻坚大决战实录·绥江卷》
编撰委员会

总序

成联远

贫困是人类社会的顽疾，消除贫困是人类梦寐以求的理想，人类发展史就是与贫困不懈斗争的历史。

中国共产党从成立之日起，始终高度重视解决贫困问题，持续向贫困宣战。党的十八大以来，以习近平同志为核心的党中央，把脱贫攻坚摆在治国理政的突出位置，团结带领全党全国各族人民打响了人类历史上规模最大、力度最强、惠及人口最多的脱贫攻坚战。经过8年持续奋斗，如期完成了新时代脱贫攻坚目标任务，现行标准下近1亿农村贫困人口全部脱贫，贫困县全部摘帽，消除了绝对贫困和区域性整体贫困，脱贫地区处处呈现山乡巨变、山河锦绣的时代画卷！这是中国共产党团结带领全国各族人民艰苦奋斗所创造的又一个彪炳史册的人间奇迹，生动展示了中华民族摆脱贫困、走向复兴的强大力量。

昭通地处云、贵、川三省接合部的乌蒙山区腹地，是集革命老区、地震灾区、散居民族地区、生态敏感脆弱地区为一体的深度贫困地区，是全国贫困人口最多、贫困程度最深、脱贫任务最重、攻坚压力最大的地级市。全市11个县（市、区）中有国家级贫困县10个，1379个村（社区）中有贫困村1235个，629万人口中有贫困人口185.07万人，正可谓全国脱贫看云南、云南脱贫看昭通。

历史的洪流浩浩荡荡，精彩的答卷壮阔恢宏。近年来，特别是习近平总书记于2015年视察昭通以来，市委、市政府始终铭记习近平总书记的殷殷嘱托，感恩党中央的亲切关怀，始终把脱贫攻坚作为最大的政治任务，全面落实精准扶贫、精准脱贫方略，团结带领全市各族干部群众，攻坚克难、感恩奋进，发扬钉钉子精神，敢于啃硬骨头，奋力夺取了脱贫攻坚大决战全面胜利。全市现行标准下185.07万农村贫困人口、1235个贫困村、10个贫困县全部退出贫困序列，贫困群众人均收入由2015年的2703元增加到9899元，昭通千百年来的绝对贫困问题历史性地画上句号，全面建成小康社会取得历史性成就。昭通的奋力崛起、华丽转身，是云南乃至全国扶贫开发事业的一个缩影。

荆棘载途，玉汝于成。一切向前走，都不能忘记走过的路。在脱贫攻坚工作中，数万名扶贫干部倾力奉献、苦干实干，将最美的年华无私奉献给了脱贫事业，涌现出许多感人肺腑、可歌可泣的先进事迹。“感动南网”的彝良县牛街镇水田村第一书记吴长碧，用柔弱肩膀扛起扶贫重任；把病情报告单“藏”起来去扶贫的女干部金碧琼，一直坚守在扶贫第一线；特别是即将结婚却没有等到婚礼那一刻的“90后”扶贫干部王秋婷、积劳成疾牺牲在扶贫一线的驻村工作队队长李永春等25名扶贫干部，更是用生命诠释了共产党人的初心使命；还有216对“父子兵”、1284对“夫妻档”，572名干部“轻伤不下火线”，他们用身影、心血和汗水，交出了让党和人民满意的答卷。为全面记录新时代昭通艰苦卓绝、波澜壮阔的脱贫攻坚历史进程，客观反映乌蒙大地发生的翻天覆地历史性巨变，真实记录各级干部群众在脱贫攻坚中的感人故事，经市委同意，我们组织相关县市区、部门、专家对2015年至2020年我市开展脱贫攻坚的重大事件、典型故事进行搜集整理，编写《昭通市脱贫攻坚大决战实录》，旨在通过回望昭通脱贫攻坚的壮阔历程，探索总结蕴含其中的宝贵经验和深刻启示，赓续传承伟大的脱贫攻坚精神，从历史回望中照见未来，以更坚定的信心、更昂扬的斗志，继续走好新时代的长征路，奋力谱写昭通高质量跨越发展新篇章。

以昭通脱贫攻坚的壮阔历程资鉴后世。回望昭通脱贫攻坚的壮阔历程，市委、市政府团结带领全市各族人民披荆斩棘、栉风沐雨，攻克了一个又一个贫中之贫、坚中之坚，脱贫攻坚取得了重大历史性成就。昭通脱贫攻坚任务之艰前所未有，全市基础条件薄弱、致贫原因复杂、发展滞后明显，贫困面积大、贫困人口多、贫困程度深，贫困发生率高达 34.8%，“大山大水大峡谷、天寒地冻不出种、人多地少矛盾多”是昭通最大的市情。昭通脱贫攻坚规模之大前所未有，全市 11 个县市区中有国家级贫困县 10 个，其中深度贫困县 7 个；1235 个贫困村中，有深度贫困村 691 个；农村贫困人口高达 185.07 万人，占全省贫困人口的 1/5 以上，平均每天脱贫人数达到 1000 人以上。昭通脱贫攻坚成效之巨前所未有，全市累计投资 1658 亿元，规划的 12 条高速公路全部落地建设，打通了 11 个“出滇入川进黔”大通道，通车里程达 750 公里；累计新建或改造农村住房 55.89 万户；215.4 万人饮水安全得到巩固提升，自来水普及率达 94%；累计硬化农村公路 1.86 万公里，建成公路安全生命防护工程 1.05 万公里；因地制宜规划建设集中安置区 23 个，35.47 万名搬迁群众全部搬入新居；全市生产总值 5 年连跨 5 个百亿级台阶，年均增长 8%，达 1289 亿元。脱贫地区经济社会发展大踏步赶上来，整体面貌发生历史性巨变，极大增强了人民群众的获得感、幸福感、安全感。我们通过收集广大奋战在一线同志的真实故事，以“当事人”的亲身经历，将昭通脱贫攻坚艰苦卓绝、成效卓著的壮阔历程系统完整地记载下来，形成档案性的历史资料，以资后人，以鉴后世。

探索总结昭通打赢脱贫攻坚大决战的深层逻辑。习近平总书记强调：“办好中国的事情，关键在党。”有了党的坚强领导，脱贫攻坚就有了坐镇中军帐的“帅”，亿万人民就有了众志成城的“主心骨”。面对夺取脱贫攻坚大决战全面胜利的历史重任，市委、市政府始终坚持把党的领导贯穿各项工作全过程，坚持以脱贫攻坚统领经济社会发展全局、以党的建设统领推动各项工作落实“双统领”，强化铁的纪律和硬的作风“双保障”，努力实现党的建设和脱贫攻坚“双推进”。始终坚持以人民为中心的发展思想，提出“坚持以人民为中心、以群众工作为主线，抓住精准、统筹、务实三个关键，实现思想、工作和情感三个认同”的“133”工作思路，让人民群众真正成为脱贫攻坚这棵参天大树的主干。始终坚持精准扶贫、精准脱贫方略，围绕“扶持谁”“怎么扶”“怎么退”“退出后怎么办”四个重点，着力扣好精准识别、精准施策、精准退出、巩固提升“四粒扣子”，构建了一整套行之有效的政策体系、工作体系、制度体系，用发展的办法消除贫困根源。始终深入贯彻落实“五级书记抓扶贫”“党政同责促攻坚”的要求，坚持“一把手”负总责，切实强化市县抓落实机制，着力构建各级领导干部责任上肩、挂甲上任的组织体系。始终坚持集中精锐力量投向脱贫攻坚主战场，累计选派4592名驻村工作队队员、823名驻村督导员、6.37万名各级帮扶干部充实到扶贫一线，鲜红的党旗始终在脱贫攻坚主战场上高高飘扬。这些宝贵经验、深刻启示，我们通过编撰实录的形式如实记录，推动脱贫攻坚的认识和实践实现一个新的飞跃，为以后的改革发展提供重要的历史借鉴和方法指导。

赓续传承新时代脱贫攻坚昭通精神。伟大事业孕育伟大精神，伟大精神引领伟大事业。脱贫攻坚伟大斗争，锻造形成了“上下同心、尽锐出战、精准务实、开拓创新、攻坚克难、不负人民”的脱贫攻坚精神，这是中国精神、中国价值、中国力量的充分彰显。回望昭通脱贫攻坚大决战的壮阔历程，市委、市政府团结带领全市各族人民风雨同舟、携手与共、砥砺奋斗，努力闯出了一条以脱贫攻坚统领经济社会发展全局，倒逼产业形态、基础设施、城乡建设、生态文明等各个领域创新突破的“昭通路径”，奋力跑出了争先进位、赶超跨越的“昭通速度”，锻造锤炼了为民务实、实干求真的“昭通作风”，树立展示了“文明友善、开放包容”的“昭通形象”，淬炼形成了敢打善拼、坚韧求成、再硬的骨头也要嚼碎的脱贫攻坚“昭通精神”，这是一笔昭通当代脱贫攻坚人留给后世的宝贵精神财富。我们着力做好时代的忠实记录者，发挥文史资料“存史、资政、团结、育人”功能，赓续传承、大力弘扬新时代脱贫攻坚昭通精神，激励全市600多万名各族儿女在新征程上再鼓干劲、再聚合力、再立新功。

引领我们不断从胜利走向新的更大胜利。春江浩荡暂徘徊，又踏层峰望眼开。脱贫摘帽不是终点，而是新生活、新奋斗的起点。我们如期完成新时代脱贫攻坚目标任务，为实现两个百年奋斗目标以坚定信心、强劲动力，必将激励我们不断从胜利走向新的更大胜利。站在新的历史交汇点上，推动滇东北开发提速和崛起的奋斗史诗正在书写，我们必须从决战决胜脱贫攻坚的实践中汲取智慧和力量，进一步增强“四个意识”、坚定“四个自信”、做到“两个维护”，不断提升政治判断力、政治领悟力、政治执行力，在以习近平同志为核心的党中央的坚强领导下，永远保持慎终如始、戒骄戒躁的清醒头脑，永远保持不畏艰险、锐意进取的奋斗韧劲，永远保持永不懈怠、一往无前的精神状态，真抓实干、埋头苦干，脚踏实地、久久为功，在推动昭通高质量跨越发展的新征程上奋勇前进！

（作者时任中共昭通市政协党组书记、政协昭通市委员会主席）

目录

第一编 本卷综述

第二编　产业和就业扶贫

第三编　基础设施建设

第四编　易地搬迁扶贫

第五编　教育文化健康及社会保障扶贫

第六编　挂钩帮扶及社会扶贫

第一编　本卷综述

概　述

绥江地处昭通市最北端，山多坝少、坡陡谷深，交通落后、基础薄弱，是云南省第一移民大县，也是国家级贫困县。全县面积 761 平方公里，辖 5 个镇 43 个村（社区），总人口 17 万人；共有贫困村 33 个，建档立卡贫困户 11365 户 46926 人，贫困发生率高达 41.3%。

2015 年 1 月 19 日，习近平总书记在昭通视察时指出：“要以更加明确的目标、更加有力的举措、更加有效的行动抓好脱贫攻坚，确保扶到点上、根上，让贫困群众真正得到实惠。”自此，绥江大地上展开了一场党旗引领、党员示范、干部带头、全民参与的脱贫攻坚大决战，全县上下以前所未有的重视程度、投入力度，以不获全胜绝不收兵的昂扬斗志，以不舍寸功、善作善成的顽强韧劲，落实市委“133”工作思路，坚持走实群众路线，全面吹响向贫困宣战、向小康进发的号角，县四套班子主要领导和县委副书记分别派任 5 个镇党委“第一书记”，5 名县委常委分别担任 5 个镇脱贫攻坚指挥长，组建了 34 支驻村工作队，累计下派驻村工作队队员 1019 名，2779 名挂钩干部担任贫困户“第一户主”。2017 年，全县坚持全党动员、全民行动，户户上门、人人见面，选举群众代表参与，确保了建档立卡贫困人口对象精准。在此基础上，制定出台“1175”系列扶贫政策，实施“八大扶贫工程”，于 2018 年在全市率先脱贫摘帽。实现脱贫摘帽后，绥江县严格落实“四个不摘”要求，紧扣“七有”目标，推进巩固脱贫成果与乡村振兴有效衔接。

潮头登高再击桨，无边胜景在前头。绥江干部群众用智慧和热血，向党和人民交上了一份脱贫攻坚的满意答卷！面向未来，绥江县将着力把绥江打造成为云南融入长江经济带、成渝地区双城经济圈的前沿阵地、“绿水青山就是金山银山”理念的实践示范基地、乡村振兴示范样板、水电移民安置后期扶持示范库区、中国西部健康生活目的地，用汗水和忠诚续写新的篇章，再创新的辉煌。

（编委办）

立下愚公移山志　重任在肩勇担当

杨　淞

消除贫困，实现共同富裕，这是中国共产党人的使命担当。绥江县位于乌蒙山集中连片特困地区，是云南省第一移民大县，也是国家级贫困县。面对繁重的脱贫攻坚任务，我们把脱贫攻坚作为首要政治任务和第一民生工程，认真贯彻落实习近平总书记扶贫开发战略思想和精准扶贫、精准脱贫基本方略，采取群众代表谋脱贫、“第一户主”领发展、“五查五看”保精准、“三上三下”保认同、“五访两诺”补短板、“四同四到”转作风、“四项机制”抓落实、“八大措施”促脱贫等系列措施，充分发扬众志成城、勇于担当、敢为人先、无私奉献的“绥江精神”，历经了爬坡过坎的跌宕、滚石上山的艰难，一步步走近目标、走向胜利，2018 年在昭通率先脱贫摘帽，2020 年顺利通过脱贫攻坚普查验收，贫困发生率降至 0，贫困村全部出列，交出了一份刻骨铭心、力透纸背的历史答卷。

压实责任　真抓实干“一面旗”

打赢脱贫攻坚战，看干部更要看领导干部。我们坚持把脱贫攻坚作为最大的政治任务，将任务抵到每一个村、责任压实到每一个人、时间倒排到每一天。“一线作战”靠前指挥。县四家班子领导和县委副书记派驻五个乡镇担任第一书记，五名县委常委担任指挥长，34 名处级领导到村担任总片区长，乡镇落实了县四家班子主要领导和县常委担任第一书记、指挥长，村级落实了处级领导担任总片区长，干部挂户担任“第一户主”，做感激党恩引路人、脱贫致富带头人、文明新风倡导人和家庭成员贴心人“四种人”。“三长负责”网格管理。村级实行总片区长、片区长、小组长分级负责制，总片区长由挂村县级领导担任，片区长由挂包单位主要领导、驻村工作队队长、挂村乡镇领导和村书记、主任担任，小组长由挂包单位科级干部担任，确保指令直到村组、信息直通县级。“四项机制”转变作风。建立了“5682”走访入住（县处级领导每月走访农户不少于 5 天、科级领导不少于 6 天、一般干部不少于 8 天，每月到挂钩村、组入住农户不少于 2 晚）、每月 27 号固定式交叉检查、28 号圆桌研讨和绩效考核“四项机制”，全面转变作风，促进干部身沉一线抓落实。“五级包保”细化责任。细化“五级书记抓扶贫”要求，实行县、镇、村、片区、小组五级干部包保卡户、联系非卡户，市级以上单位挂钩的县上落实了协挂，确保传达迅速、贯彻到位。强化调度传导压力。建立了日报告、周调度制度，县级领导、乡镇和部门主要领导每天向县委报告工作日程，每周县调度镇、镇调度村，层层传导压力、有效推动落实。

公开透明　精准对象“一扇窗”

在脱贫攻坚工作中，我们始终走实群众路线，充分还权于民、公开透明，让群众的事由群众说了算。一是选出代表齐参与。采取不提名候选人、无记名投票、投玉米籽等“海选”方式，在每个小组推选了 3—5 名群众代表，2437 名代表全程参与摸底调查和讨论评议，当好联络员、信息员、宣传员、监督员，既了解情况，又监督干部。二是“三上三下”保认同。采取一下摸清群众想法、二下组织群众讨论、三下投票表决，一上群众代表评、二上党员议、三上组委会定“三上三下”工作法，组织3.12万户群众投票确定了贫困对象，确保群众认同。三是“五查五看”保精准。在群众投票产生对象后，采取“五查五看”方式，群众、干部分别向村委会、单位作出承诺，反复筛查“两错两漏”对象，切实扣好精准识别“第一粒扣子”。

统筹谋划 政策措施“一盘棋”

按照“五个一批、六个精准”的总体要求，我们扎实开展“村村清、户户清”行动，建立县级项目库、镇级路线图、村级施工图，科学制定“1175”扶贫政策，投入扶贫资金55亿元，实施“八大扶贫工程”，加速脱贫攻坚进程。一是实施基础扶贫工程。坚持以重大项目建设为抓手，改善农村发展条件，硬化乡村公路700余公里、硬化里程达2014年总和的5倍，硬化户间道1200公里，建成9个易迁点，安置2666户10176人，实施农村危房改造1.3万户，饮水、电力、通信等全面达标，广大山区旧貌换新颜。二是实施产业扶贫工程。我通过充分调研论证，立足县情实际，确定了以李园、茶园、菜园、养猪场、养牛场、养鱼场、养鸡场和云绣娘“三园四场一绣娘”为重点的农业产业发展架构，通过“党支部+公司+合作社+集体经济+贫困户”模式，建成10万亩李园、40万亩竹基地、8万头生猪养殖场、年产6万头仔猪场1个，实现了村村有主导产业、户户有增收项目。特别是2018年，在全市率先实施生猪规模代养，既带动了群众增收脱贫，又确保了非洲猪瘟疫情期间稳价保供。三是实施技能扶贫工程。绥江县是典型的劳务输出县，劳务收入依然是群众主要收入来源。为强化劳务输出，我们专门组建了技能扶贫办和中山、杭州、昆明劳务输出工作服务站“一办三站”，明确了一名副县长专门抓，采取公益岗位招纳一批、县内工程项目吸纳一批、组织化输出转移一批等方式，实现了户户有人就业、户户充分就业。与云南建工技工学校合作办学，开展国家认可持证培训，推动普工变技工。五年来，共开展技能培训 24089 人，其中持国家认可职业资格证 2349 人。面对新冠肺炎疫情的不利影响，从 2 月下旬，全县干部职工“户户上门、人人见面”宣传动员外出务工，组织 4 趟扶贫专列、30 辆扶贫大巴“点对点”“一站式”输出，确保劳动力“出家门进车门、出车门进厂门”。四是实施教育扶贫工程。我始终把教育作为阻断代际贫困传递的治本之策，推动与云天化中学合作办学，完成薄弱学校改造 26 所，“一村一幼”全面试点，实施“乡镇领导 + 挂钩干部 + 村干部 + 民警 + 教师 + 家长”的“六对一”控辍保学捆绑机制，干部结对当“爱心爸妈”，教师担任第一家长，建立“奖、贷、助、补、减、免”的教育资助政策，义务教育阶段实现零辍学，被评为“云南省教育工作先进县”。五是实施健康扶贫工程。围绕解决群众看病难、看病贵、看病愁的问题，新建卫生室 35 个，我们完成了县镇村医疗机构达标建设，建档立卡贫困户 100% 参加医疗保险，在落实家庭签约服务的基础上，实行以病定医和医务人员结对服务，制定了《贫困户医疗就诊管理办法》，规范诊疗行为，创新实施“中医入户”，真正实现群众就近寻医、就地取药、小病自治的目的，其“12231”的主要做法入选中央党校刊物。六是实施旅游扶贫工程。坚持把旅游发展作为县域经济的主攻方向、脱贫致富的重要路径，打造“七彩乡村”峰顶山、“碧水桃源”天宝山、“云上人家”夫人坝、“梦里水乡”大团岩、“森林秘境”罗汉坪等乡村旅游点，培育百户旅游示范户，开发金江刺绣、竹编工艺等旅游商品，举办万亩李花、长江东转乡村旅游文化节，拓宽增收渠道。七是实施便民扶贫工程。深化“放管服”改革，组建了县务镇办、镇务村办、村务组办工作队，每月定人、定时、定点分别下移一级开展“三务三办”，打通了联系服务群众“最后一公里”，切实减轻了群众负担，这一做法在全市推广、省委办公厅专刊印发。八是实施金融扶贫工程。开发了半边红李子贷、惠农易贷、产业贴息贷等贷款品种，争取浦发行、农开行、国开行等贷款 15.37 亿元，均投入到脱贫攻坚。

精准施策 问题销号“一本账”

2018 年，县委派出 3 个考察组分别前往鹤庆县、姚安县、祥云县、洱源县、沐川县等 12 个县考察学习脱贫攻坚经验做法，结合“村村清、户户清”要求，在工作中我们始终聚焦住房、收入、学生、医疗、水电等关键性问题，着力盘清家底、补齐短板、推动清零。盘清了危旧房家底。通过找房找人和找户找房找人找去向“两轮彻查”，实行了挂村的乡镇领导、驻村工作队队长、挂包单位主要领导对危旧房“三个户户到”，镇、村、部门建立“三张清单”，彻底盘清了危旧房家底，采取改、建、搬、拆“四措并举”，牢牢守住“危旧房不住人”的底线。盘清了收入家底。制定了一本脱贫台账，每月一动态、每月一核查，每户制定一张收入清单。盘清了学生家底。依托教育、行政“两条线”，比对户籍、国办、学籍“三个系统”盘清底数，采取劝返、送教和休学方式一一对应落实，针对劝返难、不愿随班就读的问题，专门开办了半年制、一年制的职初班，确保劝得回来、留得下来、学得进去。盘清了医疗家底。由医护人员结对贫困患者，每月对自付费用较高的进行筛查和酌情解决，防止因病致贫返贫风险。

决战易迁 干群共谱“一首曲”

按照省委“应搬尽搬”要求，2017 年年底，对照“六类地区”全面调查，全县仍然有 7000 余人生活在“一方水土养不起一方人”的边远高寒山区，是脱贫攻坚“最硬骨头”。我们下定决心、不等不靠、担当作为，用8个月完成了兆佳坝、新滩、会仪3个集中安置点建设，用1个月完成了2022户7711人搬迁入住，真正实现了群众从“山里人”到“城里人”的历史性跨越。一是筑好“一堡垒”，服务周到住得暖心。为解决群众思恋故土导致的回迁问题，建立了“党总支+片区长+楼栋长+警务长”的网格化服务管理机制，实行机关联系支部、支部联系党员、党员联系群众，5家机关抽调5人组建了易迁帮扶工作队，做到了党的组织无处不在、党员作用无处不发挥，让群众住得暖心。二是种好“一片竹”，土地盘活搬得放心。按照习近平总书记“绿水青山就是金山银山”指示，对群众搬迁后留下耕地、林地、宅基地“三块地”及时进行确权，并采取组建合作社托管经营、公司流转经营、村集体公司实体经营等形式，盘活土地发展竹产业，实现“以竹绿山、以竹兴业”。三是学好“一技能”，就业稳定干得安心。按照市委“人员安置与产业就业支撑同步”要求，任务到镇、到村、到部门，举办长班培训和短班培训，做到了“户户有人培训、户户有人就业、户户充分就业”。四是建好“一配套”，环境优美过得舒心。紧扣“幸福社区、县城新区”规划建设，配套学校、卫生室、绿化、广场等公共设施，让搬迁群众在新地、新居、新环境中过上舒心舒适的城市生活。

教育引领　合力脱贫“一条心”

绥江县突出支部引领、党员示范、干部带头，充分激发群众主体作用，形成推动脱贫攻坚的强大合力。“一制度”激励担当。出台了《脱贫攻坚干部作风管理办法》《脱贫攻坚帮扶工作绩效考核办法》《脱贫攻坚纪律“十不准”》等7项制度规定，坚持在脱贫攻坚一线发现、培育、考察和使用干部，全县专门抽调了30人组建了脱贫攻坚督查考评组，严格考核评价和结果运用，激励干部担当作为。“一堡垒”引领发展。抓实村级组织这一基层战斗堡垒，实施了强基固本、脱贫先锋、产业强村、能力提升等系列行动，支书领办集体经济公司、党员带头发展实体产业，党员干部带着群众干、干给群众看、领着群众富，33 个贫困村集体经济收入平均达到了 5 万元。“一行动”教育群众。创造性地开展了“321”专项行动，即：开好党员会、代表会和群众会“三个会”，抓好诚信感恩、脱贫光荣“两教育”和搞好环境卫生“一整治”，具体落实开好每一次会、共唱一首歌曲、共照一张合影、颁发一本脱贫光荣证、开展一轮环境卫生集中整治“五个一”工作，做到村有记录、路有标语、户有挂像、话有感恩。

巩固提升　全面小康“一个圆”

幸福小康路，脱贫只是第一步。我们把脱贫成效的巩固提升作为小康画卷的“后半篇”文章抓紧抓实，按照“四个不摘”要求，聚焦巩固提升有队伍、特色产业有品牌、务工就业有证件、就医就学有保障、人居环境有提升、良好生态有巩固、公序良俗有遵循“七有”目标，制定出台《关于进一步巩固脱贫成效提升脱贫质量的实施意见》《绥江县脱贫攻坚巩固提升工作方案》等政策措施，持续精准发力，贫困人口全部脱贫、贫困村全部出列，推进巩固脱贫成果与乡村振兴有效衔接。一是工作机制持续强化。坚持“机制不变、力度不减、人员不散”，34 名县级领导挂村继续担任总片区长、93 名部门主要领导继续担任片区长、驻村工作队队员继续驻村帮扶、挂钩干部继续包卡户联系非卡户，确保工作力度继续加强。二是基础设施日益完善。串佛高速、港区公路、国道 213 建成通车，形成了“一环两横六纵六出境”的路网体系。农村水电路通信等基础设施持续改造，兆佳坝配套日益完善。全力推进外迁安置，为山区群众发展找到了新路子、新空间。三是增收支撑更加坚实。以持证培训和组织化劳务输出为抓手，以“五化模式”强化竹、李等特色产业管护，10万吨竹笋加工项目落地建成，农业产业“接二连山”、融合发展，群众增收后劲十足。四是民生保障更加扎实。继续强化干部、教师结对帮教，抓实控辍保学，深化与云天化合作办学、中山职教集团联合办学，进一步深化师德师风建设和教师绩效考核，提升教育质量。常态化抓好疫情防控，持续深化中医入户，强化大病集中救治救助，防止因病致贫、因病返贫。五是人居环境不断提升。全面推进农村人居环境整治三年行动和爱国卫生“7+1”专项行动，调整充实人居办、专项办到县委办，实施“2231”检查评比制度，建立网格化体系，对照“四看五查六有”补短板、促提升，持续抓好金沙江库岸综合整治，着力改善城乡面貌，干干净净迎小康。

五年来，县委始终坚持以脱贫攻坚为统领，始终统揽全局、协调各方，县四家班子同频共振、同心同向，全县上下鼓足干劲、苦干实干，改变了乡村面貌、洗礼了群众思想、锤炼了干部作风、夯实了基层基础、赢得了认可肯定、加速了地方发展，兑现了向党和人民作出的庄严承诺，交出一份高质量脱贫答卷。如今的绥江，产业兴、道路畅、家居环境有新样、就医就学有保障；水更清、灯更亮，文明新风处处扬，欢声笑语歌颂党。

不忘初心，砥砺前行。在决战脱贫、决胜小康的征途中，绥江干部群众用智慧和热血，向党和人民交上了一份脱贫攻坚的满意答卷，在乡村振兴和实现第二个百年奋斗目标的新征程中，绥江正努力成为云南融入长江经济带的前沿阵地、“两山理念”的实践示范基地、乡村振兴示范样板、水电移民后扶示范库区、中国西部健康生活目的地，用汗水和忠诚续写新的篇章，再创新的辉煌。

（作者时任昭通市政协副主席、中共绥江县委书记）

金沙江畔守初心　扶贫路上洒真情

马康凤

习近平总书记在2015年减贫与发展高层论坛上掷地有声发表宣言：“未来5年，我们将使中国现有标准下7000多万贫困人口全部脱贫。”这是全党向全世界作出的庄严承诺，也是全党向全国人民立下的军令状，这份承诺承载了每一名共产党员为中华民族谋复兴而肩负的使命，这张军令状则蕴含了每一名共产党员为中国人民谋幸福而坚守的初心。一路循着初心、一路带着使命，我始终坚持以习近平新时代中国特色社会主义思想为指导，全面贯彻落实市委“双统领、双保障、双推进”和“133”工作思路，以历史性的团结奋进、以新时代的担当作为、以空前性的满满干劲，唤起各级干部“敢教日月换新天”的气概，鼓起全县人民“不破楼兰终不还”的劲头，众志成城、步履铿锵，凝心聚力谱写了一曲感天动地的绥江脱贫攻坚时代华章。

肩负新使命，默默扫清扶贫路上的绊脚石

2016年，我被组织任命为绥江县人民政府县长，接下了这份沉重而充满挑战的担子，扛起了这份光荣而沉甸甸的责任，也肩负了绥江17万人民殷

切期盼和脱贫摘帽的历史使命。当时的绥江县正处于多重困难交织叠加的艰难时期：一是财政状况极其堪忧，2015年，绥江财政收入仅2.49亿元，各项经济指标排名全市倒数，政府性债务高达9.61亿元，全县经济形势相当严峻；二是贫困状况令人揪心，全县5个镇43个村（社区）1088个村（居）民小组17万人中，就有33个贫困村（其中24个为深度贫困村），贫困发生率高达41.3%。面对如此困境，我陷入深思，解决贫困的根本途径还是发展，发展的前提必须扫清障碍。

习总书记强调，新官不能不理旧账，扫清扶贫路上的障碍就得理好旧账，总书记的话字字铿锵，促使我勇于直面矛盾、解决问题，在全力决战脱贫攻坚的同时，挖空心思抓经济发展，并取得了明显成效。经济指标方面：2016年后劲发力，全县GDP增速排到全市第2，人均GDP排名上升到全市第4，为全省重点生态功能区县进位最快前两名，2017年持续发力，全县GDP增速排到全市第5，人均GDP排名稳定全市第3；财政收入方面：2016年达到2.94亿元，增幅排名全市第2，2017年、2018年稳步增收，分别达3.02亿元和3.24亿元，2019年在减税降费大环境下，千方百计扩源节流，稳定收入3.01亿元；债务化解方面：在脱贫攻坚关键时期，全县上下团结奋进攻坚克难，补短板、夯基础、壮产业等一系列投入，让本来捉襟见肘的财政状况更加困难。即便如此，依然穷尽一切办法，创新一切手段，始终坚守“对绥江历史负责，对绥江移民负责”的信念，多次对接三峡公司、中南院及省市移民部门，不断推动移民收口工作取得新进展；亲自任组长多次专项部署推动清理完成行政事业单位个人借款42家单位共5643万元；亲自推动促成绥江在全省首家公开拍卖河道清淤采砂出让权，实现收入3.95亿元；积极盘活国有闲置资产，基本完成县城剩余门面和架空层清理，实现城乡建设用地增减挂钩跨省交易1373亩共4.12亿元。2018年共化解政府存量债务2.85亿元，化解隐形债务1.97亿元；2019年化解政府存量债务26万元，化解隐形债务23.03亿元，均超额完成目标任务，为经济社会发展营造了良好的投资氛围。

同时，全力谋发展、求破局，想尽一切办法，让全县上下放开手来，集中精力一线扶贫攻坚。向着这个方向，整日东奔西跑、夜不能寐，协调工作、统筹发展，曾经半夜4点迎着暴雨赶去盐津县，就为了赶在省发改委领导决策前，再次争取绥江的美丽县城建设；曾经汽车、飞机、火车全坐完，拎着高跟鞋光脚在车站跑得一路狼狈，只为赶赴武汉长江委协调支撑绥江的发展环境；曾经8小时坐车到西昌，又连夜8小时赶回绥江，就为支撑绥江在乌蒙集中连片特困区区域发展的特殊承载；曾经无数次往返在昆明—昭通—绥江的疲惫路途，只为积极争取良好的外部环境，为全县上下披荆斩棘劈开一条扶贫专线。

立下愚公志，誓要啃下扶贫路上的硬骨头

习近平总书记反复提及，让人民过上幸福美好的生活是我们的奋斗目标，小康路上一个人都不能少。循着总书记的谆谆教诲，让每一位群众脱离贫困成了我不懈的追求。漫漫扶贫路上，默默立下愚公志，誓要啃下扶贫路上的硬骨头。

俯下身来夯基础，为群众用心铺好通往富裕的道路。绥江县属于二半山、高二半山地区，山高坡陡，水电路等基础设施严重滞后，特别是道路基础设施建设难度大、成本高，交通始终是绥江之痛。我深感基础设施短板不补齐，产业就无法发展，群众幸福指数就会大打折扣。找准症结后，始终坚持“交通先行”战略，全力布局交通发展，亲自任昭乐高速（串丝至佛耳岩）援建指挥部指挥长，全力协调推进，亲自到钉子户做工作、多次一线办公协调施工影响问题，促成了人民群众生命财产安全、受损群众合理利益和施工进度的“三保障”，实现绥江历史以来高速公路成功破零，串佛高速顺利建成通车；累计完成县域农村公路硬化570公里，通车里程

达1330公里，建制村（社区）通畅情况由23个增加到43个全覆盖、通畅率由55%提高到100%，自然村通达水平由40%提高到95%，农村公路列养率由41.7%提高到92%，“一环两横六纵六出境”交通新格局初步形成。路总算修好了，要想心通，深知还有很多工作要做。脱贫攻坚以来，无数个常务会、专题会召集研究，无数次外出争取、协调，换来教育扶贫资金1.88亿元的投入，义务教育基本均衡发展成功通过国家审核认定；新建35个村卫生室，完成行政村及200户以上自然村全覆盖，农村医疗卫生服务水平不断提升；建成人饮工程56件，改善20887人饮水条件；密集实施电网改造、基站建设，所有行政村电力、宽带、通讯实现全覆盖。城乡面貌发生翻天覆地的变化，基础强了，群众的心也通了，脸上的笑容洋溢着幸福，让我倍感欣慰、心里愈发踏实。

沉下心来谋产业，与群众共同播下脱离贫困的种子。产业扶贫是促进贫困地区发展、增加贫困农户收入的有效途径，是扶贫开发的战略重点和主要任务。但绥江历史以来，一产积累不足，二产在十年封库中断板，三产缺乏实体支撑。“马县长，我们有土地，也都没闲着，就是这苞谷卖不了多少钱，别的也不会种，不知道种啥。”“马县长，咱家的李子个大味好，怎么就是每年都卖不了好价钱呢？”乡亲们的话反复困扰着我，思考、学习、调研，再吸收、借鉴、谋划，一定不能走单打独斗和粗放型产销的老路子，唯有在优势产业量的积累和品牌打造上破局。专题研究、重点推进、逐步覆盖，在省委打好“绿色食品牌”和市委“村村有亮点、组组有看点、户户有支撑”的要求部署引领下，采取“党支部+公司+合作社+能人+贫困户”五位一体的模式，深入实施“五大产业行动计划”，不断推动农业规模化、集约化发展，提出“五化五统一”管理模式，首创了种植产量保险，成功打造全县支柱性产业半边红李标准化种植基地3万亩，并在县域优势产业全覆盖推广；亲自任竹产业发展领导小组组长，启动“一园两廊三基地五板块”竹产业规划，高质量完成10万亩竹基地建设，小班化管护获市委肯定，成功引进竹产业扶贫综合开发项目，竹产业链条延伸实现零突破，惠及群众 5287 户 21390 人；重点培育和扶持了永固水泥、中信纸业、板栗煤矿 3 家规上企业，支撑着全县的重要税收。播下了产业的种子，要想获得丰收，关键还得打响品牌。脱贫攻坚以来，共打造罗汉坪、峰顶山等 6 个乡村旅游示范点，“平面竹编画”荣获中国旅游商品铜奖，金沙水上乐园成功创建 3A 级景区；共完成“三品一标”认证 18 个，半边红李子成为全省唯一获得 2018 年第三批国家地理标志登记的农产品，亲自带队到北京、中山专场推介，化身带货主播奔赴深圳卫视直播带货，成功将半边红李子卖出了绥江、推到了全国，成功打响打红了“绥飨山耕”县域绿色生态品牌第一炮，成功将绥江 4 个独特美丽印象刻进了荧幕前潜在客户的心中。

铆足劲来推易迁，让群众搬出幸福美好新生活。绥江地处云贵高原的过渡地带，境内山峦起伏，坡陡谷深，特别是位于大山深处的自然村庄，常年阴雨绵绵，土地贫瘠，农业生产“靠天吃饭”，地质灾害易发多发频发，教育、医疗、交通、通信等基本公共服务设施严重滞后，当地群众生存环境恶劣。对照易地扶贫搬迁“六类地区”，经过全面彻底的摸底调查，全县这样的自然村庄有 66 个 2000 余户群众，占全县贫困人口的 17.5%，是典型的“一方水土养不活一方人”，实施整体易地搬迁是这些群众摆脱贫困的唯一出路。面对搬与不搬、搬就近与搬城镇、搬多少与怎么搬、搬得出与稳得住，以及时间紧、任务重、要求高等多重矛盾的交织，迅速组织县政府常务会专题研究，主持全县推进会专题部署，实施空前规模的集中入城易地扶贫搬迁，下定决心把群众搬离大山，彻底斩断“穷根”。易地扶贫搬迁启动以来，始终亲自带头下基层，凝聚党员干部向心力，牢固坚定“必须搬”的决心；始终亲自带头走访入户，走活群众路线，源头激发“我要搬”的动能；始终亲自带头现场办公，紧盯迁建任务，坚决啃下“迁建难”的骨头；始终亲自带头靠前服务，增强易迁居民归属感，全力营造“稳得住”的温馨；始终亲自带头治懒扶志，绘就感恩奋进同心圆，稳步实现“能致富”的梦想。全县易地扶贫搬迁工作累计投入 9.2 亿元，建成集中安置点 9 个，顺利完成 2662 户 10152 人搬迁任务。做到了省委“应搬尽搬”的要求，达到了市委“搬得出、稳得住、持续能发展、群众较满意”的目标，实现了由“养不活”的山里人向“能致富”的城镇人的历史跨越，以高度组织化探索总结出易地扶贫搬迁的“绥江实践”经验，得到了省市认可，在全省全市范围内推广学习。

常思百姓苦，风雨扶贫路上绽放芳华

对于扶贫工作，习近平总书记多次叮嘱，“扶贫干部要真正沉下去，扑下身子到村里干，同群众一起干”。2016 年，脱贫攻坚决战全面打响，那年我正好 43 岁，任职绥江县长。43 岁，正是一个女人相夫教子的静好年华；43 岁，正是一个女人享受芬芳的美丽年华。然而在我看来，美好不在于安乐窝中的独自沉醉，而在于人间疾苦中的力挽狂澜。几年来，坚守初心持续奋战在乡间地头、持续奔走于走访入户、持续忙碌于群众所盼，烈日之下洒满了辛勤的汗水、大雨之中洗去了殷实的狼狈、繁星之夜照亮着蹒跚的步履，终在这美好的年华，绽放出别样的美丽。

脚下沾有多少泥土，心中就沉淀多少真情。作为一名县长，逐镇调研督导，统筹推进全县的脱贫攻坚工作；逐村走访研判，脚印遍布了每一个村落。作为一名处级领导，我分片南岸镇互助村任总片区长，心系群众增收，亲自推产业发展，通过深入调研，编制完成了村级产业发展规划，引进龙头企业，在芭蕉、白龙、元木等片区优先发展适宜种植的花卉、黄精、藤椒等短平快品种，走龙头企业 + 村集体公司 + 农户的订单农业模式，让农产品不愁销路，彻底解决群众后顾之忧；亲自协调广东中山三乡镇，通过东西协作扶持、群众入股等形式，投资 150 万建成了由村集体公司管理的肉兔养殖场，年出栏 7 万只肉兔，带动 134 户入股群众稳定增收。作为一名扶贫干部，我挂钩互助村第 10 村民小组的 5 户贫困户，户户盘家底、谋发展、促增收。常住农户家中，与群众同做家宴，共进餐食；与群众齐下田地，挥汗如雨，种下希望；与群众共商家事，拉不完的家常出不完的主意；与群众打成一片，转换角色当起了村民调解员。

大爱映初心，风雨兼程终换彩虹挂云天

一汪清泓向东流，金沙江畔坚守为民初心；漫漫扶贫路风雨无阻，一路心酸一路情。每个月圆的夜晚，总是想起稚气未脱又假装坚强的儿子，每每守在电话旁，巴巴地等着母亲回昭阳出差的消息，因为这样，再晚也可以陪母亲吃顿晚饭，讲讲校园的趣事，聊聊青春的困惑，听听母亲的唠叨。这些年的为民坚守，最亏欠的就是老公和儿子，但每每想起我那可爱、淳朴、勤劳的乡亲们，大爱终究是战胜了小情。藏起思念，风里雨里，烈日寒冬，继续上路。这一路上，带领县政府一班人踏破了无数双鞋，走实群众路线，确保了贫困对象识得准。我们选举群众代表，架起了“连心桥”；我们坚持“五查五看”，换来了“真心话”；我们严格“三上三下”，画好了“同心圆”；我们实行“五访两诺”，凝聚了“向心力”。这一路上，带领县政府一班人费尽了无数心思，夯实基础保障，确保了村村通硬化路、户户有安全房、家家有干净水。我们千方百计筹措资金，解决好了路畅的问题；我们想方设法争取项目，解决好了饮水的问题；我们夜以继日争赶进度，解决好了安居的问题。这一路上，带领县政府一班人送去了无数希望，做实专项扶贫，确保了户户有产业、家家能就业、人人保健康。我们实施产业扶贫，“三园四场”全面覆盖、“两个捆绑”带动增收；我们实施技能扶贫，“一办三站”统筹就业、“一批岗位”吸纳就业、“一套政策”激励奖补；我们实施健康扶贫，“一个包保落实”责任、“一项体检”未病先防、“两本图册”户户懂医。

脱贫攻坚开展以来，在市委、市政府的坚强领导下，在县委统一部署下，带领全县上下和衷共济、众志成城，到2019年全县实现累计减贫11317户46605人，33个贫困村实现脱贫出列，贫困发生率从41.3%降至0.21%，在全市范围内率先摘帽，脱贫攻坚取得历史性成就，在中华民族彻底摆脱千百年绝对贫困的历史性跨越中留下了绥江高质量脱贫的精彩一页。回顾绥江脱贫史，就像回顾自己的成长史，一路走来，我从不敢懈怠，始终牢记组织的重托和群众的厚望，与全县父老乡亲同甘共苦、风雨同舟，共同体验了奋斗的艰辛，共同感受了成功的喜悦，共同收获了真挚的感情。同时，我清楚地知道，我的脚步不能停下，我将紧跟习近平总书记步伐，继续在金沙江畔坚守初心，持续将满满真情洒向乡村振兴与全面小康的道路，让绥江发展更有“力度”，绥江民生更有“温度”，绽放芳华，不负韶华。

（作者时任中共绥江县委副书记、县长、一级调研员）

担当作为践初心　勤政务实显本色

邹云坤

习近平总书记指出：“摆脱贫困，为广大人民群众谋幸福，是我们党和国家推动发展的根本目的。”党的十八大以来，以习近平同志为核心的党中央把脱贫攻坚摆在治国理政突出位置，作为全面建成小康社会、实现第一个百年奋斗目标的底线任务，一场前所未有的脱贫攻坚战在神州大地全面打响。

2018 年 5 月，因组织的关心和培养，我由昭阳区转岗到绥江县，先后担任县委常委、组织部部长和县委副书记。面对新时代赋予的光荣使命和神圣职责，在这两年多的时间里，习近平总书记“全面建成小康社会，一个也不能少；共同富裕路上，一个也不能掉队”这一铮铮誓言时刻在我脑海里回荡，我以脱贫攻坚大局为重，坚决履行脱贫攻坚政治责任，以实干践行初心、用担当承载使命，以雷厉风行的作风，时刻保持必胜的信心，与时间赛跑、与任务较劲。

提升素质强本领

刚踏上绥江这块大地，整装待发的我有着充足的自信和准备，一则源于自己长期在昭阳区工作，主抓农业和扶贫工作，有丰富的基层工作经验；二则因为自己性格，凡事不干则已，干则竭尽全力。然而，摆在我面前的问题并不像我想的那么简单，绥江县产业发展、基础条件相对薄弱，被市委确定为2018年全市率先脱贫出列县之一，如期实现脱贫摘帽，任重道远。我深知，作为一名党培养起来的干部，在脱贫攻坚工作中容不得有半点迟疑和懈怠，必须以舍我其谁、不胜不休的精气神，以破釜沉舟、背水一战的决心，勇担使命，不辜负党的培养，不愧对人民的期盼，为绥江的经济社会发展贡献自己的应有之力。

“打铁还需自身硬。”不管从事什么工作，我坚持做到吃透政策、熟悉业务，把加强自身建设作为首要任务。我认真学习了习近平总书记关于扶贫工作论述及中央、省、市、县相关扶贫政策，把政策学懂弄通，不断增强工作本领、提升业务水平。为熟悉工作情况、尽快进入工作角色，我及时理清自身职责，坚定不移地贯彻落实县委、县政府各项脱贫举措，马不停蹄地开展走访调研，对全县5个镇43个村（社区）进行全覆盖走访调研，摸清县情、民情、贫情，准确掌握群众所思所想。召集村“两委”、挂钩干部、驻村工作队召开座谈会、院坝会，理思路、想对策、谋出路、话发展。通过短短半个月的调研和学习，我摸清了家底、熟悉了情况、找准了工作方向，为下步工作奠定了坚实基础。

抓实党建强引领

脱贫攻坚作为最大的政治任务，必须将党的政治优势、组织优势转化为脱贫优势、发展优势，做到中心工作推进到哪里，组织工作就跟进到哪里、服务到哪里、保障到哪里，为打赢脱贫攻坚战提供坚强组织保障。

抓基层打基础，筑牢基层战斗堡垒。一是建强基层组织。新建村民小组活动场所128个，完成党支部达标创建566个，整顿软弱涣散党组织78

个，对5个乡镇青年人才党支部吸纳的82名村级后备干部进行重点跟踪培养。二是强化能力提升。在全市率先启动5个乡镇党校集中授牌、授印，建立了100名乡镇党校师资库，举办“万名党员进党校”培训12期，培训普通党员3500余名，轮训村级党组织书记43名、党支部书记499名，对全县干部完成2期5320人脱贫攻坚政策培训。三是壮大集体经济。全县33个贫困村全部成立村级集体经济公司，着重发展生猪代养、笋用竹等实体产业，村均5万元以上，村干部的工作激情极大增强，形成了带着群众干、干给群众看、领着群众富的氛围。全县基层党组织的凝聚力、战斗力进一步增强，已成为引领全县经济社会发展的“火车头”。

育人才聚贤能，不拘一格选人用人。习近平总书记强调：“广大扶贫干部肩上责任重大，打赢脱贫攻坚战，干部是中坚力量、决定因素。”按照尽锐出战的要求，把精锐选派到一线，强化严管厚爱，锻造攻坚克难“尖刀班”。一是一线攻坚作战。大力发挥党员干部顶梁柱、主心骨、带头人的先锋模范作用，县四家班子主要领导和县委副书记任乡镇第一书记、5名县委常委任脱贫攻坚指挥长、34名处级领导挂村任总片区长，选派34名优秀党员任驻村第一书记，2018年派驻209名驻村工作队队员，2779名干部挂组包户任“第一户主”，一批突击队、尖刀队一线作战。二是强化干部选拔。对5个镇党委专职副书记抓脱贫攻坚工作进行专题调研，为县委在脱贫攻坚第一线识别考察干部提供决策参考。对在脱贫攻坚中实绩突出、群众公认的218名县管干部提拔任用、调整交流。三是激发干部活力。为充分激发干部脱贫攻坚工作活力，按照市委、县委的部署要求，制定了绥江县干部人事调配工作办法、干部日常考核实施办法，认真落实干部容错纠错、能上能下、“八小时外”监督管理“三项机制”，全面落实干部定期体检、挂职干部边远津贴补助等政策，从选拔任用、评先评优、人文关怀等方面进一步加大对扶贫干部的关心关爱力度，让干部心无旁骛地干好工作。四是抓实人才培养。优化人才工作环境，着力搭建人才服务平台，强化人才经费保障，推进东西部扶贫协作人才交流，选派了3名干部到中山市东区跟岗学习，中山市有5名党政人才、医疗人才和教育人才来绥江县挂职。积极开展“名家、名师、名医”人才选育工作，成立“三名”工作室3个，完成11名“三名人才”的选育，入选昭通市第二批“鲲鹏计划”2人、入选昭通市第三批“凤凰计划”1人。成功引进省农科院研究员李进斌博士进驻绥江，成立李进斌博士—绥江专家工作站，重点研究半边红李子的提质增效。培育农村致富能人103名，遴选专业技术人才1580名。实施“技能扶贫”，培训农村实用型人才12000名。

三个组织化促提升

根据市委“133”工作思路和“双统领、双保障、双推进”要求，坚持以党的建设统领脱贫攻坚，把提高产业扶贫、劳动力转移就业、易地扶贫搬迁“三个组织化”作为带领群众脱贫致富的重要举措，不断提升基层党组织的组织力。

抓实产业，筑牢脱贫根基。根据县委的安排，由我主抓生猪、肉牛和竹产业。前期工作困难重重，推进并不顺利，在经过深入调研后，摸清了情况、理清了思路、找准了突破口，历尽千辛万苦，逐步打开了工作局面。按照“良种良法、高度组织化和集约化模式、党支部 + 合作社”三个全覆盖的要求，围绕提升组织力，发挥好党建的引领带动作用，把党组织的组织优势转化为促进农民增收的发展优势。一是推动产业提质增效。引进云南信乐实业集团在峰顶山建成千头养牛场1个，通过重庆猪猪侠农牧科技有限公司入驻绥江发展生猪养殖产业，在南岸村建成年出栏6万头的仔猪扩繁场1个，在5个镇建成年出栏肥猪6万头的生猪代养场30个。目前，30个代养场共吸纳带动1884户贫困户增收致富，结算代养报酬1100余万元，户年均增收3000余元。2020年投资约2000万，新建年出栏2万头的生猪代养场10个，计划11月底全部完工投栏。二是培育脱贫支柱产业。按照县委“一园两廊三基地五板块”的竹产业规划，以“组织化”管理、“标准化”种植、“标注性”识别、“小班化”上图、“公司化”运营“五化”模式，统筹推进全县2020年15万亩竹产业标准化基地建设，同步推进年产10万吨竹笋加工项目建设，第一期2万吨的竹笋加工厂于2020年12月底建成投产。全面推进半边红李子提质增效，建设1000亩半边红李子示范园2个。在会仪镇峰顶山建成集种植、加工、销售、体验为一体的千亩茶基地1个，投资1100万元建设的茶叶加工厂将于今年9月底投产，300亩核心种植示范基地正加快推进建设中。

扩大就业，拓宽致富渠道。农村劳动力外出务工是巩固脱贫成果、全面建成小康社会和推进乡村振兴的重要支撑。2020年，受新冠肺炎疫情影响，给农村劳动力转移就业带来巨大影响。为打破疫情期间转移就业难的问题，推动农村劳动力充分就业，在县委、县政府的统一安排部署下，我始终以党的政治建设为统领，统筹抓好疫情防控和农村劳动力转移就业。刚开始，大部分群众存在“不想去，不敢去”“等一等，看一看”的想法，工作推进并不顺利，我连夜召集相关部门认真梳理存在的问题，及时进行分析研判，连续调度安排，以“点对点、一站式”组织集中输出为突破口，细化交通补助、稳岗补助等激励政策，按照“一村一组一网格”模式，依托“一办三站”主动与浙江、广东等地人社部门、企业对接精准推荐岗位，全县2899名县、镇、村干部对所有农村劳动力进行“地毯式”核查，充分摸清劳动力就业意愿，户户上门、人人见面深入宣传动员，劳动力尤其是贫困劳动力用工信息、扶持政策知晓率达100%，做实做细交通保障、健康防护等服务工作，通过大巴专车、高铁专列，分批次对集中输出到广东、浙江等重点地区的农民工开通“家门—车门—厂门”专用通道，实现了“出家门进车门，出车门进厂门”。2020年有组织有规模输出农村劳动力25880人，其中建档立卡贫困劳动力13716人，劳动力转移就业组织化程度不断提升。

抓实易迁，强化服务管理。绥江县委、县政府站位全局、担当作为，大力弘扬“搬不动山就搬人”的新时代愚公精神，坚持把易地搬迁作为啃下脱贫攻坚最硬骨头的“铁齿钢牙”，2662 户 10152 人搬出了贫穷大山，于 2018 年 12 月在兆佳坝易地扶贫搬迁集中安置区成立福兴社区。我们以强化政治功能和提升服务水平为重点，创新社区管理，努力增强易迁居民的安全感、归属感和幸福感，在兆佳坝易地扶贫搬迁集中安置区福兴社区党总支探索出了迁出地党组织管产业、迁入地党组织管就业的“双业双管”扶贫模式和“32371”社区党建治理模式，推动实现了搬得出、稳得住、持续能发展、群众较满意的目标，唱响了安居、乐业、幸福“三部曲”。2019 年牵头筹备完成全市 2 期乡镇党政干部脱贫攻坚业务培训，在福兴社区进行了集中观摩学习。牵头组织完成《昭通市绥江县高度组织化实施易地扶贫搬迁调研报告》，受到省委组织部主要领导、市委主要领导的重要批示，并在全省、全市进行推广学习。

牢记使命再出发

人心齐，泰山移。在县委、县政府的坚强领导下，全县干部在脱贫战场上冲锋陷阵、苦干实干，舍小家、顾大家，攻克了一个又一个难关，打赢了一场又一场硬仗，用大家的“脱皮”换来了群众的脱贫，总体实现了“产业增强、道路变畅、房屋安全宽敞、就医就学有保障，水更清、电更亮，文明新风处处有榜样，欢声笑语歌颂党”的显著变化。2019 年 4 月 30 日，云南省人民政府正式批准绥江县退出贫困县，在绥江发展历程上留下了光辉的一页。

聚焦主责，凝心聚力促攻坚。习近平总书记指出：脱贫摘帽不是终点，而是新生活、新奋斗的起点！我对标“三精准”“三落实”“三保障”工作要求，紧扣贫困退出“571”标准和脱贫成果巩固提升19条要求，聚焦全面脱贫、稳定致富“两大任务”，强抓生猪、肉牛、竹子、李子等产业，牵头研究细化相关政策措施，加强政策指导，强化督促落实，多次召开推进会议进行分析研判、推动落实。牵头制定脱贫攻坚挂牌督战、百日总攻行动等实施方案，对46605名已脱贫人口开展“回头看”，对68户228名未脱贫人口、1037户4323名脱贫监测人口和670户2895名边缘人口，以及脱贫攻坚以来中央、省、市脱贫攻坚成效考核、巡视巡查、督查调研、审计、媒体暗访等发现的各类问题整改情况，实行动态监测、挂牌督战和清单管理，有力促进了脱贫成果的巩固提升。2020年7月20日到8月10日，国家脱贫普查工作组进驻绥江开展了为期20天的普查登记工作，我积极统筹做好人员对接、车辆调度、食宿安排、材料准备等各项准备工作，白天到镇村开展督导、收集情况，晚上召集相关部门研究解决相关问题、安排第二天的工作，每天都是忙到深夜才休息。功夫不负有心人，在县委、县政府的坚强领导下，在全县干部的共同努力下，国家脱贫攻坚普查高质量圆满完成。

干字当头，改善环境塑形象。农村人居环境提升是脱贫攻坚工作中的一项重要内容。2020年是脱贫攻坚收官之年，也是农村人居环境三年行动的收官之年，市委提出要打一场农村人居环境的“翻身仗”。根据县委安排，由我担任县爱国卫生运动暨农村人居环境整治提升指挥部指挥长，统筹推动各项工作落实。按照省、市、县的安排部署，围绕“4+2”工作重点，对照农村人居环境Ⅰ档标准8项指标，全面落实市委“三个全覆盖”工作要求，统筹推进“厕所革命”、垃圾处理、污水处理、自然村庄整治、长效机制建立等工作，创新探索出厕所粪污+厨房废水+洗漱废水“三水合一”模式处理生活污水，细化了“厕所革命”、院坝、厨房等建设补助政策，超额完成三年行动计划8050座无害化卫生户厕建设，建设集镇垃圾中转站2个、垃圾热解处理项目2个，建垃圾房771座、配垃圾车124辆、垃圾桶5983个。对照示范型村庄“九个一”、示范户“七个一”标准，着力打造特色示范型村庄40个。细化完善“十项制度”，以更实的举措、更严的纪律高位推动农村人居环境整治，建立“2231”检查评比工作机制，完善村规民约，严格落实垃圾收费保洁制度，坚持每季度开展文明卫生示范户、文明卫生差评户评比、挂牌，推动农村人居环境整治常态化。认真践行习近平总书记“绿水青山就是金山银山”理念、省委建设“中国最美丽省份”安排部署及市委“四个一”行动，牵头制定了“十项措施”强推金沙江流域（绥江段）库岸环境综合整治，逗号码头断面、黄沙坡断面首次出现I类水质，实现了“一江清水出绥江”。

真帮实扶为民富

不管工作再忙再累，我始终严格按照县委、县政府的工作要求，认真落实“5682”“678”走访入住工作机制，走遍了全县43个村（社区）。作为会仪镇脱贫攻坚指挥长、第一书记、和平村和三渡村总片区长，用心用情用力做好挂钩帮扶工作，遍访了挂钩联系村和平村24个、三渡村26个村民小组，走访了会仪镇其他偏远村组，指导帮助、督促检查、明察暗访脱贫攻坚各项工作落实。积极为和平村争取资金800余万元，硬化公路8.96公里，争取资金110余万元，建设完成年出栏2000头的生猪代养场1个，吸纳贫困户67户，2019年实现收益75万余元。经常到挂钩户家中，与他们攀亲戚、结穷亲，了解所需所盼，帮助解决实际困难，视他们为家人，把他们的事当成自己的事，白天下乡走访调研，晚上加班处理日常事务，经常“五加二”“白加黑”。虽然有时觉得身心疲惫，但每次为贫困户解决了实际困难，收到他们的感谢时，心里无比欣慰！

抚今思昔，我最大的收获是看到了贫困群众一张张灿烂的笑容，扶贫路上最美的风景就是贫困群众的笑脸。在践行初心的道路上，虽然荆棘丛生、一路坎坷，我只能负重前行，但相比沿途的风景，这些困难又算得了什么。作为脱贫攻坚战场上的一员，能亲历、见证并创造这段历史，让我感到无上的光荣和自豪。“摘帽”只是起点，“决战”依然在路上，我将牢记总书记的嘱托，持续用力巩固脱贫成果、整治农村人居环境，在决战脱贫攻坚、决胜全面小康中更好衔接乡村振兴，不忘初心、牢记使命，接力奋进、再创辉煌。

（作者时任中共绥江县委副书记）

新滩官田：李子花开幸福来

文南星

2019 年 3 月 9 日，一年一度的李花节在新滩镇官田隆重开幕。官田依托天宝山李子产业的发展，随着基础设施的不断完善，人居环境的全面提升，打造成了果林中的美丽新村，先后获得了“全国乡村治理示范村”等荣誉称号。近年来，官田大力发展乡村旅游，每年三月举办的李花节更是吸引了八方宾朋前来观光旅游，特色农家乐、乡村民宿、旅游商品店生意兴隆，好一片繁华、热闹的景象，真是印证了：李子花开幸福来……

“绥江这独特的雪景实在是太美了，我们住下来好好耍几天！”一群带着川南口音的外地人在李花丛中高兴地拍照留影。“现在的官田再也不是我们记忆中的样子了，房子宽敞明亮，环境干净整洁，比在城头生活更安逸。”几位外出多年的老人回到官田新村后感慨万千。“翠翠，又来了两桌客人，都是来吃我们的特色农家菜，你手脚利索点哈！”丁山农家乐老板谭庆鹏高兴地催着正在炒菜的妻子。看着眼前的官田，我脑海中不禁闪现出它发展背后那一个个感人的画面，这些质朴的故事，无须用任何华丽的辞藻去修饰，它早已成我心中一条动人心扉的“精神画廊”。

2017 年 4 月，作为县委派驻新滩镇脱贫攻坚“第一书记”的我准备到鲢鱼村干部田集中安置点调研，在去的路上我心中还是有底气的，因为官田片区依托绥江县“六山”之一天宝山的打造，“半边红”李子产业、道路等基础设施发展走在了全县前列，通过精准扶贫易迁集中安置，官田新村的房子由政府统一风格风貌建造，如今 39 户农户 178 人集中搬迁到官田，在这里“两不愁、三保障”标准几乎家家户户都没有问题。刚走到官田片区党员活动室外，我就听见活动室内正在热烈讨论，大家各抒己见，兴奋地讨论着官田新村的未来发展。这时，鲢鱼村周潮金主任看见了站在门外的我，走出来高兴地说：“文主任，你什么时候到的，你看我们在这里讨论得太激动了，都不晓得你来了，不好意思。”我笑着说：“没事没事，你们讨论的都是官田发展的大事，我也在门外认真学习。”周潮金说：“主任，既然你来了，就请你给我们出出主意，如今我们官田虽说房大、路好、景美，但是大家守着这眼前的美景也不能当饭吃啊，这不我们正在讨论应该如何把眼前这青山绿水变成金山银山，把日子过得越来越好！”我说：“看到大家不等不靠，想通过自己的努力把日子过得更好，我非常高兴，但是发展不是纸上谈兵，说起容易做起难，我们要多考察、多学习，摸索出一条适合我们官田发展的路子。”最后，通过几轮召集村民讨论研究，我们确定：发展乡村旅游！

方向确定后，为了开阔大家的眼界、少走弯路，我决定带上部分村“两委”成员和群众代表分别到与官田一江之隔的屏山县锦屏镇、沐川县和成都市郊区等地考察。

通过几次考察，我们都对官田片区发展乡村旅游充满信心。通过借鉴各处的成功经验，我们提出了“环境美化 + 产业支撑 + 文化提升”的乡村旅游发展模式。就这样，官田乡村旅游发展大幕隆重拉开。为筹集资金，我与省移民局派驻绥江的李世民书记先后到三峡公司移民局、省移民局等争取项目建设资金。最后，在各级领导的关心和帮助下，我们争取项目和资金用于官田停车场、活动场所改造和绿化等建设，基本解决了资金这个难题。同时，邀请了昆明的专业团队深入官田，结合当地特色编制发展规划。那段时间，我几乎天天到官田走走看看，大到发展规划小到景观小品等多次与设计团队沟通，并及时组织村“两委”与群众代表进行讨论，更加注重规划、细节和特色，希望把官田的美尽情展现。

经过三个多月的努力，新建的文化墙、水车以及凉亭等景观小品，让官田的“颜值”越来越高，生活在画一样的风景里，老百姓特别高兴。可仍有部分群众心存顾忌，这青山绿水真的能变成金山银山吗？发展乡村旅游我们的腰包是否能鼓起来？由于群众心中的顾虑，让我们接下来的工作陷入了僵局。郭应如是一个习惯了面朝黄土背朝天的农民，因为习惯了老宅子的自由，搬到新家后，新建的房屋到处凿洞拉水管、拉电线，衣服还喜欢晾晒在道路两边的绿化树上，家里的环境卫生也非常差。一天，周潮金主任召集村民开会，要求每家每户积极参与官田环境美化工作，房前屋后不准乱搭乱建，农具、生活物品等要整齐堆放，不仅要打扫干净自己的家，还要每家每户派出人员组建卫生队，义务维护好官田这个“家”的环境卫生。话音刚落，下面的群众立刻炸开了锅，大家你一言，我一语地讨论着。郭应如在人群中站起来说：“大家都是农村人，都在地头讨生活，哪家坝子里不放几把锄头、镰刀，不打块洗衣板洗东西。再说我自家的房子我想咋个整就咋个整，俗话说得好，管天管地你也不能管人家拉屎放屁。”这时，部分群众也跟着附和起来，整个会场瞬间失控。看着部分情绪激动的群众，我拿起话筒说：“请大家都安静，先听我说。今天在座的各位都是官田发展的参与者、见证者、受益者，当初让你们从滑坡、危岩等地质灾害多发的深山陡坡地带搬来，在座的部分群众还不愿意，后来事实证明，搬来后住的房子宽敞明亮、道路通组入户，学校、卫生室等就在家门口，我估计现在让大家搬回过去的老房子里怕没人愿意。请大家相信，党委、政府花这么多钱，用这么多精力来发展乡村旅游不是一时空穴来风，是经过反复调研论证，这条路是我们官田发展的唯一出路。我知道大家刚刚来到新的环境，难免还有一些老习惯一时还改不了，今天要求大家把自己的房前屋后清扫干净，物品摆放整齐，不能乱搭乱建，把生活品质提高，把生活越过越好。让每一位来过官田的客人都觉得这里干净整洁、风景优美、民风淳朴，想在这里留下来住一晚，吃一顿农家饭，亲自到果园和菜地体验农耕生活，到时候我们每户农家都可以是民宿、农家乐、特色旅游商品销售点等，你们还愁自己的腰包鼓不起来吗！”

散会以后，很多群众都把自己搭建的雨棚，院坝旁的鸡圈、猪圈和洗衣板等拆了，把房前屋后打扫得干干净净，衣服不再乱晾乱放，群众的文明意识不断提高，但这股文明新风仍然未吹进郭应如一家。她家照旧是锄头、镰刀等农具到处乱放，洗的衣服晾在树上，一阵风吹来衣服满地都是，一片狼藉。院坝前面的洗衣板扎眼地耸立在那里，洗东西的水会溅些到路上，整条公路她家那一段总是湿漉漉的。看着她家的情况，我和村“两委”商量后决定亲自到她家做工作。前几次入户，她总是以干农活忙等儿子回来，找不到工人帮忙等为理由，可过了一个多月她家还是按兵不动，于是我和周主任决定再次入户做工作。我们刚走到她家院坝外，就听见郭应如在院坝里大骂：“狗拿耗子多管闲事！你们是没事干，专门到别人家里挑毛病，我就是个地地道道的农民，你们搞啥子旅游，啥子集体经济不要算上我，我不跟着你们一起瞎折腾！”“郭大姐，我们今天不是来挑你家错处，我们是来向你宣传党的政策，随着脱贫攻坚号角的吹响，官田这个易迁安置点，把你们39户178人的发展紧紧连在一起，按照易迁‘搬得出、稳得住、能致富’的要求，党委、镇政府一直在研究和思考如何带领大家脱贫致富奔小康，过上更加富裕、幸福的生活。官田这个地方山清水秀、风景宜人，特别适合发展乡村旅游，通过每年举办的李花节、采摘节把我们的半边红李这张名片不断打响，你家的李子还愁销路？至于我们发展旅游，将来村集体公司盈利了，我们的利润可以直接分红，也可以用来建活动广场、图书室、农耕博物馆等等，总之一句话，就是让官田群众的生活越来越好！”我笑着解释道。村里的群众谭庆鹏说：“大姐，文主任非常关心我们官田，听说我们想发展旅游，主动帮助我们对接各处，带着我们到屏山、沐川、成都考察，记得有一次，因为之前跟屏山方面约定是中午2点到锦屏镇，但是她从早上开始开会到中午1点左右，眼看约定的时间只有1个小时了，文主任散会后直接带着我们驱车前往，就自己在车上啃了两个干面包，直到晚上 8 点左右考察完到家才吃上热汤热饭！为了解决建设资金短板，亲自到成都三峡公司移民局协调建设资金，多次吃闭门羹也不放弃，通过她不断地汇报工作，主持编制完善项目规划，终于争取到项目建设资金。听说我想搞农家乐，文主任就一直在帮我出谋划策，大到我农家乐的发展定位和风格，小到农家乐使用的碗筷、墙上挂的装饰品、地上铺的地砖等每一个物件，以及地砖与窗帘颜色如何搭配，她都耐心细致地指导我，教我如何从农民转变为老板，没有她的指导和帮助，我的农家乐可能到现在都开不起来。我们遇到这样一位一心为民谋发展，不求任何回报带着大家脱贫致富奔小康的好领导，是我们的福气！”周潮金主任接着说：“老郭，我们这代人真幸福，党的精准扶贫好政策让我们住进了宽敞明亮的房子，如今大马路通到了家门口，娃娃上幼儿园再也不用爬坡下山，出门就有幼儿园、休闲广场、卫生室、图书室等配套设施，过上我们这辈子想都不敢想的幸福生活。接下来我们不能再等再要，而是应该在党的好政策和像文主任这样关心我们的各级领导的帮助下，把我们官田的乡村旅游做好做火，把全国各地的游客吸引来，通过销售农特产品、经营农家乐、民宿等，把大家的腰包鼓起来。”我赶紧说：“我可没有大家说得这么好，我仅仅是想尽绵薄之力，希望能引导和带领大家过上幸福美好新生活，这是我们共产党员的奋斗目标。”

郭应如家坝子前那个扎眼的洗衣板终于拆了，家里打扫得干干净净，农具、衣服等物品摆放得整整齐齐，听周主任说她主动报名要求参加村里的卫生清扫队，积极参加村里组织的大扫除等各类活动。李花节举办期间，她每天天不见亮就上街清扫垃圾，并主动承担了停车管理员等工作。李花节前夕，我到官田调研，在远处就听见有人在叫我，回头一看正是郭应如，她走过来高兴地说：“文主任，改天有空到我家里坐坐，我这个庄稼人没见过世面，之前我说的气话你千万不要往心里去。多亏政府带领我们搬穷窝、斩穷根、换穷业，通过发展乡村旅游，现在我们官田都成网红打卡点了，家家户户种的李子再也不愁销路，李花节期间通过开民宿、农家乐和销售各类商品，大家的腰包都鼓起来了，感谢党精准扶贫的好政策，感谢你这位一心为民的好领导！”

望着郭应如渐渐远去的背影，我的心里五味杂陈，为打赢精准扶贫这一场硬仗，每一名共产党员流汗流泪流血，坚守扶贫一线成为家人眼中最熟悉的“陌生人”，甚至有的付出了自己宝贵的生命，在平凡的工作岗位上用实际行动诠释了共产党员的初心和使命。

（作者时任绥江县人大常委会党组书记、主任）

脱贫攻坚大决战中政协人的使命担当

李晓平

2019 年 2 月底第三方评估机构离开绥江后，我心里始终忐忑不安又紧张期待，这种煎熬一直持续到 2019 年 4 月 30 日，当云南省人民政府新闻办公室新闻发布会宣布 2018 年云南省 13 个州（市）的 33 个贫困县（市、区）退出贫困县序列，绥江县名列其中时，压在心里的一块巨石才仿佛落下……作为全市脱贫攻坚战的探路者、排头兵，时间的坐标将这一年份深深镌刻在绥江的发展史上，也深深地镌刻在我们绥江儿女的心里。能够在脱贫攻坚这场伟大壮举中贡献自己的绵薄之力，成为这个历史性时刻的见证者，此乃人生之大幸。回味这几年来的脱贫攻坚历程，我和政协战线的同志们始终保持临战一线的工作状态，在脱贫攻坚这场大考中诠释了政协人的初心和使命，彰显了新时代人民政协的新担当新使命、新作为。

临战一线把责任扛在肩上

在全县脱贫攻坚工作面前，政协没有一个旁观者，没有一个局外人。根据县委的统一部署安排，县政协领导班子成员主动承担脱贫攻坚责任，全部挂帅出征。我先后担任板栗镇脱贫攻坚指挥部的指挥长、党委第一书记，负责领导和指挥板栗镇的脱贫攻坚工作，同时挂钩联系罗坪村并担任总片区长，负责统筹协调罗坪村的脱贫攻坚工作；陶飚、冯琰、廖富银3名副主席和退职保留处级领导待遇的喻强同志分别挂钩联系黄坪村、华峰社区、永兴社区和板栗村，担任挂钩联系村（社区）的总片区长，统筹协调所负责片区的脱贫攻坚工作。县政协机关其他干部职工全部挂钩联系板栗镇罗坪村，与罗坪村1至5组的66户建档立卡群众结对子、认亲戚。县政协机关干部还在脱贫攻坚的不同阶段，积极承担县委交办的脱贫攻坚特殊任务。板栗镇在全县相对而言贫困面大、贫困程度深，在板栗镇脱贫攻坚主战场上，作为一名指挥者，我始终率先垂范、靠前指挥，结对帮扶在一线，协调服务在一线，发展产业在一线，把工作重心向脱贫攻坚倾斜，深入调查研究，加强统筹协调，充分发挥帮扶牵头单位作用，统筹各帮扶单位的力量，积极组织召开镇村协调推进会上百场次，集中研究解决镇、村在脱贫攻坚工作中的重大、关键问题，在脱贫攻坚常态化指导帮助、督促检查、协调推进扶贫项目、搞好协调服务中发挥模范带头作用，为全县脱贫攻坚整体推进树起了标杆，做出了榜样。作为一名战斗员，我每年深入基层上百天，认真落实“一户一策”精准脱贫要求，经常深入镇、村、组、户开展调研，听取基层意见和群众想法，掌握具体情况；积极沟通衔接，争取协调项目，帮助解决镇村发展和群众生活中的困难和问题；注重宣传引导，在走访调研和入户帮扶过程中，积极为基层干部鼓劲加油，为群众宣讲党的扶贫政策和脱贫致富先进事迹，激发贫困群众脱贫致富奔小康的内生动力。罗坪村3组陶贵书、陶有兴是我挂钩包保的2户贫困群众，“山月唤我饮，天地为衾枕”是二人曾经的真实写照。2016年下半年我第一次去他们家，留给我的印象是：家居环境差，个人卫生脏，蓬头垢面、嗜酒如命、游手好闲、好吃懒做，成天过着醉生梦死的“神仙”日子。这两户在罗坪村提起就摇头的“二陶”着实让我头痛了一阵子。易地扶贫搬迁后，我暗下决心一定不能让“二陶”穿新鞋、走老路，得想办法让他们改头换面。我自费上千元资金帮助他们添置家具，协调解决就业岗位，帮助落实扶贫政策，每次到罗坪都要对他们开展“自强诚信感恩”教育，督促他们剪理头发、换洗衣服、打扫卫生、控制喝酒。“功夫不负有心人”，几年下来，他们的变化还是蛮大的，人变精神了，酒喝得少了，家居环境变干净了，懂得感恩了，能自食其力了，内生动力增加了，“二陶”真的变样了。

倾情倾力把智慧聚在点上

积极建言献策，为脱贫攻坚把脉探因，防错纠漏，加油助力，是政协的一项重要职责和任务。自 2015 年启动脱贫攻坚“挂包帮”“转走访”以来，我们紧紧围绕县委、县政府的战略部署和工作重心，紧扣脱贫攻坚这一工作主线和目标任务，组织开展了大量的视察调研和专题协调活动，为全县坚决打赢脱贫攻坚战、如期实现脱贫摘帽、巩固脱贫成效积极贡献政协智慧和政协力量。近年来，我们围绕脱贫攻坚交通先行，与县人大常委会联合开展了串佛高速公路、国道 213 线改扩建工程建设专题调研，开展了 2019 年全县 305 公里乡村公路硬化建设专题协商；我们围绕脱贫攻坚智志双扶，开展了县一中与云天化合作办学、职业教育发展、青少年法制宣传教育、学前教育、控辍保学等事关绥江教育事业发展大局的专题调研；我们围绕脱贫攻坚产业发展，开展了全县李子产业发展、新滩半边红李子水果交易市场建设专题调研；我们围绕脱贫攻坚易地搬迁，开展了县城兆佳坝易迁安置点建设及配套基础设施建设专题调研；我们围绕脱贫攻坚检查考核，我们组织县发改、农业、教育、民政、卫健、人社等相关部门到省外考察学习脱贫攻坚的经验和做法。这些调研凝聚了县政协机关和广大政协委员的辛勤和汗水、智慧与结晶，有的调研成果得到了县委、县政府领导的高度重视和充分认可，一些意见建议得到了充分采纳。比如，在 2019 年开展的全县

305公里乡村公路硬化建设专题协商过程中，县政协与县人民政府及相关职能部门和乡镇针对工程建设进度、质量监管等问题进行了“面对面”“零距离”的沟通协商，一针见血指问题，直言不讳提建议，助力了工程建设速度和质量的提升。2018年9月，受县委的指派，我带领县委第三考察学习组到已经接受并通过国家脱贫攻坚考核验收的沐川县考察学习脱贫攻坚检查考核工作，我们根据到沐川县学习的经验，结合绥江脱贫攻坚中的短板和弱项提出了若干意见建议，其中综合平衡卡户与非卡户的政策享受、加强农村人居环境整治、建立农村失能半失能人员集中供养制度、乡村旅游扶贫等建议得到了县委、县政府高度重视，即时在全县进行安排部署。

县政协充分发挥提案这一重要抓手，积极运用提案的形式向县委、县政府建言献策，每年的政协会议上约有30%的提案都是聚焦在基础设施建设、产业培育发展、民生事业改善、群众感恩教育等事关脱贫攻坚的关键问题上。胡娜等委员提出的“加快电子商务规划助力脱贫攻坚”的建议得到了县委、县政府的高度重视，从组织领导、实施方案、经费投入上给予了保障和支持，投入中央专项资金1000万元，建立了县镇村26个电子商务公共服务点；廖玉兰等委员提出的“关于在困难群众中常态开展感恩、诚信、自强教育活动的建议”引起了县委、县政府的高度重视，专门印发了《绥江县“自强诚信感恩”主题教育活动方案》，在全县广泛深入开展了“七个一”自强诚信感恩教育活动，激发了全县广大贫困群众自强不息的内生动力，鼓舞了脱贫光荣的斗志士气，为打赢脱贫攻坚战贡献了“政协智慧”。

全力助推把力量抓在手上

2018年11月，我们按照省市政协的部署安排，及时研究制定了《政协绥江县委员会关于在全县政协战线开展脱贫攻坚助推行动的实施方案》，提出了开展助推易迁扶贫、产业扶贫、就业扶贫、教育扶贫、健康扶贫、扶志扶贫“六大”扶贫助推行动和为贫困户劳动力提供一个就业岗位、帮助贫困户选择一个合适的产业项目、为贫困户产业发展提供一项技术服务、为贫困户产品销售提供一个渠道、为贫困村开展一次义医义诊活动、为贫困村开展一次文化活动、为贫困村开展一次爱心义捐活动、帮助挂钩村建立一个爱心公益超市、挂钩联系一名贫困学生、开展一次自强、诚信、感恩教育“十个一”扶贫助推活动。全县广大委员积极响应省市县政协的号召，立足本职岗位，充分发挥自身优势，通过开展产业扶持、项目招引、资金支持、就业帮助、助残助学、文化下乡、义诊义捐等多种方式参与脱贫攻坚工作，汇聚了助推脱贫攻坚的强大合力。全县政协战线尽锐出战，切实发挥政协各界别自身优势，围绕脱贫攻坚办好事办实事，实现精准帮扶。农业界、科技界委员深入基层开展种养业培训、讲授，把实用技术送到田间地头，帮助贫困群众解决生产问题和困难；教育界委员开展送教、送学上门，帮助每一名学龄学生都能接受教育；医卫界委员到乡村为贫困群众开展健康体检，送医上门；工商联界、经济界政协委员到乡镇、村开展脱贫攻坚结对帮扶，帮助贫困户解决实际问题，积极参与产业扶贫事业。缺医少药在罗坪村这个偏远山区早已司空见惯。2019年我们安排吴秋萍委员牵头，组织带领绥江县医院、县中医院的罗德兵、吴晓燕、陶光春等几名专家委员到罗坪村开展义医义诊，听说县里面有名医专家到罗坪给大家免费看病，上百号群众早早地就在村委会等候，可把罗坪村的群众乐坏了。

随着脱贫攻坚形势和任务的变化，2019年，围绕“巩固脱贫成效、提升脱贫质量”这一主线，我们把“六大助推”行动调整为做好产业扶贫、就业扶贫、教育扶贫、健康扶贫和人居环境整治“四扶贫一整治”的“四加一”工作重点。在产业扶贫上，我们动员引导和协助发展了以生猪、肉牛、猕猴桃、李子、方竹等为主的种养殖产业，确保每户贫困户都有长效的增收致富产业。市政协委员傅建朝积极响应县委、县政府把“竹产业培育为特色优势产业和群众脱贫致富的支柱产业”的号召，创立了云南永固农业发展有限公司，以农户 + 村集体经济 + 企业的扶贫产业发展模式，投入资金 5000 多万元，在全县 6 个村发展了 6.6 万亩方竹基地，投产后将带动当地 3000 多户农户实现 1 亿元以上的采笋收入，同时投入资金 1.2 亿元，打造“竹产业扶贫综合开发项目”深加工基地，建成投产后将提供长期固定就业岗位 300 多个，每年实现就业收入 1000 万元以上。在就业扶贫上，我们按照长抓产业、短抓劳务的思路，引导贫困群众参加技能培训、每月推送务工信息、努力争取公益岗位、动员外出务工、建立务工台账等形式帮助贫困群众实现务工就业，有效解决帮扶贫困家庭就业增收问题，实现了“两不愁”的目标。特别是 2020 年新冠肺炎疫情防控期间，通过耐心细致的组织动员，政协机关挂钩的罗坪村的劳动力务工率达到了 90% 以上。在教育扶贫上，我们坚持扶贫济困与教育扶智相结合，全县 73 名政协委员分别挂钩联系了一名初中及以上贫困学生；全力做好适龄儿童控辍保学工作，切实做到了真劝实返；县政协机关建立了“金秋助学”帮扶制度，激励贫困家庭的孩子们努力学习、积极向上。县政协委员喻阳兴被评为昭通市第二届“乌蒙工匠”“基层突出贡献人才”荣誉称号；刘邦铭委员参与编撰绥江脱贫攻坚故事集《筑梦路上》；杨莹委员创作的脱贫攻坚题材小品《李子花开幸福来》荣获昭通市首届戏剧小戏小品展演二等奖；县政协常委吴秋萍同志经常深入高寒偏远地区对贫困群众开展“自强诚信感恩”教育。在健康扶贫上，我们积极开展医疗卫生界政协委员挂钩大病慢病患者签约服务工作，奔赴边远贫困地区开展义医义诊活动，帮助大病患者落实健康扶贫“四重”保障政策。县政协委员罗德兵作为县医院的几名评残医生之一，主动上门到最边远的罗坪村为残疾群众现场评定残疾。在人居环境整治上，政协参加单位县妇联组织委员深入边远贫困地方，对农村妇女开展了形式多样的操家理务培训示范。政协机关党支部与罗坪村党支部、中央驻昭扶贫中国建材集团党小组联合建立了罗坪村扶贫扶志爱心公益超市，每月开展一次人居环境评比活动，建立了荣辱机制，弘扬了先进，鞭策了后进。县政协机关与罗坪村共同研究，通过村规民约和发挥公益性岗位与低保户的作用和积极性，进一步加强了农村家居环境、村庄道路、路域环境、公共环境卫生的整治，并在全县率先开展了“两污”收费、垃圾分类试点探索，有力地促进了乡风文明，推动了农村陈规陋习的破除进程。在全县脱贫攻坚主战场中，我们绥江政协人既是战斗员，又是督导者、建言者、助推者，身体力行诠释了政协委员应有的责任与担当，为全县脱贫摘帽作出了艰辛的努力和积极的贡献，书写了无愧于时代、无愧于人民的最美华章。

真帮实扶把使命记在心上

县政协立足自身实际，积极争取项目，落实帮扶资金，帮助乡村加快脱贫攻坚步伐。据不完全统计，自2015年启动精准扶贫工作以来，县政协共协调争取相关部门项目资金近千万元，积极为挂钩联系的镇村社区协调项目、争取资金，竭尽所能地帮助他们补齐脱贫攻坚基础建设、产业发展、民生改善方面的短板；从机关经费中支持60多万元帮助基层解决扶贫工作中的困难和问题。在脱贫攻坚一线，县政协机关干部职工和广大政协委员紧盯“两不愁、三保障”脱贫指标和重点任务，在“精”字上下功夫，在“准”字上出实招，不畏道路崎岖险峻，不分白天黑夜，没有周末和节假日，无论刮风下雨还是烈日当空，无论电闪雷鸣还是冰天雪地，时时刻刻都有绥江政协人的身影。为了扶贫，他们晴天一身灰、雨天一身泥，挨家挨户访贫情、动真情，努力解决贫困群众的操心事、烦心事、揪心事；为了扶贫，他们的老人和孩子无人照顾，却尽心尽力当好“第一户主”，与贫困群众同吃同住同劳动；为了扶贫，他们积极开展消费扶贫行动，主动帮助采购销售农产品，千方百计解决贫困群众农产品滞销问题；为了扶贫，挂钩罗坪村铜厂沟的政协机关干部遭遇了落石砸破挡风玻璃的险情；为了扶贫，赵明、陈亚平等县政协老领导在脱贫攻坚战场上战斗到离开工作岗位的最后一天；为了扶贫，杨道明、张康友、韦正乾、刘成学等4名同志先后到罗坪村任驻村工作队队长，长期坚持在高寒偏远的脱贫攻坚主战场，传递着决战贫困的接力棒；为了扶贫，刘毅、韦正乾、刘成学、陈雨松等4名同志远赴他乡参加到全市脱贫攻坚重点工作中；为了扶贫，县政协办公室主任陈献红在扶贫路上摔伤留下后遗症；为了扶贫，县政协常委龙亚东同志顾不上照料刚出生的孩子，夜以继日地坚守在兆佳坝易地扶贫搬迁建设工地上……他们以新时代政协人的责任和担当兑现了“人民政协为人民”的铮铮誓言，奏响了政协助力脱贫攻坚最强音。何晓玲是我挂钩的贫困家庭学生，在挂钩帮扶中，除了在精神上给予她鼓励以外，在经济上我也力所能及地给予她支持帮助，几年下来，我先后共资助了她三四千元。功夫不负有心人，何晓玲在2020年高考中以640分的优异成绩摘得绥江理科状元，被吉林大学通信工程专业录取，是罗坪村飞出的第一只“金凤凰”。2020年6月，我挂钩的贫困群众陶金银在务工期间突发急性化脓性阑尾炎肠穿孔，需要几万元的资金做手术，对于这个刚刚脱贫的家庭来讲犹如晴天霹雳。在通过“轻松筹”“360大病筹”、求助亲朋筹集资金无望的情况下，其母亲心急如焚打电话给我，请我一定要救救她儿子。我及时帮助借款筹钱，联系医院，让其顺利做了手术，出院后帮助其联系医保部门报销医疗费用，同时在县民政局协调解决了6000元的临时救助资金，防止其因病返贫，目前身体已基本康复。现在，我在挂钩帮扶的罗坪村的群众中有“李主席”“李叔”“爷爷”“伯伯”“哥哥”等多种称谓，我想这应该是我们真帮实扶、动真情扶真贫的最好回报，更是绥江政协人在脱贫攻坚中认真践行“以人民为中心”理念的真实反映。

作为脱贫攻坚战的一名参与者和见证者，我走遍了板栗镇的山山水水，更亲眼看见了绥江政协人在脱贫攻坚这一“国之大者”中奉献的无疆大爱，他们动真情、扶真贫，翻越千山万水、走进千家万户、道尽千言万语，历尽千辛万苦，想尽千方百计，用辛勤和汗水惠泽了千家万户，他们是新时代不负韶华的最美政协人。

（作者时任绥江县政协党组书记、主席）

用责任担当诠释为民初心
用坚定笃行实干脱贫攻坚

杨绪春

七年前，习近平总书记到湖南湘西考察时首次作出了“实事求是、因地制宜、分类指导、精准扶贫”的重要指示，脱贫攻坚战的冲锋号在神州大地吹响，打赢脱贫攻坚、全面建成小康在祖国大地全面铺开，以习近平同志为核心的党中央带领全国各族人民开启了一场艰苦卓绝的伟大战役，以前所未有的力度推动精准扶贫，镌刻下中国人民反贫困斗争伟大决战的时代画卷。

干字当头、践行誓言，全力以赴打好脱贫歼灭战

2013 年 12 月，带着使命与责任，我来到了绥江第一大镇，同时也是脱贫攻坚任务最重的中城镇任党委书记。中城镇有 11 个行政村 293 个村（居）民小组，11586 户 45360 人，其中 11 个行政村就有 7 个是深度贫困村，脱贫攻坚开展以来，中城镇有建档立卡 4283 户 17514 人，贫困发生率 34.71%。产业发展弱、交通基础差、贫困程度高是中城镇当时最大的困难和实际。长期在基层摸爬滚打，致使我对农村和贫困群众有着深厚的感情，

深知农民对脱贫致富的渴望，如何让贫困群众快速脱贫，稳定致富成为我不断探索和努力的方向。多年来，我始终坚持为农村服务，从严贯彻习近平总书记扶贫工作重要论述和“扶贫工作贵在精准、重在精准、成败在于精准”的指示要求，认真落实市委“133”工作思路和“双统领、双保障、双推进”要求，把“五级书记抓扶贫”的要求牢记于心、贯彻于行，为绥江顺利脱贫摘帽作出了积极贡献。

“基础先行”，着力破解发展瓶颈。贫困地区“贫”在收入少，“困”在基础差，由于历史欠账大，中城镇交通基础设施非常落后，成为脱贫发展的主要瓶颈。2015 年，全镇乡村公路硬化率仅有 5% 左右，为了打通群众的致富之路，任中城镇党委书记后，我用两个月的时间走遍了中城 11 个村，了解每一个村、每一个组的交通现状，每到一个地方便与贫困群众促膝谈心，了解群众内心的真实想法，对每条公路都逐条研究，细化硬化措施。为切实调动群众参与的积极性和主动性，带领镇党委、镇政府的工作人员与群众户户见面，通过一事一议的方法，让群众真正地融入进来，参与进来。通过几年的努力，一条条蜿蜒曲折、跨越山水的农村公路，把村村寨寨、千家万户连接在一起，成为民心路、党心路、脱贫致富路。“感谢党的好政策，感谢我们的好书记，原先这里都是土路，现在变成了硬化的水泥路，村里都实现了户户通，雨天走路再也不会深一脚浅一脚了，收庄稼的时节小车直接开到山上，那叫一个便利啊。”中城镇后坝村村民杨宗林津津乐道地讲述着。通过抓基础、保脱贫，在任职期间解决了 1978 户贫困户的安全住房，累计完成了村主干道硬化 150 公里、通组公路新建 38 公里、维修改造通组公路 97 公里、户间道硬化 177 个村民小组 39.92 万平方米，农村公路硬化率从不足 5% 提升到了 50%，切实打通了贫困群众的致富通道。

“选准路子”，带领群众脱贫致富。脱贫攻坚，首要的任务是帮助贫困村找到发展的路子，脱贫的目标只有一个，但脱贫的办法需“量身定做”。通过不断的调研、不断的考察、不断的尝试，结合贫困村村情实际找路子，分析群众致贫原因找路子，立足群众脱贫需求找路子，着眼贫困村长效脱贫找路子，谋划一个又一个项目，培育一个又一个产业。按照全镇的土壤、气候和地理位置，全镇紧扣“一核三山四带”的产业布局思路，即以完善县城配套设施为核心发展旅游业，建设华峰山绿色屏障基地、县城后山旅游观赏基地、官斗山休闲农业基地，实施大沙—农业—田坝—良姜李子枇杷产业带、二级公路沿线竹产业带、二半山红心猕猴桃产业带、1000 米以上笋用竹、茶、经济林、中草药生态产业带。围绕发展思路，率先完成了 11 个行政村产业发展方向，带领群众建设了 6 个年出栏生猪 12000 头的生猪代养场及 6 个养牛养鸡养鱼场。就业是脱贫致富的有效手段和支撑，围绕全镇 10136 名贫困劳动力，抓培训、强组织，拓宽就业渠道。对未就业劳动力开展全面的摸底排查，对其技能水平、培训需求、岗位要求、意向输出地等建立台账，形成“就业培训需求清单”，在加大钢筋工、焊工、水电工等强劳力培训的同时，同步开展导游、管理、设计、刺绣等技术性培训，努力实现“户户有人培训、户户有人就业、户户充分就业”。目前，全镇落实贫困劳动力务工就业 4067 户 8992 人，就业率达 88.71%；已发展李子 2 万亩、猕猴桃 1 万亩、方竹 4.6 万亩、枇杷 1 万亩、甜柿 0.55 万亩、花椒藤椒 0.3 万亩、茶叶 0.3 万亩，户均产业近 8 亩，基本实现了产业发展全覆盖，脱贫了一个又一个家庭，带富了一个又一个村子。

“乡村旅游”，示范打造助力脱贫。绥江雄卧溪洛渡、向家坝两大巨型水电站之间，118 公里长湖碧波荡漾、40 万亩竹海郁郁葱葱、沿江“六山”峰峦竞翠，是长江上游的重要生态屏障，素有“人间阆苑·国之氧都”之称。近年来，绥江把旅游扶贫作为助力绥江县脱贫攻坚的重要抓手，精心打造“云上人家”夫人坝、“梦里水乡”大团岩等乡村旅游示范点，全面打响了旅游产业攻坚战。在夫人坝和大团岩乡村旅游示范点打造过程中，最大的难题就是施工条件恶劣，材料运输困难，泥泞破烂的道路仿佛天路一般，有的路段需要连续鏖战几天几夜才能抢通。其中，使我印象最深刻的是回望村牛黄井路段的材料运输，狭窄、陡峭、泥泞是这段道路的代名词，许多有着多年驾龄的老司机一听这段道路都为之一颤。几天雨水冲刷洗礼过后的道路更是天堑一般。但是再艰险、再困难，也不能耽误工期，尝试了装载机推、挖掘机拉、石头回填等各种方法、各种手段后，在镇领导和施工队伍齐心协力、不畏艰难下，终于克服了材料运输这一绝对难题。为了抢抓工期，我带领镇班子成员白天到施工现场督促施工进度，夜晚召集村民讨论解决存在的问题，饿了就和工人们一同吃大锅饭，困了就同工人们一起住工棚，时任中城镇镇长王光涛，把夫人坝当作战场，有时一待就是一个星期，还闹出被一名货车司机当成是民工的笑话。千淘万漉虽辛苦，吹尽狂沙始到金，现如今，一座座小洋房鳞次栉比，一条条户间道蜿蜒盘旋，一张张笑脸喜上眉梢。原本偏远、贫穷、落后的小村庄现在摇身一变成了山清水秀、碧水潺潺、绿树成荫，鸟语花香的乡村旅游示范点，每年接待县内外游客达 2 万人次，带动贫困群众户均增收 3000 元。在乡村旅游示范村建设的那段日子里，尽管每天起早贪黑甚至通宵达旦，无论大雨倾盆还是烈日灼身，我们丝毫没有觉得苦累，因为群众脸上那灿烂的笑容和对生活美好的向往就是我们共产党人毕生的追求。

“决战易迁”，斩断穷根奔向小康。易地搬迁扶贫是脱贫攻坚的重中之重，同时也是脱贫攻坚中最难啃的“硬骨头”之一，当地群众受安土重迁观念的影响而“不愿搬”，因搬出去后不能继续在老家养猪、养羊、种庄稼，担忧搬出去后日子过不走而“不想搬”。但易迁是解决山区贫困人口的治本之策，边远山区贫困地区气候高寒、灾害频繁、交通不便、生态恶化，基本丧失了生存条件。解决这些问题，不仅需要巨额资金投入，还要以牺牲生态环境为代价，得不偿失。中城镇回望村、良姜村、绍廷村、铜厂村、中村村等部分高寒山区，交通极为不便，外出办事基本靠走，或是泥泞不堪、或是悬崖绝壁，有的村落村民出门上街仅来回就需要一天的时间，交通不便严重制约着当地经济和群众自身的发展。同时，高寒山区土地有效利用率低也是最大的难题之一，由于山高坡陡、土地贫瘠等因素，除了能种少量玉米、蔬菜以外，小麦、水稻、大豆等农作物基本没有收成。要想改变这种局面，最根本、最有效的办法就是“易迁”。为了解决群众“不愿搬、不想搬”和搬迁后无法过上好日子的念头，我带领镇党委、镇政府班子白天走村串户做思想工作，晚上针对群众提出的问题研究解决方案，目的只有一个，那就是让所有高寒山区的群众实现应搬尽搬。中城镇回望村村民杨顺高真情地说：“我都 69 岁了，已经习惯了这里的生活，故土难离呀！但为了子孙后代能够更好地发展、更好地生活，我们得搬出去！”杨顺高老人的话正是易地扶贫搬迁的真正意图所在，更是我们党为了实现人民群众美好生活的伟大实践。脱贫攻坚期间，中城镇共搬迁 783 户 3004 人，为使易迁群众搬得出、稳得住，绥江县委、县政府结合区域发展实际，确立了“短能脱贫、长能致富”的总体思路，坚持示范引领、大户带动，通过盘活土地资源、推进捆绑入企、开展培训就业、建设扶贫车间、实施资产收益、开发公益岗位、落实政策兜底等方式，确保易地扶贫搬迁群众家家有就业，让群众搬得进来、稳得住、能致富。

一分耕耘一分收获，截至 2019 年，全镇 11 个村（社区）全部脱贫出列，4264 户 17483 人实现脱贫，贫困发生率降至 0.17% 以下，啃下了最难啃的骨头。如今的中城镇伴随着一条条扶贫路的延伸，带动了村域经济的发展，农村面貌发生了很大的变化，交通状况、照明、改厕明显改变，产业发展步伐加快，干部群众思想观念明显改变，发展致富走上了快车道，向幸福的小康之路轰鸣驶去。

角色转变、续写担当，全力以赴打赢脱贫攻坚收官战

2018 年年底，绥江县顺利完成脱贫摘帽，我结束了长达 22 年乡镇工作经历，2019 年 3 月，带着组织的期望和人民的信任，我走上了县委常委、常务副县长这一重要岗位，比起以前只操心一个乡镇工作的脱贫工作来说，现在身上的担子更重、压得更实，工作性质和工作内容发生了很大的变化，

除了分管全县扶贫工作以外，还分管着发展改革、财税金融、安全等具体工作。为了尽快转变角色，融入新的岗位，我白天召集分管部门研究具体工作，争取早日熟练上手，同时利用周末走村串户，听民声、察民情、访民苦，在短时间内走遍了全县每一个贫困村。晚上静下心来学习各类政策文件，认真研究每一份脱贫攻坚的政策文件，因为只有把顶层设计学懂弄通，扶贫措施才能够更加精准有效，才能够更加科学地谋划制定出“因村制宜、因户制宜、一户一策”的科学脱贫方法。

聚焦产业补短板。产业发展是绥江县贫困群众脱贫增收的重要来源之一，为了牢牢扭住产业这个“牛鼻子”，我深入每个村实地走访调研，每到一处，便和村组干部、致富带头人和贫困群众座谈交流，分析种植技术、交流管护经验、论证产业布局、探讨利益联结。为了充分发挥各级党组织牵头、村级集体公司管理、专业合作社组织、群众的主体作用，建立上绑龙头企业下绑农户的“双绑”利益联结机制，积极鼓励村进来和有实力的能人大户、公司带头发展产业，形成能人大户或“公司 + 基地 + 农户”的发展模式，确保了产业发展有人管、有人抓、有人经营。目前，全县竹产业达 54 万亩（其中笋用竹 32 万亩）、“半边红”李子 10 万亩、猕猴桃 4 万亩、甜柿、枇杷、桂圆等水果 14.5 万亩；魔芋、茶叶、中药材等特色经作 3.65 万亩，户均产业近 10 亩。新建生猪代养场 30 个、6 万头仔猪场 1 个，全年可出栏商品猪 6.5 万头；新建 1000 头养牛场 1 个、50 头以上养牛场 6 个、5 万羽蛋鸡养殖场 1 个、万羽土鸡养殖场 7 个。全面落实了水稻、玉米、油菜、能繁母猪、半边红李子和 6 万头生猪政策性保险，申报获批“三品一标”认证 18 个，其中无公害农产品 5 个、绿色食品 12 个、地标农产品 1 个，“绥江半边红李”等品牌享誉省内外，全县产业发展欣欣向荣。

聚焦劳务促增收。绥江县属于典型的劳务输出县，有农村劳动力 63643 人，其中建档立卡户 25960 人，农村劳动力外出务工收入是巩固提升脱贫成效、全面建成小康社会和推进乡村振兴的重要支撑。县委、县政府高度重视贫困劳动力外出务工工作，通过开展产业和行业认可的职业技能资格证培训，全面提升贫困群众的务工技能。目前，全县职业资格证培训累计培训2344户2853人，职业技能培训累计培训6285户25831人。今年，全国遭遇了空前严峻的新冠肺炎疫情，严重地危及群众的身体健康和生命安全，封城、封村、封路蔓延全国上下。3月，全国疫情相对好转以后，逐渐开始了复工复产，但我心中却始终有一块大石头压着，因为，全国还没有完全解封，但当务之急是如何让贫困群众安全、顺利地到工厂务工是最大的难题。为了使群众了解疫情现状，打消顾虑，外出务工，我每天穿梭在镇村之间，给群众做工作，解疑惑，其间，因为群众的不信任我吃过闭门羹，但我迎难而上，越是不信任的群众就越是我做工作的重点，在我看来，没有什么比党和政府更让群众值得信赖的。为了使群众有更多的就业选择，我亲自与浙江、广东、昆明等地的92家用工企业对接，向群众共推荐36家企业2.8万个岗位。为了使群众能够顺利到达务工目的地，我亲自联系铁路公司和汽运公司，多次召集部门制定运输路线、保障方案，确保务工群众能够“出家门进车门，出车门进厂门”。疫情期间，全县累计输出务工人员25880人，其中建档立卡户13716人，占输出务工人员的53%。在劳务输出过程中，我连续一个月每天忙到深夜一两点才睡下，但只要能让群众安全顺利地抵达务工岗位，所有的苦和累都是值得的。

聚焦问题抓巩固。习近平总书记在决战决胜脱贫攻坚座谈会上强调：“多措并举巩固成果，要查找漏洞缺项，要一项一项整改到位。”为此，我紧扣“两不愁、三保障”和“571”标准，全面梳理了脱贫攻坚以来中央、省、市脱贫攻坚成效考核、巡视巡查、督查调研、审计、媒体暗访等发现的各类问题整改情况，亲自上阵，为全县各镇、各部门一项一项地过、一户一户地盘查，生怕错过任何一个环节，漏掉任何一个细节。面对群众收入问题，建立了致贫返贫监测预警机制和稳定脱贫长效机制，排查边缘户和监测户1707户7218人，使得动态管理更加精准。面对群众的住房问题，我带领住建部门挨家挨户排查，进行危房鉴定，确保所有群众都居住在安全住房。面对医疗问题，针对无法外出办理残疾相关手续的贫困户，协调部门，创新上门办理和委托办理的温馨服务方式。面对扶贫项目和资金支出，我多次召集乡镇和行业部门负责人，一个项目一个项目地过、一笔一笔资金地算，通过签订责任书、电话督查、约谈等方式，有效地推动了全县扶贫项目建设和资金支出，2019 年，全县财政专项资金、财政涉农整合资金支出进度在全省排名靠前。面对产业发展，我带领镇村干部上山下乡，查缺补漏，不放过任何一块空白土地，实现了贫困户产业全覆盖。面对易迁后续巩固，为了使易迁群众搬得出、稳得住，我把易迁群众的增收致富当成了主攻线，创新提出了“32371”社区网格化治理模式，并得到省市肯定。面对扶贫问题整改，我悉心研究、专题部署，用约谈督促问题整改落实，发现一处整改一处，问题不破决不罢休。

五年来，在县委、县政府的坚强领导下，在全县干部职工的艰苦奋斗下，绥江县贫困人口全部脱贫，33 个贫困村全部出列，贫困县顺利摘帽。面向未来，我将继续“不忘初心、牢记使命”，时刻不忘习近平总书记的殷殷嘱托，以更加全心全意的为人民服务的态度和决心接力奋进，再创辉煌。

（作者时任中共绥江县委常委、常务副县长）

扶贫路上践初心　同心共筑脱贫梦

施忠荣

在悠远的历史长河中，有一座镌刻在茶马古道氤氲茶香中的驿站。这里“江作青罗带，山如碧玉簪”，风景分外秀美，这就是长江东转之地——绥江。为实施大西南水电能源开发战略，17 万绥江儿女走实干部直接联系群众路线，中国水电开发史上的“三大奇迹”。脱贫攻坚战打响后，绥江干部群众再次踏上新征程，谱写了战贫脱贫的新篇章。

落在悬崖边上的“幸运儿”

你见过凌晨 4 点的绥江吗？不复白日的喧嚣，褪去了一夏的炎热，月光柔柔地洒在地上，整座城市陷入甜甜的梦中，而县行政中心九楼的办公室却灯火通明，断断续续传来噼里啪啦的键盘声。时任县委办副主任的牛国斌正在埋头苦干，偶尔从小山一样堆叠的文件中翻找着什么，夜宿办公室、通宵达旦加班是他的工作常态。工作的特殊性，加上他骨子里不服输、敢挑战的劲，让他成了不知疲倦的“老黄牛”。

2018 年 8 月 18 日，牛国斌从挂钩的中城镇绍廷村返回单位，路遇施工车辆排了长龙。见状，牛国斌下车来到路上，疏导交通。突然，一块滚石从天而降，刚好砸中牛国斌，连带着从公路外侧的陡坡上翻滚下 20 来米，现场目击者不禁失声尖叫起来。千钧一发之际，牛国斌抓住杂草，停在悬崖边上，所幸没有坠落于深不见底的崖底。经检查，牛国斌左耳及左腮破裂、身上多处软组织挫伤，耳朵和腮部共缝了 15 针。在住院治疗期间，牛国斌一直没有放下工作，受伤后一直挂念着如何让他牵头草拟的《农村旧房拆除和土地复垦办法》尽快出台实施。于是，刚缝合完还在绑着绷带、输着液，他就请办公室的同事把文稿送到医院，一边输液一边审稿。伤后第三天，刚取下绷带，牛国斌不顾领导、医生、家人的劝阻，坚决白天到办公室上班，晚上再去医院输液，没落下任何工作。

扶贫路上的“娘子军”

在新滩镇鲢鱼村有一支特殊的扶贫队伍，因为挂钩干部余妍丽、王昌彩、黄梅等 11 名同志都是女同志的缘故，被群众称为扶贫路上的“娘子军”，在脱贫攻坚中，她们红颜不惧战场，巾帼不让须眉。

余妍丽是新滩镇的党委书记，对自己结对帮扶的贫困群众，她从不含糊。进到屋里，看见挂钩户罗天亮家屋里很乱，她找来扫把、抹布就开始整理家务，完全就像在自己家里一样。就是这样一个很随意的举动，却入了罗天亮的心，在那之后不管谁去罗天亮家，都是干干净净的。余妍丽挂钩的罗长银一家，也是生活比较困难的贫困户，房子建好后，几年来没钱硬化院坝，一到下雨天，泥水成潭，坑坑洼洼。余妍丽了解到他们有个残疾的姑娘要照顾，实在拿不出多余的钱进行硬化，二话不说便买来了沙和水泥，帮助他们打了一个平整结实的院坝。

用言行影响别人，这是扶贫女干部的工作特长。结对帮扶以来，新滩镇的扶贫“娘子军”们，通过女干部特有的细心、耐心，不仅摸清了每家的致贫原因，还针对性制定了帮扶措施，通过开办农民夜校、每月村民小组圆桌会议、院坝会和脱贫攻坚“321”专项行动推进会等，采取干部讲解脱贫政策，村、组干部讲述扶贫变化和成效，村民讲述脱贫感受的方式，用身边事例教育身边群众，以少数人带动多数人，现场为脱贫户颁发“脱贫光荣证”。

当看到贫困户王明中家徒四壁的屋子，新滩镇移民服务中心职员王昌彩毅然把自家的旧沙发、桌子、电视柜等家具，请了一辆车，直接拉到了贫困户家中。

黄梅挂钩的罗长远一家，有 6 口人，其中 4 个孩子是在读的学生。妻子聂成玉视力二级残，46 岁的罗长远是一家人的顶梁柱。不幸的是，2016 年干活时，罗长远也不慎摔伤，造成重度残疾，腿脚不便，家庭十分困难。为了给贫困户予以关心关怀，黄梅每次去挂钩户罗长远家，都会给小孩随手带点小礼物。有一次，在帮忙收拾家务过程中，黄梅看到他们家的棉被、被罩都已破烂，便自己出钱给他们全家换了崭新的床、被子、被套。针对他们家的特殊情况，扶贫“娘子军”们经过协商，为他们家争取并落实了低保和特困供养政策，还给罗长远争取了一份公益性岗位的工作。

脱贫攻坚集结号吹响以来，各级党员干部在党旗引领下，走村入户宣讲政策、协调指导发展产业、结对帮扶破解难题，在脱贫攻坚一线担使命、践初心。历经 5 年艰苦卓绝的攻坚决战，彻底解决了 11 万农村群众“两不愁、三保障”问题，在全市率先脱贫摘帽。

烟雨临江来，山间雾朦胧。千年渔村透着江南小筑的雅致，绥江新县城彰显着现代都市的气息，城镇道路宽阔平坦、车辆川流不息、房屋错落有致，乡村重峦叠嶂、绿意盎然、瓜果飘香。漫步绥江，可俯观金江、卧听涛声……经过脱贫攻坚洗礼的绥江人正阔步走在乡村振兴的大道上绘就着最美的愿景，在金沙江畔谱写着幸福的乐章。

（作者时任中共绥江县委组织部干部股长）

从“三务三办”到“吹哨报到”

杨宗霖

一度时期，绥江县部分基层组织办公机关化、干部作风松散现象突出，农村群众特别是边远山区群众办事难在程序多、路程远、干部难找，服务群众“最后一公里”面临“肠梗阻”。

自2015年3月以来，绥江县立足群众所急、所需、所盼，全面深化“放管服”改革，通过实行权力、干部、网络“三个下去”，走出了一条县务镇办、镇务村办、村务组办的“三务三办”便民扶贫之路。2020年，为进一步实现“小事不出村（社区）、大事不出镇、县直部门能报到、群众需求速响应”，在借鉴北京市“街乡吹哨、部门报到”的经验基础上，绥江县探索形成党建引领“基层吹哨、部门报到”新模式，实现服务群众“零距离”。

“三务三办”，把服务送到群众家门口

绥江县“三务三办”是顺应群众办事少跑路、少花钱的期盼，将县级行政审批权限下放到乡镇，通过综合服务平台，大部分群众所需办理事项通过网络即可办理，同时让行政审批权力在阳光下运行，全面接受群众监督。

“三务三办”带来的最大变化是广大干部深入基层、沉下身子，与群

众打成一片，了解民情、倾听民意、汇聚民智，高效解决群众诉求，在群众心中树立了党和政府的良好形象和公信力。广大干部定时定点进村入户开展工作，落实好各项脱贫措施，积极引导群众发展产业、参与村级事务管理，有效地增强了贫困群众的脱贫信心。

目前，群众常用的67个证件可以在村以下办理，累计为群众办理服务事项8万余件，为群众节约办事成本3000余万元，真正把服务送到了群众家门口，为群众脱贫致富提供坚强保障。

“三务三办”，变群众跑为干部跑

“以前我们一个单边到村上要两个多钟头，到镇上要三四个钟头，赶车到城头要半天，再办点事情，当天还不一定赶得回来。办个事情，起码要一两天。现在好了，有了‘三务三办’，好多事情干部上门帮我们办，老百姓就少跑路了！”南岸镇南岸村8组组长熊国华深有感触地说。

原来，为促进干部直接联系和服务群众工作常态化、长效化，绥江县将县、镇、村三级行政审批事项办理工作下移一级，组建了“县务镇办、镇务村办、村务组办”三级服务工作队，16家县直部门派出负责审批事项的人员组成“县务镇办”工作队，将涉及群众的61项县级审批事项及审批专用章一并下放到镇，每月定时巡回到镇开展一天现场办公，使审批事项、公章、人员“三到镇”。

在镇一级，由一名镇领导带领民政、计生、城建、国土等站（所）负责审核的人员组成“镇务村办”工作队，带着公章、空白证（照）每月定时巡回到各村开展一天现场办公，负责审批、审核群众申请的镇级办理事项，发挥县务镇办、村务组办的中转衔接作用。

在村上，通过将村级服务事项下移到村民小组，由村“两委”成员定人、定时、定点、定职、定责，每月到村民小组开展一天现场办公，负责收集群众办证所需的资料并为群众代办，同时开展走访群众活动，收集民情民意、调解矛盾纠纷、宣传解释政策。

“三务三办”不仅有效整合了县、镇、村、组四级服务资源，还采取“办理 + 全程代理”的服务模式、“服务 + 宣传解释”的工作机制，形成了上通部门、下达村组、直联群众的服务网络，解决了群众长期以来往返跑、多头跑的问题。

“互联网 + ”，变干部跑为网络跑

2014 年，绥江县被列入云南省第一批基层服务型党组织综合平台建设试点县，大胆探索、先行先试。

在试点工作中，从基层党组织、党员群众的实际需求出发，投入资金 430 万余元，在全县所有镇、村（社区）和 18 家县直部门建立了综合服务平台。同时，将 35 家县直部门 194 项服务事项上传到综合服务平台进行宣传，18 家县直部门 73 项办理事项纳入综合服务平台进行审批办理。

家住较偏远的互助村 29 组群众孙树贵，通过综合服务平台，在村委会很快就办好了二孩生育证。他高兴地说：“以前我办一孩生育证跑了 5 天，车费都花了三四百元，这次才花了半个小时，而且连路费都省了，这个平台很方便，真是服务到家了。”

评价倒逼，变干部说了算为群众说了算

为了使“三务三办”工作落到实处，县委将“三务三办”工作作为开展“三严三实”和“忠诚干净担当”专题教育的重要载体，通过设立群众

监督员、工作意见簿、投诉电话等方式，实现了群众评价倒逼，激发了干部直接联系服务群众的内生动力。

由各村民小组随机推选出3名群众监督员，对该组“村务组办”工作人员的到岗履职情况进行监督。在镇、村、组三级分别设立“三务三办”工作意见簿，由办事群众对承办人员的业务能力、工作作风、服务效果进行评价。同时，在县委组织部和各镇纪委设立专门的投诉电话，负责受理群众对“三务三办”工作的投诉。

县委在“三务三办”工作中，将群众对干部的监督评价作为各级党组织书记抓党建、干部评先评优和年终考核的重要依据，并对不作为、慢作为、乱作为的干部启动组织处理程序。通过群众监督评价体系，以群众满意不满意、群众高兴不高兴、群众答应不答应作为衡量干部作风好不好、工作实不实、业绩优不优的重要标准，增强了干部服务群众的思想自觉和行动自觉，实现了群众办事不出村、干群关系一家亲。

“吹哨报到”，实现服务群众“零距离”

绥江县“基层吹哨、部门报到”的关键是以43个村（社区）为基本网格，在纵向上构建“党（工）委—党总支—党支部—党小组—党员中心户”网格化管理和服务机制，在横向上统筹63家县直部门下沉网格，形成基层党建引领基层治理，并将三级管理（县镇村）、三长负责（总片区长、片区长、小组长）等融为一体，织密治理全覆盖“一张网”，建立起县、镇、村（社区）三级“基层吹哨、部门报到”机制，明确“吹哨”主体是各镇党委、各村（社区）党总支，“报到”主体是县直各职能部门，制定出《吹哨报到工作流程图》，对基层吹哨的需求、目的、审批程序、事中监督、事后考评等环节进行明确规定，形成“问题排查、研判分类、基层吹哨、县级转办、部门报到、监督考核”的工作流程，实现“受理、执行、督办、考核”闭环管理，保障了“吹哨”不虚设、“报到”有作为。

“吹哨报到”机制建立以来，县直部门下沉一线“报到”解决群众问题 600 余件，切实有效打通了干部直接联系服务群众“最后一公里”。

基层“吹哨”，让群众有问题不跑不问不费钱

“从前路不好时，到村上镇上办事费时费力还没办好，‘三务三办’开始后，在我们生产队上指定的‘村务组办’地点就能够办好，现在更好了，有任何困难，打一个电话给村支书，县上和镇上的干部直接来我家帮我解决了。”对于这样的变化，石溪村村民苟贵东深有体会地说。

为了进一步向基层“赋权”，明确了镇党委、村（社区）党组织在强化党的领导、巩固脱贫成效、提升人居环境、实施乡村振兴、推进基层治理、强化城镇管理、维护安全稳定、开展公共服务等工作方面的职能职责，并以云南省“智慧党建”为抓手，整合已有网上平台资源，开通服务热线，实现群众事项咨询、建议、举报、投诉“一线通”，村（社区）收集问题到小组，小组收集到住户，并将群众反映情况梳理成“哨源”，形成问题清单上报。“吹哨报到”在“三务三办”基础上，落实镇对相关重大事项提出意见建议权，对推动中心工作的统筹协调和督办权，加大了镇、村（社区）对县直部门“报到”工作情况考核的权重，并按照“背靠背”原则反馈考核结果。

部门“报到”，让干部进村入组解难题

在推动“吹哨报到”工作中，社区成立了党建联盟，深入推进“大党委”建设，通过党建联席会议、共驻共建、脱贫攻坚挂钩联系机制、“三务

三办”等载体，深化建立“党工委 + 党总支 + 党支部 + 党小组 + 党员中心户”五级责任网格区 1159 个，让 39 名处级领导、410 名科级领导、3091 名普通干部职工、1 万余名志愿群众能够迅速响应“基层吹哨”，及时到镇、村（社区）“报到”，在一线解决问题、服务群众。

按照“哨响”速“报到”的原则，“哨子”吹响后，村（社区）能办理的即接即办，不能办理的及时上报各镇“吹哨报到”办公室研判分析，确需县级相关职能部门协调解决的上报县“吹哨报到”办公室。县“吹哨报到”办公室收到“哨源”后，根据部门职责分配工作任务形成交办清单，在 2 个工作日内进行“派单”。职能部门接到“派单”后主动对接村（社区）党组织“报到”，根据需求解决相关难题，并在 15 个工作日内反馈办理情况。

“吹哨报到”，让部门为群众办好事

干部通过到村（社区）“报到”与群众交流、为群众办事、受群众监督，深化了鱼水深情、密切了血肉联系，得到了群众的信任和拥护。胜利村村民潘志强说：“为了产业园发展，对产业园区全程 3.85 公里的公路进行了硬化，但 250 余万元补助资金却迟迟没有得到，通过‘吹哨’将问题反映了上去，县交运局立马就来‘报到’与我们联系，并将公路纳入项目库，帮我们解决了问题，我们老百姓很满意、很高兴。”

绥江县以群众吹哨响应率、解决率作为重要评价指标，以群众满意度作为评价报到工作的考核机制，每月随机开展 1 次满意度调查，定期组织基层党组织和“两代表一委员”对“报到”部门解决问题情况进行评价，强化评价意见和考核结果运用，将“基层吹哨、部门报到”工作纳入各单位年度考核，与评先评优、职级职务晋升等挂钩。

在考核评价基础上，建立了工作调度制度，通过“问题、交办、考核”

三份清单，县“吹哨报到”办公室建立管理台账，实行清单销号管理，对“哨源”问题进行跟踪督办。通过适时召开汇报会、协调推进会、现场观摩会等方式，落实通报制度，对工作成效明显的部门党组织及相关人员予以通报表扬，作为评先评优、提拔使用等的重要参考，对工作不力的部门党组织主要负责人及相关人员予以通报批评、约谈教育、取消评优评先资格或组织处理。

从“三务三办”到“吹哨报到”，这是一次不平凡的新时代基层治理体系探索发展之旅。如今，在绥江大地上，服务下到农村基层、送到群众家门，实现了以往“群众找人办”到现在“干部上门办”的转变，群众的权利不再悬空、干部的作风深入转变，开创了打通“最后一公里”、服务群众“零距离”的良好新局面。

（作者系绥江县“吹哨报到办”工作人员）

用“纪律之砖”铺就脱贫“坦途”

刘 骁

我是2018年9月调到县纪委监委工作的，此前对纪检监察工作知之甚少，甚至每次有纪检监察干部到单位开展监督检查时还会有“又来挑刺儿了”的想法。

到了纪委后，一开始，我被安排在机关办公室工作。在这过程中，我先后多次负责记录扶贫领域监督执纪问责工作推进会等相关会议，慢慢地也就对纪检监察机关以监督执纪问责护航脱贫攻坚工作有了大致的了解。但真正开始用心去了解、搜集纪检监察机关脱贫攻坚监督执纪问责工作细节、查处的典型案例，还是在我专职开展纪检监察宣传工作以后。

监督检查不是“挑刺儿”

还记得我写的第一篇脱贫攻坚监督执纪问责工作的稿件，是关于我们县纪检监察机关建立的脱贫攻坚“1+1+1+1”捆绑监督机制，也就是由“纪委常委或监委委员＋纪检监察室＋纪检监察组＋乡镇纪委监察室”组成监督检查组，对脱贫攻坚工作开展监督检查。为了让稿件呈现的效果更有现场感、可读性，组稿前，我采访了好几个监督检查组工作人员，让我记忆犹新的是郭薇（时任中共绥江县纪委常委、组织部部长）给我讲的一件事。当时，我问她："你们在监督检查中，精准发现问题的'诀窍'是什么？"她说："认真、细致，有责任心，不放过任何可能是问题的线索，还有多方核实求证。"看我一脸茫然，她又说道："就像有次我们去开展监督检查，在田间地头随机察访时，我们问一个正在种菜的大姐，队上的建档立卡贫困户的纳入有没有严格按照'三评四定'程序来评选，存不存在不符合条件的对象被纳入的情况。大姐就说都是按照程序来评的，都符合。但在我们转身准备走的时候，旁边另一个群众小声说了一句'方家姑娘好像是考上的正式老师，但他家也是卡户，这种怕不符合条件哦'，这句话立马就引起了我们的注意。随后，我们检查组就兵分两路，一边立即到群众所说的'方家'详细了解掌握情况，一边就去村委会，查阅相关档案资料，问村干部、驻村工作队，核实情况。最后查下来，这户是在 2015 年按照'三评四定'程序进入卡户的，而他的女儿是在 2017 年才考上教师的，并且在同年就按照相关要求和程序退出卡户了。虽然核实下来，不属于问题，但我们还是要求村委会及时在'方家'所在的村民小组公开通报相关情况，消除群众心中的疑虑。"

听了她说的故事后，我突然明白了"一线开展监督、一线发现问题、一线掌握情况、一线回应群众关切"这四句话的要义和关系。这么回头一看，纪检监察工作哪是一句"挑刺儿"就能简单概括得了的啊。

脱贫攻坚工作推进到哪里，全面从严治党就覆盖到哪里，监督执纪问责就跟进到哪里。而选择最合适的纪检监察干部开展相应的监督检查，才能实现监督检查的成效最大化。同事韩勇就因善于学习、善与群众打交道，常常被选去开展脱贫攻坚项目实施有关的监督检查，如乡村硬化路工程建设监督检查、产业建设监督检查等。他最近一次参与的监督检查项目是 2019 年年底的绥江县大坪万亩方竹示范基地建设。那是一次标准的"嵌入式"监督，在项目建设的 40 天里，韩勇和项目建设团队同劳动、同工作、同研究，既参与项目建设的各个环节，又对建设过程中的重点环节、关键人员开展监督检查。为了宣传报道，我当时也采访过他。在采访过程中，他张口就来的“打塘”“种坑”等专业术语，不禁让我感叹：“你怎么什么都懂呀！”韩勇回答我：“不是什么都懂，而是为了更好地开展监督、精准监督，要求我们必须要知道一些，不懂就要学，就算达不到专和精的程度，但至少要懂得基本。”

群众的损失不能不查清

2019年4月，绥江县纪委监委组织开展“清存量”专项行动，采取“10+X”模式，即抽调10名机关业务骨干作为固定成员、抽调数名镇纪委和派驻纪检监察组干部以案带训，组建工作专班，对历年未办结的扶贫领域问题线索进行大排查、大起底、严查处。截至2020年6月，2019年及其以前扶贫领域问题线索已经实现“全清零”。当然，在这之中，我们县纪委监委宣传部也进行了多次报道，有一篇报道采访背后的经历，让我感触良多。

那是在2020年4月，我按照单位安排，和王正林副书记等一行前往南岸镇珍珠社区就县纪委监委查处的一起扶贫领域违纪案件开展收缴违纪资金集中退返群众活动的采访报道。在去的路上，我与此案的两名案件具体承办人员一起坐在车子后排。对于从没参与过办案的我来说，案件查办的过程一直很是好奇，于是，我便抓住这个机会，跟他们讨教起来。当我问道：“在查办这个案件的过程中，遇到的最大困难是什么？”他们两人不约而同地给了我相同的答案——调查取证时，有些群众不愿说、不敢说，有些群众记不清、说不清，特别是自己损失的金额，好多群众根本记不清。“那怎么办呢？”坐在前排的王副书记“抢答”道：“群众记不清了，就靠我们多方取证来查清啊，这个记不得，那个记不清，但总会有人记得，这样档案资料没有，那样痕迹资料总在，既然要查，就一角一分都要查清楚、说明白。”

等我们到活动现场南岸镇珍珠社区时，30余户当事群众已经差不多都到齐了。在三四十名群众的共同瞩目下，集中退返活动正式开始了。通报案情、宣布处分决定、公开收缴违纪资金退返方案……终于到了活动的“重头戏”：退返违纪资金。6.8万余元现金整齐摆在领款台，30余户群众依次登记、签名、按印、领款，相机镜头里工作人员笑着、群众笑着，镜头后的我也被这种“幸福”的氛围深深感染，跟着笑了。

结果，光顾着拍照，却没有把握时机多采访一下当事群众、了解他们对此次活动的真实想法，让我事后懊恼不已。没承想，不久后，昭通市纪委监委看了我们的宣传报道，竟联合市电视台下来就此作专题拍摄，我顺理成章地成了此次拍摄工作的协助者。在协助采访的过程中，我有了再次采访当事者的机会，其中，有两名被采访者所说的话，让我对纪检监察工作产生了前所未有的使命感、自豪感。一个是其中一名案件当事群众老徐向记者说的：“不要说有没有想过‘这个钱还能不能退回来’了，在我心中，直接已经把这件事都忘记了，现在县纪委和政府把这个钱给我们追回来，分到各家各户，我们非常高兴。很感谢县纪委，感谢工作人员的付出。”另一个就是王副书记向记者说的：“涉及群众切身利益的问题，事再小，我们也不能够放过，钱再少，我们县纪委监委也要依据依法地予以追缴，把涉案款物退返给群众，让我们老百姓真真切切地感受到全面从严治党带来的安全感和脱贫攻坚带来的幸福感、获得感。”

纪委较真才能确保脱贫成果“真”

因为工作分工的缘故，我很少参与纪检监察业务工作。2020年年初，因为疫情防控和后续复工复产、脱贫攻坚等工作的监督检查需要大量人手下沉一线，我得以参与了几次。其中有一次监督检查，我被分在了由罗书记（绥江县委常委、县纪委书记、县监委主任罗义）带队的组。

当天，我们组负责监督检查的是板栗镇桂花村。第一站是桂花村委会，我们到时，晨雾都还未散开，乡间的清新空气，让人不自觉地就放松了下来。当我还在感受这份舒适惬意，罗书记已经投入了工作。“现在办理健康证，需要提供些什么？多久能办下来？据你们的了解，全村尚未外出的返乡人员还有多少？”“来办证便捷吗？办事干部存不存在推诿扯皮等问题？”看见有群众正在办理健康证明用以外出复工，罗书记便询问起来。掌握基本情况后，我们开始了随机入户走访。说是随机走访，因为是随机选择的桂花村 8 组，但到了入户时，我们却几乎走遍了队上的每一户，真正做到了“遍访”。“小伙子，挂钩人员有没有向你推荐用工岗位？”“大姐，春耕备耕有没有遇到什么困难？种子、化肥是不是都能满足需求？”“老乡，联系好务工企业没有？办理健康证没有？准备哪天出发？”……不管是逐户走访，还是沿途偶遇，只要有群众，我们都会与他们热情交流，深入细致地讲解当前疫情形势、复工复产情况以及外出务工就业的优惠政策，打消群众心中的顾虑，鼓励剩余劳动力外出务工，增加家庭收入，巩固脱贫成效。

整个走访下来已快 5 点，坐在回城的车上，我立马就有了困意。车子刚走没多远，突然被罗书记叫停了。原来他发现公路旁边有条小路，是我们刚刚没有经过的，“走，下去看看，搞不好里面有我们没有走访到的农户。”在他的带领下，我们沿着那条小路走了进去，大概 40 米后，果然看到了一栋白色的小平房。一名操着外地口音的妇女，怀里抱着一个约莫两三岁的娃娃在门口玩耍。“大姐，你们家里有几口人？有没有外出务工的打算？准……”还没等罗书记的话说完，对方就接过了话，“就三个人，明天就全部回（去）昆明了，今天才去村委会开了健康证明。”“那出去后的工作落实好了吗？”“落实了，就在之前上班那里做……”

见我们回来，在车上等待的驾驶员好奇地问道：“有没有人家户吗？”我回答：“有一家，住得太隐蔽了。”同行的另一名同志接着说：“就是啊，不注意真的很难发现那里还有一家人。”听了我们的对话，罗书记语重心长地对我们说道："所以说啊，幺哥些，纪检监察工作必须要做到'过得细、过得硬'，脱贫攻坚要求不让一人一户'掉队'，那我们的监督检查就必须做到'全覆盖'，只有我们纪委较真了，大家落实工作才能认真，群众得到的实惠才能真实，脱贫成果才能'真'。"

自启动脱贫攻坚监督检查以来，绥江县纪委监委已先后开展专项监督检查171轮次，处置问题线索130件，党纪政务处分22人次，问责24人次，约谈提醒或批评教育28人次，以铁的纪律、严的要求、硬的作风持续有力推动脱贫攻坚工作落到实处，为全县脱贫攻坚整体推进奠定坚实基础。

（作者时任绥江县纪委监委宣传部长）

激发群众内生动力　打牢脱贫致富根基

谭平才

扶贫先扶志，“富口袋”先“富脑袋”。在脱贫攻坚工作中，绥江县始终把解决思想贫困和解决物质贫困摆在同等位置，创新宣传方式、拓宽宣传渠道，不断总结推广好成效、好典型、好经验，积极抢占主阵地、弘扬主旋律、提振精气神，激发贫困群众脱贫内生动力，调动广大群众投身脱贫攻坚、乡村振兴的积极性和主动性，进一步筑牢脱贫根基，巩固脱贫成果，提升脱贫成色。

发挥“领头雁”作用　凝聚脱贫攻坚强大合力

俗话说，“村看村、户看户，群众看党员干部”，群众的眼睛都瞅着村里的党员干部、群众代表。为此，绥江县紧紧围绕“发挥群众主体作用”目标，牢牢把握“村民小组长”这个关键、突出“党员”这个核心、强化“群众代表”这个重点，依次开好小组党员会、群众代表会和小组群众会，从少数关键到大面全部，层层统一思想、凝聚共识，形成脱贫攻坚强大合力。

自 2018 年 12 月以来，全县各挂包单位挂钩干部深入 33 个贫困村 700

多个村民小组，以村民小组为单位，每月定期不定期召开好“三个会”。会上，干部与群众一道看今天、比过去、谋未来，解决群众“精神贫困”问题，带领群众冲出惯性思维的“重围”，激活安于贫困这“一潭静水”。

过去，在绥江农村想组织群众召开村民大会，光是召集群众就需要花费大把的精力。好不容易组织部分群众来了，会场上，有的玩手机，有的交头接耳，有的甚至开到一半就匆匆离场。往往是台上讲得滔滔不绝、舌绽莲花，台下群众无精打采、昏昏欲睡。如今，只要村民小组长一个电话或一个通知，全村在家群众准时到场，会场上大家聚精会神，认真听讲，生怕错过什么好的扶贫政策、致富信息等。

抓实“两项教育” 激发群众脱贫内生动力

“身贫好扶，心贫难治。”在脱贫攻坚工作中，部分贫困群众“等、靠、要、争”思想严重。对此，绥江县重点抓好诚信感恩和脱贫光荣“两项教育”，补齐精神短板，激发贫困群众内生动力，真正帮助贫困群众实现物质与精神上的双脱贫。

“共产党辛劳为民族，共产党他一心救中国，他指给了人民解放的道路，他领导中国走向光明……”2018 年 12 月 30 日，县水务局在中城镇中村村桃子小学操场上举行脱贫攻坚“321”群众动员大会。当天，虽然天寒地冻，但阻挡不了大家的热情。各级挂钩干部和当地党员干部群众近 200 人汇聚在学校大操场，共叙扶贫之路，共庆脱贫之喜，共谋小康之事，铿锵有力的歌声回响在白雪皑皑的桃子片区上空……

“你们知道贫困户是怎么确定的吧？作为贫困户，你们得到了哪些政策扶持和干部帮扶心里有数吧！”县人大常委会副主任周远贵在给群众讲党课的过程中，围绕“自强、诚信、感恩”主题，讲清是非荣辱，从自己的经历和身边小事入手，和群众讲故事拉家常，引导群众增强“脱贫光荣”的人生荣誉。周远贵还和群众一起算了五笔账：一算经济实惠账，给群众讲清脱贫攻坚以来上级对本小组的项目资金投入情况；二算环境变化账，和群众讲清群众住房、出行、就医、就学条件的变化；三算民主政治账，讲清群众的民主权利，引导群众的事情群众办；四算干部付出账，让群众想想挂钩干部在脱贫攻坚上付出的心血；五算自身贡献账，让群众思考自身又为党和国家、为本村民小组作出了哪些贡献。“五笔账”形成对比，教育群众说真话、说实话，知党恩、感党恩。

“几年来，我们村公路变长、房子变新、饮水变清、产业变多、群众变富，孩子有学上，治病有保障，这一切的变化，都得益于脱贫攻坚政策的实施，得益于挂钩干部帮扶的结果。我们应该铭记党恩，感谢挂钩干部的艰辛付出。”会上，贫困户黄登贵拿到《脱贫光荣证》时，激动地说。

创新活动载体　调动群众脱贫致富新活力

创新形式，贴近群众，找准切入点，把握结合点，才能点燃兴奋点，起到事半功倍的效果。绥江县创新宣传形式、丰富活动载体，把虚功做实，让宣传思想教育春风化雨、润物无声。

开展典型引领，让群众学有榜样。在全县43个村（社区）设立了以“我们村的榜样”为主题的光荣榜和曝光台，每月定期不定期召开群众大会，评选出大家认可的脱贫先锋、帮扶先锋、领头先锋、移风易俗典型、文明家风典型和操家理务能手等典型人物，营造“人人做好人、好人做好事、好事就上榜”的文明风尚；对好吃懒做、争当贫困户、攀比跟风、恶意分户、优亲厚友等不良行为给予曝光，着力培育贫困群众主体意识，不当观众、不当看客、不当懒人、不当闲人。深入挖掘全县脱贫攻坚战线上的典型事迹、先进人物，编辑出版了绥江脱贫攻坚故事集《筑梦路上》，拍摄了扶贫小故事《筑梦路上》专题片，通过组建扶贫故事宣讲团巡回宣讲、各类媒体刊播等形式，用身边的事教育身边的人，着力提高典型的影响力和示范效应。

完善激励机制，营造比学赶超氛围。各行政村建立了扶贫扶志“爱心公益超市”，改变常规的“发钱发物”“输血式”扶贫，由扶贫挂钩干部根据群众平时在生产生活、操家理务、诚实守信、环境卫生、孝老爱亲、邻里关系等方面的表现，量化打分，村民凭积分便可在超市换取物品，让群众主动转观念、除陋习、树新风，竞相争做新时代文明人，形成了巨大的“鲶鱼效应”。“这个超市的作用真是大，让大家都争先恐后地说文明话，做文明人，大家平时互相帮助，邻里关系和睦了，吵架声少了，欢笑声多了，大家的归属感、荣誉感和幸福感在不知不觉中增强了！”中城镇凤池村党总支书记廖玉华对超市建立前后的全村变化是看在眼里，乐在心窝。

加强宣传引导，鼓舞脱贫斗志。在县内各个媒体平台开设脱贫专题专栏，同时积极邀请大台、大报、大网到绥江采访，2018 年以来，县内共刊播新闻 3000 余条，中央和省级媒体刊播 300 余条。充分利用宣传标语、宣传栏、电子屏幕、黑板板报、户外广告宣传等，多形式、多渠道、多载体开展社会宣传，在全县各村巡回开展主题为“不忘初心感党恩 · 凝心聚力助脱贫”的“千场演出进千村”慰问演出活动，一大批《十九大领航新征程》《脱贫致富奔小康》《扶贫懒汉》等体现脱贫攻坚、自强诚信感恩的节目，受到各地群众的热烈欢迎和好评。依托驻村干部、帮扶干部等力量，通过入户走访、院坝会、小组会等形式，广泛宣传扶贫惠民政策，全面提升贫困群众对扶贫惠民政策的知晓率。

建立“歇帮”机制，有效警醒群众。针对个别群众“等靠要”，脱贫不主动，行为习惯差等不良现象，积极探索推行“歇帮”机制（针对部分贫困户不积极主动参与脱贫发展甚至违法乱纪、阻挠村镇脱贫的现象而采取暂停所有帮扶和政策兑现的惩戒性措施），确立歇帮“十种情形”并纳入村规民约。截至目前，全县共“歇帮”14户，正面教育和有效警醒了群众。同时，绥江县公检法司4部门还联发了《敦促赡养人履行赡养义务》《依法打击扶贫领域违法犯罪行为》“两通告”，对不孝父母、好吃懒做的贫困户进行阶段性歇帮和公安机关教育劝导。

抓实爱卫运动，提升人居环境。以新时代文明实践活动为载体，以爱国卫生运动为契机，发动广大志愿者和市民群众，抓实抓细拆危拆旧、复垦复绿、实施人畜分离、群众操家理务、推进厕所革命、整治路域水域环境、农村垃圾综合治理等城乡人居环境整治、村庄清洁行动，改变群众生活习惯、卫生习惯、居住环境，让广大群众生活得更有质量、更有尊严。

如今，在绥江广大农村，“等靠要”现象少了，群众精气神更足了，自力更生、勤劳致富典型更多了，“我能脱贫、我要脱贫、脱贫光荣”氛围广泛形成。

（作者时任中共绥江县委宣传部副部长）

不漏一户　不漏一人

刘安英

精准识别，是脱贫攻坚的“第一粒扣子”。如果底数不清、扶贫对象不准，该帮的没帮，不该帮的帮了，扶贫资源就会造成浪费，老百姓就会有很大意见，社会稳定和长治久安的基础就会不牢。

每笔账都算得心服口服

2017年5月开始，按照省、市关于贫困人口精准识别摸底调查工作的要求，绥江县发动2512名干部深入34个村762个小组，做到户户上门、人人见面，全面铺开对所有农户的走访调查工作。在调查中，县扶贫开发领导小组制定了种植业、林业、畜牧业产量产值参考标准，细化了玉米、水稻、蔬菜、李子等17种种植业，猪、牛、羊等11种养殖业的单产、单价、产值、成本、纯收入，列出了全国各省的最低工资标准，确保算账准确，群众服气。比如我们在调查南岸镇互助村19组王孝彬时，谈到收入，他一直强调没什么收入。调查队慢慢和他聊“你今年买了几包苞谷种？用完没有？”“我买了5包，还剩小半包。”“以你往年的收成看，1包种子的地收得到好多斤苞谷？”“没有称过，我用化肥口袋装的，有 7 袋。”“昨天看到你们隔壁老罗家在卖苞谷，卖好多钱一斤你晓得不？”“听说是一块三。”“家里有人打工没得？”“有，儿子和孙女都在打工。”“在哪里打工，干啥子？”“儿子在雷波工地上。孙女在浙江一家包包厂。”一边聊天，一边查看家里的家电家具、衣物、牲畜喂养等情况。了解了这些基本情况后，再对照县扶贫开发领导小组产量产值参考标准和王孝彬一笔一笔算账：“苞谷种买了 5 包没用完，我们就按 4 包算，1 包苞谷种种 1 亩，1 亩单产 650 斤，每斤 1.2 元计算，有 780 元，再减掉种子 1 包 20 元、化肥一袋 130 元、农药 30 元，1 亩苞谷就有 600 元收入。你种了 4 包，就是 4 亩，收入就是 2400 元。喂了 4 头猪，到了年底估计 300 斤，就按 280 斤算，根据今年的市价，每斤 8.8 元，1 头猪 2464 元，刨开猪仔、饲料成本 1900 元，还有 564 元，4 头猪就是 2256 元……”一笔一笔算下来，王孝彬都笑了，他说：“平时没记账，总觉得没得啥子收入。这样一笔一笔算下来，确实都还是有的。你们这个算法我服气！”一边说，一边在收入测算表上签了字。

把祖孙三代的情况都查清楚

刚开始，调查队员通过询问本户家庭成员的方式调查农户的人口情况、劳动能力、务工状况、本人技能、年纯收入、住房条件、田土情况、禽畜养殖、家庭财产等。在调查中发现群众争贫比穷不说实话，隐瞒实情，外出务工人员情况难以核实，基础信息搞不精准。面对这个难题，绥江县采取选举群众代表参与调查的方式来破解。群众代表由群众无记名投票、投苞谷籽或黄豆进行“海选”，不提名候选人，选谁做代表完全由群众说了算。50 户以下的小组选 3 名群众代表、50 户以上的小组推选 5 名群众代表，全县共推选了 2437 名群众代表全程参与精准识别摸底调查工作。群众代表常年和本组群众一起打交道，对各家各户的情况了如指掌，对一些隐瞒情况的，群众代表当场进行指正。比如，在互助16组开展摸底调查时，农户王友义一直说自己家庭没什么收入，一直叫穷，群众代表王有余当场指出王友义的父亲为退休教师，每月固定收入好几千，王友义本人和本组的王友忠、王孝奎等都在新疆管护棉花，每年收入至少三四万元。在互助19组，农户黄廷雨一直说自家有5口人，群众代表罗成友指出其孙女黄邦香2016年12月就嫁到中城镇大沙村19组王后利家，一直生活在大沙村，虽然户口一直未迁，但已经不属于家庭常住人口。农户申先贵反复强调自己的房子是危房，群众代表吴廷恩指出其在县城有住房，调查队员到不动产登记中心查询后，发现其在中城镇龙腾大道东段21号4幢1单元501室拥有一套101平方米的住房。这样的例子全县比比皆是，群众代表参与调查后，成为摸底调查的联络员、信息员、宣传员、监督员，让群众说实话、干部做扎实，确保了信息精准、情况真实、群众公认。

谁是贫困户，群众说了算

基本情况调查清楚了，可究竟谁应该被识别为贫困户，还得要群众的事情群众做。绥江县采取“三上三下”的评议方式初定贫困对象，即：一下摸清群众想法、二下组织群众讨论、三下投票表决，一上群众代表评、二上党员议、三上组委会定，规定了每一个步骤、明确了每一道程序，始终突出了让群众来说、让群众来评、让群众来定。比如，在小组终评会上，明确了调查干部介绍情况、群众提议贫困对象、充分讨论酝酿、无记名投票推选监票员和计票员、填写选票、发放选票、群众投票、当场公布得票结果8道程序，环环紧扣、步步深入。调查干部介绍情况后，有的小组在提议贫困对象环节自己提名自己，意见难以统一，甚至针锋相对，会场上说气话、吵架的现象都时有发生，往往要反复召开本组党员会、群众代表会、群众会，逐句解读贫困户识别政策，在宣传中消除“谁都能当贫困户”的认识误区，在争吵中逐户分析“谁能当、谁不能当”。投票的结果当场公布，谁是贫困户清清楚楚。群众认账了，攀比就少了，支持就多了，满意度也高了。

“剔除是应该的”

经过走访摸底，调查工作队发现，如果严格标准，清出的贫困户数量可能比较大，担心村里的干部和群众会有意见，顾虑重重，一时拿不定主意。为此，省、市、县明确提出了“只重标准、不定指标，应进尽进、应出尽出”的意见，给调查工作队队员和村干部吃了一颗定心丸。怎么做到公平公正，关键是要把账算清楚，让老百姓认账。调查工作人员严格对照《云南省扶贫开发领导小组关于印发云南省贫困对象动态管理工作方案的通知》(云贫开发〔2017〕31 号) 中明确的 10 种应剔除对象进行甄别。板栗镇罗坪村 3 组张文才户，家庭人口 4 人，是之前识别的贫困户，在 2017 年的精准识别中，调查出他的儿子在清水小学当老师，讲清政策剔除后没有一句怨言。南岸镇互助村 19 组黄邦银户，家庭人口 4 人，都是劳动力，外出务工多年，调查人员上门给他算了收入账，“你们家 4 人务工，你在建筑工地，每月工资至少 3000 元，老婆在工地上当炊事员，每月工资 1500 元，儿子在理发店，每月工资至少 2500 元，女儿在皮包厂，每月工资 3000 元，一个月全家的收入都有 10000 元，远远超过了贫困识别标准，应该剔除。”群众投票剔除后，黄邦银说：“我家都是劳动力，没有病人，也没有教育负担，剔除是应该的。”互助村 19 组的黄帮才，家里 7 口人，原来 5 人务工，黄帮才不幸患尿毒症，每月医疗花费上万元，老婆、儿子在家照顾他不能外出务工，家里收入只出不进，调查队知道情况后如实登记，纳入新识别户，群众评议满票通过。

我们在摸底调查工作中，坚持以人为本、以群众工作为主线，采取群众代表参与摸底调查工作，走实了群众路线，扩大了群众参与，对所有农户全面走访，在面对面、零距离的沟通交流中，宣传了扶贫政策、密切了干群关系、增进了感情。在2017年贫困对象动态管理工作中，全县剔除户1040户3934人。全部群众公认，无一人上访。

（作者时任绥江县扶贫办副主任）

精准施策，帮到点扶到根

刘安英

2020年6月24日，端午节前夕，我们到互助村17组黄维润家的时候，他正在新修建的卫生厕所里擦洗瓷砖，这个平凡的男子，靠着自己勤劳的双手和坚韧的毅力，撑起了家庭脱贫致富的希望。46岁的黄维润感叹："以前我们这里不通公路，房子也是危房，钱也找不到，婆娘都留不住，丢下我们几爷子出去就没再回来，受穷了几十年，出门都抬不起头。这几年，国家政策好了，扶贫干部也关心我们，2016年我们家就新修了住房，当时经济紧张，没修厨房和卫生厕所，去年，扶贫干部又给我说，修厨房和卫生厕所也有补助，国家这么好的政策支持，我打工有点积蓄，再加上政府的补助又修了厨房和卫生厕所，现在好了，日子好过了，生活又有了盼头。"

黄维润家是2015年年底识别的贫困户，识别时家庭人口6人，老父老母、3个孩子和他本人。当时刚和老婆离婚，父亲又因肺气肿长期卧病在床，每次见到黄维润他都耷拉着脑袋，对生活没有信心，抱着过一天算一天的心情消极过日子。2016年精准扶贫拉开序幕后，挂钩人员积极帮助他协调建材购买、运输，联系工匠，修起了110平方米的安全住房。住房有了，怎样增加收入，又成了摆在黄维润和挂钩干部面前的一道难题。挂钩干部和黄维润一起对家里的土地资源、劳动力情况综合分析后，定下了"母亲在家利用自家17亩土地种植玉米、养殖生猪，黄维润就近务工，再逐步发展经济作物”的增收计划，挂钩单位对养殖户购买仔猪予以补助。2017 年和 2018 年黄维润户共出栏生猪 8 头，每年增收 5000 余元，黄维润外出务工每年收入 10000 元左右。2018 年年底，在政府的帮助下，发展了 10 亩甜柿；2019 年又将家里的 18 亩林地入股给村集体公司发展方竹。谈到将来，黄维润信心满满，再不是当初耷拉着脑袋的样子。

“这些年，政府对农村太关心了，像我们这些高山，以前想都没想过还能通硬化路，现在硬化路四通八达，家家户户都住上了砖房，部分偏远的还易地搬迁进了县城。年轻人外出务工，家里的土地全部种上了甜柿，林地头都种上了方竹，日子普遍都好过了。”互助村党支部书记林瑞龙说的这些变化，正是绥江县在脱贫攻坚期间结合“五个一批”采取的“八大扶贫措施”的具体体现。

基础扶贫铺平“道路”。住上安全房是群众的根本需求，也是脱贫攻坚的基础工程。脱贫攻坚刚开始，就在全县掀起了建房热潮，挂钩干部们通过“以房找人、以户找房找人找去向”的地毯式排查，只要看到危房就必须搞清楚其户主是谁、是否有人居住，如果无人居住还必须搞清楚该户去了哪里、从事什么工作、在工作或是生活所在地有无住房，是租用还是购买，面积多大等一系列情况；只要有户籍就要调查清楚有无住房、住房在哪里、面积多大等。全面调查清楚基本情况后，再动员群众通过拆除重建、维修加固、单独老人户与儿女同住等方式彻底消除危旧房，至 2018 年年底全县累计投入资金 14.84 亿元，全面解决了 10191 户危旧房安全问题，实现了“危房不住人、住人不危房”的目标。2019 年、2020 年为提升人居环境，又出台了“没有厨房的新建厨房最高补助 2000 元、院坝硬化最高补助 1000 元、新建水厕补助 800 元、柴房补助 500 元”的补助政策，全面提升了农村人居环境。

解决了安全住房这个最基本的需求，如何发展，还得道路先行。2015 年“挂包帮转走访”遍访之初，泥泞的泥巴公路和崎岖的山路让挂钩干部们吃足了苦头，也成为群众脱贫致富的“拦路虎”。我们单位挂钩互助村茶林片区，要想到互助村只有从大鹿溪经核桃坪到互助村这样一条独路，2016年大（大鹿溪）核（核桃坪）线硬化封闭施工期间，互助村就成了孤岛。从互助村到我们挂钩的茶林片区除了“甩火腿”走路是没有其他选择的。而现在，要到互助村可以有三条道路选择，可以从大鹿溪经核桃坪到达、从石互路到达（石梁子到互助），还可以从中城镇的红芭（红庙到芭蕉溪）路到达。至2019年年底，绥江县1301公里乡村公路，已硬化701公里，基本实现了每个村民小组都通硬化路，并形成环形路网，避免“断头路”带来的尴尬。

在水、电、通信方面，至2018年年底共投入资金9.61亿元，建成了2座中小型水库，修建取水坝201座、蓄水池546口、水渠480公里，安装人饮管道1320公里，全面解决了农村10.5万人饮水安全问题，做到了集中饮用水源处处有检测、安全饮水户户有认定。保障用电稳定方面，投资1.1亿元，全面完成了电网升级改造，实现了所有行政村、自然村通动力电，所有农户通生活用电。为保障通信畅通，投资1.11亿元，新增宽带网络传输线路545公里，所有村委会、卫生室、学校全部接通宽带网络；新建通信基站431个，有效解决了无覆盖、弱覆盖问题，确保了村村有宽带、组组有信号。正因为有了脱贫攻坚期间对电力和通信网络的大量投入，在2020年疫情期间，我们农村的学生也能像城里学生一样上网课。互助村茶林片区党支部书记王孝宽曾经幽默地说：“以前我们这个地方移动电话就硬要移动着打，移动到岗岗上（地势相对较高的地方）才有信号，把手机吊在二楼的房梁上才接收得到信号，电话响了，赶紧接起来朝岗岗上跑。现在，不但可以随时随地通话，还安了宽带，可以跟城里人一样聊微信、耍抖音，信号好得很，价格还不贵。”

产业扶贫开辟“新路”。绥江县坚持把产业扶贫作为稳定脱贫的第一抓手，规划了竹、李、鱼、特色养殖、特色经作“五大产业”，全面实施李园、菜园、茶园和千头牛、万头猪、十万羽鸡、百万尾鱼养殖场“三园四场”项目建设，在种植业上，按照每户至少2亩的标准，推动实现产业全覆盖，做到了村村有主导产业、户户有增收项目。至2019年年底竹产业达到43.6万亩，覆盖建档立卡贫困户5731户20058人；“半边红”李子9.47万亩，覆盖建档立卡贫困户5704户24036人；猕猴桃、甜柿、枇杷、桂圆、茶叶、魔芋、中药材等特色经作8.68万亩，覆盖建档立卡贫困户7067户29157人。养殖业方面，共计发展生猪代养场30个、年出栏6万头仔猪扩繁场1个；年出栏1000头的规模养牛场1个、年出栏50头以上的规模养牛场6个；存栏5万只羽的蛋鸡规模养殖场1个，万羽土鸡养殖场7个；生态网箱养殖60亩、稻田养鱼350亩。养殖业覆盖建档立卡贫困户3252户11382人，通过种养殖产业实现建档立卡贫困户产业全覆盖。特别是在竹产业发展方面，采取党支部+村集体公司+专业合作社+农户等形式，引进绥江县永固水泥有限责任公司参与竹基地建设，打造“风险共担、利益共享”的农业新型经营主体，公司通过统一流转土地、统一标准种植、统一集中管护、统一规范采笋、统一加工销售“五统一”的模式进行经营，收益方面，按照村集体公司、农户、企业1∶3∶6比例分成，让产业比较薄弱的高山区域有了增收保障。文章开头提到的黄维润给我算了这样一笔账，“我家18亩林地全部流转给了公司种方竹，丰产后按亩产800斤、每斤纯收入二块五测算，每亩收入2000元，我分三成都有600块，18亩就有10800块。如果不是种竹，守着18亩林地根本没有收入。除了分成，帮着公司管护竹苗、打笋子，每天至少还有100块钱的务工收入，去年我们帮着清理林林、种竹子，干了一个多月，都找了4000多块钱。”

技能扶贫稳定“门路”。“以前去打工，东家做哈西家做哈的，工资不高，还不稳定。2018年回家过春节的时候，听说县人社局办了个厨师培训班，我马上就去报名参加了培训。我一直都想当个厨师，出去务工都是帮餐馆，为了学点手艺，上班的时候就看人家厨师咋个配菜、炒菜，这家学几个月、那家学几个月，后来虽然也自己直接炒菜，但总差点感觉。2018年我参加了县人社局举办的厨师培训班后，还发了个资格证。后头又出去帮人家炒菜，老板都说小伙子炒的菜和以前不一样了，主动给我加了工资。我准备再帮别人干几年，有点积蓄了就自己开个小餐馆。”谈起技能培训，互助村 19 组的王友海讲得眉开眼笑，“以前跟那些厨师学，人家高兴时多给你说两句，不高兴了难得教你，哪有政府组织的培训教的那么全面。”为了提高务工人员的劳动技能，绥江县依托县职中职教培训基地，与云南建投技工学院合作，长短结合办班培训，长班培训的颁发国家认可的职业资格证，短班培训的发合格证书，有了职业资格证工资要高 500—800 元。

“去年我就在广东奥玛电器，吃的住的，厂头都是安排好的。如果想换工作嘛，还可以直接找我们劳务工作站的人，他们会给介绍合适的岗位。我觉得挺好的，不用换了，一个月有差不多 5000 块的收入。今年我还是准备去，以前出去打工，都是跟着周围邻居或者是亲戚一起去，有时候想换哈工作岗位，因为自己不熟悉当地的情况都不敢换，干起都不开心。现在好了，每年我们回来，你们都来给我们介绍岗位，广东的、杭州的、昆明的、成都的，全国各地的工作岗位都有，我们慢慢选。今年，因为疫情，刚开始一直担心出不去，今天你们又给我们说政府直接包车把我们送拢唛就更高兴了。”2020 年 2 月 22 日，我们单位在互助村 19 组召开劳务动员会的时候，本组的王军梅听说政府包车送出去，心头大石终于落地了。为了收集优质岗位，绥江县组建了技能扶贫办和中山、杭州、昆明 3 个劳务输出联络站，每月推送用工岗位信息，有序组织劳务输出。特别是在 2020 年疫情期间，为了推进务工就业工作，绥江县采取包大巴、包高铁，工作人员、医务人员全程陪同，分批次集中输出的模式，确保农民工“出家门进车门，出车门进厂门”。我至今仍记得绥江县人社局副局长杨亚萍在宜宾高铁站举着大喇叭高喊：“这是我们绥江包的高铁，其他散客不是这列。”那霸气的声音，还有其他地方农民工羡慕的眼神。

教育扶贫斩断“穷根”。“以前一直焦得很，家头三个学生，小学、初中还好，学费教材费都不要，还有营养餐。大的两个年龄只悬殊一岁，要同时上高中上大学，学费教材费都要自己出，一直焦咋过盘的出来。虽然挂钩人员反复宣传说建档立卡户的学生读高中是要减免相关费用、读大学有免息贷款的，但是心头都还是不踏实。直到大的那个真正去读高中了，贫困学生生活补助、助学金、学费、教材费、教辅费等 7000 块左右打到卡上的时候心头才踏实了。”谈起教育，会仪镇和平村 2 组的吴运辉感慨颇多，他家 4 口人，三个小孩和他，前些年老婆嫌弃他穷，抛弃了父子 4 人，现在三个小孩，一个高三、一个高二、一个初二。“现在政策好，各种费用减免，三个小的读书也还算争气，我一定要好好把他们盘出来，让他们的妈妈看看，我也不是一个不中用的人。”绥江县在国家减免补助的基础上，县级安排专项资金，建立了从幼儿园到大学的教育资助体系，幼儿园补助保教费、生活费，小学到高中（中职）补助生活费、减免教材费、教辅费、住宿费、保险费，大学补助生活费、增加贴息贷款，极大地减轻就学负担，让每一名贫困学生都上得起学。

为了阻断代际贫困，绥江县大力发展好职业教育，实行了职教兜底保障就学，初中毕业生除升入普通高中外，可全部进入中职学校，开设普职教融合班、“两后生”技能培训和劳动力转移就业培训。借东西部扶贫协作的东风，2018 年以来共有 212 名学生（其中建档立卡户贫困生 171 人）到中山市第一中等职业技术学校就读；36 名建档立卡贫困户高分段学生报名就读深圳职业技术学院和深圳信息职业技术学校。

健康扶贫治愈“病根”。谈到健康扶贫，今年已经 77 岁的申济林老人显得稍微有点激动，“以前，得病根本不敢去住院，怕负担不起，像我家这个三娃咡就是小时候从坎子上摔下去没有好好儿医，现在脑壳不够用，害了他一辈子。我们老的两个以前每年冬天肺气肿发作的时候，都是包点药来吃，床都不敢下。这几年扶贫后政策好了我们都住得起院了，去年我们老的两个住了几次院，前前后后几十天自己才出 3000 多元钱。如果不是这个政策我都怕没有活起了，现在我不但活起，感觉身体还比以前好了。”他一边说，一边进屋找出他的出院单给我看，根据他提供的单子，我加了一下，2019 年，申济林、吴廷英两位老人共计住院 4 次 61 天，总费用 32950.78 元，报销后，自己只支付了 3295.07 元。“现在住院方便了，不交一分钱就可以住进去，出院的时候再结账，报账的钱也不需要到处跑，一个窗口就办理了，现场减免，方便得很。”申济林一家5口人，致贫的原因就是因病，老两口都有慢性阻塞性肺病，大儿子申群香患有支气管炎，2013年在成都务工时出了车祸腿里边还打着钢板，三儿子申群贵小时候从高处摔落后未及时医治导致智力发育不全，全家人只有孙子申先发是健康的。“以前都是死挨，一家人都病恹恹的，现在政策好了，房子是新的，我家地多，30多亩林地、10多亩耕地，现在甜柿也种活了，林地也流转给公司种上了方竹，我们几个在屋头管哈甜柿，给公司整哈竹子，孙子常年在外边务工，日子越来越好了。现在身体不行了我就去住院，小病小痛就在下边这个卫生室开药，很方便，有这样的好日子，我还想多活几年。”

近年来，绥江县认真落实云南省健康扶贫30条，县镇医院按照“一区一馆一站一中心”、村卫生室按照“五室分离”的要求，全面完成了标准化建设和配备，并在边远贫困地方覆盖200户或800人的片区增设卫生室12个，两年一次全民体检，对重大病患者和慢性病患者还实行医生签约，定期送检送诊、提供服务。另外，绥江县还对“中医入户”进行了有效探索，培训群众识别、种植常用中草药，真正实现群众就近寻医、就地取药、小病自治的目的。

旅游扶贫挖掘“潜力”。“七姐，今天接待了多少客人？”“今天周末，上来耍的人多，接待了3桌。”七姐是夫人坝“七姐农家乐”的老板娘，夫人坝位于县城东面约23公里，平均海拔1280米，这里气候湿润、生态优美，不仅广泛流传着“周家拳”的励志传奇、“大力士周千斤赵八百”的神奇故事、“周旭一战定关山”的武林佳话、中国人民解放军剿匪的英雄事迹，还保留有李正忠烈士墓、周世奇墓、三仙山石刻、“石猫”等文物古迹，但是在2016年以前，这里不通公路，守着得天独厚的自然资源和悠久厚重的人文历史，群众却住着跑风漏雨的串架房、节衣缩食地艰苦度日。2016年，县委、县政府将夫人坝易地扶贫搬迁安置点定位为“古朴文化建筑园”，着力打造以田园风光、农耕文化为主题的新兴旅游胜地。不仅硬化了县城到夫人坝的乡村公路，还将41户农户按照“依山就势、环田而建，错落有致、彰显风貌”的原则，建成了木结构农家小院，并配套两污设施、停车场、公厕、林间步道等。现在村内道路宽阔平坦，两侧树木吐绿、鲜花盛开，古色古香的院落排列整齐，一幅乡村美丽画卷映入眼帘，成了绥江县周末游的主要去处。随着游客的增加，当地5户农户都办起了农家乐，还有些外出务工户将自家的房屋和土地出租给城里人周末来体验生活。“以前连做梦不敢想自己还能成为老板，刚开始办农家乐的时候，担心自己做的饭菜不如城里厨师做得好，通过这两年的摸索，发现客人来农村就是为了体验乡村味道，只要材料正宗，像我们自己喂的土鸡啊、林子摘的野菜啊这些都是客人最喜欢的。在自己家里办农家乐很方便，既能干农活、照顾家庭，还能增加收入。夏季客人多的时候，有时一天要接待四五桌。一个月还是有好几千的收入。”谈起农家乐的经营，七姐脸上洋溢着幸福的笑容。近年来，绥江县坚持把旅游作为脱贫致富的一项重要产业来培育，整合投入资金2亿多元打造了峰顶山、天宝山、夫人坝、大团岩、罗汉坪、千年渔村6个乡村旅游点，成功创建了1个国家3A级旅游景区，培育旅游示范户110户，开发的“平面竹编画”荣获中国旅游商品大赛铜奖，连续举办“两赛一节”和万亩李花、长江东转乡村旅游文化节，有效带动贫困户参与旅游服务，拓宽增收渠道。

便民扶贫释放“活力”。立足于为群众办实事、解难事，把涉及群众切身利益的61项县级审批事项下放到镇办理，并组建了县务镇办、镇务村办、村务组办工作队，每月定人、定时、定点分别下移一级开展“三务三办”，让群众办事不跑县城、少跑镇村，节约办事成本。“以前办个证明，跑了村上跑镇上，跑了镇上跑县上，有时去了找不到人，还要重复跑，像我们这种离县城远的，一次来回车费就要50块。现在方便多了，要办什么只需把材料交到村务组办点，村上、镇上的工作人员定期来收集、办理，我们都不跑路了。”说起村务组办，互助村16组的小组长王友余指着他门上“村务组办点”的牌子深有感触。

金融扶贫注入“动力”。县领导多次到金融机构进行对接，争取浦发行、农开行、国开行、信用社等金融贷款支持 15.37 亿元，全部投入基础设施、产业发展和民生事业上，为脱贫攻坚添砖加瓦。

近年来，我们扶贫干部都把走访群众、了解村情、分析群众致贫原因、帮助出谋划策作为基础性工作来抓，随身携带的笔记本上，一行行、一条条，清晰地记录着扶贫工作的点点滴滴。通过精准施策，长期制约农村发展的住房差、产业弱、出行难、饮水难、用电难、通信难、就学难、就医难等问题得到了有效解决，贫困人口稳定实现了“两不愁、三保障”，乡村面貌焕然一新。

（作者时任绥江县扶贫办副主任）

坚持“四不摘” 巩固又提升

刘安英

“刘同志，你们又来下乡了啊，我们都脱贫了，你们还继续挂钩我们吗？今后你们还会管我们吗？”“孃孃，你不要担心，脱贫了，我们也还要继续挂钩你们的，政策和以前还是一样的。”2019 年 4 月 30 日，绥江县正式退出贫困县序列，成功摘掉了贫困县的“穷帽子”。摘帽后，很多群众担心脱贫后就没有人管他们了，在我们下乡的途中，不断有人这样问我们。一年多来，绥江县严格按照摘帽不摘责任、摘帽不摘帮扶、摘帽不摘政策、摘帽不摘监管“四个不摘”要求，持续巩固拓展脱贫攻坚成果。

摘帽不解甲 攻坚不放松

摘帽后，绥江县坚持了摘帽前的有效做法：继续实行县委书记、县长“双组长”制，四家班子主要领导和县委副书记担任乡镇第一书记、5 名县委常委担任乡镇指挥长、34 名处级领导挂村担任总片区长，进一步明确了“干部一周一深入、乡镇部门半月一汇总、县级一月一研判”，原设立的基础扶贫办、教育扶贫办、健康扶贫办、产业扶贫办、技能扶贫办、便民扶贫办等12个专项工作小组办公室保持人员稳定；继续实行处级领导挂镇包村、单位挂村包片、干部包卡户联系非卡户、驻村工作队驻村帮扶，147名驻村工作队队员坚持吃在村、住在村、干在村“三在村”；100家帮扶单位、2512名结对帮扶干部继续担任“第一户主”，坚持“5682”走访入住、“678”集中下乡和“四同四到”等机制，做到队伍不撤、人员不散、力量不减；坚持问题导向，认真梳理并聚焦中央巡视、省委巡视、成效考核、退出评估检查反馈等问题整改。同时，研究出台了《绥江县脱贫攻坚巩固提升工作方案》《中共绥江县委、绥江县人民政府关于进一步巩固脱贫成效提高脱贫质量的实施意见》《绥江县防止边缘户和监测户致贫返贫实施方案》等系列文件，聚焦“一达标两不愁、三保障”，抓实脱贫退出和巩固提升，构建防范致贫返贫工作机制；扎实开展脱贫“回头看”，将贫困群众“扶上马”后再“送一程”，确保稳定脱贫、防止返贫。

念好产业经　谱好增收曲

2019年12月，本是隆冬时节，但互助村茶林片区的老百姓却将冬季造竹干得热火朝天。“1000多亩荒山，以前都是杂树杂草，现在全部把杂草砍了种上了方竹。林草局的专家说，三年后就可以卖笋子了，一亩荒山可以采800多斤笋子，4块钱一斤，可以卖3000多块钱。真是没想到，荒山还能变钱。”在互助村19组山顶上见到吴廷恩的时候，他正带着几十个老百姓在砍草种竹。“几座山都种起竹子了，从绍廷莲花山延伸到我们这边，怕是有上万亩哦。”吴廷恩口中的莲花山正是县委、县政府在竹产业发展上确定的“一园两廊三基地五板块”的“三基地”之一的“莲花山竹基地”。脱贫摘帽后，县委、县政府提出了大力发展竹产业、促进高二半山群众增收，巩固提升全县脱贫成效的发展思路，确定了“一园两廊三基地五板块”规划布局，出台了种苗、抚育管护、加工扶持、产业认证、品牌创建等补助标准。全县按照“连山、扩面、提质、布景”总要求，坚持“能种都种、连片种植”的原则，确定了“1235”竹产业发展布局，即：1个竹博园、2条百里竹长廊、3个竹基地、5大竹板块。一个百科竹博园。依托县城后山万亩竹海，高标准打造1520亩核心区，规范种植湘妃竹、黄金间碧玉竹、巨龙竹、凤尾竹等100余种竹子，建成集游园观赏、科普教育为一体的竹博园。二条百里竹长廊。即分别建设沿金沙江绥水二级公路、二横线公路两条竹长廊，形成景观带、竹大道、生态长廊。三个万亩竹基地。分别在莲花山、罗坪、三渡打造以方竹为主的3个标准化万亩高产基地，牵引全县竹产业发展。五大连片竹板块。在中城、南岸、板栗、新滩、会仪5个镇海拔1200米以上适宜区域连片种植方竹，形成5大竹板块。目前，全县竹产业面积已达43.6万亩，仅2019年就投入资金3818万元打造竹产业；预计到2021年，集中连片不少于20万亩；到2025年，总面积达到60万亩，其中集中连片不少于30万亩，力争实现综合产值10亿元以上，受益群众2.5万户8.4万人，其中贫困户0.87万户3.7万人，实现主产区林农人均收入1万元以上。

另外，在半边红李子上，绥江县还依托10万亩规模、地理标志等优势，着力在基地上着手、组织化上着力、品牌上创新、品质上提升和市场上开拓，促进半边红李子效益更高、增收更明显。在产业发展的利益联结机制上立足“支部＋公司＋合作社＋能人＋贫困户”模式，采取能人＋托管代养、土地租赁＋返聘务工、集体经济＋共建共管、捆绑抱团＋合作经营等方式，确保建档立卡户均与农业新型经营主体建立合作关系。2019年对0.69万亩水稻、5.73万亩玉米、4万亩半边红李子、1.69万亩油菜、6万头生猪、3482头能繁母猪落实了保险；巩固发展30个生猪代养场，新建年出栏6万头仔猪扩繁场1个、千头养牛场1个、万羽养鸡场8个等产业，促进群众稳定增收，巩固脱贫成效。

全力补短板　人居大提升

在田里忙了一天的王孝忠回到家中，打开热水器，双手捧起喷涌而出的热水，舒爽地洗了把脸，双手洗得干干净净才坐下来和我们聊天。“以前，干了活回来，想洗把脸、洗个手，热水也没有，特别是冬天，我们高山水冷得很，热水不方便就不洗，一个二个灰头土脸的。现在好了，国家补助资金给我们修卫生厕所，热水器也配好了，取暖灯（浴霸）也安好了，随时都有热水，洗脸洗澡都方便，上厕所也不臭了。娃娃些打工回来都舍不得走了。”在 2019 年以前，绥江县的高二半山区，多数为旱厕，既不卫生也不健康。2019 年开始，全县脱贫摘帽后，掀起一场前所未有的“厕所革命”，全县新建或改造农村无害化厕所上万户，有了专门的卫生厕所，多数家庭随之配齐了热水器、浴霸等设施，解决了数代人都未解决的厕所难题，提升了人居环境。另外，还全面开展庭院硬化、栽花增绿，引导群众在房前屋后种花、种树、种竹，努力让家添绿、花增彩、水相伴。全面动员每户女主人，以巾帼清洁行动为抓手，妇女带动、全民行动，从实施“洗脸”工程、整治家务卫生入手，长效开展“治七乱、保五净”工作，着力整治房屋乱建、衣物乱晾、垃圾乱扔、污水乱倒、柴草乱垛、粪土乱堆、棚舍乱搭，保持灶台、居室、桌椅、厕所、衣被干净，营造干净整洁、规范有序的家居环境，让所有农户不但住上安全房，还住得舒心、住得健康。

家里的环境提升了，村庄环境也不能放松，绥江县建立“一月两次”集中清扫和“一户三员”日常保洁制度，每月组织全体村民至少开展 2 次集中清扫，低保户和公益性岗位（道路管护员、河道巡护员、卫生管理员）分片、分段、分点负责河道、路道、活动场所等卫生保洁，每个村庄落实 1 个垃圾处理点规范处置，全面整治“脏、乱、差”现象。绥江县组建村庄保洁队伍。对村庄划片、分区进行保洁清扫。每个村还设立“光荣榜”“曝光台”，每月评选出卫生示范组、卫生示范户上“光荣榜”，对不理家务、不讲卫生，居家环境长期脏、乱、差上“曝光台”，强化群众整治环境卫生的自觉性。

织牢民生网　致富有保障

近日，走进互助村19组余大孝家中，只见房前屋后干净整洁，余大孝刚打扫完公路回到家里，看到我们到来，放下扫把和我们聊了起来。

“我们脱贫后，公益性岗位是不是就要取消了？”

“脱贫不脱政策，你不用担心。”我们安慰道。已经53岁的余大孝，和76岁的母亲相依为命，因要照顾年迈多病的母亲，不能外出务工，家庭经济比较困难，挂钩人员了解到他这一情况后，不仅给他争取了公益性岗位，还通过评议让他母亲享受低保政策，织牢了防止返贫保障网。

脱掉“穷帽”后，很多群众担心失去扶贫政策保障，又回到以前的贫困日子。对此，绥江县严格坚持“脱贫不脱政策”，不仅所有建档立卡贫困户继续享受脱贫攻坚各项惠民政策，还采取切实措施扎牢民生网，为幸福“加码”。

在教育扶贫方面，强化干部、教师结对帮教，综合运用“劝返、送教、举证、普职融合班”四项措施，其中普职融合班就读78人，义务教育实现零辍学；实行职教兜底保学，对初中毕业未升入高中的，动员进入中职学校，2019年县职业中学在校生1764人，全县普职比1 ： 0.86；深化东西协作，212名学生到中山职业学校就读；开展“两后生”技能培训13期1600人次；采取托管和协管方式，云天化中学与绥江一中合作办学成效明显；加大资助力度，2019年建档立卡贫困学生享受教育资助42390人1981万元、县级贫困学生关爱基金31人24.8万元；大力改善办学条件，2019年争取改薄资金2903万元，新建校舍9000平方米，改扩建“一村一幼”“班改幼”35 所，实现“一村一幼”或“班改幼”全覆盖。

在健康扶贫方面，在坚持全面参保的基础上，严格执行报销政策，基本医保、大病保险、医疗救助、兜底解决等多重保障并行，参合建档立卡贫困人口县内住院实行“先诊疗、后付费”和“一站式”即时结报。2019 年，卡户报销医疗费用 5564.71 万元，其中医疗救助 553.37 万元、兜底 159.74 万元。增设片区卫生室 12 个，按标准配齐村医，进一步规范了村卫生室药品管理，配齐 80 种常用药品。持续推进中医入户，发放《中医保健手册》3 万册，开展了免费健康体检，有效防止因病致贫返贫。

在就业扶贫上，2020 年面对突如其来的疫情，我们不等不靠，第一时间成立了农民工复工返岗工作领导小组及督查督办组，明确了“以镇为主体、村为单位，领导一线督战，部门协同作战”的总体思路，实行“处级领导到镇到村、科级领导到村到组、一般干部到组到户”的工作机制，出台了一系列农村劳动力返岗就业的文件。采取对接原岗位返岗一批、“一办三站”推荐岗位输送一批、县内重点企业和项目解决一批、发展种养殖业就近就业一批、开发公益性岗位兜底一批的“五个一批”措施，高位推动有就业意愿的农村劳动力实现就业。提前预判，行动迅速，2 月 3 日就开设了绥江农民工自驾车出境通行证申办渠道，专设农民工输出专用车，提供农民工外出宜宾中转专车服务，全力保障外出务工持续畅通。出台了务工交通补助、稳岗或生活补助、组织输出补贴优惠暖心政策。对 3 月 10 日前自行购票外出务工就业的建档立卡贫困劳动力，提前发放部分交通补助，按照省外 300 元 / 人、县外省内 200 元 / 人的标准，凭用工单位出具的上岗证明先行兑现；建档立卡贫困劳动力在中山市务工就业的，县级给予 1500 元 / 人的稳岗补助，在中山市东区务工的，东区政府给予 2000 元 / 人的生活补助，激发群众外出的积极性和主动性。落实大巴专车、高铁专列，分批次对集中输出到广东、浙江等重点地区的农民工开通“家门—车门—厂门”专用通道，开展“点对点一站式”集中输出，工作人员、医务人员全程陪同，确保“出家门进车门，出车门进厂门”。2020 年，绥江县已外出务工 5.75 万人，点对点集中输出 10002 人。

除此之外，绥江县还依托医疗、就业、就学等系统平台，强化排查摸底，建立防止返贫致贫预警机制，强化监测管理，建立起“镇村组帮扶、动态监测管理、重大变故事项报告、风险预警处置”工作机制，确保及时精准发现问题，及时进行动态帮扶。

干群努力奋斗，铺就幸福坦途。绥江县坚持“四不摘”扎实巩固提升脱贫攻坚成果，不断推动经济社会高质量发展，在提升幸福感中促成脱贫攻坚与乡村振兴有效衔接。

（作者时任绥江县扶贫办副主任）

第二编　产业和就业扶贫

概　述

绥江地处滇东北高原边缘、四川盆地与云贵高原的过渡地带，全县山区半山区占总面积的96%，15° 以上坡耕地占总耕地的82.2%，人均耕地仅1.2 亩。长期以来，除沿江区域有一定规模的农业产业外，二半山及以上区域产业基本空白，基本公共服务设施严重滞后。脱贫攻坚以来，绥江县大力推进产业扶贫和就业扶贫，走出了一条产业就业“两业齐抓”的脱贫致富新路子。

坚持高位推动、系统谋划。坚持“长抓产业、短抓劳务和短平快项目”的脱贫思路，成立了由县委书记任组长的脱贫攻坚产业建设工作领导小组和县长任组长的技能培训劳务输出工作领导小组，组建了全县技能培训劳务输出工作办公室和中山市、杭州市和昆明市 3 个劳务工作站，出台了“十三五”脱贫攻坚规划、脱贫攻坚实施方案、精准扶贫行动计划、三年行动实施方案、巩固提升意见等一系列政策性文件，制定了产业发展和专项扶贫“1175”政策措施。脱贫摘帽后又出台了《关于进一步巩固脱贫成效提高脱贫质量的实施意见》，对产业建设、务工就业等完善了政策。

坚持精细管理、两翼并进。认真落实“村村清、户户清”要求，制定了一本产业台账、一本培训就业台账，每月入户核查、分析研判，精细管理到户到人，有针对性采取措施，着力实现产业全覆盖、培训就业全覆盖。一是产业上抓实“三子登科”。实行卡户和非卡户同步，突出“半边红李子、竹子、猕猴桃”，持续抓好李园、茶园、菜园和千头牛、万头猪、十万羽鸡、百万尾鱼“三园四场”建设，发展“半边红”李子10万亩，猕猴桃、甜柿、枇杷、桂圆、茶叶、魔芋等特色经作7万亩，“半边红”李子获得国家地理标识登记、远销国内外，建设了年出栏2000头生猪代养场40个、年出栏6万头仔猪场1个；按照“连山、扩面、提质、布景”总要求和“1235”竹产业发展布局，采取“组织化”管理、“标准化”种植、“标注化”识别、“小斑化”管护、“公司化”运营“五化”模式集中连片造竹40万亩，年产竹笋10万吨的竹产业扶贫综合开发项目即将投产。二是就业上突出持证培训。按照“户户有人培训”目标，举办长班培训和短班培训，对长班培训合格的颁发国家职业资格证，短班培训合格的发给学校和人社部门联发的培训合格证。目前，已培训并获得国家资格证2078人。同时，对未就业劳动力“一对一”落实干部挂钩负责、落实就业，全县建档立卡劳动力26536人，就业24433人，就业率92%，实现了贫困户“户户有人就业、户户从分就业”目标。

坚持健全机制、政策支撑。一是强化组织化推进。采取“支部＋村集体公司＋合作社＋龙头企业＋贫困户”“土地租赁＋返聘务工”“集体经济＋共建共管”“捆绑抱团＋合作经营”等模式，完善新型农业经营主体与群众联动发展的利益联结机制；持续抓好“订单式”“定向式”输出培训，加大力度组织贫困劳动力到东莞、中山等地就业；积极对接浙江、广东、昆明等地用工企业，出台一系列稳岗补贴政策，落实大巴专车、高铁专列，分批次对集中输出到广东、浙江等重点地区的农民工开通“家门—车门—厂门”专用通道，开展“点对点一站式”集中输出，共输送10021人，其中贫困劳动力4537人。二是出台激励性政策。制定出台了《巩固脱贫成效提高脱贫质量的实施意见》等文件，对贫困户给予3万—5万元产业贴息贷款，3000—4000元产业奖补资金用于发展产业，同时对新经济组织每吸纳一户贫困户给予600元扶持资金作为产业股本金“一贷二扶三奖补”促进贫困户发展产业，对到县外稳定就业 6 个月以上的建档立卡贫困劳动力，给予务工交通补助、稳岗补贴和乡村公共服务岗位补贴等政策，特别是面对新冠肺炎疫情影响，专门出台政策措施，引导和激励群众通过务工增收。

（编委办）

荒山种竹子　致富新路子

邓治国

“方竹苗到了，大家快来帮忙卸车。”一声吆喝，群众有序站成一条人工“运输线”，接、传、递，一气呵成。很快，满满一车竹苗就整齐地堆放到了公路边。

“好苗，好苗。”

“不仅是好苗，而且是我们的致富苗！”

…………

隆冬时节的中城镇莲花山竹基地里，一群人围着青翠壮实的方竹苗议论纷纷，人人满脸笑容、满眼希望。

看着村民们忙碌的身影，望着他们迫切希望致富的眼神，作为县林草局局长的我，倍感重任在肩。我暗暗发誓，一定要和林草系统干部职工一道，尽自己最大的努力，和群众一道种下“致富竹”，誓让荒山变“金山”。

“一个规划”奠定发展的新格局

2019 年 3 月，在贫困县摘帽验收后，县委、县政府的领导特别是主要领导多次带领我们登上莲花山、攀上大堡顶、重走二横线，为做好第一课题掌握了翔实的第一手资料。2019 年 4 月下旬，县委常委会专题研究了全县竹产业建设工作，并审议通过了《绥江县做大做强竹产业巩固提升脱贫成效的实施意见》，形成了“连山、扩面、提质、布景”的竹产业思路；确定了 1 个竹博园、2 条百里竹长廊、3 个万亩竹基地、5 大竹板块的“1235”竹产业发展布局，明确了到 2021 年，全县新植或改造竹林面积 30 万亩，其中集中连片 20 万亩；到 2025 年全县新植或改造竹林面积 60 万亩，其中集中连片 30 万亩，投产面积达 20 万亩，力争实现综合产值 10 亿元，实现竹产区林农人均增收 1 万元以上的发展目标。

自此，绥江的竹产业发展迎来了第二个春天，全县林草系统干部职工随即奔赴在规划、建设、验收现场，我重点抓好任务安排、督促落实等工作。通过两年艰苦工作，“三基地两走廊”共 30 万亩集中连片竹基地建设任务提前一年顺利完成，绥江竹产业新格局基本成型。

“五化模式”创造基地的新标准

2019 年 3 月 31 日，县委、县政府召开专题会，决定启动莲花山万亩方竹示范基地的建设工作。第二天，我和技术组的同志们就到达现场基地开展规划工作，由于莲花山林区公路多处塌方导致车辆无法通行，我们步行了 3 个小时才到达目的地小地名黄泥凹处。

“我们组人均有林地 20 亩，绝大多数林地都是这样以野核桃、蕨类为主的荒山，一年也变不出几个钱来。听说要种竹子啦，群众很高兴的哟！”负责带路的中城镇绍廷村 20 组组长吕贤海讲。听了吕贤海的话，我心里沉甸甸的，也更加坚定了我和同志们建设好基地的信心和决心。林下种植的技术标准没有，我和基地技术组的同志们到盐津学习，县内到板栗镇罗坪请教“土专家、林秀才”，经过反复探索形成了“割草除灌、除弱留强、透光亮脚”清林标准，实现了资源保护与产业发展的有机结合。

为了解决精准管护的问题，县领导带领我们反复论证，提出对每株竹苗用 1 米高的竹片进行标注，上面标明小班号和株号，用于竹苗识别、数量清点和日常管护。同时以林区道路、天然冲沟等为界，300 亩左右为 1 个小班，每个小班落实县、镇、村三级具体管护责任人、技术负责人，做到面积精准、责任精准、管护精准。

2019 年 6 月，经过参建各方的艰苦努力，莲花山 2.36 万亩方竹示范基地建成，共实施新植方竹 1.92 万亩，改造天然筇竹 0.44 万亩，保通产业道路 8.9 公里，新建 30 亩方竹苗圃基地 1 个。

通过在莲花山方竹基地的反复实践论证，形成了具有绥江特色的组织化管理、标准化种植、标注性识别、小班化管护、公司化运营“五化模式”。先后获得了中纪委国家监委驻农业农村部纪检监察组一级巡视员、纪检监察员周若辉，市委书记杨亚林等领导的充分肯定。原市委王忠副书记视察后指出，绥江县为全市在低效林改造中闯出了一条路子，起到了示范效应。

“三大主体”提升组织化的新高度

通过在莲花山竹基地建设的成功实践，2019 年 9 月初我们启动了莲花山（二期）、三渡、罗坪三个万亩竹基地和二横线竹长廊建设工作，全县竹产业按照每年 10 万亩的规模快速推进。如何实现种一片管一片成一片，破解传统种植业“重建轻管”的问题？我们积极探索，最终在高度组织化上着手，以党组织为引领，以利益机制链接为纽带，以龙头企业带动为抓手，研究探索出党组织引领发展、合作社组织实施、龙头企业带动发展，形成三个主体“风险共担、利益共享”“3+”模式，提升了组织化程度。引进了杭州永能企业管理有限公司投资绥江竹产业建设项目基本完成。2019 年 10 月 1 日，企业首个核心基地三渡万亩方竹示范基地正式启动建设，基地建设采用林业工程造林的模式，由会仪镇三渡村村集体公司负责实施，建成后移交企业专业团队运营管理的模式进行。政府补助540/亩，不足部分由企业承担。基地有收益后，村集体公司、农户、企业按1 ∶ 3 ∶ 6的比例进行分成，同时企业按照25元/亩·年的标准兑现农户土地流转费。

三渡村党总支书记谭凯望着长势喜人的竹苗自豪地说，“开头那半个月时间，大家白天围着基地转、晚上就围着群众院坝转，开了60多场群众会，完成了2.3万亩土（林）分解、化解了70多个林权纠纷。但大家没有白辛苦，我们基地启动时间最晚，但土地流转工作、基地建设工作是在全县率先完成的。”新滩镇银厂村13组组长雷诗品望着已种植两年，长势喜人的300亩方竹集体林耐心细致地给群众做工作：“大家不要舍不得，我们流转给企业，由他们来管一定比我们自己管得好。如果自己管，亩产顶多有300斤竹笋，纯收入就是600—700元钱，交给企业后人家舍得投入，亩产可达到800斤，纯收入可达2000元，每亩我们占30%也可以收入600元，另外还有25元的土地流转费，大家平时还可以到基地来务工，大家算一算账就清楚了。”

县委、县政府发展竹产业的决心、基层干部群众对竹产业的信心，云南永固农业老总傅建朝看在眼里，喜在心里，企业基地从3.4万亩做到了6.5万亩。2020年1月11日，绥江县竹产业扶贫综合开发项目正式签约，6月经过反复选址论证，位于中城镇田坝村24组小地黄龙溪的绥江县竹产业深加工扶贫开发项目正式开工。年产10万吨竹笋加工项目，首期2万吨生产线将在本月建成投产，绥江竹产业进入了发展快车道。

“四个配套”激发建设的新活力

新植方竹5年才能试产，8年才能丰产，竹产业和其他林业产业的共性特点就是建设时间长，投入大，需要持续用力，久久为功。为了确保产业按照全县既定目标，快速有序推进，县委、县政府从人员配备、政策配套等方面给予了我们极大的关心关怀。

在人员配套方面，县委、县政府成业了竹产业领导小组，结合机构改革在县林草局新增编制5人，组建8人的竹产业办公室。同时，鉴于基地建设涉及林草、交运、扶贫、财政、乡镇等单位部门，实行县级领导挂钩联系竹产业基地制度，统筹协调基地建设工作，确保规划科学、配套跟上、督促有力。为了加强镇村的技术力量，各镇成立了不少于3人的竹产业办公室，具体负责日常技术服务工作。确保了工作有人抓、有人管。

在政策配套方面，积极整合退耕还林、陡坡地生态治理、低效竹林抚育、涉农扶贫整合资金等用于竹产业的建设，结合实际出台了新造竹、低效林抚育、管护扶持、竹产品加工、品牌创建等扶持政策，加大对竹产业的扶持力度。2019年全县共投入0.53亿元，2020年投入将达到1.2个亿，目前已完成投资5600万元。同时，积极争取世界农业发展基金贷款1.2亿元，上级冷链物流、营林生产道路等等项目用于竹产业。

在科技配套方面，通过与浙江大学、西南林大等高校合作，促成杨宇明、董文渊等省内外的著名的竹产业专家学者到绥江调研指导，开展科学研究，强化技术支撑，为竹基地高产丰产、竹产品深加工提供技术支撑。

在基础配套方面，全县共规划营林生产道路300公里，采笋道600公里，目前，已完成新建、保通营林生产道路110公里。

“三产融合”催生产业的新成效

为认真贯彻省委打好绿色能源、绿色食品、健康目的地“三张牌”的安排部署，我们从一产增量、二产提效、三产破局，实现一二三产融合发展。发展竹景观，坚持主攻旅游思路不动摇，挖掘竹林景观资源，建设竹博物馆、竹艺小镇，发展风景竹林、休闲度假等生态旅游。目前，竹博园已启动设计，将在年内开工建设，依托罗汉坪天然竹林的康养项目已完成初设，即将动工兴建……开发竹商品，通过鲜笋冷链仓储、竹炭、竹纤维、竹浆海绵体粗加工、竹叶黄酮竹醋液、竹饮料等竹产品深加工项目储备，积极推进项目落地。同时，开发竹编、竹笋等旅游商品，加强以竹文化为主的旅游产品包装、宣传和推介，强化产品研发、对外营销和品牌打造，带动一、二、三产联动发展。加快易地搬迁迁出区“三块地”造竹，持续扩大种植规模，推进景观、品牌、产业深层次融合，走一条以竹绿山、以竹兴业、以竹富民的可持续发展路子，着力打造“两山”实践基地。

通过近两年的建设，全县竹产业取得了初步成效。产业规模效应初显，全县已完成“三基地两走廊”建设，新植改造优质笋用竹达 40 万亩，竹产品产值达到 1.54 亿元；至 2025 年，力争实现综合产值 10 亿元以上，实现主产区林农人均收入 1 万元以上，将成为绥江继“半边红”李外的另一个 10 亿元产业；生态环境明显改善，通过低效林改造，实现林下种竹和改造原有低效竹林，有力提升了全县森林质量，实现了可持续发展的目标，全县竹林面积将已达 50 万亩，森林覆盖率为 70.14%，五年来新增长 6.37 个百分点；林农增收效果明显，全县竹产业投入达到 1.7 亿元，惠及全县 2222 户 8777 人，其中建档立卡户 1139 户 4743 人，有力地促进和带动山区群众特别是贫困群众的脱贫致富，为进入乡村振兴奠定了坚实的基础。

（作者时任绥江县林业和草原局党组书记、局长）

莲花山里“种”明天

田发江

清晨6点，天刚破晓，春末夏初的早晨还有些寒意。我借着手机的微光洗漱完毕，收拾好药盒子，装上够一天的干粮，正蹑手蹑脚准备出门。

门刚打开，伸出去的一只脚还没着地，“啪”一声，妻子将客厅的灯拍开了。

“又是这么早？合着医生跟你说的话你全当了耳旁风，你还要不要命了，还要不要咱这个家了？”

“嗯……再有几天就好了，药我每顿都记着吃了的，不信你问王华俊……”

这样的场景或者说对话，今年以来我也不知是第几次。2018年，我在四川华西医院查出患有脑梗，妻子担心我天天这样起早贪黑，身体吃不消。我理解妻子心里的关心，嘴边的抱怨，但我还得继续，守着山上那万亩绿油油的竹苗。

2019年，为进一步做大做强竹产业、巩固脱贫成效、促进林农增收，县委、县政府决定在全县打造“三基地两走廊”的竹产业，其中就包括莲花山万亩方竹示范基地。基地位于绍廷村东北面，涉及9个村民小组275户1047人，其中卡户96户379人。

作为党总支书记，我能干的就是让政策及时落地、生根、发芽，结出能让群众增收致富的金果果。

一个“下马威”

有了好政策还得有好吆喝。

莲花山最低海拔1000米，百姓的收入主要靠青壮年外出务工为主。青壮年走了，家里就剩下老人和孩子，也正是这剩下的老人中的一部分在基地开建之初就给了我一个“下马威”。“土地就是命根子”的观念在这辈人心中根深蒂固。吕贤富是他们的“带头大哥”。在我第一次组织18组群众开会征求大家意见时，他第一个投了反对票，神情状态都义无反顾。他的理由很简单，“过去饿怕了、穷怕了，好不容易拽在手里的东西一定不能轻易松手；况且，这么大一片基地，之前也没人种过，万一失败了可怎么办？林地怎么恢复原貌？”参会的老百姓开始你一句我一句议论起来了，声音越来越大。

我索性站起来问，还有谁的想法和老吕一样？一样的举个手。呼啦啦全部的人都把手举起来，有的老人家的手还攥成了拳头，喊：“我！我！”

群众一呼百应，齐刷刷站在了他这一边。会开成这样也不是第一次。可挫败感一阵一阵的似乎要从头皮涌出来，这感觉比口含硬币还苦。

晚上，坐在办公室，四下寂静，会上老百姓争先举手的画面在脑子里不停打转……慢慢静下心来，我明白，人们围拢的时候表达的更多的只是一种情绪，解决的办法只有一个：各个击破。

第二天我领着18组小组长挨家挨户做动员。在向每户详细说明这项产业的广阔前景和政府的后续扶持保障后，部分群众终于答应以土地入股合作社统一经营管理。一点带动一片，我和队长连续跑了差不多一星期，越来越多的群众开始觉得这个政策好，争先找我报名加入合作社。

等着阳光破云出来……

2019 年 4 月，莲花山还是一片荒山，而方竹种植要求较为苛刻，需要对海拔 1200 米以上的荒山林地进行开荒。

清晨 6 点，我带上干粮和水驱车前往，行至山脚步行 40 分钟左右才能到达开荒地方。本以为我够早，可到达后才发现已经有好几个人开始割草砍荒，其中就有周世友。

老周头发花白，豆大的汗珠挂在腮帮子上，“田书记，你又是那么早就来了，今天又带了些啥吃的？”

老周是 22 组的老党员，儿子儿媳都在外打工，家里除了老两口以外，还有四个孩子——两个孙子，两个外孙。四个孩子的饮食起居，上学放学全丢给老伴儿，他则一心扑在莲花山上。

问他图啥，“我是老党员诶，过去打仗，党员永远是冲在最前面的，现在政府给咱们谋划了这么一个好产业，我不得带头把它搞好啊。”

说完一乐，佝着背又开始挥舞着手里的镰刀割荒草。

山里的气候多变，有时候早上看着晴空万里，还没过几个钟头，豆大的雨珠就纷纷挣脱云层重重砸下来，我们只能拿干活热了脱下的外套临时躲躲，大家紧靠着，抽旱烟的抽旱烟，说玩笑的说玩笑，等着阳光从东山破云出来……

在山里，有时候还会遇到毒蛇和蜂窝，大家见怪不怪，遇到了就转移阵地，待它们离开后安静了再继续。

10 多天后，开荒完毕，我们站在莲花山顶一眼能望到山脚。开荒完了，就着手准备种苗。我将县林业和草原局的技术指导员请到基地，对村干部和参与的群众开展现场技术培训，面对面指导荒地清林和种苗的栽种。

去年的荒山，在经过两季开荒、种植后，1.1 万亩的方竹基地建设基本完成。如今站在莲花山山顶，看着这连片的竹苗，我明白，正如曾国藩所说，世间事一半是“有所逼有所激”而成的。

所谓情义便是设身处地

莲花山万亩方竹示范基地采用“党支部 + 村集体公司 + 专业合作社 + 农户”模式，竹笋投产后村集体公司、专业合作社、老百姓三方按 5%、45%、50% 的比例进行分成。老百姓心里都有本明白账，这万亩竹子属于入社的每一个人，经营好了大家都能分到利益，经营不好，不仅大家的劳动打了水漂，山已经开荒成这样，要发展点其他产业一没门路二没劳力，要想恢复原貌也是个大问题。

竹苗种下去了，管护上大家都很上心。没组织的时候，有时候山上几十上百个人上上下下查看，有时又只零零散散几个人。为了提高效率，我将村“两委”人员和入社的老百姓划分成 38 个小班，还指定了 19 名专职管护人员。每天的管护工作主要包括清塘、点苗、防病、施肥、防火等。

70 岁的杨于乐就是专职管护中的一员。在给竹苗除草时，杨于乐不小心将左手四个指头砍伤，鲜血淋淋。我一看，吓了一跳：四个指头并排，一个刀口整齐划一，衣服、裤子、鞋子上都是血，他自己倒是不以为然，坚持只到村卫生所简单包扎后又重返岗位。

竹叶已经绿得能滴出水来

莲花山基地范围内原交通不畅、信息不灵、农田水利基础设施建设滞后，严重制约了当地的经济社会发展。为了破解群众出行难问题，方便方竹投产后竹笋能够及时运输、外销，2019 年 4 月，绍廷三角村至黄泥凹进行保通改造，并计划在 2022 年以前硬化产业公路 12 公里，新建防火通道 3.612 公里、采笋步行道 5.3 公里、防火瞭望台 2 个。

一提到修路，总感觉老百姓有说不完的话。

“原来我们这条道特别狭窄，还脏，这回有好政策了，把路给我们修上了，我们都特别高兴。”

“这下可以催儿子多挣点钱，早点买车开回家了。”

“我原来一直担心种这么多竹子，丰产后竹笋怎么运出去，政府还出钱给我们修采笋便道和瞭望台，这下我踏实了，对咱们这个产业更有信心了。”

莲花山万亩方竹示范基地 5 年投产后，亩产竹笋 500 斤，亩产值可达 2000 元；7 年后丰产亩产 1000 斤，亩产值可达 4000 元。

如今的莲花山竹林幽幽，一眼望去一片翠绿。你瞧，幽幽竹林下，一株悄然生长的小竹笋尖抽出了嫩芽，青翠欲滴。

（作者时任绥江县中城镇绍廷村党总支书记）

我在周祖军的果园里

曾　艳

“以前种点东西买点肥料要走一个小时，要是你们走估计要走一个半小时，当初哪个想得到政府会把公路都给我们修好！”2019年初夏的一天，在下乡入户过程中，碰到新滩镇石龙村的周祖军，他对着我们几名农技人员感慨万分地说道。

几年前，周祖军一直在外打工，2017年起回家接手管理家中种植的20多亩李园。他告诉我，回到家乡看到的不再是一片光秃秃的石滩滩，而是满山遍野的李花和一条条贯穿镇村的公路，他看到了家乡巨大变化，看到了脱贫致富的美好希望。

随着绥江半边红李的逐步种植、上市和推广，在群众心中大家开始认可这些“金果果”。2019年，为巩固脱贫成效，县里在石龙村15、16、18、19组建设720亩绥江半边红李示范基地，全面推广半边红李子质量标准体系，实施统一标准种植、统一基地生产、统一品牌包装、统一市场运作、统一专柜销售“五统一”，按株编号、按户管理、按小区示范精准管护，着力打好绥江半边红李“绿色食品牌”。11月，示范基地内呈现一片热火朝天景象，各种植户都在进行李子树干涂。这期间，周祖军因为一次意外受伤，尤其眼睛伤得不轻。我们劝他赶紧去医院治疗，好说歹说，周祖军想着家里的负担，还是不想去医院。最后我决定让他先治疗，医疗费用由我垫付。由于医治及时，几天以后，周祖军打电话告诉我："我眼睛看得见了，基本好了，太感谢你了，你下乡一定要到我家做客。"

因周祖军之前受伤，我们专家组去基地指导绿肥播种、整形修剪、肥水管理、病虫害防治、疏花疏果等时尽量选择在周祖军园中进行，有时也在园中帮助周祖军干活。"这些年来，我们村的生产生活条件发生了大变化，不但镇村公路硬化了，每家每户之间还串通了硬化户间道；果园里还修建了旱浇池，也有林间小道，安逸得很。""这两年的李子价格还可以，我家的李子大概卖了 7 万—8 万元，我用卖李子的钱和外出务工的一点积蓄盖了 2 层的新房子。"在园里周祖军总要给我们念叨这些。

有时我们问他"你认为政府建立示范基地有用没有？""肯定有用啊，你们施肥、疏果、修枝整形还有病虫防治方面都是专业的，经过你们的悉心指导树形变好了，李子口感质量也提高了，卖相也变好了。"经过一年的精心管护，今年周祖军的李子园有了很大的变化，基地内 10 亩李子平均单产 800—1000 公斤，大果（单果 40 克以上）率达 50% 以上，单基地内种植的李子收入就有 3 万多元，在石龙村基地属中下水平，但与往年相比，今年产量比去年增加两成，收入增加 1 万多元。现在谈及他家李园时，快乐喜悦之情溢于言表，他说他相信科技的力量，相信政府政策措施的作用，相信挂钩技术干部真心真情帮扶。

（作者系绥江县农业农村局工作人员）

大沙：枇杷树结出脱贫“金果果”

杨富程

每年端午时节，绥江大沙村的大五星枇杷陆续成熟上市，村民们总是满脸笑意，收获让他们心里洋溢着幸福。站在山顶一望，大沙村达3000亩枇杷结出了金灿灿的果实，这一树树如同金鸡蛋的枇杷，是当地群众脱贫的希望。

一个深度贫困村中的穷片区

大沙村位于中城镇西部，是全镇乃至全县枇杷产业中心带。几年前的大沙还是全县深度贫困村，其中五坝片区更是大沙村较穷片区，整个片区208户、785人，建档立卡贫困户就有89户380人，建档立卡人口几乎占片区人口一半，不通公路、不通网络，房子几乎是土墙房，土地里种的几乎全是传统农作物，村里的劳动力大多外出务工，家里只剩下老人和小孩。“穷”，曾一度成为五坝片区的代名词。

“我们这个地方交通不便，年轻人大多出去打工，家里只有一些老人和孩子，根本没想过大面积发展经济果林。”大沙村五坝片区21组小组长苟光海告诉我。

最早种植枇杷的片区

精准扶贫，要甩掉贫穷的帽子，还得发展特色产业，让群众从栽种玉米的传统农业转变成栽种水果的现代产业。村“两委”和挂钩干部先后组织片区召开群众会达20余次。“种苞谷每亩除去成本后，最好的也只有400元至500元的收入，而种枇杷每亩最差也有4000元至5000元收入，相当于10倍，而且种苞谷还要翻土、播种、收割等，投入的劳力和精力远大于种植枇杷。”算清了经济账，还有一笔家庭账，种植传统农作物收入远不够家里的开支，大多数劳动力还得外出务工补贴家用，这样就造成留守老人、留守儿童问题普遍存在。种经济林果收益不错，不用外出打工，还可以照顾家里，很多家庭矛盾也就迎刃而解。

为让群众吃下定心丸，驻村干部还带群众代表去周边的永善县、四川屏山县等地考察学习，同时请农业、林业方面的专家培训指导，增强发展枇杷产业脱贫致富的信心决心。五坝片区的群众也从最开始的不理解、不愿意到最后的支持发展。

慢慢地，五坝片区成为大沙村最早种植枇杷的地方。

一片村民群众的夸赞声

只要一到端午时节，你站在大沙村的半山腰上，满眼碧绿的枇杷树上挂满了金灿灿的果实。这不，这两天小山村又热闹了起来，每天都有拉运枇杷的车辆进进出出，村民们带着满脸笑容骑着小三轮摩托，把刚摘下的鲜果拉到合作社进行交易。“看着今年枇杷的丰收，很感谢政府给我们选的好项目。”

“我家种了6亩枇杷，5月中旬开始摘果，从端午节前到现在，已经卖得1万多元了。以前我在外面打工，家又照顾不到，现在果子好卖了，又成立了专业合作社。我有今天的收入，很感谢国家这么好的政策，还有挂钩干部的真心帮扶。在家里发展产业有了收入，我已不打算出去打工了，就在家里把枇杷管理好，又有了收入，还能在家里照顾老人孩子。”我与21组村民王德美交流时，她兴奋地说。“现在我们片区产业发展起来，道路也硬化了，农民在家里就有了收入，好多劳动力都没再出去务工了，选择了在家里发展产业，我们这个以前冷冷清清的穷沟沟也变得热闹了起来。这在以前真的是不敢想。”

一条金黄的枇杷产业带

围绕镇党委、镇政府提出的“一核三山四带”的产业发展布局，通过真帮实扶和“6+”的产业发展模式，五坝片区枇杷产业的发展已取得成效，并带动其他片区枇杷产业的发展。大沙村先后种植枇杷3500余亩，农业村先后种植枇杷2000余亩，现在有3000亩左右挂果，今年产值预计在600万元左右，户均增收4000元以上。大沙、农业枇杷产业已经连片，初步形成了一条金黄的枇杷产业带。

望着满山缀满枝头金灿灿的如同一粒粒金鸡蛋的枇杷，当初种下的希望，有了实实在在的收获。“现在我们的枇杷已经初具规模，下一步我们还将扩大面积，加大对枇杷管护培训，让枇杷产业成为大沙村的支柱产业，让人们提到枇杷，首先想到的是我们大沙村。”我们大沙村党总支书记赵荣峰如是说。

（作者时任绥江县中城镇党政综合办副主任）

峰顶山上茶之缘

方成根

一见如故

我与杨清的相识，既是偶然，又是必然。2018 年，绥江县“三园四场”建设如火如荼，而我作为农业农村局指定为茶叶技术组负责人，6 月在茶产业调研云南普洱之行中偶然认识了大理“茶叶世家”的杨清。

当时他正经营着一家规模达 1 万余亩的茶园。交谈中了解到，杨家祖辈从事茶叶基地的种植、加工、产品营销，杨清从小耳濡目染，对茶有着挥之不去的特殊情结，立志要做一名新一代茶艺人。侃侃而谈间，杨清亲自为我们斟上自己基地里的工夫红茶，褐红莹透的茶汤香味醇厚，绵柔栗香的口感回味无穷。他对茶的理解和纯熟的茶艺表演，早已让我心生敬意。

杨清，出生于云南省大理州宾川县，80 后，人虽然年轻，可却是具有“高级茶叶审评员”“高级茶艺师”双重资格证书的真正“老茶叶”。2016 年 7 月，他离开家乡，开始他的茶业创业之旅，先后到福建、贵州多地及云南昭通考察，寻觅适宜种植加工优质乌龙茶和红茶的那一片净土。

2018 年 7 月，为做好茶园项目招商引资，以龙头带动产业发展，农业农村局特别邀请杨清、张道国一行来绥江考察。作为陪同，我与他们考察了适宜种植茶叶的中村、罗坪等地，均未能如愿。当不抱太大希望的杨清一行登上峰顶山的那一刻，他激动地说："不虚此行，不虚此行！"历时两年多，他在绥江县会仪镇峰顶山片区找到了适合种植制作优质乌龙茶、红茶品种的土壤、气候和环境条件都同时满足的最佳区域。

峰顶山地处金沙江南岸大山深处，群众也历来有种茶的传统，只因技术、品种等多种因素，茶产业一直没能做大做强。杨清的到来，无异于在沉寂的水面投进了一块巨石，整个山村沸腾了。有人觉得茶产业有了希望，纷纷奔走相告；有人觉得无非是走走过场，编项目捞钱走人……在接连几天的入户走访、座谈中，杨清与大家一起分析原有茶产业发展缓慢原因，品种落后、管理粗放、缺乏特色、无品牌支撑等等。同时，他与当地群众就在茶叶消费市场变化，现代茶产业发展趋势与传统茶产业系统比对分析，让群众看到了茶产业的希望和美好的未来，坚定了依靠发展特色茶产业持续稳定增收致富的信心和决心。

"九鼎峰"

茶园是优质茶产业的基础，只有优质的原料叶，才能加工出优质的茶产品。自建基地，可保证原料茶叶品质稳定一致。说干就干，在取得峰顶山茶农的信任和支持后，杨清与县政府签订《绥江县茶产业扶贫合作协议》，组织技术人员对适宜地块进行规划、起垄整治，全身心投入种茶的前期准备工作。在起垄的45天里，他每天与群众同吃同住，晴天一身尘土，雨天一脚稀泥。2018年10月底，第一期1000亩茶园用地整治完成，杨清按照规划地块进行品种布局，组织肉桂、黄观音、黄玫瑰、黄金芽等优质无性系茶苗400万株进入基地栽种。

茶苗到达基地后，由张道国（园艺工程师）老师亲自开展现场技术培训，让群众学会茶苗打浆、栽种、剪定及后期保成活等技术要点。入住峰顶山茶产业基地以来，杨清吃住在茶园，常与茶农交心谈心，鼓励他们坚定发展信心。他严禁使用除草剂、化学农药和化肥，坚持使用优质有机肥、生物农药等环境友好型农资，严格按照绿色食品茶的技术要求和行业技术规范操作——在他心中早已计划好，拟计在2021年完成峰顶山茶产品绿色食品茶认证，名字就叫“九鼎峰”，并把峰顶山“九鼎峰”打造成知名区域品牌。

九鼎茶庄

在茶苗种植稳步推进的同时，杨清就启动了茶庄规划、设计和设备遴选工作。基地建设与茶庄建设同步推进，确保原料叶就地加工，不浪费一张鲜叶、一个茶芽，实现茶农收入最大化。“是绥江优越的自然环境吸引了我，是峰顶山淳朴的村民接纳了我，如果我不把峰顶山茶产业做好，就对不起绥江的山水、对不起淳朴的村民。”他坚定地说。

如今，总投资1200万元的“九鼎茶庄”基本建成。“我从小就梦想有一个属于自己的茶庄，没想到我的梦想在峰顶山实现了，很激动。”一聊到他的庄园，杨清总抑制不住内心的喜悦。

以茶为媒

峰顶山茶产业基地一期建设1000亩优质茶园已于2020年年初少量采摘试制，品种优良。二期种植的2000亩茶苗成活率达95%以上，长势好，预计2021年秋茶可初步采摘。3000亩基地覆盖会仪村大河、莲花、水牌、大板等四个片区，带动卡户184户、787人直接或间接就业。茶园全面投产后，鲜叶保底价 5 元 / 斤，每亩年收益 6500 元以上，每年可带动卡户户均增收 1 万元以上。产业的扶贫、脱贫效益显著。

“产业扶贫，产业带贫，我才迈出了第一步，在茶产业发展的路上，我愿以茶为媒，结识更多的有识之士、有缘之人，共同关注九鼎峰，关注绥江茶产业。”这是我与他共同工作中，听到的最多的话语。

作为在茶叶行业多年打拼的茶叶人，杨清深知品牌是企业与消费者建立的持久稳定的互需关系，公司成立后，根据肉桂、黄观音、黄玫瑰、黄金芽等茶品种不同的适制性及规划加工产品类型，申报注册了乌龙茶商标“九鼎大黄龙”、绿茶商标“九鼎龙芽”、红茶商标“九鼎安上红”等系列商标。他说“走品牌之路，打造优质区域品牌，才能确保发展一个产业，带动一方经济”。

（作者时任绥江县农业农村局高级农艺师）

我们在清水村稻田里养鱼

常斯文

夏日晨早，一走进板栗镇清水村12组100亩稻田养鱼基地，只见四面青山环抱，梯田苍翠欲滴，白鹭在水面嬉戏打闹忽而又飞向远处丛林……看着这如诗如画般的风景，我不禁想起两年前……那是2017年10月，我刚到清水村驻村，眼前这一片土地还不是梯田，仅有零星几块田种着传统作物。

清水村位于板栗镇，距集镇8公里、县城23公里，辖内15个村民小组基本处在25度以上高坡和半高坡地带，产业发展原本无支柱产业。驻村以来，为尽快摸清村情，拟定发展思路，我们工作队与村“两委”、挂钩单位一道上山下乡，走村入户与群众商量提出“因地制宜，发展特色种养殖业，培育种养殖大户；鼓励群众返乡创业，发展合作社，以‘公司+基地+农户’形式带动群众发展”的思路，稻田养鱼、流水养鱼、魔芋种植由此而生。其中，稻田养鱼实施地点第一期在清水村12组。

项目确定后，就需要增加群众信心。2018年3月，镇村和我们驻村工作队及项目带头人彭著国、龙云贵等一行13人分赴雷波、屏山、永善等地实地考察。在考察基础上，稻田养鱼带头人彭著国按规定注册成立绥江县红岩魂有限责任公司（注册资金85.64万元，其中东西扶贫协作资金38万元、“1175”产业扶持资金14.7万元、群众自筹17.94万元和个人出资15万元，吸纳贫困户 64 户、非贫困户 38 户入股），并找来测绘公司，将 12 组连片的 100 亩土地转租改为梯田；同时，将梯田周围的几十亩土地也转租过来种植无公害蔬菜。

稻田养鱼项目工作有条不紊地进行。稻田养鱼在绥江县还算“新兴”产业，我们担心养殖技术力量不足，驻村工作队队长、县科协主席陈晓洪利用科协的资源优势，协调邀请了省科协相关专家来到清水村田间地头，手把手对村民们进行培训。

万事俱备，转眼到了预定放鱼时间。我们早早将放鱼有关事项对村民进行安排，先放哪几块田后放哪几块田，事无巨细。同时，针对 12 组公路一下雨就泥泞的情况，也组织了应急小组。谁知天公真的不作美，放鱼前一天晚上下了一夜大雨，我们在龙家海队长家和村民们焦急等着运鱼车辆。下午五点半左右，运鱼车辆终于到达三茶线麦关段与 12 组通组公路的交叉路口后，却怎么也上不来。得知情况后，我们和村民们一起拿起锄头、铁锹、背篓往运鱼车的方向走去，大家你一撬我一锄，不一会坑洼路面已用石块填好，可车子还是上不去。咋办？我们就用手推、用绳子拉，但还是因路面太滑上不去。

天已经黑了，“今天鱼在车里的时间太长不尽快放到田里会死的，有没有皮卡车？用几辆皮卡车转运。”大家于是纷纷给自己的亲朋好友打电话，不一会儿就借来 4 辆皮卡车。皮卡车铺上塑料布、装上水，将鱼分成几次转运到事先准备好的消毒桶里，村民们排着队提着桶装好鱼，按照事先安排进行放鱼。

休息的空当，我从龙队长院坝里往田里一看，只见田里星星点点灯火，那是 12 组的村民们在放鱼，他们放下去的是希望，几个月后将有可喜的收获。

转眼到了秋天，田里的稻子收割了，鱼儿也肥了。驻村工作队、挂钩干部和村“两委”的同志利用身边的关系以微信朋友圈等形式，将鱼和米轻易就售完。2018 年收益达 90 余万元，实现户均增收 4500 元，人均增收 1120 元，群众在公司固定分红的基础上还有务工收入。

2019年春节前夕，我再次入户，走到邓长凤家。邓长凤长期慢性病，儿子儿媳外出打工，两个孙子由邓长凤一个人带，但儿子儿媳一直很纠结，想让儿媳在家照顾家庭又担心收入会减少，实施稻田养鱼后，邓长凤儿媳便留在家里，既能照顾孩子，又可以在家门口务工。那天，邓长凤的儿媳一见到我就激动地对我说："孃孃，感谢你们，现在我在稻田养鱼公司打工有工资拿，年底还分红，我一边照顾家庭，一边打工。今年我还喂了一头猪，年底的时候杀猪过年，你一定要来哟。"望着她甜蜜的笑容，我开心地回应："有时间我一定会来的，你们日子好过了，我们的心愿也就达到了。"

2019年，清水稻田养鱼项目又在2018年100亩的基础上转租11组田地100亩，养殖草鱼、鲤鱼、鲫鱼等18万尾。为拓宽销路我们和挂钩单位与绥江电商服务中心联系对接，敲定与广东中山神湾镇的生态大米供销合作。2020年4月27日，9600斤生态大米通过顺丰快递公司直运广东中山神湾镇。看着一袋袋稻花香米装上车，大家心里盘算着，今后全村乃至全镇的生态大米销路又不愁了。

"中山市对口帮扶我们板栗镇，公司下一步将继续在东西扶贫协作支持下扩大种养规模到400亩左右，规范水稻和稻田鱼种养，让生态大米和稻田鱼不仅成为农户增收的主要途径，还成为我们清水村的一张名片。"彭著国手中捧着大米与周边的群众开心地笑了。

（作者时任绥江县工业信息商务科技局四级主任科员）

我在互助当“兔司令”

林瑞龙

我是绥江县南岸镇互助村党总支书记林瑞龙，群众也戏称我为“兔司令”，我喜欢这个称呼，虽说它土气、诙谐，但其中蕴含互助老百姓对我的认可。

互助村辖5个自然村31个村民小组，有农户902户3266人，其中建档立卡贫困户429户1718人。这1700余人如何脱贫，互助肉兔代养发挥了不可估量的作用。代养场于2018年5月启动建设，12月底竣工验收。2019年2月投入使用，至今已销售商品兔4万余只，实现总产值160万元，纯利润近20万元。现有种兔存栏1800只，商品兔存栏8000只，是目前全市规模最大的一家肉兔养殖场，共吸纳建档立卡贫困户134户，村集体公司、代养场和建档立卡贫困户按2∶3∶5的比例进行分红，20%作为村集体公司收益，30%用于养殖场设施设备维修更换及突发事件应急等，50%作为建档立卡贫困户收益。

回想当初从有建设肉兔代养场的念头到实施，其中的期盼与艰辛如今仍历历在目。2018年年初，按县委、县政府统一部署，每个村要有村集体经济实体，并要能带动村里贫困户稳定脱贫。为落细落实工作要求，助推我村脱贫工作，我立即召开专题会议研究，初步确定建设肉兔代养场，有统一意见后立马派人到宜宾、自贡、重庆等地对肉兔养殖进行考察，经考察再次确定可行，以“支部 + 公司 + 能人 + 贫困户”模式建设。

为节约建设成本，我和村主任拿着皮尺在地里研究了两天，画出了养殖场建设图纸，虽很粗放，但现在看来还算合理。在建设过程中也是困难重重，首先遇到的是因洪灾把道路冲毁，导致建设材料无法运输，我们争取挂钩单位协调资金 8 万元对冲毁路段进行保通。为加快建设进度，但得资金到位才行，我便私人贷款 10 万元用于支付前期所需资金。厂房建好了，进设施设备由 30 多人转运，干了近 6 个小时。我还记得那天晚上下着小雨，我老婆给我买的一双骑车用的新手套，被磨得大洞小洞的，面目全非。

代养场如期完工并引进了种兔，种兔引进后就是管理了。我每天坚持到场子转转，看兔子是否正常，饲养人员管理是否到位，管理的种兔下了小兔，有了小兔就有了收入。由于大部分饲养员都是新手，刚开始在小兔管理上、技术上不成熟，导致小兔死亡率较高，心里慌了，天天要求技术顾问与饲养员上课，部分饲养员因无法胜任而离开。于是我通过各种渠道招聘饲养员，但由于在家的都是老弱病残，外出打工的也不愿回来，这下难题来了，场子里留下来的人天天抱怨干不过来，人又找不到，怎么办呢？

思来想去，我想到我的老婆，找了个合适的时机把我的想法告诉了她。她当时问我两个孩子怎么办？我说大女儿上学外婆带，小儿子爷爷奶奶带，从她的表情可以看得出来，为了孩子的成长她不愿意，我也没多劝说。就这样过了半个月，突然有一天她问我找到人没有，我说还没有，她最终还是妥协，辞了集镇原来的工作，成了互助村的一名饲养员。说实话，我是十分愧疚的，让她与我一起守代养场，子女却成了“留守儿童”。

世事难料，今年年初养殖场的管理人员因出车祸无法上班，他平常的工作能分给饲养员的都分配了，剩下的就只有交给我这个“兔司令”了。于是，我便成了一名专业“杀手”（宰兔），转运粪污也需要我干，慢慢地我成了一名在山道间“滑翔”技术高超的三轮车驾驶员，还有设施设备的简单维修，群众都说：你一个书记咋个啥子都干哦？这时我总是笑笑，心里想只要能干就多干点，干出来总比等出来更有意义！

在肉兔养殖的过程中，经过不断的探索，围绕肉兔养殖我们相继又发展了蚯蚓养殖和花卉种植项目，实现了种养有机结合，用兔子粪养殖蚯蚓，再用蚯蚓粪种花，不仅解决了兔粪污染问题，还产生了新的价值。我们村“两委”班子还商量，在做大做强特色种养业，推进代养场壮大的同时，要探索将肉兔加工成成品。目前，正在与食品加工厂洽谈合作事宜。

（作者时任中共绥江县南岸镇互助村党总支书记）

绥江云绣娘：传承指尖艺　绣出致富路

聂晓梅

脱贫攻坚以来，绥江县在中国建材集团有限公司的帮助和支持下，与依文·中国手工坊达成合作协议，决定在全县实施云绣娘“指尖产业”，既展现绥江独特、悠久的民族文化，又助力贫困群众脱贫致富，开创了“背着娃、绣着花，养活孩子养活家”的妇女居家创业灵活就业新模式。

结缘“云绣娘”，重拾绣花针

团县委协调依文·中国手工坊专家，通过调研、挖掘、整理绥江历史文化、风土人情，收集纹样1200个，开发出独具绥江特色伴手礼、生活用品、时尚产品、旅游文化产品30余款。北京依文集团优选培训导师，赴绥开展“面对面”培训。姚惠琴导师是苏绣家传非物质文化遗产第四代传人，苏州琴芬绣庄创始人，有40余年的苏绣刺绣经验，以双面绣、乱针绣之技艺著称；王国辉导师是刺绣工艺师，具有8年刺绣教学经验。培训采取理论知识与实际操作相结合的方式，围绕传统手工艺发展现状、刺绣的常用技法等内容进行授课。以“培训一人，就业一人，稳定一户”为目标，于

2019 年 10—12 月共开展 5 期云绣技能培训，覆盖 5 个乡镇 569 人（卡户 219 人），共评选出 135 人优秀绣娘。

留守妇女们通过短时间的培训，结缘“云绣娘”，重拾绣花针，很快学会了制作。由于没有上下班时间和地点的限制，同时除投入劳动力成本外，不用投入其他成本，能很快赚钱，刺绣培训得到了农家姐妹们的积极响应。

跟踪解难题，居家战疫情

培训后的“云绣娘”纷纷各回各家，她们居住分散，手艺高低不齐。为更好地服务于“云绣娘”，云绣娘手工坊工作人员多次不畏风雨，先后到中城镇、南岸镇、板栗镇等 5 个镇，深入 80 余名优秀绣娘家中，将刺绣技能、文化政策送进绣娘家，面对面与绣娘拉家常、了解绣片完成率、回收完工绣片、为绣娘答疑解惑、鼓励绣娘坚持每日刺绣、挖掘刺绣骨干。

除了跟踪服务，为每个分散居住的绣娘排解难题外，我们团县委还组织开展绣娘集中交流活动。2019 年 11 月 7 日，一场乡村“绣娘”技术交流赛在板栗镇中坝村活动室举行，10 余名“绣娘”一边刺绣一边交流心得。交流赛上，绣娘们各展身手，中城镇良姜村 36 组村民李廷兰看着绣品说道：“我白天在猕猴桃基地干活，晚上弄这个刺绣，一天能绣一两片。绣好以后，如果忙不赢交货，团委、妇联的人会下来统一回收，节省了我们的时间、精力。”

突如其来的新冠肺炎疫情，改变了千千万万群众原本的生活和工作方式。在严守疫情防控底线前提下，云绣娘手工坊精准施策、铆足干劲，因地制宜将绥江县青年之家建设为“临时绣房”，为刺绣骨干提供取订单、交绣片、切磋技艺的临时场所。在这个特殊时期，绥江绣娘以针为笔、以线为墨，用巧手绣出自己的幸福路。2020 年 3 月 6 日，前来绣房交绣品的罗会芹对我说："我又来交绣品咯！你们看，这是防疫期间我在家绣的 25 片，村上的喇叭、微信群、短信上天天喊我们宅在家、不出门、不聚会、不串门。正好待在家里做刺绣，有事干也不心焦了，在家就能赚到放心钱，保证身体健康的同时还增加了生活补贴。"

针线变"金线"，"造血"促脱贫

"授人以鱼不如授人以渔。"绥江县云绣娘手工坊在打造特色手工艺产业文创产品的同时，始终把云绣指尖产业作为扶贫产业，不断拓宽贫困家庭妇女就业渠道，助推贫困家庭"能就业、能致富"，帮助妇女就近、居家就业，组织周边妇女参加"随到随学""免费培训""特殊群体送教上门""一对一"培训，助力"针线活"变为"金线活"。

夏绪南是从重庆远嫁到绥江良姜村 16 组的川妹子，接触刺绣之前，她在昆明市经营着一家生意红火的美妆店，但因离家远、无法照顾即将步入小学的孩子，便放弃创业返乡全心投入"家庭妇女"事业。在一次外出串门时，她看到隔离邻居骆迎春静坐在家门口一针针、一线线认真刺绣，不一会儿精美图案映入眼帘，便萌生刺绣想法。心思缜密的她在培训期间看到培训老师绣制好的一块块绣片花样别致、针脚细致、配色巧妙大方，她心想："要是自己也有这样的手艺该多好呀！"经过培训、用心勤练，她如愿成为云绣娘手工坊专职绣娘。在她看来，刺绣不仅仅是一种技艺，更是一种心意传递，一针一线带着手指的温度。

华含秀是中城镇大沙村的一名普通家庭妇女，现在是云绣娘手工坊的专职绣娘，家有两个小孩，起初主要任务是居家照顾老人、小孩，负责一日三餐，偶然间加入绥江县云绣娘指尖产业培训，通过五天的学习、摸索、询问，被评为"优秀绣娘"。培训结束后，她并没有闲下来，每天都利用业余时间坚持刺绣，家中的阳台顺势变为她的刺绣区，两岁多的小宝入睡前陪小宝，入睡后便专心刺绣、探索刺绣技能。

今年19岁的周小芳因肢残，从小双腿行动不便，去年父亲又双腿受伤，家里开销仅靠母亲一人艰难维持，她看在眼里，急在心里，想挣钱补贴家用却又无门路。县人武部挂钩人员了解这一情况后，及时与我们云绣娘手工坊联系，手工坊随即派出刺绣骨干华含秀对周小芳进行点对点培训。培训结束后，华含秀告诉我说："感谢手工坊给予我这样的平台，在教她刺绣的同时，也提高了我自己的技艺，一举两得。"而周小芳通过培训也学会了刺绣，凭着自己的辛勤劳动为家里挣钱了。

云绣娘手工坊积极响应县委、县政府变输血式扶贫为"造血式"扶贫的号召，主动汇报、争取东西部扶贫协作专项资金40余万元，在绥江县B区农贸市场三楼改建指尖产业扶贫车间，建设云绣娘手工坊，坚持"政府主导、企业主体、因地制宜、扶企带贫"的方针，帮助居家妇女不离乡土、不离家庭和家务劳动而发展家庭经济、增收致富。绥江县云绣娘手工坊于2020年4月8日开工，5月25日建成并投入使用。建成的云绣娘手工坊，集教学区、刺绣区、成品展示区等为一体，现有绣花机1台、缝纫机1台、锁边机1台、印花机1台。"一部分绣娘每天按时上下班，操控绣花机，领工资；另一部分手艺精湛的绥江绣娘，可以在家完成绣品，计件领酬。"手工坊工作人员不无自豪地说，手工坊把机绣和手工绣相结合，既能保证批量化生产，又能把手艺一代一代传承下去。

创新促发展，提质强品牌

绥江县云绣娘手工坊既注重对绥江传统文化的挖掘、传承，更注重云绣技艺的创新与发展，努力将云绣娘作为绥江文化产业的重要品牌来打造、保护、运用。手工坊联合县文化馆做申报市级非物质文化遗产代表性项目，随着非遗保护工作的不断深入，云绣已渐渐成为广大居家妇女传承弘扬传统优秀文化、增收致富的重要渠道，让更多人开始回望传统文化、思考传统文化并继承传扬。

为挖掘绥江传统节日的深厚文化内涵，弘扬中华民族优秀传统文化，我们组织云绣娘手工坊利用端午节等国家法定节假日，联合县民政局、县总工会、县图书馆开展“浓情端午活动”，让单位职工、小朋友们在绣香囊的过程中领略中华传统节日文化、认识刺绣、感知刺绣、体验“非遗”之旅。2020 年 6 月 13 日，我们在绥江云绣娘手工坊开展了“浓情端午亲子活动”，云绣娘手工坊工作人员带领小朋友们参观手工坊内的各个工作区域、认识刺绣工具、了解部分手工绣品，并展示当天需完成的香囊成品，引导小朋友们认识、了解绥江县的民俗文化图案——吞口，在幼小的心灵里播种下地方文化的种子。

云绣娘手工坊在加强传统文化的传承、保护的同时，更注重创新，通过创新推动发展。青年绣娘骨干骆迎春，是中城镇良姜村的建档立卡贫困户。打工返乡的她通过培训渐渐爱上了刺绣，为了提高刺绣技艺，她主动搜索、查找相关刺绣教程，用自己打工积蓄购买半成品尝鲜、苦练，刺绣技巧日趋精湛。在不断摸索中，她发现要让作品更具时代气息，传统刺绣需容纳百家之长，根据刺绣图案表达需求融合多样绣法。她将古老的刺绣工艺与自己喜爱的绘画融合，将自己绘制的图案通过刺绣的方式表现出来。她说：“虽然我没有绘画基础，但我会私下找各种资料主动学习，每一张废弃布料都可能会变成我练习的画布、绣布，现在成了绥江云绣娘手工坊的专职绣娘，让我有更多机会接触绘画、刺绣，也让我尝试到了更多新的东西。”绥江县云绣娘手工坊主动向县文化馆推荐骆迎春为申报“市级非物质文化遗产传承人”。

绥江云绣娘手工坊注重品牌意识，顺应时代发展。2019 年 8 月 23 日，我们与绥江县旅游开发投资有限公司提出“云绣娘”商标注册申请，经过不懈努力，2020 年 1 月 6 日，“云绣娘”商标申请的第 18、24、25 三个类别均通过国家知识产权局的初步审定，4 月 6 日，中国商标公告第 1690 期上公告“云绣娘”三个类别的商标公示期满，核准注册并于 2020 年 4 月 7 日正式生效，这不仅让刺绣再次焕发生机，帮助更多妇女实现居家就业，还能结合“文化 + 产业”模式，传承民族文化，巩固脱贫攻坚成果。

绥江“云绣娘”手工坊始终秉承“传承指尖技艺，绣出致富之路”的初心，紧紧围绕全县“三园四场一绣娘”产业布局，探索出“公司 + 团委 + 妇联 + 扶贫车间 / 合作社 + 贫困妇女”的经营管理模式，努力打造成为“锦绣绥江”“美丽绥江”的一张亮丽名片。

（作者时任共青团绥江县委书记）

夫人坝的华丽转身

黄光辉

去年暑假，一位师范的同学一家人到绥江来耍，我在心里寻思着：作为东道主，带老同学一家到哪些地方去玩呢？我首先便想到了云上人家——夫人坝。初秋时节，置身山顶，放眼望去，在云端之间，树木葱郁、梯田层叠，稻香四溢，三五人家，炊烟袅袅……这里有别具一格的古朴建筑，有山花烂漫的乡间田野，有耐人寻味的故事传说，这里是藏匿于山之巅、云之间的世外桃源。

在从县城驱车去夫人坝的半小时路程上，我兴致勃勃地向老同学一家人介绍夫人坝的基本情况。夫人坝位于绥江县城东南方向，三面临崖，一面环山，境内多峻岭幽壑，沃野良田。多年前，坝上人家全部姓周，且家家习武。由于与其他村寨隔绝，此地自古多为兵匪啸聚之地，江湖纷争之所。夫人坝生态优美、气候湿润，不仅广泛流传着明代“改土归流”后山村苗家女子成皇妃的佳话、“周家拳”的励志传奇、“太阳女”的神奇故事、“周旭一战定关山”的武林佳话、中国人民解放军剿匪的英雄事迹，还保留有李正忠烈士墓、周世奇墓、三仙山石刻、“石猫”等文物古迹，具有浓郁的古朴人文和深厚的历史底蕴，成为绥江县原生态的旅游产业元素和乡村文化元素。

当我还在车子上介绍得正起劲的时候，车子已经爬到山顶到了夫人坝。

老同学的眼球马上就被层层叠叠的金黄稻田所吸引：现在正是水稻成熟的季节，不远处还有人在地里劳动。木屋里升起的缕缕炊烟，远近可闻的鸡犬声，给大家一种来到世外桃源的惊喜。如果没有和这里的老百姓聊天，大家简直不敢相信，几年前这里还是一个不通公路、年轻人都外出打工的留守小山村。记得我有个老表的岳父就在夫人坝，以前他每年最伤心的就是回“后家”了，要上夫人坝无论是从县城来还是新滩来，从下往上都是手脚并用爬天梯，汗流浃背边爬边歇，相当费力才能到夫人坝，老百姓进趟城赶个场都要“两头黑”（早上天还没有亮就出门，回来的时候天已经黑了）。

说起夫人坝这几年的变化，老队长仍然激动不已。夫人坝有居民 41 户 166 人，其中建档立卡贫困户 29 户 122 人。2016 年 4 月，县委、县政府多次考察调研后，决定以古朴文化为主题开发打造夫人坝，让“隐”在深山的小山村走出一条“打造乡村旅游，助力脱贫攻坚”之路，将夫人坝作为乡村旅游示范点高起点进行规划布局，着力改善道路交通、完善配套设施、提升乡村环境、打造特色民居，逐步发展乡村旅游，促进群众脱贫致富。

坐在自家木楼上望着现在的夫人坝，村支书周克尧感慨地说：“刚开始党委、镇政府、挂钩单位来开动员会的时候说要把这里打造成乡村旅游示范点的时候，大家心头都没底，觉得我们这样的老高山，没得啥子看头和耍的。后来，党委、镇政府请来专业的规划公司，把规划图拿出来，一样一样地给我们解释。看到规划图上统一按照川南民居风貌设计的纯木结构新房效果图，很多群众就动心了。为了保护当地原生态的乡村自然风光，我们夫人坝没有集中连片修建，而是选择依山傍水而建，保存梯田、森林、溪流，看到那个规划效果图，简直太美了。41 户人家的思想很快就得到了统一，大家马上行动起来，开始按照规划图建设自家的房子。短短 3 个月，房屋就基本建好，全村 41 户安居房依山就势、环田而建，大家都满意得很。”

在打造旅游元素上，夫人坝以建设“宜居胜境、人间阆苑”为目标，村子里大力推进改路、改水、改电、改圈、改厕、改灶、改院坝和清洁水源、清洁家园、清洁田园的农村综合环境整治提升行动，硬化升级改造了 7

公里通往夫人坝的道路，在夫人坝境内新建步游道 4.5 公里，修建了夫人绣楼 300 平方米、活动广场 3000 平方米、农耕文化传承路 1 条、停车场 2500 平方米、旅游厕所 3 座等旅游基础公共设施，乡村旅游景点已靓影初显。

基础条件具备了，如何将原来只会耕种的农民转变为会旅游经营的“老板”，又成为一大难题。各级各部门多层面、多形式地开展了农家乐服务技能培训，先后举办了农家乐管理、厨艺、竹编、服务员等服务技能培训。通过培训，云山人家、七姐农家乐、简朴寨、乡村柴火鸡等农家乐陆续开门迎客。为强化长效管理，通过召开动员会、群众代表会、党员会的形式，广泛深入地宣传讲解创建乡村旅游示范点的目的意义、办法措施，把全村群众的思想和行动统一起来。同时，成立了农民专业合作社，把“独立耕作、零散种植”模式创新发展为“户户占股、人人分红”的集体产业发展模式；组建村民理事会，负责统一管理旅游示范建设运营工作，建立健全了旅游示范工作规范、旅游示范元素建设管理办法、村容村貌管理办法等，使全村旅游扶贫工作不断规范。

面对未来，干部和群众信心满满，下午在七姐农家乐吃饭时，老板娘兴奋地说：“现在好了，基本上每个周末都有人上来耍，吃顿饭，买点我们当地的核桃、板栗、猕猴桃这些特产，人多的时候我们自己忙不赢就在当地请几个人帮忙，大家不用像以前一样外出找活干。”在和大家聊天的过程中，我们发现，村民考虑的已不再只是一家一户的发展，而是在思考整个夫人坝的出路。对此我深感欣慰，发展乡村旅游给群众带来的不仅会有好日子，还有更加开阔的眼界和思路。

（作者系绥江县文化和旅游局工作人员）

扶贫小额贷款帮助我们富起来

唐再德

五月的晨风吹拂着徐正武的脸，他看着眼前一大片逐渐成熟的李子、望着山下碧蓝的湖水和远方的层层青山，心情激动着、喜悦着。苦了大半辈子的他，随着绥江县脱贫攻坚工作的深入展开，在党和政府扶贫政策的扶持和挂钩干部的帮助下，近几年的日子越来越好过了，住房条件改善了、饮水有保障了、生产生活用电质量提高了，特别是村组公路硬化到了自家附近，方便了农产品的运输。徐正武想着，今年“半边红”李子丰收、妻子代晓玲外出务工稳定，收入肯定超过去年，日子肯定比去年过得好。李子再好好管一管、想添置的家具也可以添置了。

家住新滩镇新滩村后坡片区 21 组的建档立卡贫困户徐正武，全家 4 口人，妻子代晓玲和 2 个读中小学的小孩；自家虽然有 10 多亩土地，但都在金沙江沿岸的半山腰，山高坡陡、土地贫瘠，主要种植苞谷，产出低，收入少，有时还要受自然灾害的影响，经济入不敷出。扶贫攻坚初期，在县、镇、村挂钩干部的帮助下，徐正武家改变生产经营方式，开始种植“半边红”李子。随着“半边红”李子种植面积的增多，资金投入又成了徐正武的一大难题。挂钩干部了解到他的难处后，详细给他宣传了扶贫小额信贷政策。2017 年 9 月，徐正武申请 5 万元的到户扶贫小额贷款，加大对“半边红”李子产业的投入。到 2020 年，徐正武户种植“半边红”李子达 9 亩，已投产7亩左右，年销售李子6吨多，每吨均价4000元左右，一年下来李子收入就有24000元，人均增收5000多元；加之妻子代晓玲外出务工，收入也比较稳定，徐正武一家日子一年比一年好过。

在精准扶贫过程中，类似徐正武这样的贫困户还有很多，通过扶贫小额信贷，帮助他们解决了发展李子产业的燃眉之急。据不完全统计，全县“半边红”李子种植总面积9.47万亩，投产7.6万亩，年产量4.01万吨，产值2.4亿元。在“半边红”李子产业发展过程中，有5126户贫困户申请扶贫小额贷款6170.56万元，种植“半边红”李子3.72万亩，帮助他们如期实现了脱贫致富。

陈华是新滩镇银厂村3组的贫困户，全家5口人，有劳动力3个。2014年，在镇、村科技人员的指导帮助下，陈华开始探索种植红心猕猴桃。2017年，陈华想扩大猕猴桃种植规模，但苦于没有资金，无从下手。挂钩干部听说后，积极帮助他办理手续，向当地政府申请了5万元扶贫小额贷款，发展扩大猕猴桃种植规模。2018年，他家不仅在本村成了猕猴桃种植能手，而且通过猕猴桃产业的种植经营让他率先实现脱贫致富，成了产业致富的带头人。目前，陈华已种植猕猴桃15亩，其中有3亩已经实现投产，年生产优质猕猴桃4000余斤，因其口味佳、品质好，陈华的猕猴桃深受消费者喜爱，销售价格也好，每年能获得2万元左右的经济效益，加之妻子罗红莲的务工收入，家庭人均纯收入远远高于脱贫标准，一家人生活过得很殷实。

板栗镇双河村3组的卡户王正美夫妻俩一直在外地务工，虽然有一定的务工收入，但常年在外无法照料年迈的双亲和一双儿女。2013年，他决定与妻子回乡创业，山上山下转悠了几天，看着贫瘠的几亩坡地愁白了头。苦闷的他陪着妻子在河边洗衣服，看着这条从家门前缓缓流淌的小河，王正美脑中灵光一现，他骑上摩托车，沿着这条河走了好几公里，发现沿河而上的中坝村3组朱家河坝一带河床开阔、水流平缓，非常适合用于流水养鱼。回家与妻子商量后，决定租用朱家河坝的河滩地修建水池，实施流水养鱼项目。思路定下来后，王正美马上联系河滩地租用、水池修建、鱼苗购买相关事宜。可到了购鱼苗的环节却让他犯了难，自己的积蓄和跟亲戚朋友借的资金已经全部用完了，没有钱，鱼苗就到不了位。挂钩干部了解到这一情况后，给他宣传扶贫小额信贷政策，听说既不要抵押，又不要利息，他简直不敢相信，直到申请的5万元扶贫小额信贷拿到手，他悬着的心才踏实了。王正美逢人便说："扶贫小额贷款政策就是好，自己贷款，政府贴息，还款没压力，帮助我们富起来了！"

近年来，绥江县以金融办牵头建立联席会议制度，每月至少召开1次联席会议，推动扶贫小额贷款工作的运行。县委、县政府领导还多次到信用社、农业银行召开扶贫小额信贷工作推进会议，将扶贫小额信贷工作任务分解到各乡镇以及农行绥江县支行、县信用联社各部室和网点，信用社还将扶贫小额信贷工作纳入职工绩效考评，确保扶贫小额信贷工作有效推进。信用社为方便贫困户贷款，明确扶贫小额信贷由原来的夫妻双方面签改为夫妻一方到场面签、另一方出具委托书即可放贷。同时，县扶贫开发领导小组还出台了《绥江县建档立卡贫困户产业扶贫贷款贴息资金管理办法》（绥扶组办通〔2018〕32号），银行全部以基准利率、按评级授信额度给贫困户放贷，解决了贫困户贷款"难"的难题。

2015年以来，全县累计投放扶贫小额信贷资金32892万元（其中投放种植业贷款17990.5万元，投放养殖业贷款14591.5万元，投放到农副产品加工及农林产品流通贷款310万元），项目覆盖全县5个乡镇、34个行政村（社区）、758个村民小组，6401户（次）建档立卡贫困户受益。扶上马送一程，扶贫小额贷款项目仍在继续支持着全县脱贫户巩固脱贫基础，发展产业、壮大产业，向着小康生活迈进。

（作者时任绥江县扶贫办四级调研员）

让村级集体经济强起来

尹才旭

绥江是一个传统农业小县，农村经过多轮土地改革后，村集体留下的土地十分有限，村集体经济发展举步维艰，2013 年全县仅有 2 个村级集体有收益，年收入不到 1 万元。基层组织“无钱办事”“无能力办事”成为制约村级党组织创造力、凝聚力和战斗力发挥的重要因素。

“小尹，发展壮大村级集体经济是脱贫攻坚的重要组成部分，此项工作对巩固和加强农村基层党组织领导核心地位有深远意义，是深化农村改革、推动精准脱贫、全面建成小康社会的重要内容，你们组织股要好好谋划，把这件事做好。”几年前的一天，部长把我们叫到他的办公室，严肃叮嘱道。

“红色股份”开启破冰之旅

2014 年，省委组织部等八部门下发了《关于开展农村集体经济“红色股份”试点工作的指导意见》文件，明确了各村（社区）要以发展“强基惠农股份合作经济”项目为指引，大力发展村级集体经济。我们结合本地实际，因地制宜，大胆探索，采取县、镇、村三级联动，按照“一覆盖、两服务”（“一覆盖”，即抓组织覆盖，在产业链上建支部，发挥好党组织的示范引领作用；“两服务”即服务合作对象的发展环境和生产经营）的办法，对全县符合条件的专业合作社、种养殖公司、产业大户进行比选。在召开的项目比选大会上，我负责会议记录。由于此项工作还处于探索阶段，加之资金有限，能够实施的项目必须优中选优。“我们的半边红李种植已经有了很好的基础，规模已经达到了上万亩……”“我们酿酒多年，工艺纯熟，在全县已经小有名气……”会议一开始，各镇党委书记就尽全力把项目所有的优势展现出来，都希望为自己管辖的村多争取项目。“下去我再把方案优化一下，可不可以先暂时保留……”“我这个项目经过充分调研的，一定会成功的，可不能被刷……”会议经过6小时的讨论比选，确定了首批10个“股份合作经济”项目，打响了发展壮大村级集体经济的第一枪。

2015年，在成功试点10个村的基础上，稳步推进“股份合作经济”项目覆盖范围，镇村整合资金145万元，选点布局24个项目，涵盖了种植业、养殖业、食品加工、休闲农业和小型电站建设等，完成合作股本投入908.2万元，实现产值300余万元，村集体公司分红24.3万元，18个村（社区）实现了集体经济“零”的突破。

在这一轮集体经济“零”的突破中，板栗镇中坝村做了很好的探索，该村虽有苞谷酒酿造、肉牛养殖、生态蔬菜种植等优质项目，村党总支却没有资金参与入股，无法获得村级集体经济收入，面对这样的窘境，中坝村党总支书记徐仕权也是十分着急。6月的一天，徐仕权召集村“两委”班子商议如何把这些好的项目发展起来。

“目前资金短缺，我提议我们大家一起筹一些钱投入项目中，把这些项目当成自己的事业来做，你们看如何？我表个态，我入5万。”

“我看行，我入2万。”

…………

就这样东拼西凑，村“两委”成员共筹集了14万元。同时，采取“县财政资金解决一点、责任单位支持一点、涉农部门整合一点、金融部门贷款一点”的办法共筹集80万元作为股本金分别投入3个产业，通过规范管理，科学运营，中坝村村级集体经济当年就实现盈利5万元。

“空壳村”清零行动

2016年，县委决定实施村集体经济“空壳村”清零行动。“小尹，这个清零行动方案是指导未来几年村级集体经济发展的重要政策文件，你们要把如何打通党组织、集体公司、贫困户的利益链接机制作为重点来思考。”

接到部长亲自安排的工作任务我倍感压力，赶紧查阅相关资料，上网搜索大量的成功案例。经过一个星期的苦思冥想，终于撰写出第一稿，忐忑地走进部长办公室将稿件交给部长审阅。看着部长不禁摇了摇头，一种挫败感油然而生。“离我要的效果还有差距。这样，你通知股室全体人员今晚8点来会议室，我带着你们讨论，借大家的脑袋用用，发挥集体的力量。”

“村集体公司如何才能实现盈利？”

“贫困户一定要参与进来……”

“能人在其中如何发挥作用？”

就这样，会议室的灯从晚上8点一直亮到凌晨2点才熄灭。初步确定了以“党支部＋公司＋合作社＋能人＋贫困户”五位一体的发展模式，村党总支充分发挥示范引领作用，积极发动党员示范带头、号召群众广泛参与，组建农民专业合作社；村级集体公司发挥主导作用，利用资金、技术、管理、信息、市场等优势，做好与合作社合作过程中的资产评估、信息技术、资源整合、股权核定、提质增效等方面的工作；合作社发挥管理规范、生产技术好、抗风险能力强的优势，搭建销售平台、畅通销售渠道，吸引群众特别是建档立卡贫困户入股；能人发挥专技特长，为公司运作和产业发展提供技术支持，增强市场抗风险能力；建档立卡贫困户以土地、资金、劳务、技术等要素入股，接受合作社的管理，不断提高收入水平。

发展思路和模式确定了，资金保障却成了头等难题。为此，县委、县政府多次专题研究，确定了挂帮扶持、政策扶持、资金扶持三项举措：挂帮扶持，建立三级挂钩联系体系，由县处级领导干部分别挂钩联系 1 个贫困村，县直挂钩部门按照“1+X”模式进行结对帮扶；政策扶持，将土地整理、农业综合开发、农田水渠维修、乡村道路维护中的“一事一议”项目优先安排或委托村级集体公司实施，对与村级集体公司合作的农民专业合作社在同等条件下优先给予扶持；资金扶持，县委、县政府将农村产业扶持资金、基层实施建设资金，通过法定的方式转化为村集体的股本金，增强村级集体公司的原始资本积累。仅 2017 年一年，全县就投入资金 4000 余万元专项用于村级集体经济发展，其中有 2000 余万元转化为村级集体经济公司的股本金。

通过不断努力，全县如期实现了“空壳村”全面清零。

“三园四场”推动村级集体经济步入“快车道”

2018 年，县委制定了“三园四场”产业发展规划，村级集体经济的发展迎来了前所未有的契机。按照“镇建产业园、部门打造产业点、村育产业户”的要求，全县当年共新建百亩连片示范菜园 5 个，示范茶园 3 个，新建生猪代养场 30 个，常年存栏 200 头以上肉牛示范场 5 个……这其中，村级集体经济公司大多都有参与，全县村级集体经济的发展壮大由此进入了快车道。

成果是喜人的，但是如何规范运营？县委、县政府经过多方调研论证，最终确定了规范运营村级集体经济的“四项机制”。股权机制，把资源变资产，资金变股金，农民变股东，把村集体、农户和经营主体三者联合起来，实现联产联股联心，释放产业扶贫潜能。决策机制，制定完善公司章程，规范组建董事会、监事会，依法将村级党组织书记、村（居）委会主任、监委会主任分别选举为董事长、总经理、监事会主席，实行公司重大事项一律由董事会集体研究决策，其中涉及集体资源资产的处置严格按照“四议两公开”制度执行。分配机制，对村级集体经济收益中按最高 60%、最低 30% 比例的确定为村组干部的补助，其余资金通过村民代表大会、“四议两公开”等民主决策程序研究决定，用于扩大再生产、兴办公益事业。监管机制，监事会对重大事项事前、事中、事后全过程监督，镇农经站对村级集体公司的运行情况每季度进行一次研判，县委组织部每年委托审计部门按不低于 30% 的比例对各村级集体公司进行集中审计。

截至目前，全县村级集体经济发展步伐不断加快，收益稳步提高。看着全县村级集体经济的可喜变化，这其中也有自己的心血和汗水，我内心的喜悦溢于言表。

（作者时任中共绥江县委组织部办公室主任、县集体经济办主任）

深山里的追梦人

杨昌琴

再次见到龙武秀的时候，她刚刚清扫完猪圈里的粪便在洗手，那原本白皙细嫩的双手现在已变得粗糙不堪，但脸上创业成功的喜悦让她整个人显得更加光彩照人。作为一个看着她从都市白领成为新一代高素质职业农民、变为山村“猪倌”的见证人，我既心疼又欣慰。

“我一定要上大学”

谈到求学过程，龙武秀还显得心有余悸。“我是2002年高中毕业的，觉得自己高考的成绩还不错，填报的是云南财经大学。可眼看着开学时间越来越近，班里其他同学都收到了录取通知书，我的迟迟没有收到。看到其他同学都陆续到大学报到了，父母对我说：‘没有通知，就不去读书了，我们给你买几十只羊，你放着还能赚到钱。’‘不行，放羊有什么出息？没文化没知识能有什么出息？我不放羊，我一定要上大学，我要去找录取通知书！’我软磨硬泡向父亲要了400元钱，一个人来到县城打听录取通知书的信息。在校友的帮助下，我们找邮局、找教育局，在教育局拿到了云南财经大学的通知书。原来是因为我们这儿太过偏远，邮递员不是天天送信，再加之那时又没有电话，录取通知书才迟迟没有收到。”拿到通知书的那一刻，龙武秀欣喜若狂！这时离开学只有 2 天时间，在 2 天里要转户口等手续，那时在团结村，由于没有公路直达县城，要乘船横渡金沙江到四川，再渡过金沙江返回云南，在南岸镇上坐微型车才能到达县城。龙武秀的父亲几经周折，才把户口转出来了。这次录取通知书的迟到和办手续的困难，使年少的龙武秀第一次切身感受到贫穷落后带来的不便。这也更加坚定了她要走出大山，好好读大学的决心。

放弃白领当“猪倌”

“大学毕业后，在昆明工作了 3 年，由于大城市丰富综合资源的吸引力，2009 年，我辞掉了昆明的工作去了深圳，进入一家资产上亿的集团公司担任会计，从会计岗位、财务主管、财务经理再到财务总监及公司股东，我整整花了 7 年时间。”2016 年春节，龙武秀像往年一样回家过年，回家前她已做好了转车、乘船、爬山路的思想准备，东西尽量少带。可没想到从县城回老家，1 个小时不到就直达家门口，绕道四川再坐船过江才能回家的窘迫直接成为历史翻篇了。这时她发现，那年过年的气氛特别好，不再像往年那样，外出务工的年轻人们为了挣过年的那点加班工资多数都选择不回家，家里就剩下老人、小孩，显得特别冷清。村里的年轻人几乎都回来了，大家聚在一起聊家常时，龙武秀才知道，精准扶贫以来，建房有补助、公路修到家，家家户户都住上了新房，发展产业国家也可以大力扶持，务工人员回家过年国家还发交通补贴。

“家乡面貌的变化让我对自己的职业规划产生了动摇。虽然在深圳工作条件好，自己也熬成了股东，但无法照顾父母一直是心中的隐痛。”春节的7天假期，龙武秀每家每户去串门，就想听听看看能不能有什么可以大家一起做的项目。村里家家户户都养猪，但村里没有种猪场，乡亲们连买一头猪仔都要去四川购买，要是买到健康的仔猪倒也罢了，但很多时候，他们都是在流动摊贩手中购买仔猪，买到病猪就会血本无归。看到这一切，龙武秀萌生了在老家建种猪场的想法。

“猪倌”也不是好当的

自己下了决心还不行，父母这关还得过。“正月初六的晚上，妈妈问什么时候回去上班，我说：‘我不上班了，回来养猪吧。’爸爸妈妈以为我开玩笑，都没放在心上。过了初八见我不但没走，还真在家门口的空地上左测量右比画，才知道我是认真的。”龙武秀的爸爸一把扯掉了插在土里用来做记号的木棍，“我供你上大学，就是为了回来养猪的？那你当初还不如就在家头放羊！”说完就出去了，一整天都没回家。晚上，龙武秀耐心地给父亲解释，“回家养猪不可耻，我是用学到的知识科学养猪，这和你当初说的放羊是两回事。干好了，还可以和乡亲们一起干！你忘了？前年你买的仔猪，喂了没几天就死了，你是怎么心疼的了？我这个种猪场建起来，至少这个问题就不会存在了。”谈到这件事，父亲说：“你不要说了，想起我死掉的那3个双月猪儿，我现在都心痛。隔壁你二叔家，后边你三爷家，哎哟，好多家都遭过。你整得成这个事情呢，我就支持你。”父母的工作终于做通了，龙武秀辞掉了年薪20多万元的工作，退了公司的股份，断了自己的后路，正式走上了“猪倌”之路。

决心易下，事情难干！由于积蓄少，资金有困难，龙武秀想说服乡亲们跟她一起干，当时国家对产业支持最大的就是扶贫贴息贷款，农户也很熟悉政策，但是大家看到她只是一个年轻女孩，都不信任，害怕红没分到反而亏本。龙武秀一次一次骑着摩托车，一家一户去沟通，有一次，由于雨天路滑，在经过一段泥泞路段时，连人带车摔在了路边，膝盖撞到路边的石头上，鲜血顺着裤腿往下流，她依然没有放弃。乡亲们在旁边说："这个姑娘吃得起苦，我们跟她一起干哇。"真是没有想到，意外的一次摔跤倒让乡亲们对龙武秀产生了信任，村里共有 32 户村民利用产业扶贫贷款、劳务等方式入股到龙武秀建立的富乙圆合作社，筹集到卡户的贷款资金 82 万元，她自筹了 190 万元，政府扶持了 40 万元，一共 312 万元建起了 3500 平方米的猪舍。

"由于刚进入这个行业，猪舍建完，到哪里去引进种猪又成了难题。好在有你们农业农村局领导和技术人员提供的渠道，95 头优质种猪及 2 头优质种公猪才顺利进圈。"龙武秀对我说。

种猪引进后，又面临养殖技术问题，刚开始生产的仔猪存活率很低，甚至有的整个窝仔猪都不能存活。龙武秀意识到养殖需要技术，她积极参加县上组织的技术培训。培训完后，县农业农村局的技术员还到现场耐心指导，在他们的帮助下，合作社的养殖技术一天天成熟起来，种猪生产量和仔猪存活率迅速提升，规模越做越大。

开始，大家都没有经验，有一次龙武秀在清洗猪圈的过程中，不小心被一头 700 多斤的种公猪用牙齿划伤大腿，15 厘米的伤口可以清晰地看见大腿骨。龙武秀的妈妈直接吓瘫了，大家迅速将她送往医院，由于猪的牙齿病菌太多，又是炎热的夏季，造成伤口感染，导致她住院 2 个月。第一栏仔猪出栏后，大家反响都很好，都来买，龙武秀的合作社又供不上了。

如何扩大生产又成难题，恰好一家养殖场因环保问题关闭，场子里 26 头种猪需要安置，在政府的关怀下，无偿地将 26 头种猪送到龙武秀的合作社。通过摸索和各级帮助，2019 年养殖场共计 480 万的资产，存栏生猪 1030 头，当年实现利润 60 万元，入股社员分红 20 万元。附近的村民看见加入合作社的村民真的有红分，纷纷要求加入合作社。截至 2020 年 8 月，已有卡户社员 489 户加入。到 2021 年预计达到 1800 头猪存栏，年出栏 3000 头，总收入 634 万元，毛利润 158 万元，净利润 120 万元。在龙武秀的带领下，合作社先后被授予合作社市级示范点、全国巾帼脱贫示范基地的荣誉称号，她带领群众一起脱贫致富的事迹还上了《昭通日报》。

“猪倌”是基础，争取做到更好

规范化的养殖场建起来了，群众加入了，怎样才能让群众得到更多的实惠呢？龙武秀又开始了新的探索。2020 年 6 月，她组织同镇 16 户农户，将整个生产队 800 亩土地全部流转下来，把流转的土地规划为生猪饲料种植、魔芋种植及中药材种植 3 个基地，形成以养殖带种植、以种植反哺养殖的产业链，猪饲料种植、魔芋种植及中药材种植 3 个基地项目能够解决 30 个就业岗位，让那些需要在家照顾子女和老人不能够出门务工的乡亲可以在自家门口就业，实现增收创收。

“展望明天，我信心百倍，我会带领乡亲们做脱贫致富、乡村振兴路上的追梦人！”龙武秀目光坚定地说。

（作者时任绥江县农业农村局高级农艺师）

电商“带头人”王小龙

朱玉坤

人生的路，若是走对了，条条大路通罗马。而在这个时代，不绕几个弯怎么能找到通向罗马的星光大道？1991 年出生在绥江县南岸镇互助村的王小龙，如今是云南绥江县的知名电商“带头人”，似乎没有他卖不动的货，打通不了的渠道，百万的销售额似乎也只是他成绩中的一个“平常数字”。

敢干，闯出了新路

2008 年，刚满 17 岁的王小龙，懵懂地离乡前往浙江务工，什么都不懂的他只能在工厂打工，3 年流水线式的工作很快让这个小镇青年感到了“无聊”。2011 年，王小龙回到家乡，在绥江县公安局做了一份社区协警的工作，一干就是 5 年。

如果说其他人是通过在学校学习，那么社会就是王小龙“升级打造”的最佳场所。《银河补习班》中有这么一句台词：“我爸爸总说，只要脑子一直想，一直想，你就可以干这个地球上所有的事情。”每当王小龙看到这台词时总让他有一种奋斗的冲劲，“永远不要停止思考，永远不认输。”2016

年，他跨出“舒适区”，在与朋友的交谈中，得知朋友的母亲在江苏做电商，在市场需求的不断扩大之下，相关政策也开始顺应趋势，对电商领域释放利好。对于当时的绥江，电商行业还几乎是一片空白。王小龙嗅到了商机，决定做绥江“第一个吃螃蟹的人”，他成功地成为绥江县相邻的四川宜宾市的区域代理。

在这个过程中，遭遇困难在所难免。对于一个电商“小白”，要学习的东西远没有想象的那么简单。刚开始做食品时，没有意识到实体店与互联网的区别，不懂运营，搞地推活动，开招商会，结果产品卖不出去，大大小小的活动支出倒是不小，导致入不敷出，仅 2 个月的时间就亏损了几十万。也是这个原因促使他必须改变。半年时间，王小龙就跑了丽江市、昭通市、临沧市、大理州、大关县、盐津县等云南省 40 多个地方，边做边学习农村电商服务站运营知识。直到现在，王小龙仍然还坚持着每个月要去往全国各地学习考察。他说，一边学习一边实践，往往会避免踩“坑”。

2017 年，他在屏山县开拓市场，接触到的第一个产品就是酒，以线上线下结合，进行分销并拓展渠道，仅仅用了一年的时间，就突破了 500 多万的销售额。一年 500 万的销售额在当地农民心中无异于平地惊雷，他们纷纷找到王小龙帮忙销售农产品。同年 10 月，他带领公司团队用了 3 天时间帮助农户卖了 10 万斤的滞销莲藕。在最初尝试的阶段，王小龙走出了成功的第一步。

故乡，最深的牵挂

2018 年 5 月，绥江团县委组织当地青年到屏山考察学习，恰好成了王小龙返乡的机会。返乡后，他被聘请担任绥江县青年创业协会秘书长一职。

当时，国家电子商务进农村综合示范项目已在绥江落地，因王小龙也是屏山县电子商务协会的一员，深知协会能将本地的力量凝聚，返乡后他决定发起并创办绥江县电子商务协会。6月，便在绥江县工信商科局牵头且主导下开始筹备组建协会，8月，电商协会正式成立，王小龙担任协会会长。协会成立之后的第一件事便是把绥江县的电商人才和种植大户进行整合。从种植大户中挑选出骨干成员，由他们负责全县基地农产品的质量把关，而协会的主要工作则是对接渠道资源，以销售为主，绥江县“青创联盟农村经济联合体”也由此诞生。

2018年12月，王小龙入驻绥江县电子商务公共服务中心并参加了多次电商服务中心组织的培训课程，他作为服务中心孵化的重要企业代表之一，也是服务中心最重视的成员之一，电商服务中心免费为其提供办公场所、配送中心仓储、宣传等，引入的电商渠道都交予他来完成供应销售。

行动，让能者无疆

2019年是王小龙负责的协会取得丰硕成果的一年。4月中旬起，绥江枇杷开始上市售卖，电商协会就和电商服务中心联合以线上线下结合的销售策略，短短一个月内，就卖出40多万斤，而全县总产量也不过70多万斤，销售额在188万元左右。

在这次新的电商销售模式下，最为典型的增收代表要属向金会，这个残疾并且只有小学文凭的女人成立了绥江县裕农农业开发有限公司，种植有大面积枇杷、桑葚，年产水果约40吨。公司以种植、加工、销售绿色农产品为主，从业人员56人（其中建档立卡户8人，党员4人，残疾人12人）。一次偶然的机遇，她遇到了做电商的王小龙，有电商经验的王小龙一眼就看中了向金会的项目，两人一拍即合，打破传统的销售模式，尝试“基地+公司+电商”新模式。向金会说道：“以前不懂啥子叫电商，果子成熟了，等到外地老板来收，没有其他的销路，果子量大了，卖不出去，经常会被压价，我们完全处于被动。现在跟着王会长合作，利用电子商务的网络功能，能够及时了解市场信息、需求情况，销售的渠道也多了，今年的收购价也要比去年高出 1—2 元。”

每一步都踩扎实了，脚印才会那么的清晰有力。每年 7 月，正是绥江半边红李子的成熟时节，也是王小龙工作日渐繁忙的时节。自己的辛勤付出，加上县委、县政府的大力支持，与电商服务中心的协作上，这位 90 后“实干家”也将乘风破浪再创上行佳绩。

绥江县是广东中山市东西部协作对口帮扶的地区之一。通过县政府和绥江县电子商务公共服务中心，王小龙对接到了中山的资源，为李子的销售奠定了基础。自 2019 年 6 月 25 日绥江半边红李子上市开始，王小龙收购的李子以平均每天 3000 件的销量发出。这年的李子，受气候影响花期雨水多，导致果子结得少，袋果病严重，产量较往年大幅度下降。非常紧俏，货少价高。王小龙告诉我们：“前期收购都是靠抢，一个三轮车开过来，十几个收购的老板围着。”李子上市以来，已经销售李子总计 300 余万斤（1500 吨），线上共卖了 80 余万斤，线下 200 余万斤，其余为零售销量。

在国家级电子商务进农村示范项目里，助农帮销，助力农产品上行是项目实施重要内容。目前绥江县的农业生产基本是以家庭、村集体经济组织、农民专业合作社为单位的小规模生产，农业生产者对消费市场基本上零信息交流，农户往往凭借自己往年的价格经验和传统的销售渠道，往往会出现供大于求，导致农产品滞销、被压价，农业生产完全处于被动，进而造成一些农产品的产量和价格波动较大，影响了农业生产整体的稳定性和农民的积极性。2020 年，绥江县电子商务公共服务中心整合资源，不断探索绥江农村电子商务模式，服务中心携手种植专业合作社探索“农户 + 合作社 + 电商”新模式，抱团发展，激活农村电商的致富潜能。

“我们通过电商平台，将李子从产地直达消费者手中，省去了很多中间环节。”王小龙介绍说，今年全县的半边红李子实行统一品牌、统一包装销售，走标准化、精品化销售路子。线上主要渠道是抖音（中农特产）、壹号农业微信小程序、832平台、淘宝、天猫（俊东果业）、“一亩田”等第三方的平台。线下主要渠道是大城市批发市场、加油站（中山）、超市（深圳钱大妈生鲜超市）。售价达到传统收购价的3倍。“5斤装的礼品盒最高可以卖到68元一件，折合13块钱一斤，传统收购在4块钱左右一斤。我们除掉物流人工包装各种成本，果农可以增收30%—50%。”

“今年电商协会最大的作用就是将产品的价格固定，包装统一，从初期收购果子到后期，从未跌过价，保证了果农的利益。包装的统一是为了保护区域公共品牌，以免次果充好果。”王小龙介绍着他们今年的工作成果。

在别人看来，王小龙似乎走得有些“顺风顺水”，但在过程中也来的并不容易。当时刚回到绥江的王小龙就遇到一个棘手的问题，那时电商对本地人来说还比较陌生，大家都不太相信能通过手机与电脑就能将货卖出去。“机会是留给有准备的人。”恰巧，正在发愁的王小龙遇到绥江半边红李子上市的季节，王小龙带领正在筹备的电商协会卖起了李子，有了一些成效之后，才让本地企业慢慢地认识到了电商的作用，愿意相信他。

“虽然市场行情好，但还是有很多果子无法流通市场，小的果子没有人收，果农们自然也不会摘，这就造成了几乎有一半的果子会烂在地里。”他说，为了让不同等级的果子都能创造收益，政府帮忙组建了专业的研发团队，正在对农产品的延伸产品做研发，将会联合优质的厂家制作深加工产品，来开拓绥江农产品的销售市场。绥江电商服务中心也将大力支持、帮扶绥江本土电商企业，自己当然也不会“拖后腿”，要学要做的事还有很多。

王小龙，一位敢想敢做的90后青年，从一个电商“小白”，到线上线下做得“风生水起”，他背后的付出也许只有自己最清楚。他正在用他的方式成就自己，也为当地消费扶贫作出积极的贡献。

（作者系绥江县工业信息商务科技局商贸股工作人员）

专车送我去打工

曾小龙

2020 年，是绥江巩固脱贫攻坚成果、迎接全国脱贫普查验收的收官之年。绥江全县各级按照脱贫攻坚挂钩帮扶工作机制，摸清春节返乡务工人员名单、收集群众外出务工意愿、提供全国各地用工信息，开展“一对一”帮扶外出务工人员的服务。在疫情得到有效控制后，大家采取各种措施动员农村劳动力外出务工，政府组织专车专列，以“出家门，上车门；下车门，进厂门”的方式，将群众安全地送到企业务工。

“一对一”服务外出务工

“同志，我看了你发给我的企业岗位推荐表，金三发这家企业我觉得还不错，你帮我报个名吧。”“我是你家挂钩人员，刚发给你的岗位信息收到了吧，你仔细看一下，选择一个适合的岗位，近期政府要包专车送你们出去打工，你要提前定下来，我好帮你报名坐车。”这些对话，是今年应对新冠肺炎疫情，绥江扶贫挂钩干部“一对一”服务挂钩群众外出务工的场景，也是全县每一名干部每天都会重复进行的工作。

绥江县有农村劳动力 6.5 万人，常年在县外务工的 3.5 万余人。2020 年年初，在新冠肺炎疫情影响下，如何保证农村劳动力安全外出务工就业、稳住群众收入，成了巩固脱贫攻坚成果的头等大事。

2 月 20 日，在疫情基本达到防控和稳定后，县委、县政府将工作重心转变到一手抓疫情防控、一手抓外出务工就业上来，要求全县各级按照脱贫攻坚挂钩帮扶工作机制，摸清春节返乡务工人员名单、收集群众外出务工意愿、提供全国各地用工信息，开展“一对一”帮扶外出务工人员的服务。人社部门作为务工就业主管部门，全力梳理出农村劳动力务工和就业意愿两本工作“台账”，做到“一日一更新，每周一汇总”。

为化解外出务工人员的出行困难和安全问题，绥江县全力加强出境道路安全管护，主动协调和指导昭交集团绥江分公司、自驾车、网约车等做好安全和疫情防控工作，组织各级医护力量为外出务工人员提供免费体检，对专车专列出行人员免费提供途中伙食、口罩，安排医务人员与村（社区）干部随车全程服务。在此期间，共为出行人员免费健康体检 40297 余人，帮助 2.1 万余人通过多种渠道外出务工或返岗上班。

“我已经落实了务工地点，在昭阳区，主要是安装门窗，工资待遇还不错，我就不去浙江台华新材料了。”挂断电话后，板栗镇职工吴胜荣打开电脑，立即进行意愿修改，这是板栗镇桂花村 12 组村民何春明第三次调整就业意愿，吴胜荣也是第三次修改意愿统计。在挂钩帮扶工作中，部分群众因对推荐的企业多，对企业不太了解，心无定夺，多次调整意愿，挂钩干部不厌其烦、费尽口舌，详细给群众介绍企业用工情况、政策奖补等，直到群众安下心来、明确去向、送上车去，直到进了企业，才算完成了工作任务。

“今年当地煤厂停产，家中 5 口人要靠我养活，全靠政府帮我找单位。现在我在浙江从事废品拆卸工作，一个月工资四五千，解决了家庭收入问题，太感谢你们了！”板栗镇桂花村外出务工人员赵甫发在接受挂钩人员回访时感动地说。

专车送我去打工

2020年2月26日，绥江县城森林公园广场中央竖起了一道充气彩虹门，上面醒目地喷绘着“云南绥江—广东中山·浙江点对点农民工集中输出欢送仪式”的标语。早上7:00，外出务工的群众陆陆续续来到森林公园，10余辆大巴车从车站方向徐徐驶来，整齐地停在森林公园前面，每辆大巴车挡风玻璃下面都挂着横幅“云南绥江—广东中山·农民工返岗专车”“云南绥江—浙江嘉兴·农民工返岗专车”……这是绥江县应对新冠肺炎疫情，稳就业保增收，组织农民工作返岗务工场景的一个缩影。

“专车送我去打工，创造幸福记心中。”为打消群众的思想顾虑，开启外出务工之路，绥江县依托扶贫挂钩帮扶机制，挂钩干部一对一进行宣传动员，政府组织专车专列，将群众安全地送到企业务工。

在欢送仪式现场，一条条温馨的标语、一句句暖心的祝福，温暖着外出务工的群众，慰藉着辛勤付出的挂钩干部。“我们只有靠勤劳的双手，出去干、去找，才有机会……”“祝大家一路顺风，平安抵达”，县委杨淞书记在欢送仪式上鼓励和嘱咐着外出务工群众，场内场外响起的掌声饱含着群众对县委、县政府的感激和挂钩干部辛勤付出的认可。“有好的政策，有好的领导，今天我们终于出去了，还用专车送我们出去，真的感激不尽，感谢党和政府，我们一定要好好地奋斗，努力挣钱，一定不让你们失望！”板栗镇双河村15组建档立卡劳动力黄顶术在接受媒体采访时说道。欢送仪式结束后，外出务工群众排队体检上车，在医护人员与人社干部随车陪同下，踏上了这一特殊之年的务工之旅。

这一次专车大巴共向浙江嘉兴、广东中山输出农村劳动力658名，同时，群众外出务工“等一等、看一看”的顾虑迅速被打消，广大农村劳动力在政府的组织下陆陆续续通过专车转移到全国各地。

大巴车输送农民工外出务工起到了很好的效果，但是由于大巴车容量有限，全县还有大量的农村劳动力需要输出务工，怎么办？为了满足更多想外出务工人员的需求，绥江决定用高铁输出一批农村劳动力外出务工。

县城C区汽车站，县领导，人社局、交运局的工作人员正严阵以待，一边统计着各镇人员组织情况，一边联系着沿途交通疏通情况。按规定的时间，上半县乡镇（板栗镇、南岸镇、中城镇）接送乘坐高铁农民工须在车站集合后3：00出发前往宜宾高铁站。凌晨3：00的微信朋友圈被长长的车队视频霸了频。早上7：00，天还没完全亮，农民工车队陆陆续续进了场，在工作人员的指挥下有序站队，不一会儿，高铁站门前便整整齐齐地站满了人，花台前拉了一幅长长的标语“云南绥江—浙江杭州点对点一站式农民工集中输出专列”，横幅下面、方队前面竖起一块块指示牌，“杭州11号——铜厂村”“杭州12号——华峰社区”，这里像是被绥江“包了场”，务工人员一边站队一边低声交谈着“你是去浙江哪个厂，那里工资待遇怎么样？”“今年疫情那么凶，我正愁咋个才能出去，幸好县委、县政府想得周到啊！”“我们非卡户今年也能享受这些政策，党的政策越来越好了。”900多名外出务工人员在镇村干部带领下，带着感激整整齐齐地站好队，依次进行体温测量和身份核验进入候车大厅。

2020年3月4日、6日、9日的共四次“宜宾→杭州”“宜宾→广东”高铁专列，共输送了4082人到浙江省、广东省务工（其中：浙江省3列3024人，广东省1列1058人）。

通过专车专列“点对点，一站式”组织化输出一批劳动力作为突破口，解决了疫情期间转移输出难题，农村劳动力纷纷到浙江、广东等地务工。在全县5.5万农村劳动力中，以原岗返岗、推荐就业、扶贫车间、公益性岗位等措施，到县外就业4万余人，其中点对点输出劳动力达到10021人，在3月10日前基本实现了有就业意愿的农村劳动力充分就业，为巩固脱贫成果奠定了坚实的基础。

（作者系绥江县人力资源和社会保障局工作人员）

当好贴心娘家人　稳定就业助脱贫

杨　旻

用工企业：做好贴心人，真诚接纳群众就业

“徐大姐，你会写自己的名字吗？请在这儿签上你的名字，我们就算签了劳动合同了。”

“不咋个会。”

“没关系，我教你，写慢点就是。自己的名字一定要学会写，以后发补助、领奖金都要签名。我们还要给你们办工资卡、医保卡，以后你们就是我们酒店的员工了，享受职工医保，去药店买药都可以刷卡了。我们还要给你们交五险一金，以后你们退休了就有养老金，一年以后你们在昆明买房就可以贷住房公积金贷款了，利息低得很……”这是昆明世纪金源酒店与绥江来昆务工群众见面、签约工作现场里的一幕。

负责面试、政策解说的人力资源部副经理陈舒婷是绥江人，也是绥江在昆世纪城支部支委。自绥江脱贫攻坚战役打响后，绥江在昆党工委和世纪城支部就把世纪金源大酒店作为解决绥江建档立卡户稳定就业、老有所养的示范企业，持续稳定接收绥江来昆务工群众。针对绥江建档立卡户劳动力普遍文化水平偏低、年龄偏大、专业技术缺乏的现状，酒店以“自家

人”的诚意，伸出双手，真诚接纳来自绥江的员工。不会专业保洁？没关系，有人带；不会普通话？没关系，就去后厨和洗碗吧，与客人交流机会不多；有听力、言语障碍？也没关系，就安排在洗衣房；年轻些、机灵些的女孩，就安排做客房保洁；身高达标、能开单收费的，就去做车场保安……

针对老百姓“打短工、图眼前”的小农思想，世纪金源酒店与务工群众一项一项讲解政策，从企业规范管理、到解决员工后顾之忧的角度，认真讲解“五险一金”政策、酒店管理制度等等，不厌其烦地讲解。来自板栗镇桂花村的徐朝秀大姐48岁了，只有小学文化，理解不了“五险一金”政策。得知她儿子在昆明理工大学就读，陈舒婷就问她要了她儿子电话，直接跟她儿子交流、讲解政策，再由儿子去说服妈妈，消除徐大姐的疑虑。和徐大姐一起来自板栗镇的刘琼不到40岁，也在外打过工，酒店和劳务工作站的同志就从稳定就业对她女儿的好处、女儿随迁就学的角度，跟她讲解“五险一金”的利弊……

工作站：当好娘家人，让在昆务工群众“归家”

“请问你是刘××吗？我是绥江在昆劳务工作站的×××，听说你来昆明了，请问在做啥子工作、收入咋个样、住在哪个区、方便参加哪个片区活动、加个微信拉你进群……”这是绥江在昆劳务工作站的工作日常。

这样的一对一联系，每年至少要进行一次，所联系的在昆务工人员每年至少上千人次。工作站同志手机24小时开机，不得拦截和拒接陌生来电，因为那些标识着昭通、东莞、深圳、成都的电话，十有四五是绥江在外务工群众打来的，了解昆明的岗位情况、收入情况、工作时间长短，等等。有的因为昆明离绥江相对近一些，有的因为昆明气候条件好，有的因为子女在昆明就学等，有意愿选择到昆明就业……驻昆劳务工作站充分借助在昆工委党建力量，坚持“以党建促服务”，依托在昆党组织做好对在昆务工群众和拟赴昆务工群众的就业、稳业和生活服务，有效促进了绥江在昆务工群众的稳定就业和增收。

从县人社局提取在昆务工群众名单和发动在昆党员找务工群众“两条腿走路”，4个在昆务工党支部划名单包干，组建了4个在昆务工群众交流群，合计有在昆务工群众近1000人，分别由务工党支部管理和服务。在昆务工、创业的群众时常在群里交换经营、就业、出行等信息，互通有无、彼此方便，增进了解，加强了沟通，拓展了业务。工作站积极与各用人单位衔接，寻找相对适合绥江务工群众文化水平、就业素质的岗位，推送回绥江，由人劳局统一向社会发布。并积极做好拟赴昆务工群众的咨询、服务工作，月咨询量100人次以上。目前，与昆明世纪金源大酒店、云南云峰集团等建立了稳定合作关系。

每年免费为在昆务工党员进行一次健康体检，关爱在昆务工党员，并以党员为先锋模范，带动在昆务工群众爱岗敬业、乐于奉献。免费体检已连续开展了三年，为138名在昆务工群众提供了健康体检。在昆务工党员袁中富、刘德均、王光林等，成为在昆务工群众中的先锋模范，爱岗敬业，积极参加党组织活动。越来越多在昆务工的年轻人把妻子和孩子带到了昆明，把家搬到了昆明，创业务工、幸福生活。

为帮助在昆务工群众提升就业技能，在昆工委每年以支部为单位组织一至二次技能培训意愿征集，再根据意愿汇总情况，组织开展技能培训。目前，已开展一期低压电工培训，18名在昆务工群众考取了低压电工证书，实现了稳定就业、月平均工资增加了1000元以上。2020年拟在条件成熟时开展一期高压电工培训。

在调解纠纷和维权方面，先后帮助在昆务工群众凌某调解了摔伤工伤赔偿，解决了一位在昆务工群众子女就学等问题。2020年7月，绥江来昆务工的建档立卡户唐明友，在下班回家的路上被一辆摩托车撞伤，造成了右胫骨平台骨折、右膝内外侧半月板损伤。由于肇事者没有赔偿能力，唐明友就职的园林公司又不愿意承担工伤赔偿责任，导致唐明友医疗费和工伤待遇无处解决。得知这一情况后，在昆劳务站一边联系律师为唐明友家属提供法律援助，一边积极查阅工伤认定条款，确定在肇事者无力偿付的前提下，唐明友可算作工伤，理应由就职公司解决工伤待遇。工作站多次打电话与该园林公司及其总公司联系，最终争取到该园林公司按照工伤认定程序和标准解决唐明友车祸受伤的治疗费用。

通过几年的努力，绥江在昆劳务工作站和在昆党工委已成为3000多绥江在昆务工群众和近200名在昆务工、生活党员的“大本营”。大家有什么需求、有什么酸甜苦辣，都习惯在群里讲，老乡们彼此交流、安慰、帮助，形成了浓浓的家乡氛围。大家有就业、讨薪、维权方面的困难，也会第一时间找工作站和党工委，帮助协调解决。也高度关注绥江的发展变化，积极参与回报家乡活动。2018年，近100名在昆务工的党员、群众捐资捐物1.6万元，为绥江板栗镇清水小学、南安镇姚家小学126名学生捐赠了书包、衣物、文具。2020年春节期间，新冠肺炎疫情席卷祖国大地，回乡过年的在昆务工党员、群众积极参与社区值守防控、疫情宣传，面对抗疫物资紧缺的现状，117名在昆党员、群众为绥江抗疫一线捐赠了口罩10000只、消毒液600公斤。

（作者时任中共绥江县委在昆流动党员管理工作委员会副书记）

让一技之长助力创业就业

李燕伶

“我想把半边红李子做大做强，但不知道从什么地方下手”“我在工地上做了好几年了，一直都是杂工，很不甘心”……挂钩扶贫走访时，这类声音时常在我耳边响起。近些年，许多农村劳动力走出大山、走出家门，融入全国各地的务工浪潮之中，务工收入也逐渐成为大多数农村家庭的主要收入来源，但却因为缺技术、缺经验，他们大多都是季节性地去建筑工地做些零活，就业路子不多而且很不稳定，打工的机会和收入也严重受到制约。

2018 年 12 月 2 日，我作为县技能培训劳务输出领导小组办公室成员之一，参加了全县就业扶贫工作推进会议，会上确定抓住提升农村劳动力就业技能这个“牛鼻子”，以抓培训、提素质、促创业、保就业、稳增收为主线，以让农村劳动力至少掌握一门赖以致富的技能为目标，打造一条“党政主导 + 技能技术培训 + 定向就业”的技能扶贫之路，全方位推进劳务产业发展。在会上，我接到的工作任务就是专门负责技能培训具体业务工作。当时，我感到有些忐忑不安，一是因为过去两年多，我称得上是失业保险的业务能手，却从未接触过技能培训工作；二是在失业保险工作本身已经繁重的基础上，再增加技能培训工作，担心会出现心有余而力不足的局面；三是绥江县的技能培训工作在过去三年基本没有启动，没有经验可以让我学习借鉴。时间紧而任务重，我没法再过多纠结，每天的工作都是安排得满满当当的，一方面忙着起草技能培训方案，另一方面同各镇的工作机构保持联络，力求精准掌握建档立卡贫困劳动力技能状况和培训意愿。数不清修改了多少次培训方案，数不清打了多少个电话，数不清比对了多少次数据，更数不清在劳动力台账上反复确认和更正了多少次，只记得在那段时间，每天早上出门时天还未亮，回家时手机上显示的已是第二天的日期，忙得没时间探望患脑梗的父亲，忙得没空照料回镇雄探望父亲和出车祸住院的爱人和孩子……凌晨两三点，独自走在空荡荡的大街上，最爱做的就是一遍一遍听着孩子用电话手表发给我的语音信息："妈妈，好多天没见到你了，我好想你……"

2018 年 12 月 19 日，第一期建档立卡贫困劳动力技能培训终于在职业高级中学成功开班，来自 5 个镇共 122 名建档立卡贫困劳动力参加焊工、钢筋工培训。对这类要求较高的国家职业资格证类的培训实施"五包"政策，即包学技术、包食宿交通、包实习耗材、包技能鉴定、包推荐就业，让建档立卡贫困劳动力免费学习技能，稳定增收。

2018 年 12 月 28 日，办公室再次召开技能扶贫专项会议，通过对第一期培训学员的反响和调查摸底结果，决定在 2019 年春节前大规模开展建档立卡贫困劳动力技能培训，这可称得上是前所未有的挑战，开设 5 个工种、近 10 个班，培训老师如何解决？参训人员还无法确定，国家职业资格证所要求的提前 15 天报备的时限如何达标？ 500 多人的吃住问题如何满足？封闭式的教学是否适合年龄不一、文化程度各异的学员？尽管有这样那样的疑问，准备工作依旧如火如荼地进行着：全县的挂钩干部挨家挨户宣传动员，职业中学全面做好后勤保障，人社局负责联系培训机构……2019 年 1 月 15 日清晨，我和其他十多名工作人员早早进入职业中学，从 8 点半开始，各镇组织的参训学员纷纷来到现场，"参加培训的学员，请按指示牌找到对应的乡镇排队报名""我只有初中文化，可以学电工吗""请你确认一下身份信息是不是正确"……此起彼伏的声音交织着，每一个人都忙得不亦乐乎，看着现场黑压压的人头，我内心无比满足，所有辛苦都找到了慰藉。

本着“干什么学什么、缺什么补什么、愿学什么培训什么”的原则，2020年6月起，我们充分利用“东西扶贫协作+职业技能提升行动”的模式，坚持把培训与就业相结合、把市场需求和劳动者意愿相结合、把劳动力技能培训与产业需求相结合，精准对接培训工种、培训内容、培训时限与培训对象，实施分类培训。同时，我们在工作中不断探索，创新培训新方式，素质技能两手抓，落实“扶贫扶智”方针，将培训与政策宣传相结合，充分利用培训开班和结业的时机，宣传与学员息息相关的就业技能培训、就业创业等扶持政策。

为了增强培训的针对性和实效性，我们结合群众生产生活、就业创业需求等特点，在定点开班培训的基础上，还采取“送班下乡”的方式，将培训课堂开到实际工作环境中去，在农特产基地讲解种植技术方法，在培训课堂讲解政策法规和技能要领，引导学员边学习边操作。通过在中山、杭州、昆明三地设立的劳务输出工作站加强与企业的沟通联系，建立稳定的输转就业渠道，为参训学员提供就业服务；对有意愿的创业培训合格学员，提供小额担保贷款服务，开展创业指导工作，助推其低风险创业，持续增收致富。

“姐，我老板给我涨了700元工资，这个证还挺有用的！”这是参加第一期焊工培训的学员侯春伍在2019年7月见到我时说的一句话，他说这正应了当下的一句话：“靠技术的人吃肉，靠力气的人喝汤。”果蔬种植技术的学员说：“感谢政府给我这么好的机会来学习，老师讲的东西太实用了！原来李子树出现病害了并不是都需要花钱买药来打，长知识了！”

南岸镇农村致富带头人培训教室响起洪亮的声音：“我们的队名是蜜蜂队，我们的口号是走出扶贫新路子、带领农户奔小康！”每次培训班结业时，我都在现场感受到学员们的旺盛斗志，听到最多的就是感谢国家的好政策，欣喜看到他们每一个人身上的改变。何永是来自南岸镇的一名普通农民，他的女儿带着天真的笑容告诉我：“爸爸变了，变得很温柔，以前是我爱爸爸，现在体会到爸爸也爱我！”何永本人也觉得浑身充满干劲：“唯一的遗憾是感觉培训时间太短了，想学的东西还很多。”在这样的感受下，何永和另外两名学员追寻培训老师的脚步，连续几天都是每天早上5点多从南岸镇出发，经过县城和新滩镇，赶到会仪镇开始了“蹭课”学习生活。这样的培训方式和培训效果还吸引了几位优秀的小学教师，他们带着观摩学习的心态从走近到走进培训课堂，丰富了培训内容，引导学员们建立了正确的人生观和价值观。截至目前，全县共组织了2298名建档立卡劳动力参加国家职业资格证培训，504名建档立卡劳动力参加行业合格证培训，1194名就业困难人员参加职业技能提升行动培训。

（作者系绥江县人力资源和社会保障局工作人员）

第三编　基础设施建设

概　述

2015年以来，绥江县以脱贫攻坚统领建设发展全局，住房、交通、水利、电力等各项基础设施建设取得了丰硕成果。

住房建设方面。坚持“以房找人、以人找房”，精准识别危房改造对象，完成了全县农村住房27337户安全等级认定，共识别安全住房20780户、危房6557户（C级危房1330户，D级危房5227户），制定出台《农村危房改造实施意见》和《贴息管理办法》，明确了拆除重建和修缮加固两种方式，到2018年年底共完成农村危房改造和易地扶贫搬迁10788户，实现全县所有建档立卡贫困户、低保户、农村分散供养特困人员和贫困残疾人家庭等“4类”重点对象危房清零目标。同时，结合农村人居环境提升“八改三清”行动，以农村住房改厨、改厕、改圈、改院坝等为重点，实施改善居住条件、提升人居环境“补短板”行动。

交通建设方面。脱贫攻坚以来，绥江县加速推进道路交通建设，串佛高速公路于2020年1月20日建成通车、2020年6月30日并网运行，绥江前往昭通的单边车程由3个半小时缩短为2个小时，结束了绥江无高速公路的历史；港区公路、南佛公路全线贯通，国道213线改扩建工程即将完工，双茶线升级改造和新滩溪道路改造工程加紧推进；农村公路建设速度不断加快，全县建成公路通车里程达1422公里，硬化乡村公路701公里，农村公路硬化率达60%以上，5个镇31个行政村通均实现硬化路。

水利建设方面。围绕脱贫攻坚饮水安全供水量、水质、用水方便程度和供水保障的“四项标准”，全面推进水利基础设施建设，先后完成了罗汉坪水库枢纽、输水干渠和关村水库主体工程，扎实推进重点水利工程建设，2016年以来，先后建成重点水利工程15件，供水总量达353万立方米，解决了4808户20887人的饮水困难问题（其中解决建档立卡户1536户5297人的供水保障），改善和新增灌溉面积2.05万亩；实施饮水安全巩固提升行动，共投资2138.49万元资金，新建改建各项工程57件，共解决5个镇33个贫困村119个村民小组18所农村小学的饮水安全和巩固提升，全县建档立卡贫困户11385户饮水安全全面达标。

电力建设方面。坚持“扶贫攻坚、电力先行”，全力打好户表改造、配套电力设施建设、突击易迁工程供电“三大战役”，实现了农村电网供电可靠率达到99.82%、综合电压合格率达到98.28%、户均配变容量不低于2.05千伏安“三大指标”，全面解决了个别地方网架结构相对薄弱、装备水平较差等问题，对全县自然村配变及线路重过载、低电压台区、新增负荷需求等问题开展了专项治理，全程参与产业扶贫配套电力建设，累计实施完成12个生猪代养场、2个养牛场电力项目建设；全面完成了县城兆佳坝、会仪镇、新滩镇和其他农村易地扶贫搬迁集中安置点配套电网项目建设，全县农村电网供电能力有效提升，供电质量大幅度提高。

（编委办）

串佛高速建成记

吴道春

昭通至绥江，昭通到乐山，“马帮古道”是最近的路。建设一条高速公路，打通昭通至乐山的高速通道，是绥江人多年的梦想。串佛高速属于昭通“一环两横四纵三联络”高速公路网的3条联络线之一，是全省“五网”大会战的重要项目。串佛高速起点位于盐津县串丝村，与G85渝昆高速公路连接，经水富县太平镇，绥江县板栗镇、中城镇、南岸镇，止于绥江县金沙江边的佛耳岩，与四川G4216蓉丽高速连接。路线全长49.72公里（其中绥江境内36.621公里），工程概算总投资85.29亿元。2016年2月26日，串佛高速公路正式开工，2020年1月20日建成通车，2020年6月30日并网运行。

“马帮古道”建高速公路

历史上，绥江“马帮古道”自成都经乐山至新市镇渡金沙江，再从绥江南岸沿江而下经现绥江县城后至罗汉坪茶叶坳入盐津普洱镇，与五尺道汇合。这条路为古代马帮、盐帮运输主干道，故民间谓“马帮古道”“官路”。清乾隆年间，云南普洱府濮家贡茶“瑞贡京城”因“五尺道”路阻两次从绥江罗汉坪茶叶坳入四川成都辗转京城；解放初期，绥江人都是经此“马帮古道”到昭通，直到麻（柳湾）绥（江）公路通车前，这条路仍是车水马龙、商贾云集。

经过多年规划争取，2016年2月26日，串佛高速公路举行了开工仪式，这是昭通“十三五”开局之年开工建设的第一条高速公路，标志着昭通市交通五年大会战正式拉开序幕。

串佛高速由于公路穿越盐津白老林、水富铜锣坝、绥江罗汉坪三个自然保护区，线路设计时尽量杜绝了大开大挖，加上公路沿线地质条件复杂，整个高速公路大部分是桥梁和隧道，穿行在崇山峻岭间。

举全力支援和保障高速建设

为扎实抓好串佛路绥江境内三个标段援建工作，绥江成立了援建领导小组和援建指挥部，抽调20人组成综合办、征地拆迁办和施工环境保障组，全面做好征地拆迁、道路保通、环境保障等援建服务工作。

田晓华作为绥江援建指挥部副指挥长、综合办主任、县交通运输局局长，除全面参加专题会、联席会、现场会议外，还负责与施工企业沟通联络，商量解决施工过程中遇到的道路保通、用地协调等困难，确保问题及时有效解决。因高速公路建设原材料运量大，对县乡道路造成了极大损坏，既对工程建设造成了制约，也严重影响了群众出行。为此，在县委、县政府坚强领导下，田晓华带领县交运局技术人员，对双河—关口、农业—互助、黄龙溪—红庙3条37公里公路进行了全面保通，有力保障了施工通行和群众出行需要。

夏秋之际，无论是烈日当头、热浪滚滚，还是风雨交加、泥泞满地，田晓华都会带着技术人员深入串佛高速绥江施工地，各标工地上都呈现出一派繁忙景象。

串佛高速共分四个标段进行施工作业，分头推进，确保施工进度、安全和质量。在房屋拆迁工作中，田晓华带领县交通运输局一帮人，积极协调绥江境内建设方的三个施工标段出动民工和运输车辆，为板栗镇拆迁农户运送粮食，搬运木料和家具用品，组织出动挖掘机帮助迁建困难农户开挖宅基地。对接安监、公路工程质量监督等部门开展施工安全检查，排查安全隐患；协调涉及乡镇开展一般矛盾纠纷进行调解化解。良好的施工环境，有效保证了工程进度。

串佛高速绥江县填补高速公路“空白”

2020 年 1 月 20 日上午 10 时许，位于金沙江畔的绥江县南岸镇人群聚集，串佛高速公路建成通车仪式在这里如期举行。这一天，被誉为“竹海新城”的绥江县填补了境内高速公路的“空白”。

田晓华作为串佛高速建设亲历者，站在通车仪式建设方队。他介绍，串佛高速公路按双向 4 车道高速公路标准建设，设计速度为 80 公里 / 小时，路基宽度 24.5 米，桥隧比 81.85%，共设桥梁 38 座、隧道 13 座、互通式立交 4 处、管理分中心 1 处、服务区 1 处、停车区 1 处，其中控制性工程有 1 个隧道和 6 座桥梁。

2020 年 6 月 30 日，串佛高速并网运行。说起串佛高速公路的好处，绥江南岸镇胜利村 14 组 56 岁果农王厚才笑眯了双眼：“太好了，我们绥江的第一条高速公路今天终于通车了。以后，大家出行更快捷、更方便了，来来往往的人多了，我们村种植的 3000 多亩半边红李子肯定更好卖了！”

“今天，串佛高速建成通车了，我以后回娘家去探亲的时间大大缩短了，（单边车程）由过去的近 4 个小时缩短为只有 2 个小时左右，我可以常回家看看了！”从昭通嫁到绥江县南岸镇并在南岸镇南岸村委会工作的胡丽娟兴奋地说。

串佛高速建成通车后，将让绥江的各种旅游资源盘活起来，推动当地旅游业发展，80 公里长湖碧波、40 万亩竹海葱翠、全国十佳生态文明城市、全国百佳深呼吸小城、云南旅游新地标等旅游名片将传遍大江南北。

我们的未来不是梦

据田晓华介绍，串佛高速公路修建以前，昭通前往绥江主要是从水富经过绥水二级路绕行，耗时约 4 个半小时；或者绕行永善过四川境内，行车一般在 5 个小时左右。串佛高速公路建成通车后，昭通前往绥江两个小时就可到达。当前，投资 3.7 亿元，主桥长 1.5 公里的南岸跨江大桥已启动建设，云南、四川两岸施工队伍已同时进场，这座大桥建成后，昭乐高速可全线通车，昆明到乐山的车程可减少到 7 个小时；可以早上在昆明吃碗过桥米线出发，在美丽的绥江县城吃午饭，下午就可以到乐山参观世界遗产之一的乐山大佛。绥江前往成都也由原来的 4 个小时减为 2 个小时车程。此外，绥水高速已列入昭通市“十四五”规划，宜西攀高铁过境绥江并在绥江设站已得到设计方认可，四川省已将该路线方案作为重点推荐路线并上报国家有关部委，力争纳入国家“十四五”规划。昭乐高速、绥水高速、宜西攀高铁全面建成通车后，绥江与乐山、成都之间的人文交流和经济合作将进一步便捷，将有利于昭通乃至云南加快融入成渝双城经济圈，助推绥江乃至昭通经济社会持续健康发展。

（作者时任绥江县交通运输局副局长）

为了建好致富路

王　强

国道213公路绥江段，是一条蜿蜒曲折的盘山公路，是连接绥江和昭通的重要交通线路。为了修建国道213公路，我和绥江县交通局其他干部职工一年四季不论刮风下雨，都要奔走在施工场地，道路规划，勘测设计，向当地群众征地，真是跑断了腿，磨破了嘴，操碎了心。虽然累，但我们心里只有一个念头，那就是修建好致富之路，让群众真正得到实惠。看到过去破烂不堪的公路，华丽转身，成为今天平坦坚实的沥青公路，我们感到付出的心血和汗水都是值得的。

国道213公路绥江段，修建于新中国成立初期。解放前绥江没有直达昭通的公路，我们绥江的干部和群众要到昭通办事，都全靠步行。绥江到昭通路途遥远，沿途崇山峻岭连绵起伏，山势险峻，沟谷纵横，险象环生。从绥江到昭通250多公里的山路，过去人们步行往返，翻山越岭，跋山涉水，需要一周左右的时间，才能完成一个单程，十分艰辛。

中华人民共和国成立后，绥江举全县之力修建绥江到昭通的公路，组织起全县人民投工投劳，成千上万的民工流血流汗，许多工人在施工过程中不幸牺牲。历尽千辛万苦，绥江到昭通的公路终于建成，后来被规划为国道213公路绥江段。国道213公路绥江段经过绥江县城，沿着曲折幽深的黄龙溪而上，经过双河进入崇山峻岭的中村，在中村顺着山势攀爬，直达山巅之上，抵达云雾迷蒙的二十四岗，再转入永善县大同。这是一条蜿蜒曲折的山间公路，当时全由人工开凿修建，用石块和泥土铺垫而成，完全是一条“土石公路”。70多年来，公路已经年久失修，早已破烂不堪，不但车辆行驶困难，连行人过往也难以行走。交通运输不便，群众出行困难，成为当地群众脱贫致富的最大障碍。我们交通部门的干部职工看到这种情景，心里也十分焦急。

我们期盼已久的机遇终于到来，随着国道213公路绥江段被列入交通运输部“十二五”规划的重要建设内容和昭通市委市政府确定的重点交通建设项目，由昭通市交通运输局建设管理。绥江段全长46.5公里，涉及凤池、后坝、田坝、铜厂、中村5个行政村，其中有建档立卡贫困户1634户，建档立卡人口6698人。在征地拆迁过程中，我们始终把公路沿线群众的利益放在首位，为了切实维护群众在征地拆迁中的合法权益，妥善处理征地拆迁中的矛盾纠纷，切实保障征拆户的根本利益。

在征地搬迁工作中，遇到过不少棘手的难题和难啃的骨头。中村二组村民刘成前，征用其土地10.659亩，我们已经向他兑现补偿资金214931.82元，但是他多次提出征用土地面积不准确，并聘请第三方测绘机构云南金实测绘工程有限公司对征用土地进行了再次测量，测量面积为19.0931亩，刘成前户认为应按19.0931亩进行征地补偿。鉴于云南金实测绘工程有限公司测量数据与县征地拆迁调查组调查数据相差8.4341亩，为了保证公平公正，绝不让老百姓吃亏，我们工作组与刘成前户家庭成员共同形成了复核方案，决定由云南金实测绘工程有限公司和项目施工单位同时使用两台GPS仪器进行测量，并邀请村民代表现场指认边界，连同下步准备征用的一并测量，最终测得面积15.314亩（含下步计划征用的4.75亩）。刘成前户前期被征用土地面积应为10.564亩，由于前期采用的是人工拉皮尺进行丈量，存在少许误差，但刘成前并不吃亏。最终，刘成前认可了前期测量面积，并表示不再纠缠此事，让工程项目得以顺利推进。

中村二组组长袁朝忠，一直认为在征地拆迁工作中，便宜了别人，吃亏了自己，并在施工期间反复到施工现场阻碍施工，还有一些群众对房屋鉴定结果不认可，想把自己的房屋做拆迁处理，我们工作组反复入户耐心细致地讲解标准政策，查看其房屋结构，我们苦口婆心，耐心说服，最终化解了包括袁朝忠在内的矛盾纠纷 130 余起，让工程项目得以顺利推进。

征地拆迁工作，我们始终坚持“就高不就低、就宽不就窄”原则，绝不让群众吃亏，让群众真正得到实惠。我们严格执行既定政策，做到统一政策、统一宣传、统一口径、统一标准，从纵向上“一把尺子量到底”，从横向上“一碗水端平”。我们通过一系列政策宣传，耐心说服教育，原本一些对征地拆迁有意见的群众都相信政府的工作是公开公平公正的，让他们真正感受党和政府的关心和温暖，让他们真正得到了实惠。

经过我们多年的艰辛付出，终于获得了良好的结果。2020 年 8 月底，绥木公路绥江段共征用土地 906.469 亩、果木 2184 株，搬迁坟墓 220 座，拆迁房屋 81 户 350 人，临时过渡安置 21 户，拆迁电力设施 1 公里。共发放补偿资金 4630 余万元，化解矛盾纠纷 130 余起，有效保证了国道 213 公路绥江段建设项目的顺利推进。

国道 213 公路绥江段的建设，我们历尽艰辛，克服重重困难，终于把狭窄的山间公路扩宽，把弯道取直，把泥石路面硬化成沥青路面，山间公路不再晴天尘土飞扬，雨天泥水飞溅。

（作者系绥江县交通运输局工作人员）

通的是“路” 连的是“心”

罗学东

2018年9月5日，对绥江县中城镇绍廷村22组的群众来说是个不平凡的日子。一大早残疾人蒙明华及其他热心群众兴高采烈地带着鞭炮到新建成的水泥路上庆贺通车。年轻人骑着摩托车鸣着喇叭在水泥路上高兴吆喝，小孩子们在路中间打闹嬉戏，欢快的声音响彻山谷……由县委编办协调资金、群众投工投劳建设的硬化路竣工投入使用，使当地百姓盼望了已久的愿望终于实现。

回首建设过程，经历的艰难曲折可不少。2018年3月27日，县委编办干部按照县委“5682”“678”的要求，开展走访并入住贫困户周德友家中。晚饭后，劳累了一天的干部职工在一起交流入户工作，突然敲门声传来，我开门一看，原来是红庙片区支书周世友、22组组长刘云安和10余名群众。

“苟主任、罗副主任休息没有？”

“没有，大家快进来坐。”

“我们大家来打扰编办的同志，把我们22组的情况给编办领导汇报一下，想请领导帮助解决几万块钱，买点水泥把我们组的三轮车路硬化了。”

大家七嘴八舌地说起来，个个都很激动、很急切。

原来，22组群众自发修建了一条长2.3公里、宽1.5米的毛坯土路，由于没有硬化，晴天尘土满天，雨天泥泞不堪。硬化三轮车路不通，如动脉栓塞，山里的物产难以外运，乡村经济无法发展。

村民蒙明华激动地说："一年养肥一头猪，要请上几个村民沿着崎岖的山路抬到村主干路上，再运出去卖。"

村民周德和说："路不通，建房极为困难，硬生生靠人背马驮，把建材一点一点地运送到家，运费开支比成本价还高。"

"路不通，脱贫攻坚无从谈起。脱贫攻坚任务重，等不得！"听了村民的倾诉，编办主任苟邦正说。同时，一个大胆的想法悄悄在他心里酝酿：一定要想方设法帮助22组群众硬化这2.3公里的路！

说干就干！"学东，起床了，我们去看看群众挖的路。"次日一大早，天还没大亮，苟邦正和我便沿着泥泞小道去实地查看群众自发开挖的道路。要硬化2.3公里的路，需要的资金可不是一个小数目。

几天后，县委编办召开班子会，专题研究修路的问题。大家一致认为：路不通是群众发展的最大障碍，严重制约当地群众脱贫致富进程，应该想尽千方百计帮群众解决困难！但编办是没有能力解决这么大一笔资金的，要想获得更多的资金，只有争取相关部门的支持。苟主任说："修，就算去讨口，我们也要想方法！请学东同志深入实地进行测量，把预算作出来，看看需要好多资金，发动群众筹一点，我们帮助协调一点。"通过精心测算，大约需要15万元资金。经过多方协调，最终帮助22组群众协调解决12万元的资金用于购买水泥、砂石等物资，缺口部分由群众自行解决。

资金有了来源，但问题也随之而来。由于资金和地形的制约，这条路没有完全贯穿全组，家住偏远的余家坪几户农户享受不到硬化道路，在启动会上农户余仕祥提出了不少意见，不想投工投劳。编办的同志一边听一边耐心地向他解释，苟主任说："大家不要看这条路没有完全硬化到每户农户，但大家都可以受益的。串佛高速公路，起于盐津县的串丝到绥江县南岸镇的佛耳岩跨金沙江与四川省新市镇相连，这条路覆盖了绥江县所有的乡镇或所有的村社区了吗？没有，但是全县人民都会因这条路受益！照你刚才讲的，难道我们绥江县就不修高速公路了？还有，我们硬化的这条路又不是户间道，22 组共 33 户农户，怎么能做到家家户户都通达呢？这条路虽然没有通到你家门口，但是实际生产生活中，你家也同样要享受，同样要使用的，对吗？”通过我和苟主任等同志语重心长的开导，余仕祥和其他村民的思想勉强通了，同意投资投劳参与硬化三轮车路。

对于扩宽路面需要再占用一些土地，个别群众有意见，没有补助，不愿意出土地。夏仕华就是其中的一个。有一段长 300 米的路面，其中有 50 米前面是河沟，背后是岩脚，只能从夏仕华家的承包地里经过。

夏仕华在 22 组是出了名的“精明”人：“你们想要占我的土地来修路，又没有一分钱补助，门都没得！”苟邦正和我入户做他的思想工作，他的口气很冲，火气很大，态度十分强硬，我们就差没被扫地出门。

一天，听说夏仕华的妻子生病在建华医院住院，这是“难得”的“机会”，苟邦正和我急忙提着水果、牛奶去建华医院探望，并再次耐心细致地做夏仕华的工作。“修建这条路是群众自愿无偿拿出的土地，有的家比你夏仕华家拿出的土地多，但他们没有怨言。从表面看虽然占了你家一些土地，但是道路硬化好后大家都受益，将来你们上山种苞谷、谷子、猕猴桃、方竹，甚至烧火做饭的柴都可以用三轮车或摩托车拖上拉下，既节省了劳力，又提高了劳动工效，大家也会因为你的无私奉献而高看你夏仕华一眼，会记在心里，以后你家大凡小事，大家肯定会竭尽全力帮助你家，何乐而不为呢？”夏仕华始终低头不语，没有任何表态。他的家属邓元凤是个明事理的人，在病床上拉着夏仕华，焦急地说：“人家编办的领导那么忙，几次给你做工作你就是不答应，他们是为了我们 22 组的老百姓着想，我都无脸再见他们了。”在家属的配合说服之下，夏仕华终于点头同意。

群众工作做通了，苟主任、我、李德雯还有石有学我们一道再次召集支书、组长及群众代表研究，决定趁热打铁，启动硬化工程。我们白天拿着皮尺勘察地形走势、逐一丈量路基长度；晚上召开群众大会，组织成立道路硬化领导小组。由群众选举代表负责管钱、材料采购、材料运输、质量监管、劳动力调度工作。

7月中旬，通过群众自发投工投劳、人力运输，所有建设材料都运送到了指定地点。22组群众按照周德和的安排，一部分群众对路面进行平整、挖背沟、砌堡坎，一部分群众严格按照标准搅拌混凝土，烈日下大家干得热火朝天，积极性很高。那时从绍廷村委会到三角村的公路还在改扩建，交通很不方便，出行十分困难，要到达工地现场都得先乘面包车、再坐摩的、最后步行，编办班子成员隔三岔五地到施工现场，特别是县委编办派驻绍廷村的驻村扶贫工作队队员，除了要按质按量地完成日常驻村工作外，还要尽可能抽时间到22组工地进行现场督促、指导，确保施工安全和道路建设质量。

开工后不久，在龙家屋基就遇到了困难。原有的毛坯路路面没有1.5米宽，路面被一块长约3米高约2米的大石头阻挡，施工中断。周德和看到这种情景，急中生智，对施工群众说："我们这么多人，一人一天敲一块石头，蚂蚁搬家，我就不信搬不走它。"他果然说到做到，带领群众用电钻、电锤、凿子、铁锤等工具，并从自己家里拉了700多米的电线到龙家屋基。在他的带领下，群策群力，功夫不负有心人，四天后，这块石头终于被干劲十足的群众削平了。

8月26日那天，天气炎热，气温高得让人喘不过气来，大家按照既定的安排开始新一天的道路硬化施工。下午饭后天气突变，太阳不见了，紧接着就是乌云漫天，眼看大雨就要来临！周德和急忙一边组织群众把搅拌好的混凝土赶紧用掉，一边组织群众各自回家拿塑料布、门板、木板等遮挡工具迅速把今天硬化的路面遮盖保护起来。22组的群众来回奔忙，拿塑料布、抬木板，还有些群众跑回家，把自家的门板拆下抬了出来！终于抢在大雨来临前把刚浇筑的路面遮盖保护了起来。这一雨中场景深深地感染了在场的挂钩干部们，有这样的群众，我们绥江还有什么困难能阻挡群众脱贫摘帽奔小康的进程？

通过3个多月的艰苦努力，2.3公里的水泥路面全线贯通。于是出现了本文开头的一幕：22组群众在鞭炮声中欢天喜地庆新路贯通！群众不停地感谢编办的同志们。有群众说："给这条路取个名吧，就叫'连心路'，干部群众心连心！"又有群众提议写幅锦旗送给编办，苟主任说："是党派我们来的，我们只是做了应该做的工作。"婉言谢绝了大家的好意。

其实，群众感恩挂钩帮扶干部的，不仅仅是挂钩单位帮助他们修好了一条路，而是来源于挂钩干部帮助群众解决了很多困难：贾西六户水不通，挂钩干部帮助他家安上水管把水接进屋；周德银在莲花山砍荒种竹时，不小心被倒下的大树压断了腿，我和陈栋梅上门拿着他的出院证明、发票等资料到村上帮助其申请临时救助；在疫情期间，由于道路封锁，群众出行不便，我利用工作人员身份帮助残疾人蒙明华和周德红的母亲从县城购买药品送到他们手里，替赵成荣到快递公司取包裹等，多年的精准帮扶，群众与挂钩干部的心早已融在了一起。

"连心路"的建成，惠及绍廷村 21—23 组 3 个村民小组共 105 户 458 人（其中，贫困户 45 户 180 人），覆盖沿线 280 亩猕猴桃、2950 亩方竹、320 亩玉米、190 亩水稻等产业的发展。彻底结束了人背马驮的历史，山区群众的生产、生活方式得到了极大改善，推动了地方产业的发展，促进了当地群众脱贫增收。

站在三角村峡谷对面眺望，一条白色的水泥路宛如一条圣洁的哈达镶嵌在绿色的青山中，它连接着山上山下群众的感情，更连接着县委编办全体同志的心，将永远铭记在绥江精准扶贫的故事里……

（作者时任中共绥江县委编办副主任）

飘扬山间的“金丝带”

曾三东　罗时伟　李绍梅

站在南岸镇互助村芭蕉溪沟头，三条宽敞的水泥路沿着不同的方向，像丝带飘落于山峰、溪沟，“飘”向山的那一边，连起外界的快车道。而几年前，这里却是另一幅景象。

“前些年，芭蕉溪这边还不通公路，那时候我家翻修房子，材料只能拉到离我们这里四五公里远的中城镇三角村那边，然后再请马帮驮过来，一匹砖就要投到八角多，实际买本才两角多，每块砖多花六角钱，积少成多，修一栋房子就要多花几万块！公路边上的和我们山里面的建房本钱差距太大了！”74 岁的蒋尔才爷爷和我们唠起了家常。“现在倒是好了，公路直接到家门口，整点啥材料、肥料的，都不用二次转运请马儿驮，多承担转运费了，现在都是直接喊车拉来倒坝子头！安逸！”

“我们年轻那时，为了点盐巴、灯油，只能一路翻山越岭，走上 40 多公里的山路到县城去买，一个来回要整整一天！路上还不能耽搁久了，不然早上天不亮出的门，天黑都到不了家。年纪大、腿脚不好的，一去一来就要花费两天时间呢！现在农村客运都通到了家门口，到绥江县城打个来回也就 2 小时左右，想去看个病啊、买点东西啥的，随时去随时回来，太方便了！”80 多岁的老党员蒋益述说起如今的变化满脸笑容，“这些都得感谢我们的共产党和政府！感谢挂钩帮扶我们的县国土局所有干部这么多年来的辛勤付出！”

“芭蕉片区 2015 年成为我们县自然资源局的扶贫挂钩联系点，有 20—23 共 4 个村民小组 129 户农户，其中贫困户就有 97 户。刚来的时候，我们发现芭蕉溪的土地是这一带难得的‘肥地’，这里的群众也都很勤劳。但因为路不通，种出来的粮食、蔬菜、瓜果等只能靠人背马驮搬运下山，成本过高、费时较长、浪费人力，挣不了几个钱，农户也就懒得背下山去卖了，导致很多吃不完的蔬菜瓜果只能眼睁睁地看着它们烂在地里，无法变成钱。”绥江县自然资源局分管扶贫工作的副局长刘尹秋介绍说。

路！是所有挂钩帮扶干部和芭蕉片区群众共同的“隐痛”。

为助力芭蕉片区突破发展瓶颈，绥江县自然资源局领导班子群策群力，多次组织召开群众协商会、干部职工大会、局党组会议等，共同商讨脱贫对策。同时，积极争取各方支持，到处“讨要”项目、筹措资金！用同志们的话说，“真的是‘讨’项目，‘讨’资金，那个难，不摆了！”

功夫不负有心人，终于“讨”到了项目。昭通市绥江县南岸镇南岸村等 4 个村土地整治项目是云南省乌蒙山重大工程的 2018 年子项目，其中就包括了互助村芭蕉溪路段。主要建设内容有土地平整工程、灌溉与排水工程、田间道路工程、农田防护与生态环境保持工程和村庄整治工程。这些项目的实施不仅仅解决了当地群众的生产、生活条件，也突破了当地区域发展的瓶颈，项目的落地实施，对互助村经济发展起到了非常积极的作用。

而项目的实施，也不是一帆风顺的。

2019 年 8 月上旬，由于项目在实施过程中时间紧、任务重，加上施工环境和条件非常差，项目推进乏力，互助村芭蕉片区还有 10 公里的路面未硬化，无论是建设单位还是施工单位、监理单位都在积极协调工人、材料、机械设备等，想方设法要“啃”下这个“硬骨头”。为此，施工单位及时增加了机械设备、施工班组等。新来的施工班组组长老陈一见到我们便说道：“芭蕉溪这个地方我来之前就知道了，四个字形容就是‘晴通雨阻’，雨天一身泥，晴天一身灰，都没办法穿身干净的衣裳。老百姓去趟县城赶集，基本上都是两头黑，天不见亮时出门，回到家中天已经黑了。主要困难还是施工条件非常恶劣，毛路净是稀泥，我们的施工车辆特别难走，如果再下点雨就根本没法施工了。但是我们整个施工班组所有人员都表示，能够有幸参与到脱贫攻坚战役中来，就要不怕艰辛，得撸起袖子加油干啊！”

当时正处于主汛期，大部分路段的大型机械设备是派不上用场的，老陈就采用土办法，装载机或者挖掘机配合小型农用车，多个工作面同时开展推进路面进行硬化。老陈说：“我已经联系了河南那边小型农用车的厂家，买了4台小型农用车，一共20多万，估计一个星期就到了。”原本想能加快工程进度，没想到却是一个“水土不服”。小型农用车到货后，没用几天，不是轮胎出问题，就是发动机变速箱出问题，老陈是看在眼里急在心里啊。他静下心来好好研究了下，最后终于找到毛病：这种小型农用车只适合用于平原地区，并不适合我们云南这边的高原山区。老陈解惑后，马上又联系适合咱们云南高原的农用车进场确保工程施工进度。当时我就问老陈：“你买的那个小型农用车怎么办呢？是退货还是维修后继续用？而且后面租的这个农用车租金不菲哦。”老陈说：“先不管它，干工程不是赚就是亏，无所谓，但是承诺的事情我一定会做好。”简简单单的一句话让在场的人没有一个不竖起大拇指的。

老陈是一个60多岁的老人，本该是在家享受天伦之乐的，如今却天天待在工地上，工人打趣他：“老陈啊，工作狂，不是天天泡在工地，就是在去工地的路上。”遇到天气好的时候晚上需要加班，他都不回去休息，坚持陪工人们在施工一线。当施工现场终于安排得妥妥当当、顺顺利利的时候，老陈却病倒了，是急性胰腺炎，医院的病危通知下了两次，他不听家人劝告，一心扑在芭蕉溪的公路硬化项目上，这一次，终于病倒了，通过10天的住院治疗病情好转后，工地上又再次出现他的身影，我们让他在家休息一段时间，他却摇头，一个劲儿说：“没事没事。”

到2019年年底，通过自然资源部门在互助村实施的土地整治项目，群众的生产、出行不再看天老爷的脸色，灌溉条件得到了改善，完善了路网，交通条件也更为便利，增强了农业综合生产能力、抗灾能力和发展后劲。

村民都说，这样还脱不了贫，那真的是自己懒，应该穷！

“这几年，‘捏住’芭蕉溪路不通这个‘七寸’，县自然资源局狠下功夫！先后投入资金 10 万余元进行维护保通；又筹措资金 400 多万元，对通组公路进行了硬化；‘带来’土地整治项目 2 个，资金 2500 多万元，对生产路、户间道等进行开挖、修缮、硬化。这个力度，在我们整个县，乃至整个昭通怕都是少有的哦！”说起县自然资源局对互助村的精准帮扶，互助村委会主任蒋尔敬不住点头，竖起了大拇指。

绥江县自然资源局局长余锦明说道：“我们单位挂钩精准扶贫互助村这几年，通过多方争取资金及项目支持，大力实施道路交通基础设施建设，芭蕉溪路的瓶颈才得以突破。目前，已硬化路面约 18.5 公里，基本形成了东接中城镇绍廷、北连互助村委会、西下石梁子的硬化公路交通网。”

23 组曾经的贫困户蒋吉才告诉我：“我们这山上的笋子味道鲜美，特别是三四月间的罗汉笋。前几年因为路不通，打的笋子只能自己吃，偶尔送点给亲戚朋友。近年来不一样了，路通了，笋子打来带到城里去卖，至少四五元一斤。特别是今年，运气好的话，一个人一天打的笋子就能卖四五百元，更不用说其他的了。‘两不愁、三保障’，那就不算个事儿！”

“芭蕉片区现在发展有方竹 3900 多亩，基本实现了竹产业的集中连片。2018 年村上种植了甜柿 5000 亩，核桃产业、肉兔代养……路通了，在上级党委、政府的领导、支持下，各种产业得以迅速发展起来，并形成经济效益，群众的钱袋子也开始慢慢鼓起来了！”说起产业引领脱贫致富，村总支书林瑞龙信心十足。

“没有共产党就没有新中国，没有共产党就没有新中国，共产党辛劳为民族……”走在芭蕉溪宽敞的公路上，依稀听到群众家传出的欢快歌声，随着像丝带一样蜿蜒的公路一起，翻过崇山沟壑，“飘”向广袤大地。

（作者均系绥江县自然资源局工作人员）

照亮脱贫梦

杨涛源

“电足了，心暖了，奔小康的干劲更足了！”10月的绥江，雨过初晴，暖阳高悬。新滩镇石龙村村民对前来检修电路的绥江县供电局职工竖起大拇指：“太感谢你们了！农网改造以后，我们用电再也没有出现过问题。”

幸福都是奋斗出来的。面对山高路远、荆棘险阻的电力扶贫路，绥江电力人不畏艰险，点亮一盏盏明灯，照亮了贫困地区群众的脱贫致富之路。

脱贫不少一人，光明不落一户

有道路，才有出路；有光明，才有梦想。通路、通电等是云南省贫困村出列的必要条件。2018年，绥江县脱贫攻坚到了攻城拔寨的关键时刻，建档立卡贫困户“用上电、用好电”的问题被提到县委、县政府重要议事日程。

“年初，县委、县政府安排给我们334户的零星建档立卡贫困户通电工程，要求必须在年内全部实施完成。”绥江县供电局党委书记于守全介绍说，为了让这些贫困户早日用上放心电，绥江供电局班子高度重视，迅速成立了相关的领导和实施机构。

然而，随着精准识别的进一步开展，这个数字却呈不断递增变化，不久便增加到了 805 户。截至 10 月底，这个量又增加到了 1443 户。从 334 户到 1443 户，这可不是简单的数字增长变化。其背后，是工作量和任务难度的成倍增加。

首先遇到的是立项难题。电力项目的立项审批、设计的权限在市供电局或省公司，用户的不断增加、变化，更加增加了立项难度。“我们只能一次次往返昭通、昆明，不断向市供电局、省公司沟通，要项目。”绥江县供电局副局长谭平友回忆，光是解决立项问题，他们就起码跑了 10 次昭通、5 次昆明。

其次，由于新增用户的不确定性和分散性，导致工程施工难度增大。“反复施工的情况时有发生，有时，施工队都撤走了，又不得不为新增加的用户重新折返施工，无形之中增加了项目以外的成本。”谭平友印象最深刻的是中城镇绍廷村。这是一个比较偏远的贫困山村，进村入组的道路十分难走。“刚开始时，这个村只报了 70 多户零星卡户的通电工程。然而，等这 70 多户的工程完工了，后面又增加了 130 多户。当时，我们施工队都撤走了，只能重新返回来施工，最后工程、投资、工期都在原来的基础上翻了一番多。”谭平友说。

增加用户多的还能重新立项增加预算，但有的时候，就增加一两户，也不得不折返施工。有一次，在实施板栗镇关口村工程后，施工队刚刚撤走，却又新增了一户新建房屋建档立卡贫困户的通电需求。“一户人，不符合立项要求，但如果错过这次机会，这家人将通不了电，或者需要付出更多的艰辛才能通电。最后，是我们供电局厚着脸皮与施工方协调求情，才请他们折返为这家人架通了电，供电局还为此多承担了 4000 多元。”谭平友说，像这样厚着脸皮求人的事，在精准扶贫的这几年，已成为他们工作的一部分。

求人，但不丢人！

“让每一位用户都用上安全、稳定、可靠的优质电，一个都不能少！”这是绥江县供电局每一位电力人决战脱贫的庄严承诺。

为了让每一户贫困户“用上电，用好电”，绥江县供电局迎难而上，攻坚克难，全局 5 名班子成员，分别挂钩到全县 5 个镇，对工程进行现场督导，促进工程按时按质按量实施；很多工作人员，放弃了周末休息的时间，克服高温烈日天气，发扬了不怕苦、不怕累的精神。

立起一根电杆，照亮一个家庭

绥江县辖五个镇，除了部分沿江的群众，其他大部分都散居在大山深处，山高路远，坡陡难行。

很多新通电的村子都是深度贫困村，山路崎岖，运输电线杆、导线的车辆无法直接到达施工点，只能靠人力运输。加上绥江县天气不好，雨水较多，山路泥泞，架电时，一些重型设备运不进去，材料要经过几次转运，甚至由人工冒着风雨，踏着泥泞辛苦搬运才能到达施工点。

但是，这并不影响绥江电力人为贫困群众早日实现光明的决心。绥江电力人的汗水和真情写满了绥江的山山水水。2016 年以来，绥江县供电局紧扣县委、县政府易地扶贫搬迁计划，承担了全县易地搬迁安置点的配电工程任务。为了确保搬迁点能及时得以供电，每一个项目，绥江县供电局主要负责人都要亲自带领相关部门和施工单位亲临施工现场，制定详细的施工方案。同时，还要求把施工安全、质量、进度、责任细化到个人。在新用户授权中，简化程序，特事特办，与政府职能部门紧密协作，尽可能地方便用户。

通过不懈努力，3 年间，绥江积极争取到上级投资共计 5834.97 万元。其中，农网改造项目投资 3864.23 万元，计划 2018 年年底，完成新建设改造 10 千伏线路 35.46 公里，0.4 千伏线路 109.7 公里，0.22 千伏线路 61.72 公里，新改装改造台区 113 个、总容量 11495 千伏安；省公司扶贫攻坚专项自筹项目投资 1992.34 万元，计划 2018 年年底完成新建改造 10 千伏线路 5.6 公里、0.4 千伏线路 27.65 公里，0.22 千伏线路 62.83 公里，新装改造台区 31 个、总容量 10220 千伏安，户表改造 3429 户，完成集中安置点户表改造 691 户。

“我们一搬进政府给我们分配的安置新房，一按开关，电灯就亮了。”每每听到用上电的贫困户发出由衷感谢，电力人的心就化了。“多立起一根电杆，多架设一里线路，就能多为一户家庭送去光明。”

目前，全县已完成电网建设工程 17 个搬迁点，涉及 719 户用户；正在建设 3 个搬迁点，涉及 2407 户用户。特别是在全县最大的兆佳坝易地搬迁扶贫安置点，绥江供电局紧密配合施工单位，按照电缆线路全部入地的高要求，实现了“当年立项、当年施工、当年投入”。

“万家灯火南网情深”，电力“照亮”幸福光景！绥江县电局把扶贫的使命和责任扛在肩上，把实现百姓美好生活的愿景放在心中，用真情实干换来了贫困群众一张张幸福的笑脸。

（作者系《云南经济日报》记者）

一汪清泉水　一段鱼水情

徐晓明

“原来经常没水，水质也不怎么好，放出来的水又浑又浊，现在好了，群众喝上纯净水了，这还得感谢党、感谢政府，感谢县委编办的同志啊！”绥江县中城镇绍廷村八角村片区支书杨仕美对记者说。

2018 年 3 月 6 日，县委编办苟邦正、罗学东、石有学 3 位同志来到绍廷村 22—25 组开展入户走访工作。挂钩的中城镇绍廷村地理位置偏僻，邻近永善县青胜乡，这里山高坡陡、土质疏松、雨水偏多，一到雨天经常发生山体滑坡、泥石流等自然灾害，时常出现滚石打断水管、泥沙堵塞水管的情况。每当看见天上下暴雨，群众眉毛胡子皱成一团，嘴上不自觉地唠叨起来：“水管恐怕又要堵了，又要停水了，这个日子难过哦！”

每当出现这种情况，一部分群众只能徒步 5 公里到最近的取水点挑水喝，来回就要 2 个小时，青壮劳力外出务工，在家的都是些上了年纪的老人；另外一部分实在没有办法的群众就只能靠山沟、河沟仅有的一点地表水洗洗菜、做做饭，维持着基本的生产生活。解决长期困扰的饮水问题成了群众的迫切愿望，经常在县委编办召开的小组会上、党员会上被提起，“只要把水跟我们解决好，其他事情都不需要你们管！”这是一位党员同志经常在会上发出的呐喊。

也就是在走访的这天，支书杨仕美再次强烈反映饮水的困难：“现在吃水越来越困难，水管年代久远，不断老化、水压也低，水管埋在路面上，不是被山石损坏，就是被泥土堵塞，有时候有水也细得像针眼一样，到了干旱的季节可以说是点点滴滴，水质也不好，昏昏沉沉的，不要说发展脱贫致富产业了，生产生活用水都不够。我与3个组长商量了一下，打算重新换一个取水点，水管也不再从路面上经过，我们埋在群众的地里，群众的积极性也很高。取水点我们都已经找好了，就在25组象鼻子（小地名）。但是，群众经济不富裕，拿不出钱来购买材料，能不能请编办的同志帮助协调一些管材，只要将这股水成功引入，将覆盖整个三角村95%的农户，到时候大家吃水的问题就彻底解决了。”

听到支书杨仕美的一席话，苟邦正皱了皱眉，随即说道：“你说的这个问题，群众每次大会小会都在提，反映很强烈，我们也注意到了，这也确实是个大问题，按照国家‘两不愁、三保障’的脱贫标准，饮水保障是硬指标之一，你放心，我们一定会解决好群众的饮水问题！”

为了能快速帮助群众解决喝水的问题，苟邦正、罗学东一行立马就到取水现场实地察看，通过现场察看，大家一致认为支书杨仕美的方案可行，随即召集小组长和部分群众代表进行座谈，当天晚上又召开群众大会，“预计需要多少米水管？”“水管到了之后谁来负责组织施工？”“谁来负责监管水管安全？”“群众是否愿意投工投劳？”“建成以后怎么管理和维护？”……对如何解决饮水问题，广泛征求民意，听取他们的意见和想法。

县委编办接下来召开了班子成员、片区支部书记、小组长参加的专题会议进行研究部署，决定由苟邦正、罗学东、杨仕美同志负责拟定专项方案和请示上报水务部门，争取获得主管部门支持；石有学同志带领挂钩人员和4个组组长一起负责就投工投劳工作作宣传解释，挨家挨户上门、逐家逐户动员，充分发动群众。

接下来的几天，罗学东整天把自己关在办公室，不时电话联系组长、支书，了解工作推进情况，了解群众思想动态；不时就电话咨询技术人员，求教相关业务和专业知识，通过不断修改完善，完成了建设方案的草拟。

苟邦正负责出门“化缘”，到水务部门汇报工作，绍廷村4个组100余户群众饮水问题，引起了水务部门的高度关注和重视，决定给予材料支持。但是，由于管材需求量大、管型种类要求多，水务部门现有库存管材不能满足工程的实施。水务局王云局长及时组织召开了党组会，拟定了采购方案，决定为绍廷村22—25组专项采购一批管材。没过多久，总价值达17.8万元、总长度共计6500米，涵盖了70型管、40型管、35型管、25型管等多种类型的水管终于到位。

管材协调到位了，但紧接着问题也随之而来了。就在将管材拉进绍廷村的第二天清晨，苟邦正的电话铃声响起了，电话的另一头响起了23组组长杨於禄的声音：“苟同志！水管不见了！昨天夜里被群众私下分走了！”经过一番了解，原来是因为协调的水管是用于主水管使用，群众没有到户的水管，私下将协调的一部分水管拿去用于自家的到户管。听到这个消息，县委编办全体干部立马联系车辆，火速赶往扶贫挂钩点，由苟邦正、罗学东、石有学3位同志分别带队，分成3个小组分头行动，挨家挨户上门，做群众思想工作。在来到23组出了名的“难缠户”邓顺明家中时，只听他大声嚷嚷：“我没钱买新水管，你们看嘛，这根水管到处都破了，我喝水成了问题你们也交不了差，拉这么多水管进来，我拿一点也影响不了什么。”邓顺明语气嚣张、态度恶劣，摆出了一副拿他没辙的样子，其余的同志在入户做工作时也同样吃了“闭门羹”。同时，在这个关键时刻，一波未平一波又起，先前的问题还没有解决，又传来消息说，之前答应水管铺设时占用一部分土地的群众现在也不答应了，原因就是水管被其他人私下分走了，自家没有分到水管，不愿拿出土地来了。

当天晚上，县委编办又再次召集4个组的全体群众召开大会，会上苟帮正向大家说道：“我们明明是办好事，现在好事办成坏事，水管拉来你们就私下随意分配，这个是国家的东西，不是你们自己的东西，让你们想怎么分就怎么分，如果大家都这么自私，只想着自家的水能通就可以了，那么这个事情就不办了，明天我们就将水管还给水务局，好的项目拿到你们这里也实施不了，以后你们也别在我们面前提什么困难和问题！”听到这里，群众都慌了、着急了，三两人在下面窃窃私语了起来，特别是私自分了水管的几家人脸上也挂不住了，如坐针毡。“哪些拿了水管的，会议结束后立马退回来，不退回来项目就不实施了，不要一颗耗子屎毁了一锅汤，这是集体的项目，不是哪家人自己的，水管全部用于主管道铺设，各家到户水管自行解决，大家同不同意这样干？”在杨仕美同志的号召下，群众纷纷表示同意，分走的水管也在会议结束后顺利归还。

管材的问题解决后，县委编办的同志们还是放心不下，亲自上阵，带领群众一起干，在帮忙的同时也可以监管到项目的顺利实施。就连临近退休的石有学老同志都忙前忙后、跳上跳下，与群众同劳动、同工作，帮助抬水管、挖泥土、接管道，在扶贫挂钩点呈现出一幕幕干群和谐、同心同力的美丽画面。

终于，在连续作战半月后，主管道铺设完成并成功通水。“水通了、水通了！”幸福水终于淌进了绍廷村百姓的心田，群众奔走相告，每家每户水龙头扭阀即出水，哗哗流出的水让他们甜到了心坎、甜到了心尖。“看着群众脸上的笑容，这一切都是值得的。”苟邦正笑着说道。

但是，事情并不像大家想象的那样圆满。在一次研判会上，绍廷村总支书记田发江说：“水虽然通了，但是水质不好的问题还没有得到有效解决，要保障贫困群众喝上健康干净的水，我们的工作才算圆满完成。”这句话瞬间给在场的人浇了一盆冷水——群众饮水问题还没有得到彻底解决！

“一定要让群众喝上干净、卫生的水！”苟邦正说。

怎么解决呢？“罗学东，你去咨询一下水务部门，按照现有的材料价格和工人工资标准，建设一个净水池需要多少钱？如果价格不高，就由单位帮助大家想办法解决了。”苟邦正说道。罗学东接到任务后，多方沟通对接协调，计算工程造价，最终的结果让大伙吃惊，单位承担不了。自求门路，苦于无果，苟邦正同志又一次厚着脸皮向水务局王局长求助，寻求解决的办法。王云局长说：“要解决水质问题，唯一的办法就是建设净化池，安装净化设备。县上正好有这一项目，正在确定实施地点，我马上召开党组会，但涉及占用群众土地等事项，需要你们去做好群众工作哦。”“呵呵，群众工作算我们的，我们挂钩点净水项目的实施就靠兄弟你了，拜托了！”苟邦正说。经过水务部门的实地测设，在 22 组、25 组分别建设了 200 立方米、300 立方米的净水池各 1 个，并安装好净化设备，让群众喝上了健康干净的山泉水。

俗话说“吃水不忘挖井人”。“他们都是来走哈看哈的，做做样子，来了也起不到啥子作用。”“这些人都是走一圈、看一圈，要哈儿坐起车儿就跑了。”等等冷嘲热讽、冷言冷语已随风飘去、荡然无存。通过这一系列的真帮扶，县委编办的同志实实在在为群众解决了吃水问题。在接下来的帮扶工作中，迎来的是群众灿烂的笑容、热情的接待、话言话语间真诚的感谢；换来的是对帮扶工作的支持理解、对干部的信任和关心、群众“感党恩、跟党走”的思想提升，真正实现了思想、工作、情感上的“三个认同”。

（作者系中共绥江县委编办工作人员）

征服信息“孤岛”

申时勋

本故事主角叫牟志强，现年49岁，曾长期担任中国电信绥江电信分公司负责人、2008年市委市政府表彰的灾后重建先进个人，是一名土生土长的绥江人。

2015年以来，牟志强所在单位挂钩帮扶绥江县中城镇良姜村，打响了一场没有“硝烟”的脱贫攻坚战，也开始了他们和老乡们继2008年灾后重建后的又一次美丽缘分之旅。

时间回溯到2018年7月25日，牟志强被上级组织从水富调回老家绥江担任绥江电信分公司负责人。

上任第一天，他就立即召开了本公司扶贫工作专题会议，为大家加油鼓劲、出谋划策，同时调整充实工作扎实的党员干部组成专班队伍，除驻村工作队外，还成立了信息帮扶、产业扶持、基础建设三支突击队，总计19人，用心、用力、用情投入精准扶贫工作中。

不登高山，不知山之高；不入基层，不知民之盼。在接下来的同吃同住，实地访贫问苦中，牟志强真真切切地看到了让他十分揪心的一幕：在群山绵延、沟壑纵横的良姜村40—49组，电话打不通，网络上不了，几个小山村与外面世界的联络互通不畅，村里人与村外人的交流融合受阻，整个片区俨然成为一座通信“孤岛”。

“哎呀，牟同志，跟你说个实话吧。我们村大部分人都有手机，但村里没有信号，根本打不通电话，太不方便了，好几次气得我差点把手机都砸掉了。”良姜村41组组长申太英刚跟他吐完一肚子苦水，其他在场群众也是叫苦不迭，不乏埋怨和责怪声。

像申太英一样着急的还有绥江鸿泰家禽养殖专业合作社的老板和员工，不仅打不通电话，合作社投资加盟的网络电商平台也“瘫痪”了，与网上客户联系不上，合作社生产的蛋鸡、绿壳蛋无法进行线上销售。

置身于这座现代的通信“孤岛”，倾听着群众的心声，牟志强心里五味杂陈。作为一名电信人和扶贫干部，他更加认定自己责无旁贷，必须尽快消除这座横亘在眼前的信息“孤岛”，新建一条信息化高速公路。

为了兑现诺言，他顾不上不时发作的腰椎痛老毛病，埋头扎根于“孤岛”，访民情、听民声，忙调研，提建议、出对策，写报告，积极主动地向昭通市电信分公司申请专项建设资金，用于良姜村40—49组群众的光网和4G网建设。

让他意外和激动的是，昭通电信分公司很快批准立项，80多万元的建设项目也迅速批准到位。

他是个急性子，当项目成功申请立项后，就立刻把这个消息告知了当地群众，与大家共同分享这份喜悦。

2018年8月9日，该项目顺利开工，他带领单位的驻村扶贫队员和挂钩人员，同良姜村“两委”干部以及当地群众一起协同作战，投工投劳，整个施工现场干劲十足。公路不通，大家就争先恐后地通过人背马驮的方式，将电杆、光缆等通信器材运输到位；雷雨季节，大家仍不愿休息，冒雨运送器材，安装、调试通信网络……

栽立通信电杆，安装通信网络，难免会占用一些土地，会损坏一些庄稼，细心的牟总拟好方案，准备对受损群众以青苗赔偿费等方式给予相应补偿。可是，40组王厚英等当地群众不约而同地说：挂钩单位给我们这么大支持，这点损失不算什么，我们分文不收。没有任何阻工行为，乡亲们还主动腾出施工区域，不仅不辞辛劳地投工投劳，还帮忙协调用电用水。为此，扶贫队员和施工队员都感动不已。目睹此情此景，牟志强心潮澎湃，倍感欣慰……

8 月 18 日，良姜村 40—49 组的光网系统安装完毕并正常运行，村子里电信 4G 网络和光纤网络宽带终于开通了，村民们欢呼雀跃，竞相分享喜悦，扶贫队员们心里也如释重负，自豪感油然而生。城乡数字鸿沟缩小了，村民们能打通电话聊天说事了，能登录上网了，能在线上买卖产品了，与外界的联络多了，生活更加丰富多彩了。

就在当晚，牟志强在个人微信朋友圈里配发了几张村民们上网打电话的照片、“晒”了一下自己的感言：“苦了亲们，甜了百姓……”朋友们纷纷点赞。

科技影响并改变着人们的生活。光网和 4G 网络开通后，当地乡亲们通过网络学习科技文化，网购所需物品，了解实用信息，售卖本地产品，向外推介家乡，畅享在互联网的世界里，畅游在信息的海洋里。

正是有感于这条信息高速公路的建设经历，牟志强坚信：对于各个部门各级干部来说，只要是关乎民生福祉的事，只要是用心为民谋发展的人，都不必担心有啥过不去的坎，都会得到广大群众的欢迎、支持和帮助。干群齐心，其利断金，没有做不成和做不好的事。

与此同时，牟志强还根据上级公司行业扶贫的要求，争取到上级支持的项目达 1000 多万元，在全县新建了 21 个 4G 基站，60 公里光纤网，实现了 60 所学校班班通网络，启动了平安城市升级改造。并特别开通了兆佳坝易迁小区的光纤网和 4G 基站。经过不懈努力，绥江县所有村委会、村卫生室、村级完小已实现通信网络全覆盖。

在脱贫攻坚通信建设的主战场上，哪里有艰险哪里就有牟志强和他的战友们。在湿滑的路途中，牟志强和他的队员何宗杰不幸摔倒，导致手肩部骨折，却仍然坚守在岗位上；在暴风雨中，他和队员们不顾个人安危，带头冲向 41 组泥石流受灾现场，安抚受灾的群众；在泥泞的公路上，他和队员们乘坐的农用面包车几次险些冲下悬崖，命悬一线；在医院病床上，陆续累倒的赵铭、程卫、文应勤、周移琴、陈永珍等队员们任心系扶贫；在小家大家的选择上，韦雪松、张懋、杨锐、韦雪梅、宗旭琴、范昌钱、王光峰、陈宁等队员选择托付家中生病的老人和小孩；在崎岖的山路上，邹焕、陈代熊、杨来胜等同志率领的建设战队，个个汗流浃背，泥水糊面；在思考精准扶贫与公司业务两兼顾的问题上，牟志强常常夜不能寐，殚精竭虑！尽管如此，他和他的队员们依然负重前行，无悔无怨！依然冒着生命危险，一往无前！

（作者系《春城晚报》记者）

群众的“安全房”

邵莹莹　张　彬

穿着一身休闲装，他却没有真正的休闲；略微秃顶，是他奔走各个施工现场，日夜加班劳累留下的；为了帮助全县贫困群众，让每一户都能住上安全房，他总是日夜操劳、倾力而为……他就是绥江县住房和城乡建设局党组书记、局长苟仕荣。

为了群众的“安全房”

群众能否如期脱贫，基础就在是否有安全住房。全县脱贫攻坚工作中，绥江县住房和城乡建设局肩负着全县农村危房改造和易迁安置点建设的任务。苟仕荣常常说：“在脱贫攻坚中实现危房‘清零’，建好群众安全住房是我们住建人的责任和担当！”

要建安全房，先要清楚有多少危房，都是些什么样的危房。2017 年 7 月 26 日，烈日炙烤大地。为调查山区危房情况，苟仕荣率领本县农危改专家组去南岸镇团结村，却因姚家坝隧道未完工，车辆无法通行，他们一行 3 人从四川绕行并乘船过江到达团结村委会，步行在通往团结村最偏僻、最陡峭的 26 组和 27 组的山路上。经过 2 小时的步行，他们终于走到了山腰间的 26 组。看着眼前年久失修、破烂不堪的串架木结构房子，苟仕荣没有休息就开始了现场勘察、测量、画图等基本信息采集工作。当走完了 26 组分散的农户，天也要黑了，他们便在农户家中借宿。第二天，天刚亮，苟仕荣一行又沿着更加陡峭的山路前行，走到 27 组小组长家，看着他家在陡坡上挖出的地基和已严重变形的串架结构房屋，苟仕荣心中十分着急："这种地方怎么建房？建起的房子安全吗？"通过多次走访调查，苟仕荣对全县的危房现状有了更准确的把握、更深的了解，更坚定了他要为贫困户建好"安全房"的信心和决心。

在苟仕荣的带领下，绥江住建局组织专家组对全县 28341 户房屋进行了鉴定。自 2015 年以来，实施全县农村危房改造 5705 户，其中通过脱贫攻坚改造四类重点对象危房 4964 户（拆除重建 3850 户，修缮加固 1114 户），改造非四类重点对象危房 741 户。通过房屋修缮、拆除重建、易地搬迁等方式，确保每一户农村群众都能住上安全房。

2018 年 3 月 15 日，绥江易地扶贫搬迁安置点兆佳坝开工建设，要在 10 个月不到的时间完成 33 栋 2145 套安置房建设，难度可想而知。作为住建局长，苟仕荣肩负着易地扶贫搬迁工程建设组组长的重任，为易迁安置点建设操碎了心。在建设过程中，苟仕荣几乎每天对安置点至少一次现场察看，了解工程进度、安全质量问题，并且定期不定期召开易迁安置点进度会共计 150 余次。2018 年 6 月 5 日凌晨 3 点，刚刚从县委开完会的苟仕荣，拖着疲惫的身躯，强打精神，开着私家车悄悄地来到兆佳坝易迁工地现场。他要巡查前天安排的"轮班施工"落实情况。2018 年 6 月至 8 月进入了雨季，严重影响工程进度，苟仕荣几乎三天一次召开会议，想尽办法保障工程进度、确保工程质量安全。施工单位的人都在说："苟局长是位很负责任的领导，比我们负责现场的人还熟悉兆佳坝现场的情况。"在苟仕荣的带领下，兆佳坝安置点在 2018 年 12 月底顺利达到搬迁入住条件，经过为期 9 个月的建设，建成了 33 栋 2145 套安置房，安置了 1948 户 7445 人，其中建档立卡 1321 户 4967 人，随迁户 581 户 2331 人，占地拆迁 46 户 147 人。兆佳坝安置点的建设，受到了省市领导和群众的一致好评，成为昭通脱贫攻坚战中易地扶贫搬迁的标杆工程。

美好生活在路上

2018 年 3 月，三渡村 2 组一连几天都是阴雨绵绵，大雾弥漫，寒意依然。苟仕荣走在狭窄坡陡的入户小路上，脚底一滑，一个趔趄险些摔倒，滑行几米才停下。在贫困户严尚明的院坝里，脚底沾满了黄泥，刮都刮不掉；房前屋后详细查看了一圈，当他进入其家里，看到人走过，鞋上的泥渣会一路掉落，时间久了，地上已粘着厚厚的泥层。屋内潮湿，满屋子散发着一股霉味。严尚明建房多年，因通组道路通行条件差，材料运输成本高，再加上其儿子生病就放弃了居住环境的改造。

回到单位，他连夜召集局领导班子和 16 位挂钩小组长开会，首先通报了入户情况，并听取了各组介绍，像严尚明这种环境的人家不在少数。夜深了，会议讨论还在继续，院坝、排水沟没硬化的在三渡村到底有多少户？群众的想法及态度如何？无专项资金，怎么办？通过深入细致的研究讨论，决定动员农户投工投劳，自买砂石，由住建局提供水泥并送货上门，激励群众改善人居环境。

面对想法各异的群众，他总积极主动去工作，哪怕单位经费再困难，苟仕荣也要克服困难改善贫困户的生活条件。但个别环境卫生意识差的群众，总是借口各种理由不予配合，挂钩干部想尽一切办法都无法改变。每每遇到这样的人家，只要苟仕荣听说，都会亲自登门协助干部想办法、做工作。看到百忙之中还要为他们的不配合而操心劳累的苟仕荣和挂钩干部的艰苦付出，农户心里无比的感激，变得积极主动了。在 2018 年年底的两个月时间里，县住建局先后筹集了价值 32.775 万元的水泥 655.5 吨，改善了 161 户农户的院坝、排水沟硬化难题，并为沿河一带 4 个组新建了 6 座人行便桥，极大地改善了农户的居住环境和出行条件。

硬化了的院坝从过去的稀泥烂坝变得干净了。再次来到严尚明的家，没有了往日“下雨一地泥，天晴一屋灰”的场景。眼里看到的是整齐干净，鲜花盛开；闻着阵阵花香，嚼着满口留香的腊肉，喝着自酿小酒，严尚明充满敬意也热情地说：“我家在你们的帮扶下变得这么安逸了，感谢党和政府，特别感谢你们这些干部！”

（作者邵莹莹时任绥江县住房和城乡建设局办公室主任，张彬系绥江县住房和城乡建设局工作人员）

难得一“建”

卢小琳

在中国邮政集团公司云南省绥江县分公司，说到扶贫，蒋贵脑海里总是浮现出破烂不堪的三间土墙瓦房。那是第一次走进贫困户邓伟家中的场景，现在时不时还在蒋贵的脑海里浮现。2017 年 10 月，绥江邮政分公司的扶贫点从板栗镇双河村调整到会仪镇和平村 10 组，蒋贵所挂钩的贫困户邓伟是因为没有安全住房而被列为未脱贫户。

在扶贫期间，1962 年出生的蒋贵和大家一样“5+2”“白加黑”，没日没夜没节假，他说：“700 多个日夜的扶贫时光，经历了酸甜苦辣，有感动有欢笑也有泪水，那些日子真的很让人‘回味’。扶贫第三方验收结束那天虽然艳阳高照，但是我的心情却很复杂，有好多话到了嘴边却又说不出来。现在时不时还能想起以前扶贫的那些日子，有时候虽然很累，要冒着风雨下乡，或者放弃与家人团聚的日子去扶贫，但是每一天都觉得过得很充实，村民们朴实善良热情好客的品格也深深地打动着我。现在突然放松了还挺不习惯，真有些不舍得呢。”

蒋贵还记得第一次走进会仪镇和平村 10 组，是由村上的工作人员带领着一队扶贫工作人员去到各自所挂钩的农户家里。前些年，扶贫已经取得了一些成果，村民们对扶贫工作多了一点理解，不再像扶贫工作刚开展时那样视之不见、听之不闻。走进村子里，绿树成荫，鸟语花香，村子里的道路已经打成了水泥路，山间道路虽然蜿蜒曲折，但是水泥路上基本上没有一点垃圾，树林中矗立着一幢幢红墙青瓦的小平房，到处都很干净整洁，一路上大家都忍不住感叹：这应该就是村容整洁的美丽乡村了吧。

可是，当村委会工作人员带着蒋贵去到邓伟家的时候，蒋贵都不敢相信自己的眼睛了，眼前的一切和周围形成了鲜明的对比：破败的院落，院子里杂草丛生，老房子破破烂烂的，屋檐下面到处都结着蜘蛛网，蛛丝随风飘摇，房子的墙体是用黄土夯成的，房顶的瓦片东一片西一片、瓦格残缺不全。一进屋内，屋内的场景更是让他目瞪口呆，屋里的地面是黄土碾压而成的，雨水浸泡过后到处都坑坑洼洼的，有些地方甚至还有积水，有一面墙壁经过多年雨水的浸泡已经摇摇欲坠，最令他震惊的是当他一只脚踏进屋内的时候，一条大菜花蛇嗖的一下从他的面前闪电一般过去，吓得蒋贵赶紧跳了出来。看到这样的场景，他眉头一紧，心里充满了疑惑，这应该是有几十年的土墙房啦，心想现在怎么还会有人住在这样的房子里，如果是下雨天的话外面下着大雨里面就下着小雨。

经过与村委会工作人员和挂钩贫困户邓伟的进一步沟通，蒋贵才得知，原来是十年前邓伟因为年轻不懂事又没什么文化不懂法，就去偷盗光缆而被抓捕，在监狱里进行了几年的“思想改造”，在他入狱期间，妻子受不了社会舆论以及家庭重负，便丢下年幼的儿子离家出走了，此后儿子只能一直寄住在邓伟姐姐家。待邓伟 2015 年出狱回家后，看到家中家徒四壁的景象，也不想长待在家里，常年在外以务工为由四处漂泊，对生活早已失去信心。当蒋贵问到他为什么不修缮房子、改善居住环境的时候，邓伟含泪答道：“我几年前才从监狱里出来，现在时代已经变了，我又没有读过什么书没什么文化，也没有什么手艺可以谋生，只能靠卖力到处打打零工来维持一下我和儿子的基本生活，怎么可能还会有多余的钱来盖房子呢？”

获知邓伟家的详细情况之后，蒋贵跟他宣传了精准扶贫农村危房改造相关政策，动员他将房子拆除重建：“你是在 2013 年被评为贫困户的，你的情况符合农村危房改造的补助条件，现在拆除旧房修建新房，国家会给相应的补助，自己花不了多少钱。现在国家的政策这么好，党和政府为大家提供了这么多的优惠政策，你一定要抓住这个机会呀。”邓伟一口回绝了蒋贵：“我不想修，这才补助多少钱，这些钱根本就修不了新房子，况且我常年在外面打工，一年根本就住不了几天，修来没用。”

“可是你想想你儿子啊，现在你孩子也大了，一直寄住在亲戚家里肯定会有一种寄人篱下的感觉，对他的成长不好嘛，他肯定希望能有一个自己的家和属于自己独立的空间，你看周围的邻居在政策的支持下都修上了漂漂亮亮的小平房，你难道一点都不心动吗？”可是无论蒋贵怎么劝说，邓伟都是直接拒绝。看着破旧的房子和他决绝的眼神，蒋贵内心百般无奈。

后来政府识别易迁户，邓伟被认定为“四类人员”，可以识别进入易迁户。蒋贵得知这个消息后立马跑去告诉他：“你现在满足易地搬迁的条件，交 1 万元就可以易迁进城，你和你的儿子两个人可以在城里分到一套 50 平方米的易迁房。到时候去到城里居住环境能得到改善，儿子上学也能够方便一些。”在 2018 年 6 月 15 日通知邓伟填写易迁表的时候，他又以现在没有钱为由拒绝了蒋贵。无奈之下，蒋贵只能把这个情况反馈给驻村干部李焱，李焱再反馈到绥江邮政分公司，经大家商议后，决定以绥江邮政的名义筹集 1 万元人民币给他。当蒋贵满心欢喜地去告诉邓伟帮他申请到了易迁建房补助，可以安安心心搬到新家的时候，邓伟却对蒋贵说：“易迁进城的住房面积太小了，只有 50 平方米，而且我没有什么固定的收入，到了城里肯定没办法生存，所以我还是决定不去了。”蒋贵看着这个破烂的房子，他内心很是复杂：这个房子这么危险，住在里面万一下雨墙壁倒塌了怎么办，我一定要想个办法劝说他修缮房子。

面对邓伟无数次的拒绝，蒋贵并没有放弃，过了几天又去邓伟家了，可是这次去却没找到人，一问周围的邻居才得知他去山东打工了。蒋贵只能通过电话与邓伟联系，每次一打电话就是一个小时左右，但是无论如何做思想工作，他都是拒绝。有一次蒋贵像往常一样打电话给他还遭到了他的责怪，他生气地说道：“我现在在外面高楼上进行高空作业，在这上面接电话是很危险的，你这样老是打电话很影响我工作。”说完还不等蒋贵开口，直接把电话挂掉了，等蒋贵再次打过去，他直接拒接蒋贵的号码，最后甚至连蒋贵的号码都给拉黑了。无奈之下蒋贵只能向驻村干部李焱反映该情况，听完蒋贵对这件事情详细的描述，李焱立马与邓伟取得联系，一听是挂钩人员，邓伟立马将电话挂掉，最后还把驻村干部李焱的电话也直接拉黑。

迫于无奈，最后只能请邓伟的哥哥、嫂子和其他亲朋好友、村上的相关人员对其进行劝说。经过多番努力之后，他终于肯接蒋贵电话了，经过蒋贵苦口婆心的劝说，邓伟终于答应先回家来考虑考虑。回到家后，看到周围邻居的房子都修得漂漂亮亮的，他开始心动了，终于答应了拆除旧房修建新房。在邓伟答应修建之后，蒋贵立马帮他填写相关的表格，提交申请，还帮助他一起准备旧房拆除的前期工作。

2019 年 7 月 26 日，邓伟家的旧房子开始进行拆除，蒋贵帮着忙上忙下，他说这感觉比给自己修房子的时候还要激动。旧房子拆掉的那一瞬间，蒋贵心里的大石头总算是放下来了。2019 年 8 月 3 日，邓伟家的新房子终于开始打地基，在修建新房过程中，蒋贵和驻村工作人员帮邓伟联系到了最优惠的钢筋、水泥、砖、河沙等修建新房所需要的材料，心里想着能帮他省一点是一点。

2019 年 8 月 23 日，邓伟的新房浇板完工时，看着新修起来的小平房，邓伟满脸笑容地拉着蒋贵的手，深情地说道：“同志，谢谢你们，谢谢你们没有丢下我不管，我也感谢党和政府的好政策，让我和儿子有了新房子可以住。同时，我也要对你们说一声对不起，为我之前的不理解和恶劣的态度向你们道歉，希望你们能原谅我以前那些不好的行为。”而蒋贵同志就笑一笑，淡淡地说了一句：“没关系，这是我应该做的，看到你能够搬进新房子里面我也为你感到高兴。”

（作者系绥江县邮政综合办工作人员）

一座旧屋倒下去　一幢新房立起来

何　静

在云南省昭通市绥江县三渡村的一个院子里，一栋砖结构的住房虽未做过多的装饰，墙体依然保持着红砖堆砌的模样，但却打扫得窗明几净。就连一边堆放杂物的棚房，物品摆放得也分外整齐。这间小院的主人罗光亮，一边饲养着家里的两头猪，一边笑着说起了这里曾经的样子。“以前住的房子是土木结构的，由于年代久远，柳木被虫蛀得厉害，墙缝也裂开了一道大口子，后来在国家扶贫政策的帮助下，才有了眼前这房子。”

这是一位70岁的老奶奶，笑容从未从她的脸上消失过，但她所经历的苦难、所背负的重担、所走过的脱贫路，却是村民口口相传的经典励志故事。原来，她的丈夫在很早以前就去世了，他40岁的二儿子莫一兵患有肾结石尿道狭窄等疾病，大儿子莫一宣患有肺部疾病、哮喘等疾病。沉重的治疗费用使整个家庭陷入贫困。“人穷不可怕，就怕没志气没骨气。”记着这句话，罗光亮没有被生活的重压击垮，反而变得愈发坚强。那时的她，起早贪黑拼命挣钱。没有技术，那就干脏活、苦活、累活，只要能赚钱就行，摘李子、打扫卫生到处留下了她辛苦忙碌的身影。即便是揭锅没米，他们也从不向政府张嘴伸手。

为了给孩子树立乐观向上、积极生活的榜样，她从没有过一分抱怨、也不露一丝愁容，遇到困难问题总是自己扛、自己想办法解决，脸上总是露着自信的笑容。但即便如此，所得的收入远远不够支付儿子的治疗费用及家中的日常生活开支。2013 年，通过精准识别，罗光亮家成为建档立卡贫困户，成为精准扶贫政策的帮扶对象。自被评定为建档立卡贫困户后，为了不辜负党和政府大好政策的恩泽，也为了一家人能摆脱贫困，过上小康生活，罗光亮鼓足了干劲，准备脱贫致富奔小康。2016 年，有了部分积蓄，再加上政府补助，罗光亮决定建一栋新房。忙忙碌碌间，新房顺利落成，虽然房子并不豪华，但却让罗光亮母子三人告别了那个被虫蛀的老房子，拥有了一个遮风挡雨的温暖的家。新房看在眼里，喜在心里，每天母子三人都将家里打扫得干干净净，笑容满面地向着脱贫的幸福路出发。然而，就在这个小院里，罗光亮一家却遭受了新的打击。

2017 年，就在罗光亮家新房修建完成后不久，二儿子突发疾病，尿结石，尿道狭窄，当时家里一分钱也没有，正一筹莫展的时候，扶贫挂钩干部知道这个情况后，立即作出决定：无论如何先将病人送到医院治疗，后续费用我们一起想办法。幸亏挂钩干部的果断决定，挽救了莫一新的生命。时至今日，每次走到他们家门口，他都非常感恩政府，感谢挂钩干部，每次他必说的一句话就是："如果没有你们，我可能早已不在人世了！"

新房修起来就面临着旧房必须在规定时间内拆除，但是他们家的猪圈并没有新建起来，他们也不愿意将旧房拆除，莫一兵说："这是我爸爸唯一留给我们的念想，他老人家去世得早，唯一还剩下点留念的地方就是这个破旧不堪的房子。那时候虽然日子艰苦，却是无忧无虑、无比开心的日子。如今的政府政策太好了，可惜父亲没有看到我们家在政府和挂钩干部的帮扶下也变得这么美好！这是我们对父亲唯一的念想了，舍不得拆除！"

他接着说道："每年我的母亲都会养两三头猪，卖一两头贴补家用，留下一头过年的时候杀了自己吃，请周围的邻居吃，我们一家的日子越过越好，也离不开邻居的帮助，但是，如果马上就要把老房子拆除，就意味着没地方养猪了，全是 100 斤左右的猪该怎么解决呢，这么小的猪，如果现在就把它卖了也卖不了好的价格，实在是不划算。"

按照相关政策规定，群众在新建房屋或搬迁后，旧房必须予以拆除，复垦或复绿。搬迁户之所以不想拆、不愿拆，究其原因，主要还是故土难离、旧房难舍。

积极稳妥地推进旧房拆除，需要下足“绣花”功夫。只要单位事情不多，我们这些挂钩干部就立即下乡，与群众促膝长谈，一次解决不了就两次、三次、无数次，直到把他们的思想工作做通。拆了旧房以后，更要加快完善一系列后续扶持措施，切实让搬迁户吃上“定心丸”，以真正实现搬得出、稳得住、能致富。

正在我们一筹莫展时，危旧房拆除施工队伍也了解到这个情况，在我们的争取下，施工队伍也同意，愿意帮罗光亮免费搭建一个临时过渡棚，也算是给小猪一个遮风避雨的家。经过不断地协调处理，新房旧房问题全部解决！

就这样，新房建起来，旧房拆除了，新的生活开始了。通过国家扶贫政策带动，惠农政策补贴、低保、养猪、半边红李子等收入，2018年年底，罗光亮家家庭人均可支配收入达到5078元，顺利脱贫。而如今的这栋新房，饱含着罗家母子三人生活的酸甜苦辣和苦尽甘来的脱贫故事，也饱含着扶贫挂钩干部的扶贫心酸故事……

（作者系绥江县自然资源局工作人员）

第四编　易地搬迁扶贫

概　述

绥江县地处滇东北高原边缘、四川盆地与云贵高原过渡地带，位于大山深处的村庄，常年阴雨，寒冷贫瘠，农业生产“靠天吃饭”，地质灾害易发多发频发，生存环境恶劣，全县这样的“六类地区”村庄就有 66 个，涉及 2163 户 8207 人，是典型的“一方水土养不活一方人”，易地搬迁是这些群众脱贫的唯一出路。

2016—2018 年，绥江县易地扶贫搬迁总投资 9.24 亿元，共实施了易地扶贫搬迁 2662 户 10152 人（建档立卡贫困人口 2163 户 8207 人，同步搬迁 499 户 1945 人），共建设集中安置点 9 个、安置房 2662 套（集中安置房 2203 套，分散安置房 459 套），完成了给排水、市政、绿化、学校、卫生室等配套设施和公共服务设施建设。绥江县兆佳坝集中安置点、新滩和会仪集镇集中安置点先后获得省易迁指挥部“50 有”表彰。

在顺利完成易迁群众安置入住的同时，坚持人员安置与产业就业支撑同步，以“迁出地管产业、迁入地管就业”为重点，落实以岗定搬、以业定迁。一方面，盘活“三块地”资源，大力发展特色产业，迁出区“三块地”实现产业发展 27637 亩，全县易迁户实现户均发展产业 12.7 亩、加入农民专业合作社入社率 100%。另一方面，千方百计解决就业，投入培训资金，围绕易地搬迁户持证家庭达到 85% 以上、持国家认可的职业资格证就业家庭达到70%以上的目标，共开展了技能培训14期，累计培训职业技能人员1926户2265人，易迁群众中2434户5489人劳动力实现转移就业5148人；分别在兆佳坝、新滩镇、会仪镇三个易迁集中安置点建立了扶贫车间，共吸纳232人就地就近就业，在兆佳坝易迁安置点新增48个保洁员岗位用于安置“无法离乡、无业可扶”的人员。

为使群众搬迁后能够尽快适应新环境，安置区基层组织以强化政治功能和提升服务水平为重点，为兆佳坝易地扶贫搬迁集中安置区成立福兴社区，全面推行机关联系支部、支部联系党员、党员联系群众的“三联系”党建网格化管理，总支下辖8个党支部与县委办、县委组织部等县直部门机关党支部开展组织联建、党员联管、活动联办、人才联育、产业联促、资源共享、治理共抓结对共建活动，149名党员结对联系6718名群众，创新开展“党总支+片区长+楼栋长+警务长”社区网格化管理，8个片区长、33个楼栋长、9个警务长实行分片负责、协同作战。组建了6支党员服务队，开展政策宣讲、环境保护、纠纷调处、平安建设、创业就业和青年志愿等活动。福兴社区的服务管理模式得到了上级的充分肯定。

（编委办）

易迁“补短板”的那些事

李跃会

2018 年是昭通市第一批贫困县脱贫摘帽之年，绥江县赫然位列第一批脱贫的名单之中。为了 2018 年脱贫摘帽这个目标，绥江县仅用 9 个月的时间，建起了兆佳坝、会仪、新滩三个易迁集中安置点，“一方水土养不活一方人”的穷僻之地的群众，将集中安置在这几个地方。眼看时间渐渐地迫近了，但房子还是空空如也，尚不具备入住条件。怎么办？县委果断决策，由县民政局负责为困难群众代购居家生活用品，满足入住需求！这是一个很有难度的任务，这是一个极具挑战的课题。想想那些挨麻密逢的房子，想想那些成堆成捆的家具，还有怎么采买，如何运输，这些都让我焦心、着急——因为我是具体负责这件事的“第一号”人物。

县委的决策无疑是正确的。农户家里的旧东西特别是家具破损严重，无法搬迁继续使用，况且也不适合在新居里使用；贫困户本身经济困难，无钱新办居家用品。易迁群众面临“无物可搬、无钱可买、无时可等”的现实问题。所以，主动帮助群众救急，统筹解决群众购置资金，不失为最高效的办法。

高效推进易迁“救急难”

群众临时生活有了困难，首先会想到寻求政府的帮助，这在绥江县，已经成为十分自然的事情。但面对1500多户、6000多人的困难易迁群众，我们县民政部门没有坐等群众一家一户地上门申请，而是主动发挥职能，筹集资金，规范管理，千方百计解决了群众入住所需的资金。

为了掌握群众意愿，补齐易地搬迁生活短板，县民政局即时下发了《关于征询易迁补生活短板意愿的通知》。各镇迅速落实，由挂钩干部对易迁困难群众逐户征询意愿。具体则采取“个人申请，自愿委托，统一代购，发放到户”的灵活方式，资金由群众委托民政部门集中管理，物资由县民政部门统一代购，为易地搬迁困难家庭按全县统一要求入住奠定了坚实基础。

广大挂钩干部结合征求意愿工作，全面排查易迁家庭的实际需求。村镇逐一研究提出方案，县民政部门统一审批。同时，针对贫困程度深的群众，采取集中组织统购粮油、衣被，通过发放实物方式及时给予救助。

高效组织易迁“补短板”

2018年11月14日，距易地扶贫搬迁群众入住的最后时限只有短短一个多月时间。按照全县脱贫攻坚工作统一部署，紧扣年度目标任务，限时完成易地扶贫搬迁入住任务，是事关全县如期脱贫摘帽、事关人民群众民生福祉的大事情，也是对民政部门巨大的考验。为统筹谋划、夯实责任、细化任务，县民政局召集有关部门研究落实措施，决定成立由县纪委、监委、审计、财政、民政、政府办等部门共同组成采购工作组，负责群众代购物资的采购工作。

工作组根据先期征求的群众意愿，为易地搬迁困难群众拟定了统一购买的生活必需品的品种，包括了床、床上用品、衣柜、沙发、餐桌、电视机、凳子、电饭煲、电磁炉、碗柜等，确定了购买方式和资金拨付流程，组织乡镇推荐群众代表参加代购活动，参与全过程监督等。

2018年11月15日，县民政局党组召集有关部门召开会议，通报代购工作组了解的有关信息，听取易迁困难群众代表的代购意见，共同议定代购物品的价格范围、物品质量、拟选城市等。同时，县民政局设计意愿调查表，为下一步易地搬迁挂钩人员逐户收集群众意愿汇总形成全县易迁物品代购清单做好准备。

11月16日，由县政府办、民政局、财政局等几个部门相关人员及各镇推荐的易地搬迁困难群众代表组成的代购工作组，赶赴成都、中山、深圳等大中城市进行实地考察询价，并邀请电视台记者跟踪采访。代购组充分听取易地搬迁困难群众代表意见，综合各类代购物品质量、价格、外观、性价比等因素认真开展拟选工作，且将实物样品进行拍照存样。

11月20日，脱贫攻坚挂钩帮扶干部在将代购组拟选定的各类代购物品实物样图逐户进行广泛宣传的基础上，征求易地搬迁群众意愿，县民政局据此汇总形成了易地搬迁“补短板”生活物资数量清单。

11月25日，县民政局根据采购工作询价结果和群众意愿清单，发挥统一购买质量可靠、价格低廉、供货及时的优势，争分夺秒联系拟选商家反复商定发货时间、运送方式等，及时为易地搬迁困难群众统一购置生活必需品，扣好搬迁入住“第二粒扣子”。

品种数量确定了，价格谈成了，运输解决了，送货却成了个大难题。2894张床、2866套床上用品、2866个衣柜、1500个碗柜、1468个电饭煲、1483个电磁炉、1413个32英寸电视机、1441只沙发、1428张桌子、11288把椅子……而这些，需要准确送到3个安置点、8个地块、47栋楼房、86个单元、5种户型、1478套房子里。哪个单元哪样东西下货多少？货车走怎样的路线才不会跑冤枉路？哪个时间在哪点下货？由谁组织、谁来参与搬运？看着算出来的一大堆数据，想着上面那些让人“抓狂”的问题，我焦头烂额、茶饭不思。这时，我突然想到，这些问题对于我的爱人来说，可能不是太难的问题。我的爱人从事的是整天和数据打交道的工作，运用大量的数据进行分析、计算、汇总是他的强项。于是，无数个夜深人静的晚上，我们俩守在计算机旁，写写算算、加加减减，得出了最优的配送方案。

接下来的事就简单多了，司机照单请客，点位、时间、人手是那么精准，挂钩单位、政府职能部门、乡镇、村组、社区，组织有序，人员相当给力！物品从厂家发货，到下货、入户，一切都是那么顺畅，配合都是那么默契。

2019 年 1 月 11 日，代购物资的最后一批物品搬入兆佳坝安置点，经过以民政部门为主的有关部门有效的组织实施，政府组织代易迁群众采购的 28000 余件、价值 600 余万元的生活必需物品全部有了它的主人。搬迁群众全部顺利入住，为全县易迁群众搬迁入住画上了圆满的句号。

易迁群众富路替穷根

作为“一方水土养不活一方人”的典型代表，大沙村 23 组被列入整组搬迁名单，是我们县民政局挂钩帮扶最为贫困的地区之一。因向家坝电站建设，23 组大部分肥沃的沿江土地已被淹没，加之农业生产结构单一、地处滑坡区域等诸多不利因素影响，各户家庭经济条件普遍较差。房屋破旧，薄地无收，可以说就是当地最为真实的写照。青壮年劳动力无地可种，迫不得已只好外出谋生，易地搬迁的任务相当艰巨。

县民政局考虑到大沙村 23 组现有的生存条件已不适合居住，而要实现群众自行搬迁也极不可能，于是把该组的整体搬迁工作列为“重点工程”，顺利被列入全县整组搬迁的名单，该组群众乘上了易地扶贫搬迁的快车。抓民生，办实事，也让县民政局践诺了部门应尽的职责。

2019 年 1 月 8 日，冬雨被寒风裹挟的天气显得格外寒冷，而县城兆佳坝新区某幢新房下的坝子里，却是汗流浃背的人群，匆匆忙碌的身影，原来是县民政局帮扶干部一大清早就组织车辆为大沙村23组10余户易地搬迁群众搬家。挂钩工作人员与易迁群众俨然一条整齐的“蚂蚁队伍”，正井然有序地从车上卸下群众从老家搬运过来的生活物资，又快速转运到新家里。一滴滴汗水夹杂着雨水从头顶滑过脸颊，一张张笑脸映照着幸福在心田里绽放莲花。这一天，易地搬迁群众收获了喜迁新居的欢悦，感受着党恩沐浴下和煦的阳光；帮扶干部也因搬迁群众的幸福，而满怀了充足的欣慰。

建档立卡户何兴林家是易地扶贫搬迁政策的受益者之一。该户家庭人口2人，户主何兴林因长年累月田间劳累患上了严重类风湿关节炎，无法正常劳动、务工；配偶周龙秀患三级精神残疾，生活上不能完全自理。何兴林要照顾妻子，仅靠种植几亩砂仁和一些农作物勉强度日。加之石墙平房年久失修，成为危房，被列入大沙村建档立卡贫困户。

帮扶干部在走访入户中了解到该户家庭具体困难后，主动为该户申请了农村低保。为确保2018年年底实现应保尽保、应兜尽兜，经兜底保障对象核查，又将何兴林户纳入兜底保障范围，再次提高农村最低生活保障标准。同年，经大沙村委会聘请，何兴林应聘为大沙村村庄卫生管理员，年收入达标脱贫标准。

由于家庭经济底子薄，何兴林户一度想要放弃易地搬迁指标。经帮扶干部上门动员鼓励、反复宣传，何兴林最终下定决心搬入兆佳坝集中安置点。喜迁新居的那天，平时老实木讷、不善言语的何兴林感慨万千，他激动地对妻子说：“做梦也想不到我们还能住上这样好的房子，还是习总书记整出来的扶贫政策好，啥都想着我们。”“感谢县领导，感谢民政局，感谢挂钩干部！”他连着说了三个感谢。

为了解决易迁群众“稳得住、能致富”的目标，县委、县政府积极为群众创造增收致富的门路，组织劳务输出、流转土地，发展产业，还办起了扶贫车间。易迁群众安居、乐业并举，富路代替了穷根，日子越过越红火。

（作者时任绥江县民政局副局长）

你是我们家的恩人

凌聪桃

“凌同志，这些年国家的扶贫政策是真的好，我们感觉日子是真有盼头了，我们家要感谢你随时的关心，为了我们家的事情，你一次次跑，你是我们家的恩人，真的谢谢你了！”当我再次入户走访我的挂钩贫困户周德亮户时，不善言辞的周德亮的妻子张正旭双手紧握，满脸笑容由衷地对我说道。听着张正旭的话语，看到他们易迁后整洁的新家，两个孙子笑盈盈的脸蛋，我从心底为他们高兴，同时也让我回想起挂钩帮扶他们家以来的历历往事。

一

新滩镇银厂村是全镇人口最多、贫困面最大、地理条件最复杂、交通等基础设施最落后的村，从山底到山顶平均 60 度坡度即是我所挂钩的银厂村 29 组的地域特点。而我挂钩帮扶的建档立卡户周德亮家，就住在 29 组所在山梁的最高、最偏远处。

我至今还清晰记得第一次到周德亮家的情景。那是 2017 年 11 月 4 日，也是我们单位从新滩镇鲢鱼村调整到银厂村挂钩脱贫攻坚工作后的第一次入户走访，一路湿滑且大坡度的山间小路，让我患有关节炎的膝盖疼痛不已。强忍疼痛，边走边打听，大汗淋漓爬了近一个小时的山路，终于到了周德亮家。“周大哥你好，我是县移民局的凌聪桃，是政府派来挂钩帮扶你们家的工作人员，以后我会经常来你们家，为方便以后我们联系，请你记一下我的电话号码。”简单自我介绍之后，我随周德亮走到他家屋内查看房屋情况。这是一栋修建于20世纪80年代初的土石墙体的两层椽架结构的房子，房子后墙垮塌得只剩下半截墙体，房屋正面墙体的上半部分是篱笆墙，屋顶的瓦格有些已经垮塌，透着小碗大的窟窿，窟窿边缘的瓦砾感觉随时会掉下来。堂屋（客厅）室内除了仅有的一张饭桌和几条破板凳以外，再也没有什么像样的家具家什，室内阴暗湿冷，空气中弥漫着阵阵霉腐味。再看厨房和厕所，完全就是搭建的临时窝棚，土灶上的铁锅提示我这是他们家的厨房，尽管已经是入秋了的11月，仍有苍蝇在嗡嗡飞舞。

第一次的走访，周大哥是问一句答一句，没有多余的话，回话也带有明显的戒备，妻子张大姐更是一言不发，除了感觉较难沟通外，他们脸上还不约而同写着内心的沉重和对生活的无望。

通过走访，我了解到，周大哥家一共7口人，他和妻子均为视力残疾，两个儿子因为婚姻变故均选择外出务工，小儿子已近4年没回家，家里就年过半百的周大哥夫妇带着读初中的女儿和两个读小学的孙子在家，一家人的生活靠着大儿子每月汇回的几百元钱和仅有的3亩多薄地，以及周大哥偶尔给农户做农活的有限收入艰难维持。因为贫穷、因为儿子的不争气，周大哥心里一直很郁闷，多年来除了和就近两三家人家比较亲近以外，和组里其他人家都少有往来。因为父母的缺位、因为家境的贫寒，也因为内心深深的自卑，3个小孩子性格极度内向。从周大哥家出来，相对于贫寒的家境，更刺痛我内心的是几个孩子呆滞茫然的眼神。

如何帮助他们摆脱心理阴影，帮助他们走出生活的困境，帮助他们重拾生活的信心，实现如期脱贫？我陷入了深久的思索，经过认真思考和分析，一条帮扶的思路在心里慢慢明朗……

二

要脱贫，首先要解决好吃饭和住房的问题。

我从周大哥家现住房为危房，急需解决安全住房问题入手，结合他家经济条件及人员实际，多次入户宣传易迁扶贫政策。经过多次动员和了解，周大哥给我讲了实话：易地搬迁政策确实是好，但自己家的条件差，真要离开这个土生土长了几十年的地方，从情感方面割舍不了这份乡情，以后和组里的人家也没有了长久的联系，还有进入城镇后，什么都要用钱，家里的经济条件摆在那儿，不知道能不能吃饱饭，能不能适应城市生活。针对周大哥的思想顾虑，我帮助他进行分析：若是实在割舍不了这份乡情，可选择易迁入新滩集镇，这样相隔不远，随时赶集都可以见到现在居住地的亲友，除了继续享受国家社保、教育、医疗卫生等扶助优惠政策外，易迁进入城镇后，孩子们可以享受到更好的教育资源，一家人可以接受更好的健康服务，集镇就业岗位多，就业选择机会增加等等。我从居住环境、孩子入学、医疗服务改善、就业带动等方面打消他们的思想顾虑，积极鼓励动员他们从长远考虑选择易地搬迁。

一次又一次地往返入户做思想工作，在易迁申请提交截止日期的最后一天晚上，周大哥终于同意选择易迁至新滩集镇安置。因为是报名截止的最后一天，加之又是晚上 9 点过的时间，发改局已在对全县易迁情况进行汇总，无法办理易迁报名涉及的相关手续，我直接电话联系银厂村、新滩镇和县发改局，把周大哥家选择易迁的情况进行了解释说明。最终，周大哥家成为全县易迁最后报名的人户，纳入了易迁集镇范围，联系完相关事宜，已经是晚上 12 点。

2018 年 12 月 24 日，周大哥一家如愿搬入了新滩集镇 140 多平方米的新房，当我走进他们家，周大哥还是无过多话语，但笑眼盈盈，一边招呼我落座，一边给我倒茶水。全家人看着窗明几净的新家、明亮的灯光、崭新的家具、水龙头哗哗流出的水，心里甭提多高兴了。“凌同志，我们一家不但脱了贫，还住上了这么好的房子，你是我们家的恩人啊，我们全家都感谢你！感谢你啊！”“不谢我，不谢我，住上这么好的房子，是党的政策好，是你们赶上了这个好时代，同时也是你们一家自己作出易迁的正确决定。”看着张大姐满眶热泪，听着她连说的几个“我们”，让我深深感受到张大姐这个朴实的农村妇女发自内心的感激。

搬迁一个新家，可以让曾经自卑、郁闷的一家人展颜欢笑，可以让生活无期盼的一家人心里充满了自强的信心，朴实的话语、孩子们嬉戏的欢声笑语、一家人的笑颜深深感染了我，往昔的辛劳付出、偶尔的委屈在那一刻已经烟消云散。

三

在协助办理易迁手续、陪同周大哥到新滩信用社缴纳易迁保证金的过程中，我得知家里没有钱缴纳保证金，已缴纳的易迁保证金是向在重庆生活的大女婿借的，而这笔借款是他女婿准备为自己取钢板手术储存的。同时，我得知周大哥几年前在凉水沟煤厂打工造成工伤，法院判凉水沟煤厂应付赔偿 5 万多元，尽管周大哥向法院申请了强制执行，但因多种原因，企业一直未兑现赔偿款。

面对周大哥家的困难，也为帮助周大哥家渡过难关，维护他的合法权益，争取赔偿金的兑现，我先后 4 次向县法院执行庭反映周德亮家的困境，跟进询问案件办理情况，并向挂片银厂村的县人大主任文南星专题报告，寻求帮助。在我的不懈努力下，2018 年 12 月，县法院在涉诉企业无法支付赔付款的情况下，从全县有限的强制执行预备金中先行支付了 5 万元给周德亮。

“为这赔偿金，我跑断了腿，到处求爹爹告奶奶找了求了好多人，都没有结果，我以为我的赔偿金完全得不到了，没想到……”电话那头的周大哥有些哽咽。通过我给予他们生活上帮助的小事，到帮助他们争取到赔偿款、再到搬新家的大事，周大哥打心眼里相信我、认同了我，从此话也渐渐多了起来，脸上也时常有了笑容，对我的帮扶工作完全支持和配合，有什么困难事尽自己努力自行解决，政策不明时主动打电话给我咨询了解，有家庭烦心事会讲给我听征求我的意见，到账了一分一厘的扶助款项甚至是自家存款余额都会一一告知我。

每每这种时候我从心底感觉自己的工作有些成就感，周大哥一家实实在在的变化，是千千万万个贫困家庭从无到有、从弱到强的真实缩影。

四

伴着每周至少一至两次的入户走访，让我与周大哥一家走得越来越近、越来越熟。大冬天见到他们仍穿着单薄的秋衣，我回家收拾一些家人的衣服送给孩子和周德亮夫妇御寒；遇上中秋、春节等节日我带着月饼、水果和特产与他们一家人一起过节：开学季，我给两个上小学的孩子买学习用品。“搬了新家，我们心里高兴，但我小儿子周超一直是我的心病。他已经4年没回过家了，不联系我们，我们不知道他在哪儿务工，更别说给家里寄钱，可怜我小孙子，他妈妈在他一岁多就跑了，也4年没见过他爸爸，他完全不知道自己爹妈长啥样儿……”说这话时周大哥黯然神伤。

得知这一情况后，我的心隐隐作痛，我想尽办法多方辗转打听，终于得知周超的联系方式并与他联系。“难道你就不好奇自己的新家啥样子？不想看看自己的儿子？不想看看自己的爸妈？不想知道他们生活得如何？作为一个儿子，作为一个父亲，你内心就不歉疚？”电话里我想尽各种理由劝说、动员周超回家过年，引导他要孝敬老人、关心孩子，加上周大哥对两个儿子讲了我对他们家的帮助，经过几次电话沟通，周超从最初的抵触，到转变、到认同。

2019年春节，周大哥几年未回过家的小儿子周超回家了，把周大哥着实高兴了一把。“凌主任，今年周超都回家过年了，我们一家人在镇上新家过年，你是我们家的大恩人啊，我都不晓得咋个感谢您！祝你们全家新年好！”在一家团圆时，周大哥不忘给我打来感激的电话。随着帮扶工作的深入、国家的扶贫政策的有效实施、生活环境的改变、加上我经常性的沟通教导，周大哥的两个儿子变得有了家庭责任感，深切感受到“贫困不光荣”“打铁靠本身”的道理。最让周大哥欣慰的是现在一家人在微信经常连线联系，嘘寒问暖聊家常，儿子们每月打款回家，承担起了家庭的责任。通过全方位的帮扶，周大哥一家对我从开始的疑虑到现在完全信任，从一家人的收入、到生活的点滴、到孩子的学习、到家庭以后发展计划等等，他们喜欢都和我细细交流，征求我的意见，我们从工作关系逐步变为亲戚和朋友。

五

住房问题解决了，因长期生活在农村，迁入集镇之初周大哥一家短时间难免还有些不适应。为尽快让周大哥一家适应新的生活环境，我与他们共同整理家里的物件，教他们如何摆放和收纳生活用品，如何保持居家环境的干净整洁，引导、促进他们养成良好生活和卫生习惯。

为尽快落实易迁后的安居问题，我多方协调，协助周大哥家完成了易迁后人口户籍、学生学籍转移，解决就近就医等问题。如何提高从业技术能力，让他们有长足的发展？在我的鼓励下，周大哥夫妇参加了易地搬迁劳动技能培训，分别取得水电工从业和家政服务技能资格。周大哥搬迁以来在新滩打零工，鉴于他的身体情况，我正在协调，帮助周大哥进入物业公司稳定就业。家里的土地入股银厂村集体用作农业综合开发，正逐步产生效益。张大姐把家里收拾得干净整洁的同时，还经常义务打扫小区公共卫生。3 个孩子一改往日的内向，变得开朗起来，见到我脸上时常洋溢着笑容。

除了生活环境的改变，一家人待人接物已习惯使用礼貌文明用语。周大哥说，这个社会没有文化是不行的，现在教育帮扶政策好，不管男娃女娃，只要他们考得上学校，我们大人都会尽我们所能供他们读书，不会让他们像我们这辈人一样吃没有文化的亏。现在周大哥的女儿初中毕业后放弃了外出务工的打算，进入县职业中学学习，两个孙子从搬迁起即转入新滩镇小学就学。

从 2017 年 11 月帮扶至今，近三年的时间，周大哥一家摆脱了贫困、真真切切过上了崭新的生活，他们一家的改变是全县千万个贫困家庭从贫穷到发展，从安定到幸福的缩影。希望在今后的日子里，他们的家庭更温暖、更和谐，生活越来越美好。

（作者系绥江县水电移民服务中心工作人员）

挂钩户的危房让我焦虑万分

唐锦弘　王昌龄

过去的南岸镇互助村在绥江县是出了名的落后：交通不便、自然条件差、经济基础薄弱，是真正的“交通靠走、通讯靠吼、治安靠狗”的穷乡僻壤。在脱贫攻坚战役刚打响时，大部分老百姓都还住在“晴天屋外大太阳、屋内露小太阳，雨天屋外下大雨、屋内就下小雨”的串架房、土坯墙、石墙房等危房里，道路全是泥土路，雨天出门就是一身泥。互助村之前是本地姑娘待不住、外地姑娘不愿待的地方，光棍汉一个接着一个。

要想脱贫，最关键的是先要解决安全住房问题。但蒲昌全这一家在解决安全住房问题上可谓是一波多折，让我伤透了脑筋。

我是绥江县自然资源局的一名普通干部王昌龄，我负责扶贫挂钩联系的互助村 1 组的贫困户蒲昌全是一位 63 岁的孤寡老人，是互助村第一村民小组的建档立卡贫困户。尽管他非常勤劳，但是受限于自身没有文化、年纪偏大、交通不便等内外在因素，只能在家种植几亩地、喂养几头猪几只鸡维持生活，家里经济非常困难，家徒四壁，只能勉强算解决了温饱问题。我还记得第一次到他家的场景：一座简陋的串架结构房屋，只有 50 平方米，房屋昏暗陈旧，屋瓴日益破损，外墙体已经破损严重，屋顶盖的石棉瓦，因年久失修，四面透风，摇摇欲坠。他告诉我，这座房屋是 20 世纪 80 年代初建造的，一到刮风下雨天就漏雨灌风，总担心房屋会垮掉。

我看到他家这样的情况很是心酸。特别是雨季，每次下暴雨，我都非常担心蒲昌全的安全，让我坐卧不安、彻夜难眠，内心很受煎熬，只得不断打电话询问他的安全；雨太大时，要求他到邻居家暂住几天；当雨停了，听到他安全的消息才终于安心。

一次，在一个雷雨交加的夜晚，雨实在是太大了，我非常担心他的安全，担心他固执己见不去邻居家躲避，担心房屋漏水影响他的正常生活，担心房屋倒塌威胁他的人身安全，对他各种担心。我不顾狂风暴雨、天黑路滑，不顾道路到处垮塌带来的安全威胁，驱车20多公里，摸黑再跑几公里山路，全身满是泥水跑到他家，看到他的房屋在风雨中飘摇，可他还睡在屋内，屋里已经淹了一尺多深的水，赶紧动员他到邻居家暂住，当他看到湿淋淋冷得全身发抖的我，眼里全是感动的泪水，急忙对我说："王同志，你不用冒着生命危险来，我没事的！"我总是这样牵挂着他，他嘴上不说，但我每次去到他家里，给他宣传各种扶贫政策，他刚开始内心是拒绝的，后来也明白了我们是真正为他着想，真正为了他能过上幸福的日子，他慢慢内心起了变化。由于他一人在家，无力自己建房，根据相关扶贫政策，他可以选择易地搬迁到绥江县城兆佳坝安置点居住，这样可以解决自建的很多难题。

我也希望蒲昌全能够选择易迁到绥江县城兆佳坝安置点居住，或者到敬老院去生活，这样能极大改善他的生活条件。当我把这一想法告诉他后，以为他会满心欢喜，没想到他一口拒绝，他的理由是：在农村居住了几十年，祖祖辈辈都住在这里，亲戚朋友都在这里，搬到城里去人生地不熟，没有亲人和朋友，在城里住不惯；加之自己年纪也大了，打不了工，没有了赖以生存的土地，生活也是问题；老房子再住几年也不会垮，安全得很！见他不愿意易地搬迁进城居住，我要求他拆除老房子新建房屋，政府会给予一部分建房补助资金，他却因无力自建也不愿意。

看着他态度坚决，既不愿易地搬迁进城，又无力修建农村房屋，也不愿意搬进养老院居住，经过20多次做他的工作都是无功而返，我一筹莫展，一时再也找不出能说服他的理由。

由于一再做不通他的思想工作，我又经常担心他的安全，又有些恼怒他的顽固不化，让我内心焦虑万分，甚至有点绝望了！

我实在没法子，靠我一个人的力量太薄弱，只能请外援了。我请挂钩同组的同事们齐上阵，同时请挂钩村委会的同志帮忙，分别做蒲昌全和他亲人的工作，请他的亲戚朋友再去说服他。经过再三动员，他终于答应了选择易地搬迁到绥江县城兆佳坝安置点居住。

可接下来又遇到了难题，按照易地搬迁的政策规定，一人户要交5000元房款。蒲昌全平日里就靠微薄的低保和养老金，加上种了少量的庄稼维持生活，一下子根本就拿不出这5000元的“巨款”。他借遍了亲戚朋友也没有借到这5000元钱！

没有钱，他又反悔了，说不去了。就算去了，以后他也没办法能还上这笔钱。

他这一反悔，之前所有的努力又白费了。当我知道到这一情况后，非常着急，如果他交不上房款，也就无法顺利实现易地搬迁，无法解决安全住房问题，就无法实现脱贫！

我自己家中因婆婆病重，也是长期服药状态，儿子刚上高中，家庭日常开支也比较大，到处都需要用钱，也是弄得家里经济紧张！可是，相比起自己家中的困难，这5000元钱对于蒲昌全来说，意义重大，关乎他的生命财产安全，关乎他未来几十年的幸福生活啊！思虑再三，我回到家对爱人“动之以情、晓之以理”，经过我的软磨硬泡，终于做通了爱人的思想工作，从自己微薄的工资中拿出5000元钱，替蒲昌全交清了房款，等到县城兆佳坝安置点房屋修建完毕，他就可以搬迁入住了。

我迫不及待要把这个消息告诉蒲昌全，我拿到缴款单后立马搭上了去互助村的车。我刚到他家路口，就看到他在屋顶上小心翼翼地盖着什么东西，我叫了他一声：“老蒲啊，你干啥呢？”他急忙向我挥手说道：“王同志来啦，赶紧家头坐，我这不是听天气预报说，过几天会有雨水，趁今天天气好，破烂的瓦片上盖点塑料膜，漏水就没有那么严重了。”“老蒲，赶紧下来，手脚又不好，摔倒了咋整啊，那不是给家里整得雪上加霜了吗？”我边说边赶紧上屋顶把他给扶下来。

一个62岁的老人翻修屋顶这个场景使我鼻子一酸，更让我觉得这5000元钱用对了地方，真是花在了刀刃上。我赶紧从包里把易地搬迁房缴款单放在蒲昌全手里，告诉他：“老蒲，这下好了，你以后都不用再因为房子而担惊受怕了，我跟家属商量好了，替你交了5000元钱房款，要不了多久你就可以搬到县城居住，环境条件好得多，基础设施、医疗条件啥的也比这里强多了。”蒲昌全没有说话而是背过了身去，过了好一会儿，再转过来时，眼睛红红的，眼角还有没擦干的泪水，他粗厚的手掌紧紧握着我的手有些颤抖，嘴里一直说着：“我说不用搬了嘛！还让你替我交钱，让你为我花那么多钱，这怎么感谢你呢？感谢党和政府！感谢你们为我付出了那么多！”说着说着，眼眶又泛红了，他这样的举动让我反倒把他的手握得更紧了。解决了他的安全住房难题，让我充满了自豪感和成就感！

再次从蒲昌全家里出来，看着蓝蓝的天空中飘过的朵朵白云，心里轻松了不少，我深深地呼吸着这乡村的新鲜空气，感觉空气中弥漫着一丝丝甜甜的味道！

2018年12月，县城兆佳坝易地扶贫搬迁集中安置点通知可以开始搬迁入住了，由南岸镇人民政府安排车辆帮助建档立卡贫困户搬新家，我赶紧告知蒲昌全把需要的东西打包好，等车接他来兆佳坝安置点，我在门口等他。

我早一步到安置点把钥匙取了，找到楼栋房号。过了半小时，载着蒲昌全的车到了，我和他一起将东西搬上楼，帮助他打扫卫生，把衣柜装好，床铺好，教他使用电梯电器等。刚刚搬到安置点时，他内心还是有些抗拒的，总认为没有老家好，什么都要买，自己没什么收入，没有地方种庄稼，没有亲戚朋友，周围邻居都是陌生人，日子可能过不好，好多次都向我提出要回老家去生活。我一再给他做思想工作，慢慢稳定他的情绪。后来给他申请了特困补助，每月有 700 多元的收入，收入增加了，他的生活也改善了，后顾之忧没有了，他在安置点生活了一段时间后，慢慢习惯了，就再也没有提过回去的话了。

后来有次我去看他，我问他："喜欢这个地方吗？"他害羞地回答我："挺不错的，这跟我想象的不太一样，小区挺大的，超市菜市场啥都有，挺方便，周围邻居也都是各个镇搬过来的，大家慢慢就熟悉了，小区道路全是水泥路，干干净净的，绿化也很好，出门再也不会一身泥水了，衣服也能穿得干净整齐了。"看着他脸上藏不住的笑意，我也跟着笑了，为他的新生活而开心。

前天，我买了点水果来到蒲昌全家中，几位老人正围着取暖器取暖。

"取暖器取暖效果如何啊，老蒲？"我坐下与老人们交谈起来。

"过去我们住在大山里，满山都是柴，天一变冷，我们就开始烧柴取暖，从头年的 10 月份要烤到二年的 4 月份。"一起烤火的一村民说。

"现在烤火多方便啊，不用漫山遍野的去砍柴了。以前烤一天的火，脑壳上都是灰，脸都烤得黑黢黢的。"蒲昌全说。

"以前大多数是住在深山里面，一到冬天都有烧柴火取暖的习惯，现在住上了好房子，家家户户都是买了取暖器，又方便又暖和又干净，搬出深山可以过个暖和又干净的冬天咯。"我说道。

"往年在屋头烤柴火怕中毒，现在再也不用担心了，现在我们每家每户都买了烤火器，真的是太方便了。"蒲昌全激动地说，"还有啊，以前外面刮风下大雨屋里下小雨，担心房子随时会塌下来。现在住进新房里，下再大的雨都能安心睡觉了！这下王同志再也不用担心我的安全了。"

大家哈哈大笑，笑声很响亮，却让我觉得很心安。

（作者唐锦弘时任绥江县自然资源局副局长，王昌龄系绥江县自然资源局工作人员）

迁出幸福新生活

徐　霞

大红灯笼挂窗前，火红春联贴门边。2019 年的春节，对无数易迁家庭而言，都意义非凡。为了迎接这个特别的春节，苑正田早早备下了年货，挂好灯笼、贴好福字来装饰自己的新家，她要在新年讨一个好彩头！

风雨中摇曳的灯火

今年 37 岁的苑正田是南岸镇胜利村 14 组的建档立卡贫困户。因为前夫去世得早，一个人艰难地带着两个儿子生活，一家 3 口常年生活在如老人一般的土木房子里，遮风避雨都成问题。且大儿子要上学，小儿子又患有先天性智力残疾，即便苑正田全身心地扑在家庭上，早出晚归，也无法负担起家庭的重担。2015 年，苑正田和南岸镇互助村朱安术再婚后，生下了一个小女儿，一家 5 口只好搬去朱安术互助村的老家和老人兄弟们同住，一大家子 9 口人拥挤在不到 100 平方米的房子里，生活境况依然没有明显改善。

作为苑正田户的挂钩帮扶干部，至今回想起苑正田老家的情况，鼻子还一阵泛酸。第一次到苑正田家入户，入眼的便是昏黄的灯光，阴冷潮湿的屋子，苑正田尴尬地收拾着怎么也找不到归置处的物品，局促又热情地欢迎我们。她告诉我们，“同志，我从来都不怕吃苦，但是住在山咔咔头，出门就是泥路，坐个车都要走很久，附近也没有合适的工作，我家又是这种情况，真的难。”望着苑正田饱经风霜的脸、满是无奈的样子，我们知道，她是真的难，我们也知道斩断穷根、改变贫困的现状，是苑正田多年来最大的心愿。

在她愁眉不展的时候，一个千载难逢的机遇，正悄然地改变她们的命运。

摁下搬迁的红手印

2017 年 12 月 21 日，在胜利村 15 组组长王家云的院坝里，一场别开生面的易地扶贫搬迁动员会，让这个沉寂许久的院坝顿时充满了活力。

“今天把大家召集在这里，是想和大家共同商量易迁兆佳坝的事，按照县委、县政府关于脱贫攻坚的工作部署，目前还住在危房的建档立卡贫困户可以享受易迁政策，这是个难得的机遇。之前，挂钩干部都把搬迁的政策和大家讲得很清楚了。搬与不搬？大家都表个态！”挂钩单位县总工会杨静萍主席简短的开场白，拉开了会议的序幕。

“我们家决定好喽，政策那么好，我们愿意搬！”组长王家云带头说道。

“那大家都表个态嘛，愿搬的都举个手！”杨主席欣喜地说。

“我们愿搬！”话音刚落，手齐刷刷地举了起来。

“搬过去做啥子都方便，我也愿意搬！”

看着大家纷纷举手表态，苑正田却愁眉不展地坐在角落里一言不发。

“苑姐姐，现在政策这么好，拎包就能住新房子，你到底还有哪些顾虑？可以说出来，我们一起商量。”知道她心中有很多顾虑，我赶紧上前询问道。

“我晓得你们是为我好，也给我做了那么多工作。说实话，搬进城里，条件是比现在好，但我还是想等有钱了回胜利老家修房子。”尽管向往大山外的世界，期望通过改变环境来改变自己的命运，但是，作为土生土长的农村人，苑正田依旧割舍不下对故土的眷恋，受这种情感的牵制，在机遇面前她始终犹豫不决。

寒冬腊月，凛冽的寒风，卷着雪花迎面扑来。此时的互助村已是飞絮漫天、冰雪封山。裹紧厚厚的大衣，我和两名同事冒着严寒行走了近两个小时，再次来到苑正田家。

“苑姐姐，我晓得你想在胜利修房子，但现在农危改政策每户只补助 2.5 万元。孩子们都在上学，你们自身压力也大，现在刚好遇到这好政策，可不能错过这么好的机遇啊。”

“最近，朱安术也在劝我搬。但搬进城，买颗葱葱都要钱，我文化水平低，没有一技之长，担心找不到合适的工作。”

早在一星期前，为了做通苑正田的思想工作，我将易迁的政策详细地告诉了在外务工的朱安术，没想到他对政策非常满意，当即表示愿意搬迁，并同意给妻子做思想工作。

“苑正田，你放心，你的顾虑政府都考虑到了，下面给你算的这十笔增收账，你搬了后一定不会后悔。第一笔是住房补助，易迁户每人 2.6 万元，你们家 5 个人，一共就是 13 万元；第二笔就是就业保障，政府免费给所有易迁户提供技能培训，优先推荐岗位，你人年轻，所以不用担心进城找不到工作……第十笔是社会保障，易迁农户和农村贫困户享受同等的教育、医疗、养老等保障政策。”同行的王正明副主席诚恳耐心地解释着。

“政策那么好，你就搬嘛，趁我现在还做得动，以后我可以下来帮忙照看孙孙些，你们安心出去赚钱，这个家只会越来越好的。”一旁的朱安术母亲听了，急忙劝说道。

“我想明白了，心里也就敞亮了，政策这么好，妈也让搬，那就搬嘛！”我们的一席话彻底打消了苑正田所有顾虑。当即从屋里找出了户口簿，我们登记好信息后，随即拿出随身携带的易地扶贫搬迁协议，她认真地读了一遍，激动地签下了名字，摁下了搬迁的红手印。

高高的楼房我的家

2018 年 12 月 25 日，是第二批易迁户交房的日子，这天，苑正田的心情格外舒畅，一大早他们一家 5 口就赶到安置点看房。走进兆佳坝，数十栋鳞次栉比的小高楼，矗立在宽阔的道路两旁，明黄色的外墙在阳光的照耀下熠熠生辉。

按照分房的地址，我们走进 E2 栋二单元 901 房。宽敞明亮的房子、洁白的墙体、牢固的防盗门、天花板上漂亮的吸顶灯，深深吸引了小朱燕好奇的目光。她踮起脚尖轻轻开启了客厅的电灯开关，开心地喊道：“妈妈，这个灯好亮啊。”我轻轻地抚了抚小朱燕的头发，把苑正田他们带到观景阳台，由于二单元靠近前排没有遮挡，从 9 楼上倚栏俯瞰，美丽的绥江县城尽收眼底。这一刻，苑正田简直不敢相信自己的眼睛：“能够住进这样的房子，是我以前做梦也没有想过的。”苑正田边拿出手机边拍照边高兴地说道。

“多拍点照片回去给妈他们看哈，这么安逸的房子，让他们也高兴哈。”此刻，朱安术也激动不已。

从新房出来后，我陪着他们一家 5 口沿着小区逛逛四周，沿途的绿化带、集贸市场、学校等各项基础设施建设正在紧锣密鼓地进行着。路上，我告诉苑正田为了让所有易迁户搬得顺心、住得暖心，县委、县政府还为他们配备了一批基本的生活物资……带着一份满足和向往，苑正田开始憧憬起搬迁后的生活。

2019年1月5日，是苑正田搬家的日子。早上6点，天还灰蒙蒙的，一家人已将要搬进新家的东西打包收拾好，等待我们单位准备接送的车辆。“苑大姐，你们的东西搬进兆佳坝没？我们的车子已经准备好了，马上就要上来了！”“要得，我们已经到了的。”恰逢搬家的好日子，好多农户都选择了这天搬家，总工会的挂钩干部们也全体出动帮农户们搬家。接上苑正田后，看见一路都是热火朝天的景象，苑正田一家跟我也在这热热闹闹的氛围中，你拿桌椅、我拿被褥……欢天喜地地搬进宽敞明亮的新家！

幸福的新生活起航

夏日午后，走进绥江县兆佳坝易迁安置区，一座座高楼拔地而起，学校医院焕然一新，道路、超市、派出所、集贸市场、文化广场等功能设施一应俱全，经过8个月的攻坚克难，一个功能完善、环境优美、宜商宜居的美丽新家园在荒坡上奇迹般崛起，来自全县偏远山区的6718名贫困群众搬进城里过上了新生活。

此时，苑正田搬进新家已过半年。

“你们来了啊，快进来坐！”看到我们来，苑正田赶紧端来两根塑料凳子，热情地招呼我们坐下。

今天周五，恰逢牟村小学的老师给何绍飞送教上门，两位老师正在教何绍飞识字，“心，爱心的心。”老师边教边用手在胸口比了一个爱心的手势。“心，爱心的心。”何绍飞也认真地跟着读起来，时不时也跟着老师比画起来，我赶紧冲他竖了一个大拇指，“绍飞真厉害！”不敢相信一年前这个性格孤僻，不敢靠近陌生人的小男孩，如今会有这么大的进步。由于何绍飞是先天性智力残疾，无法和同龄的孩子们一样正常地在学校上学，为了不让这部分学生错失接受义务教育的权利，县教育部门专门安排了老师为这批学生送教上门，给他们送去知识、温暖和关怀。

“习惯、习惯，搬到这里来生活，做什么都太方便了，在老家那边，上街买点生活用品都要 2 个多小时，现在，下楼后几分钟就可以买到，生病住院、朱燕读幼儿园都很近，非常方便。”

当问到搬迁后的生活现状，苑正田满意的心情溢于言表。“刚搬进来政府就把基本的家具都给弄好了，我家现在每个月都能领到何绍飞残疾人生活补贴和护理补贴 90 元，政府每个月还要发放 420 元的城镇低保金，加上朱安术和大儿子的务工收入，一家人的生活足够了。”她激动地说，“要感谢你们的帮助，感谢党和政府的好政策，让我们过上了好日子，现在我心里特别的踏实满足。”

对于未来的日子，苑正田充满信心，她正盘算着如何安排接下来的生活。

“不准备出去了，前不久参加了县上组织的保洁员技能培训，想就近找一份事做，为家里减轻点负担，也方便照顾家庭。等朱燕正式上幼儿园了，就把老人从老家接出来一起生活，顺便帮忙照看下娃娃些。”

看着窗外的风景，苑正田憧憬着未来美好的生活，脸上荡漾出灿烂的笑容。

（作者系绥江县总工会工作人员）

王克伍的情调生活

杨光明

还在王克伍的屋后，就听见了“呵、呵、呵……”的声音。转到王克伍的院坝，看见他正坐在堂屋门口，在砂盔里一颗一颗地舂新收获的黄豆。我问王克伍：“你这是做啥子？”王克伍回答说：“我准备做凉渣涝。”我说：“你这是李子柒的情调啊！”王克伍爽朗地笑了。

老王下山

三年前，当单位领导将脱贫攻坚挂钩帮扶对象名单念到“王克伍”三个字的时候，几乎全会议室的人都笑了，甚至还引起了会场一个小小的骚动。因为大家都知道，王克伍是个冬天不下床、夏天不穿衣的“野人”，是特困供养对象，而我就是王克伍的挂钩帮扶干部。知道这个消息的时候，我心里暗暗紧张，不知所从。

按照县委“5682”挂钩帮扶工作要求，我也和其他挂钩扶贫干部一样，开始了对王克伍的入户走访。

我来到王克伍易地搬迁到九组的新家，但王克伍家门紧锁。一打听才知道，王克伍因为不习惯新家的生活，又住回了离新家有一个多小时路程的 11 组鼓鼓山老家。

寒冬腊月，天一直下着绵绵细雨，吃年猪饭的氛围笼罩着整个南坪片区。我和护林员刘兴富一起，走了近两个小时的山路，来到了王克伍老家的后面。刘兴富大声喊道："三表叔，在家头没有？"过了好一会，才听见有人答应："在！"未见其人先闻其声，我总算是听到了王克伍本人的声音。

我们随即转到王克伍老家的院坝。看见王克伍没有睡在屋里，而是睡在堂屋门外。问其由，王克伍说："屋里漏雨。"

王克伍睡的地上垫着一块木板，可王克伍的下半个身体还是睡在了地上。他只穿着一件很旧的秋衣，破烂的被子，刚刚盖得住下半身。

交谈几句后，王克伍才披衣起身。穿上三件叠在一起的薄外衣，右脚穿一只凉拖鞋，左脚穿一只棉拖鞋，棉拖鞋前面的洞，能看见王克伍的五个脚指头。我问他："你吃啥子？"他懒懒地说："我一会儿就做。""发给你的新被子和新棉衣呢？""放在 9 组新家了。""你这里条件太差了，还是到你 9 组新家去住嘛。"王克伍说："我收拾一下就走。"

又是两个小时的山路，终于回到了新家，王克伍却不进门，一问才知是门锁坏了。我只好马上赶回 5 公里外的县城，联系修锁人，请对方马上赶来为王克伍修锁。而我则回家为王克伍搜了些棉衣、保暖内衣、秋衣、毛衣、羊毛袜、加绒布鞋等物件，顺便还买了 15 个包子。

当我和同事再次来到王克伍家时已经是深夜，看着王克伍家里还是冷锅冷灶的样子，赶紧把买好的包子递给王克伍，王克伍终于一改之前的冷淡和无话，在他那不苟言笑的脸上露出了一丝笑容，嘴上喃喃地说着感谢的话语。

当晚住在贫困户刘兴富家，我一直在想：王克伍 60 多岁了，无儿无女、人又懒，连做饭都困难，最好的办法还是劝他进县城敬老院。

说干就干，吃过早饭，便带着一盒饭找王克伍做思想工作去。我一边陪王克伍吃饭，一边劝他进敬老院，可王克伍说："我地头还有 30 多根杉树，怕被人偷……怕刘向富家的羊吃我的菜，我要随时回家看看……到城里我怕冷，在农村我有柴火烤……”总之，王克伍就是不愿意进敬老院，想再努力一下，可王克伍直接撵人：“我以后也用不着你给送饭了，我会做饭！”这个看上去挺懒的人还有不一般的倔强呢。

温馨的家

王克伍坚持不去敬老院，作为挂钩干部，总得想办法改善一下王克伍的生活环境。我在单位为王克伍募捐到现金 573.5 元，给王克伍添置了不少生活用品。而且还从单位协调到一张桌子，四把胶凳。次日入户，我就给王克伍换上新买的床上用品，给他摆上一些家具，让他穿上新买的保暖拖鞋，电烤火器一用，冷清的家也暖和了起来。

家里基础性的家具家电都有了，可王克伍还想要一个长沙发，说放在客厅里，有时候好躺躺。我看王克伍的客厅空间长宽不足三米，还放着一张桌子、一个蓄水桶和其他一些生活用品，放沙发着实有点困难。我问王克伍：“你是不是觉得睡在卧室里热，才想着要在客厅里放一个沙发睡觉？如果是这样，我干脆给你买一把电风扇。”王克伍说：“我身上老是冷沁沁的，怕吹电风扇。”我想，不行还是得弄个沙发。

我搜遍了“绥江同城”“天猫”等网站，可惜都没发现合适的沙发。回家又让老婆留意绥江网上的二手市场、朋友圈。有空也向亲戚朋友打听打听，看看有没有合适的沙发，实在没有躺椅也行，总得想办法了却王克伍的一个心愿。

我正在上班，老婆发了一张图片给我，说在绥江微帮上掏到了卡座沙发，挺合适的。联系上卖家，对方得知我是买给特困供养人的，咋都不收钱，硬生生把沙发送给我了，耿直得让人感动。当天中午，我就把沙发为王克伍送到了家。沙发很软，长度适中，我满意，王克伍也满意。

新的生活

王克伍的生活习惯不好，不会料理家务，有用的、没用的都堆在家里，经常有食物囤积在家里变质。为了引导他养成讲究家庭卫生的好习惯，也为了增进感情，我有时间就跟王克伍一起做饭、料理家务。

第一次煮饭时我告诉他：“压下开关，煮饭；开关跳了，上面的绿灯亮了，饭就熟了。”炒菜时，王克伍总让少放点油，但我还是特意多放了一点油，想着人没有油荤，身体迟早吃不消。王克伍吃上了久违的热饭菜，多次哽咽着说：“你们是党领导下的好干部，我的侄子打工回来，会来感谢你们的。”

教王克伍整理床铺的时候，看见他的被子下有一个农用口袋，他说：“我的脚脏得很，怕弄脏喽你给我买的新床单。”我说：“看来你是讲卫生的，这是好事，但是怕弄脏床单的话，就得勤洗脚，现在有电热水壶，洗脚洗澡都很方便。”说着我就开始教王克伍用电热水壶，嘱咐他每天都要洗脚。王克伍洗了热水脚后还洗个头，笑呵呵地用着新买的毛巾一下一下地擦头发，像个开心的小孩。我想，我们之间应该建立起了初步的信任。

夏天到了，买了一双新胶鞋和一双凉拖鞋给王克伍拎去，因为王克伍脚上的补丁胶鞋破得连补丁都没地方落脚了。其实，我看见王克伍穿的新鞋有点松，但王克伍是欢喜的，穿着胶鞋走了一圈，又换上我为他买的新凉拖鞋，开心地说：“还是凉拖鞋穿着舒服。我真高兴，真幸福！”

王克伍家门口有一块地，地里的草长得有一两米高，地没有人耕种。我问王克伍：“那是哪家的地？”他说：“是刘成县家的地。”“你想不想种？”“可以用来种点豆儿。”我说：“走，我帮你协调一下，看能不能让你种。”我想，对王克伍这把年纪的老人来说，经营的不是地，而是一种精神，一种对生活的充实，就像城里人种花。

家里干净了，自己又会操理家务，就近又有地种，王克伍一扫之前的颓废样，见人就打招呼。看着他开心的样子，我拍了许多他现在的照片，发给了他在昆明打工的侄儿媳妇刘付先。刘付先发来信息说：“我从来没有见我伯爷这样开心过。这下，我的伯爷有菜地了，他就习惯了。谢谢你，杨同志！”

精神帮扶

吃穿不愁了，王克伍也想通卫星电视，但王克伍的电视放不了，我作为外行，也上天楼为他调试，但是还是放不了。请了 11 组的村民兰加福和邻居刘成友帮忙。折腾了很久，但是因为雾大，外部环境不适合调试，当天只得作罢。

再次入户王克伍的时候，王克伍开心地告诉我，电视由他的侄子王华金帮他调试好了。我这才真正松了一口气。

我知道王克伍有一个手机，我让他拿出来，看还有没有电，能不能通话。我为王克伍的手机校准了时间，保存了王克伍的手机号码，也把我的电话号码存到了王克伍的手机上。教王克伍接电话、打电话。

我在家里，接到了王克伍的电话。他只是想试试我的电话打得通不。我问他：“我做的饭好吃不？”王克伍回答说：“饭煮多很喽，一顿吃不完。油很喽，有点咸。”我很高兴，王克伍也会打电话了，以后我们的联系就更方便了。电话里，我还把为他买了两双鞋的事告诉了他。我想，他听了，一定会很开心。我总想让他常常有盼头。

王克伍说自己上过小学二年级，我就找了些小学二年级以下的书送给他，让他无聊的时候看看书解解闷。我还试着把路遥的长篇小说《平凡的世界》带到王克伍家里，念给他听。我想，书给予王克伍的精神力量，是无法用物质来衡量的。我也教王克伍写字，先教他写好王克伍的伍字，他很认真，可以把一张 A3 纸大小的纸，写满整整一页。

小家行动

中秋节前一天，天气很好，我决定午饭后带着两个七岁的双胞胎孩子去王克伍家送月饼。两个孩子对王克伍爷爷的情况很了解，因为我常常把深入贫困户的所见所闻、所思所想，写进自己的日记。回到家里，把自己写的扶贫日记，一字不落地念给两个孩子听，让孩子感受贫困户生活的不易。两个孩子给王克伍送了水果、蔬菜、肉和米饭，为此，我还和两个儿子一起共同创作了一首扶贫童谣：

爸爸带上我和哥，
爬山来到扶贫坡。
敲开门，
见公公，
递上饭的是哥哥，
我送公公菜两棵，
坡上老人笑呵呵。

回到家，老婆问："你们给王克伍送点月饼没啊？"两个儿子抢着回答说："送了。"脱贫攻坚是国家行动，也是我们的小家行动。

其实，仅 2019 年，王克伍的人均纯收入就达 9817.17 元，其中，特困供养金 8181 元，养老保险金 1236 元，其他转移性收入 400.17 元，完全达到了“两不愁、三保障”标准。如今，王克伍每天睡到自然醒。饿了，吃吃面条。闲了，补补路。闷了，在自己仅有的几棵菜前不厌其烦地转悠，到公路上走走，看看电视，看看书，写写字。这是我们城里人羡慕的田园生活，惬意！

（作者系绥江县交通运输局工作人员）

车间就在家门口

曾小龙

“过去在老家，老人拖着病，两个娃娃又在读大学，为了照顾老人不能出去挣钱，日子过得紧巴巴的。自从搬迁到了兆佳坝，你们把扶贫车间建到家门口，我现在一边照顾老人一边打工赚钱，一个人每月收入两千七八，一家人的生计基本得到了解决，心里踏实多了。”原板栗村 20 组村民吴成萍在接受村就业信息员回访时，喜悦满足之情溢于言表。

2018 年年底，随着兆佳坝易迁安置点建设完工，易迁户在挂钩干部的引导下纷纷搬迁入住，在全县干部群众欢欣鼓舞之际，搬迁工作却出现了一个难题：大部分群众搬迁前均是靠着农村的二亩三分地，干着脸朝黄土背朝天的农耕生活，生活开支都较小，搬迁进城后原有的生活方式改变了，虽然农村土地依然是自己的，也可以流转，但进城后生活开支变大，“喝水都要钱”，生活压力较大。

如何让易迁群众搬得出、稳得住、有事做、生活有保障？县委、县政府提出了“长抓产业，短抓就业”的脱贫精准措施，分别在兆佳坝、新滩镇、会仪镇 3 个易迁安置点建立了就业扶贫车间。

扶贫车间虽然建好了，但稳岗难又成了大问题。赢凯电子就业扶贫车间主要从事手机耳机组装工作，虽然是人人都能干的流水线作业，但许多搬迁劳动力刚开始没有掌握技巧，对组装工作较为陌生，加之实行的是计件制，使得收入仅 30—40 元 / 天，许多易迁劳动力失去了信心和积极性，纷纷离职赋闲在家，兆佳坝扶贫车间开工的一个月内，报名到电子厂上班的 160 名易迁劳动力稳岗的仅有 30 余人。

如此低的稳岗率，牵动着县委、县政府和挂钩干部的心。为了解决扶贫车间稳岗难问题，县脱贫攻坚指挥部迅速研究制定了扶贫车间稳岗补助政策。

“李姐，现在去兆佳坝扶贫车间务工有稳岗补助了，政策优惠得很。第一年连续稳定就业 6 个月以上，前 6 个月 1000 元 / 月、后 6 个月 600 元 / 月、一年后 500 元 / 月。”

“刘阿姨，现在到你们新滩的扶贫车间上班有补助了，稳定就业 3 个月以上，前 6 个月 500 元 / 月、6 个月后按 300 元 / 月给你们补助。”

挂钩易迁劳动力的挂钩干部、就业扶贫干部纷纷深入各易迁安置点，挨家挨户宣传扶贫车间稳岗补助政策。经过大家的努力，到了 2019 年年底，在兆佳坝、新滩镇、会仪镇三个集中安置点扶贫车间稳定就业人员增加到了 230 余人。

春雨润物万木生，2019 年，昭通市人社局、财政局、扶贫办联合出台了《关于进一步加大扶持力度全面推进就业扶贫工作的通知》大力鼓励采取分散加工、家庭作坊、“企业 + 农户”等形式，企业建立扶贫车间吸纳贫困劳动力就业，按每吸纳 1 名建档立卡贫困劳动力就业，给予就业扶贫车间 1000 元一次性奖补。

方大仙是会仪镇和平村十组的农村劳动力，2019 年以前常年带着部分当地劳动力在外务工，从事裁缝工作，是当地的外出务工先进典型。为了帮助当地有务工需求但因照顾家庭等因素不得不待在家中的劳动力实现就业，方大仙早就有回家创业的想法。在和平村挂钩单位对其进行就业扶贫车间政策宣传后，让这个拥有多年创业梦想的女强人跃跃欲试。2019 年 3 月，方大仙匆匆辞了职，回家将自己 800 余平方米的住宅改装成了厂房，组织了当地 32 名在家劳动力从事橡胶鞋制造，取名为云团经贸发展有限公司，并成功申请认定了就业扶贫车间。2019 年 10 月，因吸纳了 18 名建档立卡劳动力就业，人社部门按“1+6”文件向方大仙兑现了吸纳贫困劳动力就业奖补 1.8 万元，另外还按每新吸纳一名建档立卡劳动力，按第一个月工资的 20% 给予以工代训补贴。

负责就业的人社局干部到扶贫车间实地检查验收时，正在缝纫的女工们七嘴八舌，争先恐后说着自己对扶贫车间的看法：“像我们和平十组这种偏远地区，出了家门就能就业，原来想都不敢想。”“现在政府政策好了，到处都建起了扶贫车间，车间就在家门口，我们可以边带娃边上班了。”

通过对扶贫车间不断宣传、对业务水平不断培训，在全县干部共同努力下，继方大仙之后，许多边远村组纷纷建起了就业扶贫车间，利用当地富余劳动力从事经营，既解决了企业在城市人力成本高的难题，也解决了绥江县在家劳动力就业问题。

“你好，我是同丰农业的，我们在绍廷村开办了一个农民专业合作社，主要从事猕猴桃采摘、分拣、包装、销售，我们现在用工量有 50 多名农村劳动力，希望申请认定为扶贫车间，这是我们的申请材料。”县就业局办公室人来人往，络绎不绝，有咨询认定就业扶贫车间流程的、有咨询政策补助标准的、有提交认定材料的，绥江县绍廷同丰农业、华峰裕农农业、罗坪友元竹木种植先后被认定为就业扶贫车间。

绥江县通过引进与扶持相结合，让贫困劳动力变身“上班族”，让扶贫车间变“脱贫车间”，三年来共引进和扶持扶贫车间 7 个，就近就地解决了农村劳动力就业 2000 余人，其中建档立卡劳动力 500 余人，解决了农村劳动力面临照顾家庭与打工赚钱“鱼和熊掌不能兼得”的难题，在我们脱贫攻坚中发挥了重要作用。

（作者系绥江县人力资源和社会保障局工作人员）

蝶变罗坪

陈献红

2015 年 10 月，随着县委、县政府的一声号令，一场脱贫攻坚“挂包帮”“转走访”活动在绥江 760 平方公里大地上展开，县政协机关被安排到了绥江最偏远、最贫穷、最落后的罗坪村。当我们第一次村访与村干部交流座谈时，村干部的言语明显流露出一种对脱贫攻坚工作的质疑，这让原本被“流放”的我们更加心灰意冷，对未来似乎看不到半点希望。村访结束后，他们领着我们去了 3 组几户极为困难的苗族家庭。眼前的景象着实让我们震惊：他们居住生活的环境让同为农村出身的我们也难以置信绥江居然还有如此贫困之人。眼前的景象让我们随行的同志顿感千斤重担，也更加坚定了我们前行的步伐。

一年建设，乡村变集镇

罗坪是绥江县唯一的少数民族苗族聚居村，共有 6 个组 131 户 576 人，其中苗族 45 户 167 人。大部分村民散居在山高谷深的铜厂沟和木瓦沟两条山沟里，家里住的是跑风漏雨的木瓦房，身上穿的是四季如冬的厚棉衣，脚上穿的是常年“出勤”的雨水靴，交通基本靠走，通讯基本靠吼，孩子们到罗坪小学上学要走一两个小时。

2016年，罗坪村被县委、县政府确定为农村集中搬迁安置示范点，决定将散居在木瓦沟和铜厂沟的居民以及1组的危房户共81户全部搬迁到村委会所在地集中安置，成为全县唯一一个整体搬迁村。这对散居在铜厂沟和木瓦沟深山里的69户村民来说，是个千载难逢的机遇。2016年3月，我们怀着喜悦的心情分赴罗坪村的5个村民小组开始意愿征询工作，原本以为大多数群众听到这个消息应该感到无比高兴，谁料第一次到各个组召开群众会就碰了一鼻子灰，大部分群众都表示不愿搬走，这让我们既震惊又困惑。时任板栗镇脱贫攻坚指挥部指挥长、罗坪村包村处级领导、县政协主席赵明同志带领我们开展了深入调研，我们挨家挨户走访座谈，终于弄清了群众不愿搬迁的真实想法：一是故土难离，不想离开祖祖辈辈居住生活的地方；二是生计发愁，担心搬出去以后生产不方便，生活无着落；三是家庭困难，担心修建楼房需要的钱太多，自己无力承担。基于上述群众三个不愿搬迁的担忧，我们成立了几个搬迁动员工作小组，赵明主席亲自带队，挨家挨户去跟他们拉家常、讲道理、摆事实、算大账、看长远，最终打消了群众的思想顾虑。

3组建档立卡户张永德，是罗坪村为数不多的党员之一，也算是3组比较有文化、有见识的人，除了上述理由外，他还担心房子统规统建别人会赚他的钱，房子质量还没有保障，于是迟迟不签订搬迁协议，成了3组最难攻克的“钉子户”。当时政协机关派驻罗坪村工作队队长杨道明同志挂钩他家，老杨三番五次上门做工作，今天不通，明天再去，白天忙就晚上去，工作队队员们一次次晓之以理、动之以情，终于做通了张永德的工作，用真情和说理融化了他心中的坚冰。3组建档立卡户李文华是我的挂钩户，眼看要到搬迁意愿锁定的时间了，李文华因家境贫困，四处筹措还没有借够宅基地钱，当全家人心急如焚时，我主动借了3000元给他交了宅基地钱。

2016年8月初，经过紧锣密鼓的筹备，罗坪村集中安置示范点终于完成了选址、土地征用、地勘、规划设计等前期工作，正式启动建设。在建设过程中，广东省中山市东西协作和中国建材集团给予了大力支持，参建各方众志成城，克服了时间紧、任务重、施工条件差、材料组织难等重重困难，抢工期、赶进度，到2017年12月，安置点各项工程建设任务全面完工，确保了罗坪村2017年年底整村脱贫出列。

2017年12月，81户村民如期迁入新居。挂钩干部欢欣鼓舞地给他们送去了电视机、电磁炉，锅碗瓢盆，桌椅被褥，撮箕扫把，村民们个个脸上洋溢着幸福的笑容。县政协主席李晓平还自掏腰包，给他挂钩的陶有兴和陶贵书两户购买了3000多元的沙发、茶几和碗柜等家具。

自此，罗坪村脱胎换骨，焕然一新。上、中、下三个片区81栋青瓦白墙的新房错落有致，户户都做到了厨卫入室、水电入户，硬化车行道、户间路、排污管网、污水处理站、垃圾桶、垃圾收运车、节能路灯、绿化、文化广场等一应俱全。境内硬化公路达20公里，双茶线罗坪段全部铺成了柏油路，均已硬化的安置点连接道、产业路、采笋道四通八达。昔日破旧的穷乡僻壤俨然蜕变成为一个崭新的乡间小镇。

一项产业，穷山变金山

授人以鱼，不如授人以渔。为了给罗坪村寻找适合的产业，县政协机关可没少下功夫。原来罗坪村有一个移民后扶项目，准备发展油牡丹，项目资金都已到位，但群众不支持，项目一直落不了地。

为了进一步搞清楚油牡丹项目在罗坪实施的可行性，2016年5月，县政协通过召开主席会议，研究决定由县政协副主席喻强同志带领镇、村和相关部门领导到中国牡丹之乡——山东菏泽考察学习，最终明确罗坪不适合发展油牡丹，将该项目变更为种植本地中草药，种植了重楼等当地中草药84亩，吸纳当地群众59户，目前已经初见成效。

2015 年以来，县政协机关和罗坪村通过多方调研，组织村民到四川五指山、贵州铜仁以及本市的彝良县、盐津县等地考察，了解笋用方竹产业的发展情况。经过多方实地考察，大家与村民们达成共识，罗坪的优势在山、出路在山，必须“靠山吃山”，利用高海拔、高降雨量的地理优势和资源禀赋，大力发展方竹产业，很快形成了全村上下的最强声音，得到了县委、县政府的高度重视和大力支持，将罗坪村作为全县 3 个万亩竹基地之一进行打造。2018 年以来，我们采取“村集体公司 + 专业合作社 + 农户”的模式，先后成立了 3 个方竹种植专业合作社，种植方竹 12000 多亩。据目前市场行情分析，3 年后将大面投产，预计每亩方竹产笋 200 多公斤，每亩可实现收入 2000 元左右，那时全村每年将实现竹产业收入 2000 万元以上。现在走进罗坪村，抬眼望去，漫山遍野，青葱翠绿，生机盎然。昔日的高山穷山，正在成为如今的金山银山。

一次蜕变，农民变市民

2017 年 12 月，易迁群众搬入新居后，部分群众穿新鞋、走老路的现象非常突出，家里脏乱差，早婚早育、酗酒懒惰依然如故。为了改变群众观念，破除陈规陋习，提升人居环境，我们开展“321”专项行动，通过召开群众会、党员会、家庭会，加强自强诚信感恩教育，倡导村民摒除旧习，树立新风。2018 年 10 月，绥江县政协机关党支部与罗坪村党支部、中国建材集团驻昭党小组联合成立了罗坪村扶贫扶志爱心公益超市，组织政协机关挂钩干部、村两委和驻村工作队现场爱心义捐款 4780 元，作为爱心超市启动资金。从 11 月起每月开展一次以家庭环境卫生整治为重点，酗酒滋事、打架斗殴整治为辅的评比活动，对每月评比出的前 30 户分别给予 60 至 100 元的物质奖励，由获奖农户到爱心公益超市领取相应价值的生活用品，并颁发罗坪村卫生示范户流动红旗；对排名后 10 名的家庭予以全村曝光，连续曝光 3 次的家庭，按村规民约相关规定处理。通过评比，村庄环境卫生、村民家庭卫生得到极大改善，酗酒懒惰情况明显好转。张建花是村里一个大字不识的苗族妇女，既要照顾年幼的两个子女，又要照顾因病瘫痪在床的丈夫，是搬迁前家里脏、乱、差的典型。自从开展卫生评比活动后，她每天都把家里收拾得干干净净、一尘不染，让我们这些县城里去的干部都自愧不如，每个月的卫生评比她总是稳稳地拿最高等次的奖励，卫生流动红旗一直挂在她家大门上。如今的罗坪，家家户户住上了小洋房，小汽车、摩托车、电动车随处可见，广场舞、坝坝舞已是罗坪村广大妇女群众业余文化生活的最爱。

一程帮扶，干部变亲人

五年来，我们与罗坪村的群众结下了不解之缘，干部与群众从陌生到熟悉到亲近、从干群到朋友到亲人。

罗坪出了女状元。2020 年，一份高考捷报迅速在罗坪村家家户户和政协机关干部职工中传开，县政协主席李晓平的挂钩学生何晓玲，以绥江县高考理科状元的优异成绩考入吉林大学，大家都为这个寒门学子感到由衷的自豪。何晓玲是她们家的第三个大学生，大姐何敏从云南普洱学院政法专业毕业，现已参加工作；二姐何婷现在昭通学院读书。自 2017 年李晓平挂钩何晓玲后，除了在学习上给予她极大鼓励外，还在经济上给予她很大的支持，先后总共资助她生活费用 4000 多元。“何状元”的事迹传开后，挂钩罗坪村的同志们、社会各界纷纷捐献爱心，解决了何晓玲上学的资金困难。几年来，我们看望慰问政协机关挂钩的大学生和小学生 2 万余元，在阻断贫困的代际相传上尽了我们的一点绵薄之力。

成功劝返准大学生。殷永芬是罗坪5组殷发明的养女，家里只有她和养父两个人，养父年老，也没多少文化，家庭生活很拮据。2018年，殷永芬高中毕业被录取到云南交通职业技术学院数字媒体艺术设计专科专业，她觉得自己考得不好，家里经济又困难，就不想去读了。临近开学报名前几天才得知情况的县政协主席李晓平，立即带领机关干部到她家里劝导，告诉她只有读书才有出路，只有读书才能改变命运，在政协机关干部的反复劝说下，殷永芬终于打消了辍学的念头。现在正在读大三的殷永芬，回到家乡罗坪小学实习。

有事只能找姐姐。3组王廷喜是县政协提案委倪燕晖的帮扶对象，作为自家主劳力的王廷喜，2009年在山东打工时被砸断了双腿，因手术失败至今都还上着钢板，不能做重活。他的父亲王朝证脖子上又长了一个大大的肿瘤。2017年，倪燕晖为他家争取到了6000元的民政救助，带领着王廷喜父子到绥江县医院检查，经县医院检查后认为，王廷喜的腿还没长好，不能取钢板，王朝证的肿瘤长在颈动脉上，不能做手术。后来辗转到宜宾等地检查得到的依然是同样的回答。王廷喜全家7口人老的老、小的小、病的病、残的残，家里十分困难。倪燕晖带王廷喜去做了鉴定，帮助他办理了残疾证，为他家申请了1个公益性岗位、4个人的低保，还为王廷喜的侄子联系了到中山打工。倪燕晖对他们十分关心，经常为王家的小孩买书、赠送小孩衣服，鼓励孩子好好学习。在他们困难的时候多次借钱给他们，前前后后共借给他们家6000多元，帮助他们家渡过难关。王廷喜一家也人穷志不穷，很守信用，每次都如数归还。王廷喜说，没有倪燕晖的帮扶，他们就不能脱贫，就没有今天的好日子。王廷喜亲切地叫倪燕晖“姐姐”，不论是生活上的困难还是思想上的困惑，王廷喜都会和这位“姐姐”打电话、聊微信，他说：“感谢的话我都不记得说了多少遍，但是一有事我还是只能找姐姐。”

用歌声感恩共产党。王建兰一家是县政协秘书长梁任洲的挂钩户。当问起她的挂钩干部对他们怎么样时，她说：“叔叔对我们好得很！经常来看我们，关心我们。”2019年，她的丈夫朱兴亮病情加重后，瘫痪在床，不能行走。梁任洲就协调绥江县人民医院评残专家罗德兵驱车几十公里，上门为朱兴亮做残疾人鉴定，后来又帮朱兴亮办理了残疾证，还送了一张轮椅给朱兴亮，并为他们申请了2000元的困难救助金。2020年7月6日，朱兴亮因病情加重，到绥江县民康医院医治无效去世，王建兰和儿子六神无主，拨通了梁任洲的电话。刚从医院探望朱兴亮返回办公室的他，立马放下手里的工作，飞奔医院帮助她们料理后事。王建兰是村里出了名的聪明灵巧、能歌善舞、知恩感恩的苗族妇女，逢人便说共产党好、挂钩单位好、挂钩干部好。王建兰自编自唱的苗族歌曲，发自内心深处，旋律优美，清新自然，悦耳动听，真挚感人，让人铭记不忘，被各路媒体采录，传颂四方，深受人们喜爱。她在苗歌中深情地唱道：

巍巍的罗坪山，山寨山水最风光！蜜蜂打花撒轻轻，家家户户都来开会。中央领导来支持，中央领导辛苦了！修起楼房给我们住，归根结底是共产党好！

罗坪气候虽不好，薄膜一个样样高！高压电线亮晶晶，家家户户都有电视。政府领导来支持，政府领导辛苦了！家家户户都走交，归根结底是共产党好！

罗坪气候虽不好，薄膜一个样样高！家家户户都公平，供应铺盖还有碗筷。村上领导来支持，村上领导辛苦了！供应粮食都不少，归根结底共产党好！归根结底共产党好！

（作者时任绥江县政协办公室主任）

第五编　教育文化健康及社会保障扶贫

概　述

脱贫攻坚以来，绥江县在扎实抓好安全住房、基础设施、产业就业的同时，严格按照“两不愁、三保障”标准，全面落实教育扶贫、健康扶贫、文化扶贫和兜底保障等各项政策，确保脱贫高质量、高标准。

教育扶贫方面。坚持以“四好四不让”为总抓手，深入实施教育扶贫“五大专项行动”，实现所有建档立卡贫困户家庭适龄青少年就学有保障，贫困家庭不因学致贫，实现了教育扶贫“五全”（学龄子女全入学；学前教育全覆盖；薄弱学校全改造；贫困资助全覆盖；贫困学生帮教全落实）。抓实控辍保学，建立起了从学前教育到大学全方位全覆盖资助体系，对建档立卡户学生、贫困学生、没有考入高中的学生等都一个不少纳入职业教育，通过教育资助“全覆盖”政策、特殊学生随班就读、送教上门等方式做好“一人一案”，全面完成改善贫困地区义务教育薄弱学校基本办学条件的目标任务；强化了政策宣传，加大了东西部教育扶贫协作力度，开展东西部教师交流互派，加强东西职教扶贫协作，积极开展东西校企学生实践。

健康扶贫方面。紧紧围绕让贫困群众“少生疾病、方便看病、看得起病、看得好病”的目标，坚持预防控制、疾病治疗、医疗保障、能力提升“四策”总体思路，开展了以“中医入户”为重点的农村预防保健服务体系建设，实施医务人员结对帮扶，实现未脱贫建档立卡贫困户大、慢、重病患者医务人员精准帮扶全覆盖；对全县罹患食管癌、胃癌等 36 种大病患者实施专项救治行动，落实了家庭医生签约服务。县人民医院于 2015 年评定为二级甲等医院，妇产科、普外科通过省级一级验收，卒中中心、胸痛中心通过国家级认证，提质达标建设已通过省级验收；坚持以“派出去、请进来、定点对口帮扶”为主的人才培养模式，中山市博爱医院、省第二人民医院派出 63 名专家到绥江县医院进行对口帮扶；选派骨干共 178 人次到上海、深圳、中山、昆明等三甲医院进修培训；实行县域内“先诊疗、后付费、一站式”结算服务，执行卡户“四重保障”，确保卡户 100%参加基本医保、大病保险。

文化扶贫方面。始终坚持以精神文化为引领，打牢文化发展基础，推动旅游扶贫。建成 85 块活动场地，全县村级活动场地覆盖率达 100%，各镇村级农家书屋在全市率先实现行政村（社区）全覆盖，组建基层业余文艺宣传队伍 75 支。组织开展了红色文艺轻骑兵“千场演出进千村”慰问演出活动，精心编排了体现脱贫攻坚、乡村振兴、自强诚信感党恩、法制宣传进村（社区）等具有针对性的原创节目等 50 余个；开展了“艺术课堂进乡村”活动。积极引导全县组建乡村文艺队伍，一批文艺作品多次获得省市文艺比赛奖项。

社会保障方面。加强农村低保制度与扶贫开发政策衔接，全面实施特困人员救助供养制度、落实残疾人“两项补贴”、孤儿困难救助政策、加强临时救助，实施社会保障扶贫，农村低保实现应保尽保，2015 年以来，累计发放农村低保资金 20778.17 万元、农村特困资金 2493.73 万元，临时救助 2.21 万人次、2738.59 万元；全县共有残疾人享受“两补”政策 4280 人、1435.87 万元，享受孤儿基本生活补助 245 人、934.72 万元，普通医疗救助 604 人次 161.67 万元，重特大病救助 479 人次 317.92 万元，一站式救助 8036 人 249.48 万元，资助参保参合 10.2 万人次 878.31 万元，健康扶贫救助 16517 人次 946.49 万元。

（编委办）

扶贫路上的“妈妈”们

凌洪英

女子本弱，为母则刚。在脱贫攻坚战中，巾帼不让须眉，我们玉泉幼儿园的“妈妈”们加入扶贫大军的行列里，她们和男同志一样，走上了扶贫攻坚的长征路，一起到达了“脱贫摘帽”的胜利终点。

“大肚子”的扶贫妈妈

2018 年的冬天格外的冷。

学生们都放寒假了。辛苦了一个学期，原本老师们都可以休息了，但是杨砚墨老师心中却牵挂着贫困户，牵挂着他们的孩子——新滩镇银厂村 35 组的夏国权。在这样严寒的冬天里，杨砚墨老师很操心：他们家中有炉火取暖吗？孩子们有御寒的冬衣吗？他家离集镇那么远，生活用品有保障吗？一堆堆问题在她脑里萦绕，她非常想去夏国权家看一看。

杨老师自己不会开车，况且，这时候杨老师正怀着二宝呢，一个人去，家里人怎么会放心？思前想后，只好求老公帮忙，软磨硬泡地让人家开车送她去新滩镇银厂村。说走就走，开起私家车就朝银厂跑，可是轿车才开到永固水泥厂处就再也开不进去了——上山的路太烂了，放眼望去，路上全是稀泥，东一个西一个的泥水潭不晓得有多深，贸然把车开进去，陷进去就更麻烦了。两口子站在路边，一筹莫展。

一股寒风吹来，杨老师不禁打了个寒战。想想自己挂钩的夏国权可能也在吹着寒风、瑟瑟发抖时，她搓了搓冻得有些僵硬的手，毅然迈步走上了“稀泥烂洿”的银厂路。泥泞的路，一步一滑，丈夫的双手，一直搀扶支撑着“母子俩”，平时一个小时的路程，他们“仨”走了足足两个小时。

终于，两双泥腿子踏进了夏国权的家门。看见一家 7 口围坐在火炉边取暖，虽然火炉不是新的，但足以让这一家老小得到温暖。在温暖的火炉边，他们坐下来跟夏国权的家人拉起家常。看到杨老师踏着泥泞来看望，夏国权一家人反倒安慰他们不用担心，他们前两天听天气预报说最近要降温，已经下山买好了生活用品，柴火也准备充足，生活上没得啥子问题。杨老师这才放下心来，欣慰地笑了。他们把给孩子们带的冬衣交到他们手上，还给孩子们辅导了作业，直到天色已晚才踏上回家的路，家里的儿子还等着他们呢。晚上回到家中，脱掉靴子，看着被磨出了水泡的双脚，虽疼，心却温暖而踏实。

2019 年 6 月，杨老师的二宝就快临盆了，但是心里却还一直牵挂着夏国权。加之担心生了宝宝后有好长一段时间不能去看望夏国权，不亲自见到他，看看他过得好不好，学习是不是用心，心里就总是惴惴不安。杨老师不顾家人的强烈反对，拖起全身浮肿的身体，冒着酷暑又踏上了这条特别的路。这次的路程似乎更远了很多，为了照顾她，老公把车开成了乌龟速度，慢慢爬行。下车步行的时候，老公总要把每一步都踩踏实了，再牵着她一步步慢慢前进。费了九牛二虎之力，终于来到了她牵挂的家，又看到了她牵挂的夏国权。看到他家一切都好好的，夏国权也正在努力地学习，杨老师心里踏实了。

从夏国权家回来后第三天，杨老师的二宝提前降生了。也许是跟着妈妈下乡的扶贫小英雄都不忍再让妈妈辛苦了，着急赶快给妈妈减轻身体上的负担，可以更好地投入扶贫攻坚战。

月子里的扶贫妈妈

2018 年 1 月底，凌霞本应第一次和挂钩对象新滩中学初二女生林境见面。因临近预产期且患有妊娠糖尿病，怕路途颠簸发生意外，只能推迟见面的时间，由玉泉幼儿园的同事代她去林境家里了解基本情况。此后，凌老师就一直跟林境的父亲保持电话联系，深入了解林境的家庭情况，本来她家的经济情况还比较不错，但在几年前她妈妈得了鼻咽癌，幸亏发现得早，做了手术与化疗。虽然保住了生命，但是需长期服药且不能从事体力劳动，家里的钱也用得差不多了，家里的经济来源只能靠她爸爸到附近的矿山上打工。为了能多挣点钱，她爸爸除了矿上停产，几乎不休息。得知这样的情况，凌霞心里很沉重。凌老师特别操心的是生怕由于贫困，他们家放弃林境的教育，非常关注她的学习问题。当在电话里得知她的父母非常支持娃娃读书，拥有积极的教育观念，她又觉得很欣慰。因为凌霞知道，治贫先治愚，扶贫必先扶智。而现实中一些贫困群众不以勤劳致富为荣、不以懒惰穷困为耻的观念仍然没有转变，面对困难不自己尽力找出路，坐等政府补贴，将脱贫致富的责任推给政府，转推扶贫干部、村干部。难得的是，林境全家人没有这些错误的观念，这也增强了凌霞一定会圆满完成对林境家教育扶贫任务的信心。

2018 年 2 月 23 日，凌霞顺利生下二胎。内心的牵挂让凌霞掰着手指计算着可以和林境相见的日子。月子都还没有坐完，凌霞就嚷嚷着要去看望林境，考虑到她是剖宫产，伤口恢复得不太好，又还一直贫血，家人们当然不允许。后来实在是被她吵烦了，家人们不得不妥协，在 3 月 30 日——也就是生完二胎的第 37 天一大早，送大宝去了幼儿园后，就全家总动员，由丈夫担任“司机”，妈妈、婆婆担任“保姆”，陪着一个身体虚弱的她，组成了“探望小分队”，从县城出发，先顺便去新滩中学接林境放学一起回家。虽然去林境家的路全部都已经打成了水泥路，但是从学校到她家小车还是跑了40多分钟，这条弯弯曲曲的求学路，小林境已经来来回回跑了无数趟，有时候为了省点车费，她要在这条路上跋涉很久很久。林境特文静、内向，成绩也不是很好，但是她对学习从不放弃，有点遗憾的是“小分队”到达他们家，只看到她妈妈一个人在家。原来，她爸爸仍然在矿山上打拼，弟弟还在学校考试。高兴的是“小分队”亲自感受到了林境全家有一种不放弃的精神，面对病痛，不放弃！面对困难，不放弃！对娃娃的教育，更是从不放弃！林境妈妈表示，一定支持娃娃们读书，只要他们能读，不管再累再苦，也会让他们一直上学。

面对信心满满的一家人，凌霞对这家人的教育扶贫也信心倍增。

热心肠的园长妈妈

“园长妈妈！园长妈妈……”李雪梅园长做梦也想不到，因为参加教育扶贫，她多了一个闺女，又做了一回妈妈。

玉泉幼儿园园长李雪梅的挂钩扶贫对象叫雷英，家住绥江县银厂村，扶着扶着，她就成了雷英的“园长妈妈”。这个“园长妈妈”的称号是李园长在这次扶贫攻坚战中身先士卒、亲力亲为、倾情倾心的付出换来的！

李园长第一次来到雷英家，震惊于她家的破旧脏乱、老弱病残。

一间低矮破旧，阴暗潮湿的小房子斜挂在山坡上，厨房脏乱得有点无从下脚。老爷爷80多岁了，本是颐养天年的年纪了，却仍在放牛，仍在田间劳作；爸爸是小儿麻痹症患者，说话都存在障碍，身上穿着一件廉价的金黄色皮外衣。李园长心想，如今哪还有人穿这种几乎绝版的衣服啊！整个家庭老的老，残的残，严重缺乏劳动力。雷英的妈妈倒是勤劳朴实，是家里唯一的顶梁柱。但就这样一个家庭，非常重视孩子的学习，有培养孩子的意识，鼓励孩子好学上进。雷英从小品学兼优，现在新滩中学读书，综合素质、行为习惯良好，成绩十分优秀。这一幕幕让园长妈妈不禁泪湿眼角，是心酸，也是欣慰。

于是，李园长就经常耐心细致地给他们讲解教育资助扶贫的相关政策，给家庭树立无论再苦再难都要保证对孩子求学的意识。没承想老爷爷思想开明，对雷英的求学之路相当支持，特别希望她能好好读书，将来通过自己的努力来改变自己的生活，来改善这个家。这样，年迈的爷爷成了园长主要沟通的家长对象。

从此以后，李园长一直通过爷爷关注着雷英的学习状态和思想动态，经常给她送去学习用品、书籍等。每次开学前，都和她一起制订学习计划，讨论学习方式；每次考试后，陪着分析考试情况，总结得失，寻找原因，采取适合的方式补齐短板；每个假期的学习状况也随时过问，假期作业从不落下。

原本是来教育扶贫的，可李园长还跟雷英妈妈交流起了家庭环境卫生的重要性，引导他们养成良好的卫生习惯。雷英妈妈不善言辞，却用她的辛劳让家里一天天地干净整洁起来。大概以前是因为卫生观念的落后或者也因为繁重的农活而忽视了这些方面吧？如今虽然又要辛苦很多，但是一个干净整洁的家庭，也给雷英的专心学习提供了一个良好的环境。

雷英家缺衣少穿怎么办？李园长就在家里翻箱倒柜，把自己的、老公的、女儿的衣服收罗了几大包，送去了。吃的、用的，也是去一次，送一次。有时家属找衣服穿却怎么也找不到，一问，哦！又送给雷英家了。在政府的帮扶下，雷英家修起了两间新房。搬新家之时，李园长又马不停蹄地送来了崭新的棉被，一家人感激涕零。

3 年的关心帮扶，换来雷英一家人的感恩，也换来了雷英发自心底的一声呼唤：“园长妈妈！园长妈妈……”

听到这一声“园长妈妈”的呼唤，李园长激动不已，她说，这个“园长妈妈”我会一直当下去……

其实，在我们玉泉幼儿园，参加教育扶贫的教师们，都把帮扶对象当成了自己的孩子。她们带着党和政府的关怀，带着责任、带着感情、带着火热的母爱，走村串户、排忧解难，尽心尽力去实现教育脱贫。

妈妈们都明白，打赢脱贫攻坚战，全面建成小康社会是时代赋予她们义不容辞的政治责任。妈妈们更相信：只要人人都献出一点爱，世界将变成美好的人间……

（作者系绥江县玉泉幼儿园教师）

让留守之地阳光普照

杨明慧

2015年脱贫攻坚以来，全县实施了教师挂钩帮扶贫困学生的帮扶机制，在这场控辍保学“一个都不能少”的特殊战役中，老师们对那些留守学生的帮扶在教育专项扶贫中发挥了举足轻重的作用。

让黑头发飘起来

“李燕，你打开门让老师进来好不好？我来看看你是不是好好的，有没有生病？”黄清玉老师不知道这是今天第几次用祈求的语气对着李燕的窗户喊了。

她在窗口站了很久，也说了很多的话，但是李燕始终不开门，就在她以为今天又是白来一趟时，她听到了屋内隐隐约约有脚步声传来。

果然，门吱呀一声开了，李燕蓬头垢面地站在门内。

“你病了吗？”黄老师关切地问，同时用手摸摸她的头。

李燕摇摇头。

黄老师进到屋里，只见一张积满灰尘的茶几上凌乱地摆放着一些零食袋、方便面盒子。走进厨房，想看看她在家里有没有做饭吃，只见洗菜池里全是方便面碎屑，她皱着眉头，说："你每天就吃方便面啊？"李燕不说话，黄老师不由自主就动手给她收拾厨房，她把那些方便面碎屑抓来丢在垃圾桶里，打开水龙头把洗菜池冲洗干净。

"你还是要每天煮点饭来吃，每天吃方便面对身体不好，要吃点营养的东西，去买点菜来煮点饭吃嘛！或者买点牛奶来喝！正是长身体的时候，你一个人要把身体搞好，不然生病了谁照顾你？"

"还是去学校吧！学校里有那么多同学，你一个人关在屋里整天玩手机对眼睛不好，对身体也不好！"黄老师一边收拾厨房，一边对默默地站在旁边的李燕说。

"我生虱子了！"李燕突如其来地冒出一句。

"啥？虱子！哪里？"黄老师一听，停下了手上的动作。

"头上！"李燕低声说。

黄老师转到李燕背后细细看她的头发，果然她那油腻腻的黑发上蠕动着密密麻麻的褐色虱子，有的一动不动，有的正顺着头发爬，顿时头皮一阵发麻。她竭力遏制住自己内心的不适，找到水壶打一壶水放在电磁炉上烧起，又接着一边收拾厨房一边说："没事的，要经常洗头，经常洗就不会生了！"

水开了，黄老师把李燕带到卫生间，用一个盆接了半盆冷水，再倒开水调和到适当的水温，才给她洗头，她发现李燕的后颈部位都被虱子咬出疤痕了。

一盆、两盆、三盆……

"老师！我手上还有！"不知是第几盆水了，李燕突然说。

看着一头黑发的李燕清爽干净，黄老师仿佛觉得自己的心里也被清洗了一遍。

这是 2019 年 11 月 10 日，黄清玉老师走出李燕的家，已是黄昏，想到生活在这样的年代，还有长虱子的孩子，黄老师一阵心酸，泪水滑下面颊：爹妈不在身边，这孩子过的什么日子啊！她不由得拿出手机，拨通了同班老师曹老师的电话，讲述李燕的情况，商量着办法……

这个叫李燕的女孩是黄老师班上的留守儿童，父母都外出打工了，留下她一个人在家，经常宅守在家玩手机打游戏，不来上学。黄老师联系社区和李燕的挂钩干部，多次通过电话向李燕的父母宣传教育精准扶贫的政策和《九年义务教育法》，多次上门做李燕的思想工作。黄老师一次又一次的家访却是经常吃闭门羹，每次她唠唠叨叨把嘴巴都说疼了，李燕偶尔答应一句："哦，晓得了！"每一次家访过后，孩子坚持不了几天又不来了。

2020年的7月，眼看就要小学期末考试了，李燕又有两天没来了，黄老师担心李燕不来考试，到了考试那天，就亲自骑车去把李燕接来，完成了小学毕业考试！她数了数为这个孩子家访的次数，不禁吓了一跳：整整20次！

母亲的味道

2019年4月的一天早晨，黄清玉老师又一次站在罗何军家门口敲响了这道门，直到她的指节敲痛了，罗何军才懒懒地打开门，一副睡眼惺忪的样子，也不喊老师，自顾转身，把自己甩在沙发上。

黄老师早就习惯了他这个样子，知道这个孩子由于从小缺少关爱，性格孤僻，不爱说话，所以也不等他喊就跟进去了。

"还没吃饭吧？"黄老师看看手机，已经是早上10点过了。

罗何军摇摇头。

"我给你煮饭吧！"黄老师不提读不读书的事，也不等他应允就走向厨房。

黄老师找到米，用碗撮了小半碗，淘洗后煮在电饭煲里，看到厨房里有葵瓜、南瓜，就把南瓜清洗一下，切块煮汤，又把葵瓜洗净切片准备，她打开橱柜，看到里面有一块煮好的肉，就问罗何军："你要吃肉吗？"

“要，炒点海椒在里面哈！”罗何军终于说了一句话。

黄老师把肉切好，又切了几个青辣椒，看看南瓜还没好，又用抹布仔细擦洗厨台。

黄老师默默地做着这一切，心里想：“要是这孩子从小有妈照顾，也不至于像今天这个样子吧。”

黄老师给罗何军把饭菜盛在茶几上，喊他快吃。看着罗何军满足地吃着，仿佛是吃着他母亲做的饭菜，黄老师倍感欣慰！

第二天，罗何军又来上学了，可是他徘徊在校园门口，就是不进校门。其他学生看见了，跑去告诉黄老师，黄老师知道罗何军是放不下面子，赶紧和曹老师去接。

这个叫罗何军的学生，已经 15 岁了，是黄清玉老师刚调到牟村小学，接手五年级遇到的一个最棘手的学生。罗何军两岁的时候，他妈妈就嫌家贫离开了这个家。他父亲胡乱把他带大，由于他父亲也经常东奔西走的，对孩子疏于管教，导致孩子读书三天打鱼两天晒网的，他年龄比其他学生大，加之经常与村里那些闲散人员混在一起，所以思想很不稳定。

黄老师接手这个班，从此走上了劝返罗何军上学之路，只要罗何军不来，黄老师就打电话，就家访，每次经过黄老师的劝说，罗何军就来几天，可是，他来到学校，总是在学校门口徘徊，不好意思进教室，须得黄老师亲自去接才行。

黄老师曾经在麻将馆找到过正在打牌的罗何军，苦口婆心地劝说，她有个专门记录给罗何军打电话家访的小本子，上面密密麻麻地记录了每次打电话都说了什么，每次家访都做了些什么，一个记录本，凝聚了黄老师对一个留守学生的不抛弃不放弃的信念。

留守儿童，这是一个时代的痛，在乡村，有多少像黄老师一样的教师正扮演着母亲的角色，走在关爱留守儿童的路上，做着一项爱的缝补工程。

“爱心妈妈”在行动

“没事，别紧张，一会儿我们一起数一二哈！”教体局吴德静老师一边弯下腰把田小春的左腿和自己的右腿绑在一起，一边对她说。

随着主持人“预备——开始”的口令，两对一大一小“两人三足”游戏组合喊着“一二、一二”的合拍声向终点走来。在观众们“加油！加油！”的呐喊声中，两对游戏组合先后到达了终点，田小春脸上露出了开心的笑容。

这是今天她看到田小春最开心的时刻，她想起刚才在座谈会上，与田小春交谈时，孩子拘谨的表情，当询问到“你爸爸妈妈在哪里打工？他们经常给你打电话吗？”时，孩子用手掐着衣角，垂着头，泪水在眼里打转，吴老师也不由得眼眶红了。

现在，她终于看到田小春笑了，这让她更加坚定了继续把这样的活动坚持下去的决心。

这是2016年3月4日，教体局联合进修学校、档案局和电信公司四家单位走进中城镇良姜小学，开展以“健康·关爱·和谐”为主题的留守儿童关爱活动中的一个环节。活动中，每个扶贫挂钩工作人员以“爱心妈妈”和“爱心爸爸”的身份与留守儿童结对挂钩，为了解除孩子们的拘谨，活动安排了丰富的互动游戏，鼓励孩子们大胆参与、勇于尝试。精心设计的跳绳、袋鼠跳、两人三足等趣味体育活动，更加增进了“爱心妈妈”“爱心爸爸”与孩子们的感情。一曲孩子们表演的手语操《感恩的心》，让挂钩帮扶的工作人员感受到了孩子们真诚的感恩。

这些留守儿童虽然与爸爸妈妈相隔甚远，可是他们不孤单，因为他们的“爱心爸妈”会牵挂着他们，给他们买衣物，会走进他们的家，帮他们整理房间，陪他们聊天，并定期走进班级，开展绘画书法、故事朗诵会、手工制作等活动，让他们感受到温暖和陪伴。

让留守之地阳光普照！这是绥江县所有扶贫挂钩工作人员爱的宣言。

（作者系绥江县凤凰幼儿园教师）

辍学少女王红的故事

李廷巧

2018 年金秋时节，对于绥江县南岸镇南岸村 8 组的贫困学生何健和 9 组的贫困学生王涛、田成瑞 3 人来说，无疑是一个喜获丰收、金榜题名的美好时节，因为王涛、田成瑞两位同学分别收到了云南大学 2018 年的硕士研究生《录取通知书》和云南财经大学的《录取通知书》；何健同学收到了福州大学的《录取通知书》，真可谓是捷报频传，喜讯连连。“十年寒窗无人问，一举成名天下知。”然而，高昂的求学费用，让原本就不富裕的 3 个家庭顿时陷入了困境。

俗话说：“要富口袋，先富脑袋。”为了让每一名家庭经济困难的学生都能安心学习、快乐生活，绥江县人民检察院积极组织开展了“金秋助学”系列活动，对王涛、田成瑞、何健 3 名学生进行了经济资助，视家庭情况给予了 1000—2000 元的经济支持。

通过资助，3 名学生顺利步入校园，开始了他们的求学梦想。然而，教育扶贫的路上有喜也有忧。正当大家为帮助困难学生顺利实现了求学梦想而欢欣鼓舞时，少女辍学在家的消息又随即传来。

花季少女辍学

“喂，你的挂钩户有个叫王红的学生没去学校报名读书哦……”

2018年9月5日，是绥江县南岸镇南岸中学开学报名后的第二天，绥江县人民检察院扶贫挂钩干警安明全接到了南岸镇镇长助理刘静打来的电话。

“好的，谢谢你告诉我这个消息，明天一早我们就去她家了解情况，劝她入学……”消息突如其来，安明全心里不禁一紧。要不是听着电话那头刘静那十分焦急的话语，安明全真不愿相信这个事实。因为他前几天下乡也多次去过王红家，对于不愿读书这件事情，王红从未提及，这让安明全显得有些措手不及。

作为“第一家长”，安明全对王红的家庭情况了如指掌。王红，女，13岁，家住绥江县南岸镇南岸村12组，全家5口人，大哥刘显才在广东务工，父母也都在镇上务零工，三弟王钢就读南岸小学。尚处于义务教育阶段的王红，一个月笔、墨、纸等零用开支也不过几十近百元，费用不高，家里完全能够承担，如果将辍学原因归结于其家庭经济困难，未免显得牵强。那是什么原因呢？难道是因为家长的思想观念问题，是重男轻女？是读书无用？还是……想着这些，安明全头都大了。

为了让王红打消辍学这个糟糕的念头，重新步入校园继续求学，一夜无眠的安明全想了很多种劝学的“招式”，也想到了好几个劝学的突破口。好不容易熬到天亮，安明全赶紧将学生辍学的情况及自己思考的劝学思路报告扶贫挂钩小组组长杨世春，两人当即决定，一同前往王红家开展劝学工作。

“第一户主”现身

第二天，安明全和杨世春两位干警来到王红家，他们发现家里只有王红孤零零一个人，她手里捧着本作文书正在专心致志地阅读着。通过交谈，从王红的口中得知，其父母赶集去了，三弟王钢也上学去了，就留了她一个人看家。

都说计划赶不上变化，安明全当天遇到的情况正是如此。他想了一夜的劝学“招式”，面对眼前的情景似乎无法发挥作用。那就随机应变吧，纵使想尽千方百计，也要让王红报名入学。想到这里，安明全和杨世春继续和王红交谈。

“小学开学了，你弟弟去读书了，初中也是前天就报名了，你怎么没去报名呢？”闲聊几句后进入正题。令两人没有想到的是，一提到读书，王红便沉默不语，根本不想谈及其中缘由。

“之前她就说过，就算我们把她捆绑起来，她也不要去读书了，就像是吃了秤砣——铁了心一样……”看见王红一言不发，王红的伯母着急地说道。但是安明全、杨世春两人怎么也想不通，如果王红真心不想读书了，那她为什么现在是在看作文书而不是看电视。但无论什么原因，都应该让她知道并懂得读书的重要性，一定要让她扭转观念，树立信心，尽快入学。

“我也是农村出来的，我晓得农村生活的辛苦与不易，正因为如此，我们才更应该比别人更加努力，去寻找生活的出路。”安明全现身说教，启发王红。此时王红依然沉默不语，将头埋得更低，似乎有所触动。

“你想嘛，你才 13 岁，人生才刚刚起步，你就甘心输在起跑线上吗？”安明全趁热打铁。一句话似乎戳中了王红的痛点，她开始抽泣起来。见此，安明全顺势挪了条凳子坐在王红的面前，俯下身子，用长辈般关切的话语问道：“你怎么了？你心里到底怎么想的，有什么困难，你要说出来我们才知道，也才能帮助你呀。”

“是啊，书是一定要读的。我们知道你是个乖娃娃，因为你爸爸妈妈的身体不好，做不了重活，你想留在家里帮助他们，但是……”杨世春也在一旁帮忙劝说。趁着这个间隙，安明全起身走出门外，立即拨通了刘静的电话，简要报告了劝学的情况，刘静表示她们已经在来王红家的路上了。

“你看，大家都很关心你，镇上的同志马上要来接你了，赶紧去收拾一下，我们陪你一起去学校报名，不管遇到什么事情，都要勇敢点，坚强点，读书才能改变命运，读书才有好的前途。”见王红有所触动，安明全机智地说道，进一步激励王红。

就这样，一直沉默不语、低声抽泣的王红终于挪动身子站了起来，开始洗脸、换衣服、收拾书包。这突来的转变让两位干警喜出望外，一直悬在心口的石头终于落了地，让他们倍感轻松和踏实。

待王红收拾完毕后，三人一起出门，刚踏上公路，就看见刘静与南岸镇南岸村党总支书记钟德述两人驾车前来。简单寒暄过后，一行人驱车前往南岸镇南岸中学。一路上，大家你一言我一语地不停劝说。见王红情绪稳定后，安明全拨通了王红父亲的电话，把劝学的情况简要告知了对方，并表明了此次劝学的决心，顺道向王与云普及国家义务教育的相关知识，希望家长大力配合，让学生坚实信心，好好读书，顺利完成学业，用知识改变命运，用知识走出贫困。

第一户主当“家长”

进入南岸镇南岸中学，一行人直奔校长办公室，因为在此之前已经联系过，校长已在办公室等候多时。对此，王红显得有些不好意思。安明全一行特意就王红本人以及家庭现状与校长做了详细的沟通与交流，希望学校多多关心、帮助王红，让她尽快融入集体，与同学们同学习、同进步、同成长。

办理好入学手续后，王红的班主任老师便带她去入住。细心的安明全趁着这个间隙在学校附近的商店花了100多元，购买了牙膏、牙刷、毛巾、洗脸盆、洗脚盆、洗发露、香皂等洗漱用品，想要作为小礼物送给王红，鼓励她好好读书。

当安明全马不停蹄回到学校门口时，正好遇见了迎面走来的王与云、何万平和王红，3人准备回家取被褥。安明全将购买的洗漱用品递到王红的手上，并再三叮嘱王红要好好读书。王红腼腆而又感激地接过了礼物。见王红脚上的鞋子有些破旧，安明全提出要给王红买双新鞋子。或许是王与云一家已经意识到，因为他们自身的原因已经给扶贫挂钩干部添了不少的麻烦，所以他们婉言谢绝了安明全的好意。

此次劝学虽然成功了，但安明全的心里始终还是不太踏实。在回城的路上，他倍感第一户主责任的重大。他担心王红“身在曹营心在汉”，不安心好好学习，从而虚度时光。他一遍又一遍地告诉自己，今后一定要更加关注王红以及像王红同样情况学生的思想变化，决不让辍学一幕再次上演。

不让一个学生失学

“不让一个学生因家庭经济困难而失学。”这是党和政府的庄严承诺。在脱贫攻坚工作中，绥江县人民检察院一直将教育扶贫工作作为全院挂钩扶贫工作中的一项重要任务来抓好落实。仅2018年，绥江县人民检察院党组书记、检察长黄开芹等4名干警主动出资近3000元，以帮助挂钩帮扶的贫困学生继续完成学业。全院全年累计出资7000余元帮困助学，以新时代新担当新作为奋力开创了检察工作的新局面。

“总有一抹温暖常伴左右，总有一丝感动留在心间。”2018年10月31日，绥江县南岸镇南岸村8组村民小组组长王贵美，带领受助学生家长给绥江县人民检察院送来一面写有“精准扶贫解民忧 情系百姓惠民生”的锦旗，对绥江县人民检察院及挂钩干警们的雪中送炭深表感谢。该院党组副书记、副检察长、院挂钩扶贫工作分管领导罗燕接过锦旗并与群众合影留念。在随后的座谈交流中，王贵美等人均表示将积极支持、主动参与全县脱贫攻坚工作，为全县脱贫攻坚工作贡献绵薄力量。

（作者时任绥江县人民检察院办公室负责人）

扶贫路上的“白衣战士”

钟佑丹

“脱贫攻坚的号角已经吹响，健康扶贫是这场战役的主战场，决不让一个人因病致贫、返贫。”这是习总书记的殷切嘱托和希望。

自绥江县实施精准健康扶贫工作以来，作为全县卫生系统主力军的县人民医院，一直走在健康扶贫的路上。我作为一名扶贫专干，真切地感受到每一位医生在扶贫工作中的艰辛付出，不管山路有多崎岖多遥远，不管严寒还是酷暑，都有他们的身影，他们是健康扶贫路上的“白衣战士”。

根据绥江县健康扶贫工作要求，县人民医院按照“以人定医、以病定医、以户定医”的原则，安排206名医务人员与全县400多名患重病、大病、慢病贫困户结成对子，为帮扶对象提供专业的心理疏导、健康咨询、行为干预、合理用药、适时就医等综合性服务。在结对子送健康扶贫中，我们虽没有轰轰烈烈的大事迹，却有许多真实暖心的小故事。

2018年4月，内二科医生陈家媛在结对帮扶中发现1名16岁的小女孩，经过检查确诊为先天性心脏病，并且已经出现心衰症状，通过和女孩妈妈沟通得知，女孩爸爸去世得早，她自己一个人拉扯5个孩子，并且还要照看年迈的父母，早在几年前就已经查出小女孩患有此病，但由于家庭贫困，无法负担高昂的手术费用而放弃了治疗。随着时间的推移，小女孩病情越来越重，并且出现下肢水肿导致不能上课，没有办法才到医院再次检查。

陈家媛医生主动联系民政部门帮助申请困难补助，利用自己的人脉关系，联系医疗机构，经过不断的努力，小女孩终于在昆明免费做了手术。几个月后，小女孩痊愈了，她和她的妈妈来到了医院，送上一面写着“仁心仁术、大爱救心”的锦旗。小女孩激动地说，她可以再次回到她喜欢的课堂，可以继续实现她人生的梦想，她获得重生离不开政府和医院对她的帮助。

2017 年 12 月 28 日，天气有点冷，我和院长邓家敏一大早出发走访板栗镇关口村挂钩的几户大病救治对象。经过近 2 个小时的颠簸，终于到达板栗镇关口 11 组。下了车后，我们朝着今天走访的第一个对象老杨家走去，走了 10 多分钟，身上热乎了不少。到了他家，只见大门紧锁，打电话给老杨时，才知他在后山挖芭蕉芋。我们又继续出发，凭着我俩打篮球积累的强壮体力基础，又走了 30 多分钟，终于见着老杨和他老伴沈孃孃。我们做了自我介绍，说明了来意，老杨忙停下活，急着带我们朝他家走去。他的家非常简陋，平时就只有一条大花狗给他们做伴。老杨说，他在 2015 年 12 月因为肚子痛、肚子胀差点死了，送到县医院后转宜宾市第二人民医院，诊断为直肠癌，面对几万元医疗费，他觉得天都要塌下来了，最后还是他远嫁四川的女儿到处借钱给他做的直肠病灶切除改道手术。现在最大的困难就是造口护理袋很不好买，价钱又贵，冬天一个星期左右换一个，夏天就换得更勤了。现在使用的是他女儿从网上购买后寄回来的。邓院长听后说：“你把现在使用的造口护理袋拿一个新的出来，我们看看是否合格，我们回去尽快给正规厂家联系，以后你随时都可以来医院购买。”随后我们又给老杨做了身体检查。老杨激动地说：“感谢你们这些医生，这么冷的天，路又远，还时常来看我，前几天是中医院的华院长来，今天是县医院的邓院长来，现在政策好啊！我看病都节省了好多钱哦，以前生病了都不敢朝医院跑，现在好了，真是太感谢你们了！”在给老杨交代了一些注意事项后，我们又继续奔向下一家……

为使健康扶贫政策措施落到实处，县医院主动将阵地前移、重心下沉，组织医务力量深入镇、村、组开展上门义诊活动，将医疗卫生服务送到群众家门口，把这一惠民政策宣传到户，帮扶措施落实到人。在健康扶贫工作中，县医院相继组织开展大大小小的义诊活动上 100 次，出动医务人员 1200 多人次，出动车辆 125 辆次，投入经费 36 万余元，覆盖了全县 5 个镇所有行政村，受益群众累计 30000 余人。

会仪镇三渡村，是全县最偏远的三个贫困村之一。这里的村民平常有个伤风感冒、头疼脑热的，在村卫生室还可以简单处治，但是一有重大病情，就会因为路途遥远而延误治疗。一次去义诊，我和同事们一大早出发，沿着盘山公路，历经两个小时左右，终于到达三渡村卫生室。这时卫生室早已聚集了不少闻讯而来的群众。听说此次义诊不仅不收诊查费，还可以免除全部药品费，村民那种高兴劲儿全都展露在脸上。

我们不忍心因累歇气而耽误时间，每个医务人员很快投入工作。内科、外科、儿科、五官科、中医科一字排开，俨然一个露天的会诊室，村民也按我们的要求，配合着排队检查就诊。

这次义诊团队不仅县人民医院出动了 10 名主要科室的骨干力量，还邀请了省第二人民医院的 5 名专家全程参与。根据病人的病情描述，现场工作人员引导病人到不同的科室，安排相应的医生进行诊断，能现场发药治疗的，现场解决，不能确诊的，和病人当场预约。五官科医生张燕耐心地跟患者解释说：有白内障的患者，我们现在做初步检查，如果需要做手术的，会通知你们到县医院做进一步检查后确定。4 组村民陈云华说：“党和政府关心我们，派出了这么多医生、专家到家门口来给我们看病，解决我们的病痛，这个政策好。感谢医生！感谢共产党！”3 组村民文玉兰也说：“去县城看病还要花车费，这里走 10 多分钟就见到医生了，还是专家，巴适得很。”当天，义诊团队还对三渡村近一个月以来康复出院的建档立卡贫困户开展了上门回访检查。

血透患者，是一群特殊的大病患者，他们满怀对生命的渴望而活着，又因死亡无时无刻不虎视眈眈而恐惧，他们有的是一般的居民，有的是建档立卡贫困户，让他们存在很大的返贫或致贫风险。之前，因县医院没有此设备和技术，血透患者只能到县外进行医治。县医院于2015年8月成立血液净化室，引进了国外先进设备，培养了专业技术人才。因就近就医，每年能为每位患者节省8000元的往返车费。同时，还根据健康扶贫的相关政策，按年度总额实行二次减免，减轻了患者自付负担，病人也能在透析当天回家和家人一起团聚，让患者缓解心理负担。

我还记得有位20出头的年轻小伙，刚来做透析时，整天闷闷不乐，几乎不与我们说话，而且对生活失去信心。通过沟通了解，此人有寻短见倾向。我们得知后，每次他来做透析时，当班护士都会主动与他谈心，耐心地告知他平时如何调养身体，举一些其他患者的实例，只要配合治疗加之细心调养，每时每刻都保持乐观的生活情怀，一定可以战胜疾病的道理。通过多次的贴心沟通，这个小伙对生活充满了信心。现在每次来透析时，跟我们像朋友一样的相处。

（作者时任绥江县人民医院副院长、健康扶贫专干）

中医入户　健康到家

方成敏

“没有全民健康，就没有全面小康。”这是习近平总书记关于健康对全面建设小康社会重要性的论断。绥江县在推进健康扶贫工作中，在全面实施《云南省健康扶贫30条措施》的基础上，结合绥江实际，深入实施“中医入户”项目，在全县普及中医药，为提升农村群众健康意识水平起到了不可忽视的推动作用。

“全国试点”落地绥江

2014年，中央派出的第三巡视组组长张维庆（原国家计生委主任）在对西南三省开展巡视和调研的过程中，发现云、贵、川三省广大农村群众“看病贵、看病难”问题突出，同时西南三省中草药资源却又相对较为丰富。针对这些问题，为进一步缓解西南三省广大农村群众“看病贵、看病难”的问题，提出在云南的武定、腾冲和宁洱，贵州的大方县，四川的叙永县等5个县开展提升医疗服务能力、推广普及中医药，逐步缓解“看病贵、看病难”为目的的试点工作。

"刘部长，我们绥江地处乌蒙山区，有着丰富的中草药资源，并且经过移民迁建工作的洗礼，广大干部具有丰富的农村和群众工作经验，试点工作放在绥江，我们有能力、有信心做好这件事！"2014 年 7 月，试点工作会议在云南昆明召开，正在昆明招商引资的绥江县委书记杨淞了解到这一信息后眼前一亮，绥江也很适合开展试点工作啊！杨淞立即找到省委组织部的相关领导报告了自己的想法。

看着信心满满、志在必得的杨淞，省委组织部长刘维佳想到，当下正值全省范围推广学习移民迁建的"绥江经验"，试点工作放在绥江的确是不错的建议。经过与巡视组沟通达成一致意见后，刘维佳对杨淞说："试点工作放在绥江可以，但先把话说清楚，这个试点工作只是一个思路，没有现成的方案，也没有经费哦！""没有问题，我们绥江愿意在缓解看病贵看病难问题上勇当探路先锋！"就这样，通过主动争取，以提升医疗服务能力、推广普及中医药，逐步缓解"看病贵看病难"为目的的试点"项目"落到了绥江。

"中医入户"的绥江探索

在推进试点工作的过程中，绥江县经历了"医疗保健体系建设试点""预防保健体系建设试点"和"中医入户"三个阶段。一开始是按"医疗保健体系建设试点工作"定位，2016 年云南省中医药管理局局长郑进调研后，认为绥江试点工作定位为"预防保健体系建设试点"更为恰当，再后来根据实践认为，试点工作推广普及中医药是核心，"中医入户"更加准确和贴切，即面向广大农村推广普及中医药。自此，绥江县的"中医入户"工作经验逐渐传往全省、传向全国。

建设种植示范园和示范户。绥江在全县的县镇村组，分级建设中草药种植示范园。在中城镇的农业 19 组建设一个县级中草药种植识别示范园，将绥江常见常用的 180 种中草药集中栽种，并设立标明功效的标牌以供识别；在良姜 5 组建设一个县级中草药应用示范园，将相同相似功效的中草药集中分块种植，或者以主治某种疾病的中草药集中分块种植。各镇参照县级识别示范园建立起了镇级中草药示范园，每个村民小组选择 2 户对中草药有兴趣或者有中医药基础的农户，在房前屋后设置 1—2 分地，种植当地常见常用的中草药 30 种以上，全县共建设中草药种植示范户近 900 户。

培训中医药识别和运用骨干。绥江县组织挂钩单位、镇、村、组干部和对中医药有浓厚兴趣的群众进行培训。每期安排学员 80 人，分为 2 班，40 人一班，每期 15 天，培训结束后进行理论笔试和实践测试。2015 年 3 月 6 日，绥江县的中医药骨干培训班第一期开班。时有参加培训的单位挂钩骨干对中医药办主任许兴鸿开玩笑道："咦，许主任，要把我们都培养成中医老师啊！"被选来参加 15 天的培训，这些骨干们一开始都还有些抵触情绪。"哎呀，你想嘛，安排你们下去挂钩，你们还要去宣传，还要对老百姓讲解中医药的好处，如果你们都不懂，你们又拿啥子来给老百姓宣传呢？你们说是不是嘛！"

编印中医知识挂图和手册。要把传统中医药普及到广大的农村群众，仅仅靠每组 1—2 户的种植示范和每组 1—2 名骨干推广肯定是不够的。于是，绥江确定了 50 来种最常见最常用的本地中草药收录到挂图中，将草药的图片、标准名称和俗称对比、性状、功能与主治、毒副作用等用文字标明，按中草药功效分类排版（如清热解毒类、补益类、跌打损伤类等），方便群众按图识别和指导应用。很快，5 万套《绥江县常见中草药挂图》和 5 万册《绥江县中医保健手册》分发到绥江农村的每家每户。

全民免费开展健康体检。为有效解决山区群众有病不知、小病拖大，进一步缓解因病致贫因病返贫的问题，绥江县将全民免费健康体检工作纳入试点工作重点内容。体检对象为 7—64 周岁之间公共卫生服务未覆盖的全体人群，并在一般体格检查、B 超检查、血液生化检查（肝功）常规体检项目的基础上，增加了中医体质辨识项目。通过健康体检，群众“健康体检，有病早知”“衣烂从小补，病从浅中医”的理念得到提升，“治未病”的健康观念逐步得到广大群众的认可。

中医知识进校园入课堂。“提升中医养生保健意识和健康意识，从娃娃抓起。”绥江在推广普及中医药工作中提出“编好一本书、上好一堂课、考好一场试、办好一个园、开展一活动”5 项措施落实“中医进校园”活动。省卫计委副主任兼省中医药管理局局长郑进对绥江中医进校园工作评价说：“绥江县通过 5 个一措施，将推广普及中医药从娃娃抓起，在他们幼小的心灵里播下一颗中医药的种子，将来一定会发扬光大！”

“试点经验”走进国家级会议

2015 年 9 月，试点工作一年后，发起者中央群众路线教育第三巡视组组长张维庆，决定在四川泸州召开试点工作推进会，在会上，绥江县试点工作的定位和做法，特别是将中医药推广普及到广大的农村，得到了高度的肯定和表扬，同时要求其他试点县按照绥江县的做法进行推广。2015 年 11 月，云南省政府在绥江县召开了云南省试点县现场办公会，再次对绥江试点工作的定位和做法给予了高度肯定。2017 年 1 月，在北京召开的全国中医药大会上，绥江县作为唯一的县级参会代表参加会议，县委书记杨淞在大会上对绥江中医入户工作做经验交流发言，受到了时任国家中医药管理局局长王国强的亲切接见。2017 年 4 月，在山东省济宁市召开的全国健康促进大会上，绥江县又作为唯一的县级参会代表参加了会议，县人民政府分管副县长徐瑞兵在会上对绥江中医入户工作做了经验交流发言。2018 年 1 月，第四届全国少数民族医药工作会在北京召开，县委杨淞书记在大会上对绥江中医入户工作做经验交流发言，受到了时任国务院副总理刘延东同志的亲切接见。2018 年 8 月，全国人大环资委副主任、农工党中央专职副主席龚建明到绥江调研中医入户工作；2019 年 4 月，国家中医药管理局原局长王国强到绥江调研中医入户工作。同时，绥江县中医入户工作还入选了中央党校 2017 年党的建设与思想政治工作优秀成果汇编。

（作者时任绥江县人民医院党总支副书记）

农家书屋：扶智小助手

杨　芳

“我家今年猕猴桃收成不错，你家呢？”“我家也是。”在绥江县会仪镇会仪村农家书屋里，村民们一边翻看着书籍，一边你一言、我一语，聊得乐开了花，脸上满是丰收的喜悦。

农家书屋工程是为满足农民文化需求，建在行政村，且具有一定数量的图书、报刊、电子音像制品和相应阅读、播放条件，由农民自主管理、自我服务的公益性文化场所。2008 年以来，绥江县建成农家书屋 35 个，覆盖了当时全县所有的行政村和社区，每个书屋均以 1200 种书籍、一台专用电脑的标准进行配置，同时还设置了专职的管理员。

农家书屋建立初期，很多群众不知道那里是干什么的，书屋管理员向到访的农民群众讲国家建立书屋用途和作用，让更多群众了解书屋并走进书屋。一过农忙有空闲时，村民们就三三两两扎堆在书屋，看书读报、交流聊天，特别是李子、猕猴桃、方竹等一些适用的种植管理书籍，很受村民的青睐。

新滩镇银厂村银厂片区支书牟本棋，2008 年 10 月应聘为银厂村农家书屋管理员。在工作中，牟本棋爱岗敬业、勤勤恳恳、任劳任怨，热忱为村民服务，受到了村民的真心拥护，被村民和小朋友称为“开心书屋叔叔”。目前，银厂村农家书屋占地面积 50 平方米，藏书 2000 余册，品种齐全。

牟本棋将各类图书的分类、编号等都做得井井有条，同时利用公开宣传栏积极向村民宣传各种方针政策，提高了广大村民对农家书屋的知晓率，很快吸引了许多村民前来借书阅读，使全村形成了群众看书读报，参与健康文化活动的良好现象。为了提高图书利用率，在周末和寒暑假，他放弃了休息时间，专为“留守儿童”开放农家书屋，免费为他们辅导讲解，“农家书屋”成为大家的“第二课堂”，也成为推动村民学习科学文化知识和农业专业技术的公益性场所。

在牟本棋的老家老鸦山，由于离村委会远，村级活动场所不能全面覆盖，而老鸦山上的1、2组共有80余户村民，仅留守儿童就有20余人。看到当地的群众在闲暇时除了看电视，其余的娱乐活动就是打牌，甚至搞封建迷信活动，小孩子就三五成群玩泥巴，他心中滋生了一个想法，要想方设法丰富山区群众和孩子的文化生活，形成一种积极向上的好风气。于是，牟本棋同老伴合计，拆了鸡圈、铲平了菜地，硬化出80多平方米的坝子，把楼下50多平方米的房间腾了出来，建成图书室，每周牟本棋都会按群众的要求轮换一批图书、报刊回家、让群众借阅。每到下午牟本棋家的院坝就成了孩子们相聚的老地方。当问到牟本棋说你累不累时，他开心地说，只要看到学生娃娃和中年人都喜欢到我这儿借书看，我就很满足，很开心。

夏月，银厂村10组村民，因国家政策调控，在2010年关闭了自己的煤厂，苦于找不到合适的发展项目，在一个偶然的机会走进农家书屋，在农家书屋看到了猕猴桃种植技术的科技书，一看就是一天，索性把书籍借回家慢慢看，这一看，夏月发现种植猕猴桃蕴藏着巨大的商机，于是拿着书籍请教农技站的同志，后经多方实地考察后，从四川省都江堰引进了5亩猕猴桃种苗，便开始了猕猴桃特种种植之路……通过边学习、边试种、边总结，成功掌握了全套种植技术。几年间，银厂村猕猴桃种植风生水起，夏月成为本县有名的猕猴桃特种种植能人。同时，还成立了猕猴桃专业合作社，社员发展到230户，种植规模迅速扩大到1250亩，实现合作社年均2000余万元的经济收入。

陈永富是会仪镇大河片区的片区支部书记，在家里养了肉牛 18 头，牛经常生病，这让没有养殖肉牛经验和养殖技术知识的陈永富很是头疼。为了防止肉牛生病死亡，自己盲目地给肉牛打抗生素，结果毫无作用。就在苦于找不到合适解决办法的时候，陈永富到村委会看见了一间小屋子，里面放满了书籍，他找到了几本有关肉牛养殖技术的科技书，如获至宝，便询问管理员是否可以借回家学习，书屋管理员做好登记后，他便拿着书回家去了。回到家中他一边学习、一边总结，针对自家肉牛的情况，在书里慢慢找寻答案，他按照书里的方法定时定量用中草药喂养肉牛，功夫不负有心人，慢慢地他家的肉牛变得健康了，也不再生病了。“是农家书屋解决了我养牛的问题”，陈永富常常笑呵呵地这样说，就这样，他成了农家书屋里的常客。后来慢慢发展壮大规模，他成了会仪村的养牛大户，还经常去给其他村村民的牛看病，给大家讲解肉牛养殖技术。现在逢人就说：国家在我们村里建的农家书屋真是好啊，国家花钱买书、建书屋，都是为了解决我们农民群众买书难、看书难的问题，遇到困难可以就近、在本村就找到解决的办法，真心地感谢国家、感谢党和政府啊！

扶贫先扶智，自 2008 年到现在，绥江县通过 12 年对基层农家书屋的常抓不懈，全县 35 个农家书屋在基层生根发芽，缓解了农村群众“看书难”的问题。同时，通过到书屋学习，掌握科学合理的种养殖技术，也让许多群众在此找到了发家致富之路，发挥了扶智小助手的作用。

（作者时任绥江县图书馆馆长）

大山深处喜事多

李兴才

大山深处，公路通了，村民富了，红红火火建新房，热热闹闹迎新娘。一件件喜事，一声声感谢，看着挂钩的贫困户那充满幸福的面容，我们感到由衷的欣慰。

卡户脱贫迎新娘

“啪啪啪……”芭蕉溪大山沟里鞭炮声久久回荡，原来是互助村 23 组脱贫户杨开义家娶儿媳。杨开义，家庭人口 5 人，2013 年因缺技术和交通条件落后被评为建档立卡户，挂钩帮扶以来，政府解决了交通问题，挂钩干部推荐了就业。这不，道路整洁通畅了，就业稳定了，收入丰盈了，住房加盖了一层，日子好过了，媳妇也好找了。2018 年 5 月 22 日，杨家张灯结彩，喜迎儿媳进门，我们几个挂钩干部下乡走访时，正好遇着这桩喜事。那叫一个热闹啊：抬餐打掌盘、上烟酒、收碗筷、铺桌布，远亲稀客们在坝子里拉家常，小孩子们穿着新衣服在路边玩耍，展现了一幅喜气洋洋的新农村画面。

“新来的客人，请找地方坐下休息。”主持人在大喇叭里高声喊着，我们挤到坝子边，一会儿，杨开义从堂屋走出来，热情地给我们找板凳陪我们坐下。他眼里布满血丝，略显疲惫，但还是掩饰不住内心的喜悦，他说：“自从有了你们挂钩干部的帮扶，路也修通了、硬化了；以前的房子不够住，现在又加盖了一层；儿子以前没有技术，去打工没有地方要，现在学会了塔吊技术，到处工地上都要他做活，一个月最少都要挣6000块。现在是收入增加了，环境改善了，媳妇也进门了。说到底还是要感谢共产党，感谢我们的政府，感谢你们挂钩干部呀！”我握着他的手说：“习总书记要求我们守初心，担使命，我们只是在本职岗位上务实工作，做了自己应该做的事情而已，只是给你们引导，这一切幸福，还是归功于你们自己身上那股自强不息、吃苦耐劳的劲儿，最终才探索出这一条致富的路子。你们过上了幸福生活，我们真诚地祝贺你，也为你们的幸福生活而高兴。”

休息了一会儿，主持人招呼我们上桌吃饭，几个平时都很熟悉的村民老哥陪我们坐下，每人面前放了一碗自家酿的苞谷酒。我们说工作中有要求，不能喝酒，一位老哥拍着我的肩膀说：“入乡随俗了，这么大的喜事面前，不喝酒就是看不起我们。”杨开义的父亲杨洪修老人家看见我们，走过来与我坐在一根板凳上，拉着我的手：“今天我们家接孙媳妇，是不是大喜日子？你们是不是‘第一户主’？既然是，这碗酒就必须得喝！”村子里的风俗、村民的热情，让我们实在招架不住，不喝酒恐怕是走不了了。

喜迁新居进县城

“要感谢你们，感谢政府，更要感谢党，有那么好的政策，我们才能住那么好的房子啊，政府帮我们挪了穷窝，现在一切都是新的，新的环境，新的生活，有了新的奔头，我们一定不辜负党和政府的期望，争取脱贫致富，过上幸福的新生活。”原居住在大山深处的易迁户苑正贵激动地说道。2019年1月15日一早，天还没亮，自然资源局仓库就热闹起来了，徐永刚、徐文莉等同事在仓库帮助苑正贵等易迁群众搬运物资到兆佳坝易迁安置点，为图个好兆头，要从天黑搬到天亮，寓意生活越变越好。

天灰蒙蒙亮，兆佳坝易迁安置点却已是热闹非凡。有的忙着帮贫困户清点分配的碗柜、棉被等；有的忙着搬东西上楼；有的则是拉着贫困户的手一再交代进城后的注意事项，要不是年龄有差距，我还以为是教自家小孩怎么独立生活呢。新家中，唐锦弘忙得满头大汗，帮贫困户铺床、打扫房间、安装衣柜、检查水电设施。

经过一天的努力，将新家安置完后，他们将新居钥匙交到易迁户手中，完成了“交钥匙工程”，易迁户们从此有了在县城的新家。

“第一户主”

2018年8月，单位调整了挂钩对象，我的同事刘小勤帮扶吴正祥这一户。第一次来到吴正祥家，走到院坝边，她就犯了难。因为下雨，院坝里的稀泥看起来有5厘米那么厚，而且很松软，踩满了深深的脚印，好像一下脚就会陷下去似的。进到屋里，脏乱的鞋子和衣服满地都是，没有一件像样的家具，墙壁也没有粉刷白，显得整间屋子黑乎乎的，为了调查家庭基本信息，她在一张摇摇晃晃的桌子边坐下来，询问着并小心翼翼地在笔记本上记录着。

吴正祥介绍道：“家里有五口人，老两口和一个儿子两个孙子。”刘小勤问他：“那现在家里人都在哪里？做什么事呢？”他说：“由于我们这里是高山，路不通，上个街都要起早摸黑的。我老伴儿的腿是残疾的，不能下地干活，家里穷，媳妇娘家不同意这门婚事，小孙女吴杨男才三个月大的时候，媳妇就回娘家去了，现在孩子一岁半了，她都没有回来过。儿子吴朝文为了出去挣钱，把两个孩子留在家里，我每天都要接送孙子吴杨帅上幼儿园，还要带孙女，有空才能去地里干农活。生活太贫苦了，我都不打算让孙儿继续上幼儿园了。”

身旁的小女孩，脏兮兮的脸上一双好奇的大眼睛望着我们，让我们这些叔叔阿姨心里很不是滋味……

从那一刻开始，刘小勤真正成了吴正祥家的“第一户主”，只要一有符合他家的帮扶政策出台，就第一时间和吴正祥沟通研究，最大程度让他们享受脱贫攻坚帮扶政策。要种甜柿子了，盘点空闲的土地，计算种植的面积，打塘的时间，搞懂种植的技术要点；要打院坝、室内找平、粉刷内墙、硬化户间道了，丈量面积，分析建设标准，估量材料需求，安排材料进场、搬运、施工时间；老伴儿白水兰的关节炎严重了，又积极帮助联系医院，预约医生检查、确诊、手术等。

三年来，刘小勤每个月都会下去五六次，除了帮助他们解决生产生活发展问题，还最喜欢去看两个小不点儿，给他们带点衣服、零食去，帮孩子检查家庭作业，教他们收拾房间、打扫卫生，一起拿上垃圾袋去路上把垃圾清理干净，毫不吝啬地给予两个孩子缺失的母爱。

现在，吴朝文通过技能培训，在外面工地上干活，每月有 5000 元以上的收入；种植了 6 亩方竹、10.5 亩甜柿子；水泥道路四通八达，户间道到了家门口，院坝也硬化了，室内也搞了装修；供水管网入了户，用水非常方便；家里还增加了好几样家用电器，年人均纯收入达到了 6298 元，妻子割舍不下两个孩子，又回来了，生活是越来越好了。

“感谢党的好政策，也感谢你们这些挂钩干部。我们的生活越来越好了，婆娘也回家来啦！”吴朝文拉着刘小勤的手说个不停。

“感谢我的挂钩干部”

2019年1月15日，互助23组召开“321”群众工作大会，会议主题为“自强、诚信、感恩、幸福”。群众参会积极，凡是在家人员都参加了会议。

会议隆重进行了升国旗、奏唱国歌，在挂钩干部的领唱下，全体群众还齐唱了红歌“没有共产党就没有新中国”。群众代表刘明荣拿着《脱贫光荣证》，激动地讲：“我原来的住房，风来摇晃，雨来漏水，住在自己家里一点安全感都没有，就怕哪天一阵大风就把房子给吹垮了。现在可好，享受了农危改政策新建了一层砖混结构的住房，很安全，管他啥天气哦，都可以安心睡大觉了。特别是我这个严重的肺病，走点路都觉得累得很，呼吸困难，一点农活也干不成，在县医院医了几年，每年多数时间都在医院看病，要不是现在交了医疗保险，政府帮我们报销，解决了大部分医疗费用，我根本医不起这病，命早就没有了。我真心地感谢共产党，感谢我的挂钩干部。”

（作者时任绥江县自然资源局法规监察股股长）

用爱铺就脱贫路

欧利琼

我挂钩南岸镇胜利村 13 组棋柑树和老房子片区 18 户农户，到 2020 年已有五个年头了，从开始的请人带路入户，到如今穿梭每家每户、田间地角，与大人小孩、男女老幼熟悉招呼，和挂钩群众建立起了良好的信任关系，大家都亲热地称我为欧二姐、欧二嬢，家里有什么事都愿意和我聊一聊，说一说，我也竭尽所能关爱挂钩的所有群众，从米、药、饲料、衣物、餐具、家具、生活用品购买，到生病慰问、住院看望、推荐工作事无巨细，帮助挂钩户办理残疾证、转院证等是常事，挂钩帮扶五年来各项帮助个人出资已达 3000 多元。在这最想说说其中最特殊的建档立卡户肖体明和朱定康家的变迁情况。

一个特殊家庭

建档立卡户户主肖体明精神残疾三级，胜利村有名的“肖疯子”，常捡村里别人不要的死猪肉吃，病一发作，房前屋后，拦车阻路，吵闹不休，通夜不得安宁，左邻右舍很是不满。女儿肖代碧精神残疾四级，无文化，精神状况时好时坏，上门女婿张长炳年长肖代碧20岁，为维持家里的生活，经常外出务工，无法专心细致地照顾家庭。2016年，外孙女张意鑫刚上小学一年级，又添一弟弟，生活很是窘迫。村委会想方设法帮他们家在2013年建起的安全住房，室内空空如也，大门都没有安装，外人可以随意进出她家，一家人的床都是用木块锤钉搭起的，家里那个脏、乱、臭呀，真是不可想象，进屋都要鼓足勇气才可入内，几分钟就得赶紧出来！懂事可爱的张意鑫小女孩就生活在这样一个让人无奈的家庭里，刚上小学时，非常内向与自卑，不愿与他人交流，眼神都不敢与他人对视，多说几句关心关爱的话，就满眼含泪，让家有女儿的我心生怜悯，甚是心痛和难过。

尽一份“妈妈”的责任

作为第一户主，我没有嫌弃、退缩，我们挂钩干部全体总动员，帮助肖体明户彻底大扫除，整治脏、乱、差。仅第一次打扫，房前屋后和家里就清理了10多筐垃圾。在这5年的帮扶时间里，我邀约总工会全体干部职工为其打扫卫生十几次，自己一个人为他家整治环境卫生的次数已经记不清有多少次了。每一次到他家，都要简单地整理家务。肖体明的外孙女张意鑫当时已经七八岁了，但是生活在这样一个家庭，从生活习惯到与人相处，都没有人能正确地教导她。我充当起爱心妈妈的角色，教她如何帮助家庭搞好环境卫生；为她购买了一个漂亮的简易衣柜，从乱七八糟到摆放有序，与其家人做工作，让小女孩自己分室居住，告诫她要有个人安全意识，教她如何正确地铺床叠被、洗衣服、洗脸、洗脚、刷牙，贴心指导如何管理个人卫生，细心教导到小内裤、外衣裤袜要分开洗这些私密话题；教导她要养成良好的学习习惯，要照顾弟弟、督促父母讲究卫生、帮助整理家务等等。有个别农户说，你又不是她妈，管这么宽干吗？我说：“我是一个妈妈，她家这种情况，虽有妈在，但和留守家庭没什么两样，孩子不仅仅只是让她活下来那么简单，教育也非常重要，既然我是他们家的帮扶干部，我就要竭尽所能去帮助她们，尽一份‘妈妈’应该尽的责任。”

希望的阳光

为树立张意鑫小朋友的自信，我选择了和她一起参加县上的关爱“留守儿童”大型手牵手活动，为她购课外阅读书籍、新衣服，带她到理发店打理乱糟糟的头发，让她干干净净、开开心心参加活动，也让她开阔眼界、树立自信。之后这些年，明显感觉小意鑫懂事多了，在家里常清扫、爱整洁，表达能力、学习能力、学习成绩上都有明显改善和提高，说起话来都带着一副笑脸，乖乖的样子与以往判若两人。看到孩子的改变，我倍感欣慰。

精准扶贫就像一道和煦的阳光，照亮了留守儿童内心阴暗的角落，重燃了生活的希望。我还多次与单位领导、村社干部一起入户研判，顶着被误解的压力，带领精神残疾与智力欠佳的肖代碧办理贷款加入村社新集体经济组织，2018 年、2019 年分红累计达 7020 元；与乡村医生一起上门为肖体明进行体检，帮他家办理住院手续、办理户口等等，俨然成了他们家主事的一员。“积跬步以至千里”，如今，与将上小学五年级的小意鑫聊起未来的前景，她眼里满满的期待，为此，我还特地为她一家人制作了一本具有非常纪念意义的相册，并特别叮嘱由小意鑫负责保管好，为将来长大成人后保留一份难忘的回忆。

“喝杯蜂蜜水”

“这次脱贫了哂，你们怕不经常下来了哦，这些年你们很是辛苦，要不是国家的政策好和你们的帮助，我家住不上现在的砖房，电灯电线给我安得巴巴适适的，院坝给我打得平平整整的，卫生厕所给我改造好，不是哂，现在上原来的茅厕都下不克了，还经常来给我换洗水缸、打扫卫生，我都没得啥子感谢你们，以后你们还是经常来哈，我老头子在一天都欢迎你们来家坐坐，没啥招待你们，喝杯蜂蜜水是可以的。”这是2020年8月接受普查过后，88岁的朱定康老人依依不舍的话语。

朱定康家是建档立卡贫困户，家庭人口3人，他和老伴苟悦伦两位老人均已80多岁高龄，曾经摔伤后严重的肋骨变形让老伴步态佝偻蹒跚，走路用一把镰刀拄着，儿子朱自兵患有癫痫病，经常发病，必须长期服药保证身体正常。老两口平时在房前屋后菜地里种些菜，养有10来箱蜜蜂，每年能摇二三十斤蜂蜜，添补家用，其余收入靠领取低保、养老、高龄补助生活。朱自兵在外务工，同姓的老板出于同情接收他在经营的洗涤台布厂看门，接济他维持基本的生活和发病时入院的应急治疗。两位耄耋老人居住在常年失修的土木结构房里，承受不了风雨的老屋总让人担惊受怕。

2015年秋，总工会挂钩工作人员刚刚进入胜利村13组，就协助他们申请农村危房改造拆除重建，最终说服儿子朱自兵在家协助修建，及时建起了安全保障住房，老了还能住上安全、安心的住房，朱定康老人把这件事常挂在嘴上念叨。

2017年第二批调整挂钩，我接手负责朱定康户后，认真研判他们家的情况，咨询、跑腿、出力、出主意这些事全部承包。“老辈子，你好几天吃不下东西，我给你买了几个包子，软软和和的好吃得很，你吃点吧！”我把包得严严实实热乎乎的包子递到重病在床多日、不思茶饭的苟悦伦老人手中，老人巍颤颤的双手欢喜地接过并吃下了大半个。看到老人吃下点东西，我比自己吃了还高兴。无论冬日严寒、夏日酷暑，只要下乡之日，朱定康老人的家是必入之户；为他们买点常用药、糕糕点点、防寒衣物是常事。该户虽然建好了安全住房，但是没有资金进行入户路、电灯、电线、厕所、院坝改造，两位老人常年在家生活还是不方便，我及时反映到单位领导、驻村工作队、村委会，争取到了生活居住条件补短板资金，盯紧改造，对朱定康户进行了大改造。我还手牵手把苟悦伦老人接到民政局集中办理残疾检查登记，为她鉴定残疾等级，并申报享受残疾补助，钱虽然不多，但老人心里热乎。2019 年 5 月，苟悦伦弥留之际，恰逢我在外出差，老人念念不忘："这欧二姐好久没来，我怕是等不到她了……"回来听到朱定康老人讲起这一幕，未能送上老人最后一程，我感到十分遗憾的同时，也深切体会到老人深深的牵挂感激之情。

（作者时任绥江县总工会二级主任科员）

扶贫先扶志

赵旭良

习近平总书记于1989年10月在宁德工作时就提出扶贫先扶志，先要解决思想上的贫困问题，扶贫先扶志，富民先富脑。我接受组织和单位的委派，到绥江县南岸镇胜利村驻村五年来，亲眼见证了王国友所走过的脱贫路，这就是一个扶贫先扶志的典型。

从祸不单行到以难为难

王国友本是一个吃苦耐劳的人。然而，天有不测风云，十年前，在外打工的时候，他得了一场大病，长期卧床不起，由于丧失了劳动力，失去了经济来源，不久后，他的妻子就狠心扔下8岁的王晓琴和6岁的王艳两个女儿离他而去。妻子离家出走，家里无依无靠，王国友万般无奈，只得强忍病痛，拖着病体下地，从事农业生产劳动，耕田种地，以此养家糊口，带着两个女儿艰难地生活。由于长时间的病魔和生活的无望，他一度产生了厌世情绪，几次想自寻短见，但看到两个未成年的女儿，又一次次打消了念头。他坚强地忍耐着，顽强地支持着整个家庭。为了寻找经济来源，增加经济收入，他不得不一个工地一个工地去求告打工，然而，老板们见他病恹恹的样子，没人想、也没人敢收留他打工。万般无奈之下，他只好给哥哥说一声帮着照看一下两个孩子，就独自出门，游走乡村，过起了流浪的日子。在温饱无着，居无定所的日子里，他意志消沉，往日的那种信心满满，吃苦耐劳的精神，消失得无影无踪，整天沉溺于酒精的麻痹和赌博的发财幻想中。全村人见到他自甘堕落，不思进取，都只有摇头叹息。

五年前开始的精准扶贫工作，我接受组织和单位的委派，抽调到胜利村驻村工作队。当我和挂钩干部黄玉昆第一次踏进他家时，就被眼前的场景惊呆了。在王国友哥哥房屋的旁边有一间低矮的小偏房，房屋狭小，里面昏暗潮湿，散发出阵阵难闻的霉臭味，两个小女孩蜷缩在小床上，两双大眼睛充满着惊恐和敌意。我们问了半天“你的大人呢”，她们才怯生生地回了句“不知道”。我们经过走访周围的群众才知道，王国友已经很久没有回家了，一直在外飘荡，丢下自己的女儿，漫无目的地游走乡村，过起了居无定所的日子。两个孩子也无心上学，整天待在家里玩耍，饿了煮点面条充饥，实在没有办法的时候就到伯伯家蹭一顿饭吃，她们姐妹俩就这样艰难地生活着。看着眼前的情景，我们的心被深深地刺痛。我们下定决心，一定要想尽千方百计，解决他们一家的困难，让他们一家得以改变现状，过上“两不愁、三保障”的生活。

从“要我读书”到“我要读书”

说干就干，我们立即行动起来，帮着孩子们打扫房间，为她们做了可口的饭菜，给予了她们父母般的温暖，了解她们的生活情况，与她们沟通交流，让她们感受到社会的关爱，生活的温暖。经过我们多次上门交流和多番做工作，她们的行为习惯也慢慢地发生了改变，再见到我们时，孩子眼睛里的敌意消失了，心扉打开，笑容满面。孩子直白地对我们说："我们没人管没人要，读书有什么用？"我们耐心地开导她们说："放心吧，我们就是你们姐妹俩的爸爸妈妈，我们要管你们，你们就是我们的女儿，我们像疼爱自己的女儿一样疼爱你们，关心你们。你们只有读书才能增长知识和才干，才能脱贫致富，才能有好的出路，过上更好的生活。你们一定要上学读书，学习知识，学习文化。"

经过多次往返，多方奔走，克服了各种困难，我们为孩子联系了学校和班级，又把学生帮扶和扶贫帮扶责任调在我的名下，我省吃俭用，给了两个孩子生活费，两个孩子终于高高兴兴地进了学校。从此以后，每当两个孩子的生日，我都会发一个红包并送上祝福，表达我对她们的关爱，让她们感受到人间的温暖。周末孩子回家，我就买上肉和菜，亲自下厨为他们做一顿可口的饭菜。特别是王晓琴考入绥江县职业高中后，我亲自送到学校并与校领导交谈情况，落实好助学金、贫困学生减免和雨露计划等政策，让她享受到国家和学校的资助政策，解除后顾之忧，让她得以安心读书，顺利完成学业，将来学有所成，成为社会的有用人才。

功夫不负有心人，在我们的帮扶和关爱下，两个孩子不但自己用心读书，还帮我一同做起了她们爸爸的思想工作，让她们的爸爸转变思想观念，改变生活习惯，树立信心，改变生活现状。五年过去了，如今，王晓琴在今年提前考上了云南林业职业技术学院，跨进了大学的校门，王艳也在县职业中学读高二，前景美好。

从"要我脱贫"到"我要脱贫"

经过多方联系，我们费尽周折，终于从牌桌子上找到了不顾家、不顾女儿的王国友。他当时还执迷不悟，极不情愿地说"找我啥子事，我忙得很”，我们说明来意并对他宣传扶贫政策，他一口拒绝说“我都这么多年了，哪个管过我，你们这些都是哄老百姓的。你们不要耽搁我，我也不耽搁你们，你们找别家做工作吧，我的事我自己知道，不用谁管”。说完，头也不回又坐上了桌，再也不理我们，真是让人哭笑不得。我们第一次见面就这样吃了闭门羹。

在他一次次的拒绝中，我们更坚定了啃下他这块硬骨头的决心。一个周末，我把他女儿接出来，带上酒菜到他家。我对他说：“兄弟，今天我们以酒会友，喝个高兴怎样？”他再也不好拒绝。我们边喝边聊，女儿也在旁劝解。酒至半酣，他失声痛哭：“赵哥，其实我不是懒人，我也有自尊。但这么多年来都是在大家的白眼中度过，有谁还看得起我？”我对他说：“兄弟，没事，现在的扶贫政策越来越好，没有哪个看不起哪个，只要你努力，没有过不好的日子。”他的心结一打开，我们的心里话就多了起来。我们从治病聊到建房，再聊到找钱养家糊口。这一个下午，不知说了多少心里话，不知喝了多少酒，我们都把醉意写在脸上，把笑意留在彼此的心间……

经过多次努力，王国友心灵的创伤慢慢得到抚平，他身体的伤病得到救治。昔日那个斗志昂扬，信心满满的王国友又回到了人们的面前。这一年，在政策的扶持下他获得补助 2.5 万元，贷款 5 万元，建起了一栋砖混安全房，水、电、路等各项设施全部落实到位。两个孩子终于可以在向往已久的各自明亮的房间里做作业，过上平安幸福的日子了。

王国友身体慢慢恢复后，首先联系在他外侄的工地上做一些力所能及的工作，收入有了一定的保障。多年的交往，我们成了好兄弟，他随时在微信上聊他工作、生活的情况，我也随时和他交流两个孩子的学习、生活情况。心里的负担卸下，他干起活来更加有劲。近年来，各工地老板纷纷向他发出邀请，先后转战四川、江苏、浙江、广东等地。家庭人均收入从进入建档立卡时的 1633 元，上升到 2018 年脱贫时的 4244.29 元。享受各项政策达 20 多项，各项补助 5 万余元，除了打工外，他还入股村集体公司，每年获得不菲的分红，让他的钱包鼓了起来。

随着身体的逐渐康复，如今的王国友信心满满，浑身是劲，哪里有活干就往哪里钻。当我劝他别因为过度劳累而累垮了身体，他却毫不在意，他说："越是艰苦越需要找大钱，今年我要突破人均万元的收入大关。过年时我们一起吃烧烤，喝好酒。"听着他的一席话，想着与他一起走过的脱贫路，我的心里比喝美酒还要美……

（作者时任中共绥江县委党史研究室四级调研员）

爱心超市：你积分，我买单

陈德汶　侯文琴

“现在是下午 6 点，请各位群众来商量一个事。我们准备开一个小超市，但是超市里的物品不用钱买，钱也买不到，所有物品全免费。”“怎么可能有免费这样的好事，这不是天上掉馅饼了嘛”……开会的群众大家你一言我一语讨论开来，这是 2018 年 9 月 8 日凤池村十五组“爱心超市”公益活动启动仪式的现场。

整个事情还得从 2018 年 8 月 25 日说起，凤池村十五组挂钩单位团县委收到一笔爱心人士捐赠的衣服、学习用品等。对此，凤池村十五组开了一场别开生面的公益活动民主评议会，挂钩扶贫干部、村组干部、全体党员和群众代表齐聚一堂，紧紧围绕着“如何更公平地分发这批由爱心人士捐赠的衣服和学习用品”的主题展开讨论，现场立即炸开了锅。凤池村党总支书记廖玉华常年行走在扶贫第一线，他说：“过去，不管是部门帮扶的物资，还是社会各界爱心捐赠的物资，村里的贫困户都要求平均分配，久而久之，大家都养成了‘坐地等帮’的习惯。”借着民主评议会重提分配方案，干部群众各抒己见，群众代表梅建宏率先发言，表示要分配给家庭困难且勤劳肯干的人，坚决不养懒汉。党员何述清立马反驳，快人快语地说：“我建议既要照顾建档立卡户，更要鼓励好非卡户中的先进。”会议僵持不下，队长肖永华笑着说：“我有个建议，这些物资先不急着发，我把我家的房间腾出来免费当超市，我当老板，大家来买嘛。”“这是捐赠的东西，怎么能换钱呢！”“我说的买是这样的，以前做集体生产的时候大家可以用工分换粮食，现在这些物资也可以这样，比如参加了队上组织的大扫除就得一分，得分了就可以来超市换，不管你是卡户还是非卡户都可以来领，凭劳动所得，这样就没有人说啥了。”肖队长缓缓地解释着。团县委书记聂晓梅鼓掌说：“我觉得这个办法可行，扶贫更要扶志，以表现换积分，以积分换物品，让大家都有机会领取这些物品。”

作为2018年8月刚来绥江共青团工作的我，很难忘记这样一个场景，群众会积极配合吗？经过大家的积极讨论，挂钩单位整理出了运行模式，采取以“镇村定分、挂钩人员评分、群众积分、超市兑分”的形式开展。并实施接受物资、物资分值、积分评分细则、积分发放、积分兑换“五公开制度”，确保超市运行公平、公正、公开。积分以户为单位，卡户、非卡户均可自愿参加，同时设立光荣榜和曝光台，定期公布每个会员的积分情况，让村民在积分比较中看不足、找差距、补短板，及时改善自己平时的行为表现。把脱贫攻坚、环境卫生、移风易俗、孝老爱亲、尊师重教、邻里关系、集体观念等纳入评分标准，把外出务工、发展产业、见义勇为、各级表彰列为加分项，争当贫困户、大操大办、好吃懒做等列为一票否决。挂钩干部根据“678”制度进行入户走访和检查，小组会、圆桌会对加分扣分项进行核实评定并通过积分栏进行公示，经公示无误后每月28日即可按需换取由挂钩单位和爱心人士捐赠的日常生活物品，原则上一个积分可以兑换价值1元钱的物品。为方便老、弱、病、残、孕者，挂钩人员也提供“流动超市”送货上门服务。

超市的一整套流程做好了，但还需要取名字。党员李琴激动地说：“讲句心里话，我爱人患有先天性心脏病，家里有两个大学生，如果不是国家有这么好的政策，建新房、发展平菇、雨露计划、享受低保，我不知道这几年该如何过，挂钩人员、镇村领导硬是把我家门口的路都跑大了，我家的事就是他们的事，心早就连在一起了，不晓得爱心这个名字如何？”与会的群众代表和党员纷纷表示，扶贫工作就该这样，不能干部拼命干、群众站着看，甚至闹对立，干群应是一条心。

故事又回到了开头的一幕，简短的启动仪式结束后，我们引着各位群众到超市参观，衣服、学习用品、日常生活用品等摆满货架，全部都是爱心人士和挂钩单位、干部捐赠的。同时，超市还设有图书角、旧物交换中心、农特产品展示区等。领取存折即可成为“爱心”超市会员，全队共53户，首期加入爱心超市的群众共30户，我们为热情高涨的群众发放积分存折卡，并指导他们在爱心墙上写下自己的寄语。

9月28日上午，第一次进行积分兑换的时间到了。我和4名西部计划志愿者准时到达超市公布积分，30余名群众早已提前一个小时到达现场，伴随肖队长公布积分的笔，超市外汇集着整齐的声音：“张述彬13分、陈其昭11分、王周友14分……”王周友户因环境卫生整洁、女儿获得学校表彰荣登首批光荣墙，大家纷纷祝贺。经公示无误后即可领取物资，“你帮我看看我这里有多少积分”“我的积分可以兑换酱油吗”“大米要多少积分才可以拿一袋。”隔壁某公司负责办理手机业务的老板也过来凑热闹：“你这十几元的东西，大家还积极的很。我那电话值700多元免费送，还要来你这里一个个的请过去办理，给我也办一张，我好好表现，争取上光荣墙。”

拿积分换生活必需品是爱心超市社会扶贫的一项创新，每到物资兑换日，超市现场热闹非凡，我和几位工作人员核算积分、兑换日用品忙得不亦乐乎。“超市里的物品很丰富，只要大家努力好好干，就能积高分，拿到自己想要的东西。”我边为群众兑换物品边激动地说。这种“以奖代补、多劳多得”的脱贫正向激励机制，激发了凤池村民脱贫致富的激情和动力，干群都拍手叫好。自从“爱心超市”的开设，积分制管理的实施，村民生产生活条件得到很大改善，大到日常参加会议，小到环境卫生都是打分的范围，改变了不少群众坐等帮扶的现象和思想，真是起到了四两拨千斤的效果。以前开会要挨家打电话请，现在“比着干”成了常态，切切实实把“志智双扶”落到实处。在物资兑换的同时，“爱心超市”物品种类由社会捐赠、帮扶部门献爱心等方式不断扩充丰富，并将募集的物品统一登记造册。

就是通过这样一个小小的“爱心超市”，简单的积分模式让挂钩群众互相比赛，积极参与到农村环境卫生整治、志愿服务活动当中，强化主人翁意识。队长肖永华和我们交流时感叹道：“以前，提起组织村民参加公益活动就头疼。‘爱心超市’的建立，让大家的心态不一样了，也让村貌焕然一新。大家不仅不乱丢垃圾，还会提醒家人、邻居不要乱扔垃圾，主动捡拾田间地头的白色垃圾。”更让肖队长欣慰的是，今年雨季雨水多，便道容易滑，孙坪贵老人带着孙子、孙女主动修理起便道。肖队长在微信群里一喊，小到2岁的小孩，大到70岁的老人积极响应，30余名群众扛起锄头、扫把用了2个小时就把近1公里的乡间小道打扫得干干净净，并且小学生、中学生、党员、群众、低保户等对路段进行分段管理。卡户张述彬没有再与母亲争执，衣服整整齐齐地放进了衣柜。逢人便说多干一点，挣些“爱心超市”的物品，有面子也实惠。现年46岁的农妇李琴，是凤池村15组贫困户，虽然因老公患有先心病和两个孩子上大学而致贫，但一家人表现好、积分高，是“爱心超市”里用全家高积分兑换到超市好物品的“常客”。说起其中经验，李琴说：“在日常生产和生活中，我和家人严格参照评分中加分项和减分项的条款、内容，并用来指导全家人的思想言行：不乱扔垃圾；遵纪守法；时刻保持户间道、院坝和住处的整洁卫生；积极参加扫除、培训、植树、开会等集体活动；大力发展养猪、种菌子等家庭产业；鼓励孩子好好学习、多拿奖状；热心帮助困难人员……脱贫本身就是自己的事，做的那些事也都是咱的本分，没想到还能兑换东西，这政策好，以后就要多干事。”

现在53户群众已全部报名加入超市会员，提振了村民的精气神，刮起了山村的“文明风”，弘扬了时代的新风尚，让干部群众真正爱心，在脱贫攻坚、乡村振兴、文明创建、美德传承等方面发挥了巨大的“鲇鱼效应”。

（作者均系共青团绥江县委工作人员）

弱肩担重任　为民谋保障

杨陆斌

初来民政小露身手

2013年11月的一天下午，分管领导李跃会带着一个陌生女孩走进了办公室，向大家介绍，“这是新考入县民政局的赵音兰同志，大家要多带带。”我认真地打量着她：一头乌黑的长发，一双扑闪扑闪充满着好奇的大眼睛，鹅蛋似泛着红晕的白皙面孔，近一米六的匀称身材，简约的羽绒服和运动鞋，浑身上下洋溢着刚刚毕业的大学生气息和“90后”青年的青春活力。我们谁也没有想到，正是这个略显青涩的女孩子，今后会迅速成长为一个业务能手，并在脱贫攻坚工作中用她那双柔弱的肩膀担起农村低保兜底保障工作的重任。

赵音兰入职是在绥江县2013年城乡低保规范化管理工作的收官之时，农村低保正处于县级数据汇总阶段。由于当时“云南省社会救助信息系统”尚未全面启用且功能不完善，昭通市各县区都是采用的EXCEL电子表格方式来对低保数据进行信息化管理。赵音兰只用了半个月时间就很好地掌握了低保数据处理的要求和方法，从一个不太会使用EXCEL电子表格的英语专业学生，成为一个能够熟练进行EXCEL操作的合格工作人员。在和我进行多次研究商讨后，她通过规范数据格式、严控录入质量、校验问题数据等方式，从信息化管理层面极大提升了农村低保数据的正确率和规范性，为之后的规范管理工作打下了坚实基础。从2014年年初开始，在她认真严谨的管理之下，绥江县农村低保的数据质量有了质的飞跃。

主动担当

2016年年初，考虑到农村低保工作面临的严峻形势和一个女同志的承受能力，分管领导李跃会副局长和我都多次找赵音兰谈话，了解她的想法，也有意让她和股室里的另一个男同志郑光孟互换分工任务，由她来管理城市低保，而农村低保则交给郑光孟来管理。每次她都会很认真地对我们说："没有关系的，我来这两年已经把农村低保这块工作理顺了，现在换小郑哥的话他也需要时间来熟悉，而且小郑哥两口子孩子还小，又没有老人帮着看小孩，他的生活压力挺大。我一个单身的，没什么负担，农村低保还是继续由我来负责吧，我相信我能行。"看到她态度坚决，说的也有道理，李副局长和我也就不再坚持调整内部分工的想法。

我年轻，挺得住

2016年4月12日，昭通市民政局召开了城乡社会救助系统数据录入推进会议，要求各县区必须在省民政厅要求的4月20日前顺利完成所有低保数据的录入工作。面对庞大的低保数据，全县社会救助战线的工作人员都感受到了前所未有的压力。4月15日，赵音兰对各镇反馈的名单进行汇总检查，19708 条农村低保人员信息全部符合系统录入规则，并顺利通过数据录入模板导入到省厅系统内，所有数据进入县级审批阶段。因系统内的审批操作只能人工进行，且全省同时操作的人太多，导致数据服务器卡顿，审批效率很低，因此那几天我们办公室的人全部都在加班，到了饭点就订几个外卖盒饭填下肚子，从早上 8 点进办公室，基本要干到晚上 8 点才回家，而赵音兰每次都是最后一个离开的。

4 月 20 日 7 点 40 分左右，我以为自己是第一个到办公室的，谁知一进门就看到赵音兰在办公桌前坐着。看到她充满血丝的双眼和有些萎靡憔悴的脸，我吓了一跳，问道："你在这里干了一个通宵吗？"她说："是呀，数据量太大，眼看今天就要到上级规定的时间节点，我就想趁着晚上人少，系统网速快，多审批一些。还好，还差几十户就要完成了。"她边说边活动了一下因久坐而酸痛的脖子。看着她疲惫的样子，我觉得挺难受，对她说："慌啥子嘛，今天白天来处理也应该来得及。你一会请个假，回家去休息一下吧，剩下的数据由我们来处理。以后别这样做了，身体受不了。"她摇摇头说："没得事，斌哥，我年轻，挺得住。现在白天来咨询政策和低保待遇情况的农村群众有点多，我回去了，有些具体情况你们不熟悉。"我也只好摇着头说："那随便你吧，一会你抽空趴在桌上休息下嘛，感觉你都要成铁娘子了。"这个平时看着柔柔弱弱的女孩子就从前一天的早上 8 点一直工作到了当天下午 6 点。

白皮肤变黑面孔

2017 年，结合脱贫攻坚农村低保保障标准和扶贫标准两线合一工作，绥江县依托全县扶贫工作力量开展了覆盖全县农村人口的农村低保精准施保工作。作为农村低保工作的主管人员，从政策的制定出台到试点村的工作开展、各级工作会议的召开，处处都能看到赵音兰的身影。2017 年 9 月，新滩镇银厂村进行政策试点，她整整在村里跑了近 20 天。她指导挂钩人员入户调查打分、参加村小组和村委会召开的会议、对试点遇到的各类问题进行分类汇总并反馈回局里。那段时间她几乎都是白天下乡，晚上又在办公室整理相关信息和资料。20 天下来，因频繁的日照和不规律的饮食，她白皙的面孔被晒黑了，人也几乎瘦了一圈，本来就有些柔弱的身子显得愈加单薄起来。

2017 年 12 月，全县农村低保精准施保工作进入收官阶段，新产生的农村低保数据每天都由各镇汇总上报到她的手里，数据天天有变化，对象时时有调整，面对巨量的数据，她不得不每天都加班加点进行汇总更新和分析计算。在全县各级工作人员的有效配合下，经过近一周的前期数据处理和近 15 天的社会救助系统数据录入，精准施保工作终于在 2017 年 12 月 26 日前完美收官，当月农村低保对象锁定为 9832 户 19977 人，其中建档立卡对象为 13355 人。

成功的泪水

2018 年，在农村低保精准施保工作的基础上，绥江县进一步做好“无业可扶、无力脱贫”建档立卡贫困人口的民政兜底保障工作。为了全面掌握县域范围内兜底保障对象的真实情况，赵音兰入户调查兜底对象，几乎有一个多月都是在下乡，把全县的贫困村跑了个遍。

记得和她去新滩村 11 组下乡的那天，因为前一天下了雨，未硬化的户间道泥泞湿滑，她和我为了抄近路去一户名叫范发财的兜底对象家里，就决定从一条田埂小路穿过去。走到一半的时候，她踩到一丛草叶，脚下一滑就摔进了旁边的水田里，站起来后她的裤子和衣服湿了一大截，可她手里拿着的入户资料袋却干干净净没有一点污损！为了完成当天的入户任务，她随便用纸巾擦了擦衣服裤子就继续开始工作。经过大量的调查研判工作，绥江县兜底保障对象进一步精准，从年初的 733 户 1562 人减少为 581 户 1142 人。

2019 年 4 月 30 日，省委、省政府宣布绥江县实现脱贫摘帽，在知道这个喜讯之时，作为全县兜底保障工作领导小组办公室的最主要业务股室，我们办公室的同事们都高兴地叫了起来，赵音兰更是激动得流出了眼泪。

2016 年 10 月至 2019 年 9 月，绥江县累计发放农村低保资金 12431.73 万元，累计救助 41.39 万人次。在 2018 年进行脱贫达标检查时，绥江县共有农村低保对象 10232 户 20047 人，其中建档立卡贫困对象 6645 户 13719 人。在其他人看来，也许这只是一组冰冷的数字，可我看到的却是赵音兰为农村低保工作不辞辛劳艰苦付出的滴滴汗水，是她几年如一日兢兢业业而又默默无闻的平凡身影，她用自己那双柔弱的肩膀担起了兜底保障的重任，将保障困难群众基本生活这一目标落到了实处。

（作者时任绥江县民政局社会救助股股长）

康乐之家乐融融

周利杉

“老人家，你到这里来住得习惯不?”在康吉秀母子两人入住康乐之家一周后，杨治平来到康乐之家询问康吉秀老人。“习惯，习惯，这里真要比我的屋头安逸。我的娃儿在这里被工作人员照顾得好啊，天天都穿干净衣裳，天天都帮他洗澡，屋头又干净又亮哨，我们啥子都不用做，每天都有好吃的饭菜，连衣服也不用自己洗。没的事我还出去走了哈，认识了一些老年人，大家一起摆龙门阵，比在我自家的屋头住起闹热啊。”康吉秀老人向杨治平说着她们来到康乐之家后的感觉。“住得习惯就好，你看嘛，我们没有骗你撒，这里条件安逸得很。”看到老人住得很开心，杨治平也笑着说道。“还是共产党好啊，没有党和政府的这些政策，我们一辈子都在那个烂房子里面，吃也吃不好，穿也穿不好，连洗个澡都没的办法，我真的是做梦都没有梦到过这么好的地方啊。”说着说着，康吉秀老人竟有些哽咽。“老人家，不要这样子，你身体不好，情绪波动大了会影响你的健康。这些事情都是党和政府应该做的，我们的国家为什么要叫中华人民共和国，我们为什么要说为人民服务，就是因为我们党和政府心中装着的是群众啊。只有我们国家的所有人民都生活得幸福，党和政府才对得起人民的信任和拥护啊。”杨治平握着老人的手，凝重而又深情地说道。

像康吉秀母子这样的失能半失能特困人员，在入住康乐之家后，行为方式、生活方式的变化带来思想感情的变化，真正实现了“在扶贫的路上，不能落下一个贫困家庭，丢下一个贫困群众”的目标，打通了脱贫攻坚中最艰难的最后一公里。

2019年5月，绥江有失能半失能特困人员232名（其中：失能81人，半失能151人），分散供养在200多个家庭，占用劳动力400余个，给家庭带来沉重负担。失能家庭有迈不过的“三道坎”。一是精力之“坎”，一人失能，全家被困。许多失能贫困家庭成员，为了照顾家中失去劳动力、生活不能自理的成员，被“捆绑”住了手脚，无法创业就业，没时间没精力发展致富。二是经济之“坎”，一人失能，全家失衡。很大一部分失能人员需要长期治疗，医疗费用居高不下，使家庭背上沉重的债务负担；另外，失能人员吃饭、穿衣等基本生活不能自理，如没有全程陪护，极易引发失能贫困人员意外人身伤害事故，加重家庭新的经济负担。一家有贫困失能人员，全家就会陷入深度贫困之中。三是精神之“坎”，一人失能，全家都会有精神包袱。

实行集中供养，是社会的迫切需要。通过建设为失能半失能特困人员提供集中供养条件的康乐之家，提升失能半失能特困人员集中供养水平，可有效解决上述三大难题。绥江县康乐之家建设条件成熟，硬件设施方面，2018年年底，已经建成县城中心康养中心和板栗分院，共有床位380个。至2019年5月，仍有200余个床位闲置，能够为全县失能半失能特困人员提供优质的生活保障；政策资源方面，市民政局多次要求绥江开展先行先试工作，将绥江县集中供养工作做成全市的样板，提供资金保障。同时，县委县政府主要领导大力推动，县委杨书记、县政府马县长多次听取汇报并作出指示，要求尽快实行集中供养。

2019年6月中旬，县民政局在县城中心康养中心和板栗分院的现有条件下，进一步搭建机构、升级设施、健全功能、储备物资，正式设立康乐之家，对全县失能半失能特困人员集中供养。2019年6月19日，绥江县召开全县失能半失能特困人员集中供养工作动员会，失能半失能特困人员入住康乐之家的集中供养工作正式全面启动。六月骄阳似火，为了集中供养工作落实到位，动员会之后全县各级各部门迅速安排，全力行动，上下一心，密切配合，广大扶贫干部顶着炎炎夏日奔波在动员失能半失能特困人员的一条条乡村道路上。

民政局杨治平同志，扶贫挂钩大沙村7组，为了动员大沙7组的失能半失能特困人员入住康乐之家，他带领扶贫挂钩小组的组员们做了大量工作。不管天晴还是下雨，也不管是白天还是夜晚，在那段时间里，他们忙碌的身影穿梭在大沙7组的各个特困人员家里。2019年6月29日晚上8点过，在特困人员康吉秀家的昏黄灯光下，杨治平和陈天平两位群众工作经验丰富的同志轮番上阵，苦口婆心对她们进行第三次的动员。陈天平对康吉秀说道："老人家，你看嘛，你今年75岁，你儿子也53岁了，他脑筋有问题，身体也行动不便，你们自己在家里生活太艰难了。你自己的身体也不好，咋过能够照顾好你的儿子嘛？而且你们家里又没有其他的人，万一哪天你有个啥子状况，你说你的儿子他有啥子办法没的？"

康吉秀老人用浑浊的眼睛看了看陈天平，嘴巴微微地张了张，用苍老无力的声音说道："我们两娘母在这个屋头生活了几十年，喊我们搬家我怕我们住不习惯啊。"杨治平听到老人话语中已经露出了一丝松动之意，他趁热打铁，毫不在意老人和她儿子身上因长期没有洗澡所散发出的阵阵刺鼻味道，他挨着老人坐在条凳上，拿出包里的康乐之家宣传资料递到老人面前，耐心地说道："老人家，不要担心，你看看这些照片，这种环境咋过会住不习惯嘛。你看这里，这就是你们的寝室，就跟宾馆的标准双人间一样，你和你的儿子还是住在一起，房间里有独立卫生间，里面有马桶，还可以洗淋浴，安逸得很。你的儿子行动不便，我们的工作人员会帮助他洗澡换衣服，你们的铺盖床单整脏了也不用自己动手洗，都有我们的工作人员来负责清洗。再看看这里，这是我们的食堂，又大又亮哨，桌子和地板干干净净的，每天三顿都是荤素搭配，饭菜品种丰富，能让大家吃饱吃好，比进馆子都安逸。而且你们要是不方便去食堂，我们的工作人员还可以把饭菜给你们送到寝室里面来。再说了，你们去了之后如果真的住不习惯还可以回来的嘛，康乐之家是允许大家自由选择的。”

看着精美的宣传照片，听着耳边真诚的劝说，在经过多次反复动员后，这一次康吉秀老人终于作出了决定，她说：“要的，我们去住来试哈嘛。”这短短几个字的回答，让杨治平和陈天平两位同志由衷地笑了起来。之后几天，越来越多的失能半失能特困人员被动员成功，杨治平带领组员每动员成功一个特困人员就亲自为其搬家，办理入住康乐之家的相关手续。

经过全县干部职工的大力动员，2019 年 7 月 31 日，绥江县失能半失能人员特困供养人员 459 人中，除因不符合条件的 123 人和不需集中供养的 100 人，最终到康乐之家集中供养 234 人，实现了失能半失能特困人员集中供养率 99.1%。

（作者时任绥江县中心敬老院副院长、绥江县康乐之家主任）

有家有梦有未来

刘一静

很多人会好奇，儿童福利院是什么样的？里面的孩子没有爸妈、没有家是不是很可怜？他们是否穿着缝缝补补的“百家衣”，流着口水鼻涕，要在那里度过一个悲惨的童年？事实究竟如何呢，我们还是一起到绥江儿童福利院——“梦想之家”去看看，眼见为实吧。

我想有个家

小秋和小义两姐弟原本和酗酒的爸爸、智力一级残的妈妈居住在绥江县会仪镇三渡村，因经济困难纳入了建档立卡贫困户。2018 年 12 月，他们一家四口享受易地扶贫搬迁政策，住进了福兴社区 96 平方米的一套三室一厅一厨两卫的新房。本该越过越红火的日子，智残的母亲病情恶化全瘫在床生活无法自理，意识不清连小秋、小义的呼喊都没有回应。2019 年 6 月，长期酗酒的父亲又心脏骤停突然去世，这个家彻底的破碎了。当孩子的妈妈被送到“康乐之家”集中供养后，孩子的亲属因为各种原因无法监护两个孩子，绥江县当时又没有儿童福利院。经向市民政局请示后，儿童福利股同志不得不含泪把两姐弟送到外县的儿童福利院寄养。犹记得当时坐在车上，11 岁的小秋一直问我：“孃孃，我和弟弟搬了好多次家，我们怕得很，我和弟弟还回得来吗？”我红着眼告诉她：“我们民政局的杨治平局长叔叔说了，等我们的儿童福利院一修好，就第一时间把你和弟弟接回家乡！”

在两姐弟寄养在外县期间，我经常与对方管理人员联络了解孩子的情况，院长告诉我，小义自从被我们用车送来后，现在都不敢坐车，说担心又被送去更远的地方——听到这些，我心里十分难过：也许对小秋、小义来说，只想在绥江有个家。

4 月 24 日，绥江县儿童福利院正式运行，雪白的外墙上有代表梦想、代表希望的“梦想之家”几个蓝色大字。民政局局长杨治平亲自带着我们去，第一时间把小秋和小义接回了儿童福利院。那是院里像小秋、小义一样的孩子们梦想起飞的地方。这些孩子经历过家庭的变故、先天的疾病导致了心灵的残缺、性格的孤僻，他们过去是没有亲人关怀和温暖的一株株野草，现在来到了院里，这里就是爱他们的“爸爸妈妈”们为孩子们营造的一个“新家”。

我有一个梦

在院里照顾孩子们衣食住行的“爸爸妈妈”都是社会上公开招聘的，他们需要共同养育院里 36 名孤困孩子，营造一个温馨、安全和持久的家庭环境，守护着孩子们的“梦”。这些孩子最小的年仅 3 岁，有肢体或智力残疾的孩子，有等着做骨髓移植的孩子，有没见过父母从小行为缺乏约束和引导的问题儿童，有学习成绩优秀却寄养在亲戚家无力抚养的孤儿……因此，爱心和耐心是对这些应聘者最基本也是最重要的要求。

六一前夕，阳光和煦，铺满大地。两层 41 间房的“梦想之家”院内外到处绿树成荫，种植的三角梅红艳艳的，孩子们的笑声更是让“梦想之家”平添一份家的欢乐与温暖。院内除去25间儿童房，还设有图书室、乐器室、多媒体室、室内活动室等。孩子们有的在室外玩耍，有的在室内开心地做手工为迎接六一做准备。

11岁的小雅学习成绩优异，来院前和奶奶相依为命，不敢有梦想。现在她说长大了想成为救死扶伤的医生。3岁的小豪每个月都要到宜宾输血，他的梦想是可以健康成长。虽然他们身上都经历了太多的磨难，但是“梦想之家”给他们的爱没有残缺。有时候，一句简单的“进步了”只是陈述一个孩子情况好转的事实，但是在这个漫长的过程当中，是无数次简单动作和叮嘱的不断重复，才能换来孩子一个微小的进步。保育员的个中艰辛，不是几句话可以言尽的。

“对于一个智力发育低下或是行为迟缓的孩子来说，早期的干预治疗是十分重要的，而且这个干预越早效果越好，错过了孩子语言、行为发育的黄金年龄，等到他已经是一名大龄智障或者问题儿童，就难以扭转了。所以我们抓住孩子有可能走向正常的一切可能，给他们最好的矫治训练，就是我们最欣慰的事。”教辅人员对我说。“梦想之家”倡导每一位照顾孩子的儿福人都能“不做阿姨做妈妈”，让孩子们感受到来自照看者如妈妈般的关爱。在孩子们身体、人格形成的关键时期，我们作为儿福人践行着“你来，我陪你追梦”的工作初衷，不仅关心孩子们的身体健康，更需要重塑孩子们的灵魂，守护他们的梦想，我们是老师，更是妈妈！

未来可期

目前就读初三的小鹏，2005年1月出生，同年11月母亲、父亲相继因病去世。从小在板栗镇板栗村与外公外婆家长大的小鹏，成了绥江县首批纳入孤儿基本生活费保障的孩子。生活费的保障只解决了类似小鹏这类社会散居孤儿的部分生存问题，父母和家庭引导的缺失，让小鹏成了典型的“野孩子”和“问题儿童”。在学校同学们说他孤僻，没礼貌，是要打架的坏孩子，老师跟他说话他置之不理，学习成绩很差，一言不合就砸桌子摔板凳，他嘴里常说：“谁敢惹我，就砖头伺候！”

照顾小鹏比照顾其他年幼的孤儿难多了，首先沟通太费劲，很多时候要么你讲他根本不听，要么你让他说，他告诉你没什么好说的，身高 180 米已经 15 岁的小鹏，真是管教重了不行、轻了也不得的青春期“熊孩子”。儿童福利院的干部职工以独特的爱心和耐心，细心观察这个特殊孩子的一举一动。首先将他转到了县城的城关中学就读，多次和班主任老师沟通孩子的学习和行为引导，又联系体育老师给多动的他多加关注，并暗中牵线班上同学跟他交朋友，院里工作人员经常和他谈心，引导他打开话匣子聊外公外婆，聊小时候的经历，给他指派诸如带领院里的弟弟妹妹锻炼身体、给闹情绪的弟弟们开导等小任务。不到两个月的时间，小鹏和院里的“爸爸妈妈”“弟弟妹妹”相处变得十分融洽，经常搂着年幼的孩子，或者带着弟弟们下象棋，帮着工作人员发生活物品，学校老师也说小鹏变乖了，变懂事了。

小鹏的理想是成为一名军人或者警察，通过和小鹏多次沟通，目前院里对小鹏的未来规划是：不放松目前的学习，加强身体素质锻炼，中考后去读技术学校，成年后可以应征入伍。

像小鹏这样的孩子，他们是不幸的，也是最幸运的。在“梦想之家”这个爱的港湾里，为他们提供了“类家庭养育”：一方面为全院 0 到 18 岁的孤残儿童提供教育，包括早期干预教育、学前教育、学龄期义务教育、学龄期特殊教育、岗位实践教育以及社会融合教育；另一方面教育涵盖在儿童发展成长的各个方面，包括科学文化教育、思想品德教育、生活管理教育、心理健康教育等，为以后成功回归社会做准备。

孩子们的笑容

“为了孩子的一切，一切为了孩子。”从2020年4月底孩子们踏入福利院大门，职工们走上这个工作岗位那天起，就深深地把儿童工作的服务宗旨这句话装在了自己的心里，并用自己的坚守与无私，默默地为福利院的孩子们书写着自己独特而精彩的人生。从保育老师到副院长，寒来暑往与孩子们同吃、同睡、同住，形影不离。想孩子所想，急孩子所急，始终奋战在第一线。在孩子们学习上给予严加管教的老师情，在生活上给予孩子们无微不至的父母爱，正是这种对孩子们日常生活、学习和饮食起居的悉心照料，儿童福利院的干部职工与孩子们建立起了无比深厚的感情。在他们的眼里，孩子们就是自己的心头肉，在孩子们的眼里他们就是和蔼可亲、遮风挡雨的好爸爸好妈妈。

截至2020年6月，“梦想之家”儿童福利院已集中养育36名孤困儿童，改变了绥江县无儿童养育机构的历史，兑现了“有家、有梦、有未来”的承诺，让孩子们迎着朝阳，快乐成长，自由追梦！

（作者时任绥江县民政局儿童福利股股长）

第六编　挂钩帮扶及社会扶贫

概 述

绥江县在脱贫攻坚过程中，全县209名驻村工作队队员坚持吃在村、住在村、干在村“三在村”，100家帮扶单位、2779名结对帮扶干部担任“第一户主”，明确“干部一周一深入、乡镇部门半月一汇总、县级一月一研判”要求，压实五级书记第一责任。扶贫干部们把走访群众、了解村情、分析群众致贫原因、帮助出谋划策作为基础性工作来抓，随身携带的笔记本上，一行行、一条条，清晰地记录着扶贫工作的点点滴滴。

为加大金融扶贫支持力度，绥江县争取到浦发行、农开行、国开行、信用社等金融贷款支持15.37亿元，全部投入基础设施、产业发展和民生事业上。

中国建材集团、中国三峡集团、省移民搬迁安置办公室、市委政法委等中央省、市帮扶单位认真履行政治责任和社会责任，积极投身脱贫攻坚大业，先后派出扶贫干部和驻村工作队队员53名，累计投入资金11917万元。

五年来，绥江县始终坚持以脱贫攻坚为统领，全县上下鼓足干劲、苦干实干，改变了乡村面貌、洗礼了群众思想、锤炼了干部作风、夯实了基层基础、加速了地方发展，兑现了向党和人民作出的庄严承诺，交出一份高质量脱贫答卷。现在绥江县产业兴、道路畅、家居环境有新样、就医就学有保障；水更清、灯更亮，文明新风处处扬。在乡村振兴和实现第二个百年奋斗目标的新征程中，绥江县正努力成为云南融入长江经济带的前沿阵地、“两山理念”的实践示范基地、乡村振兴示范样板、水电移民后扶示范库区、中国西部健康生活目的地，用汗水和忠诚续写新的篇章，再创新的辉煌。

（编委办）

真情换真心

唐再德

在全县的扶贫攻坚战中，绥江县扶贫开发办公室结对帮扶南岸镇互助村茶林片区16组至19组，共4个村民小组，常住人口101户、407人，建档立卡贫困户52户217人。互助村茶林片区是绥江县边远的高二半山区，远离县城，基础条件差、贫困面大、贫困程度深、扶贫难度大。五年的扶贫攻坚、五年的挂钩扶贫、五年的结对帮扶，扶贫人用自己的真心实意赢取了贫困群众的真心与信心。一颗露珠也能折射太阳的光辉、一片嫩叶方可辉映明媚的春光，一个个平凡的故事，都闪耀着扶贫干部的扶贫信心、扶贫决心、扶贫真情和扶贫意志。

兜底户的“管家”

“曾同志，王友亮家的米没有了哦，你要给他带一袋来哦。”早上刚6点，加班回家休息仅4小时的曾宪伟就接到了挂钩小组组长王友余的电话。看看时间，曾宪伟赶紧起床，连早点都来不及吃，就到农贸市场买好米、油给王友亮送去，因为9点半，县领导召集相关部门研究脱贫攻坚工作，他必须参加，他要赶在 9 点半前返回县城。自从挂钩王友亮一家后，曾宪伟就成了他们的“管家”。王友亮一家 3 口人，他自己精神残疾三级；已 79 岁的母亲刘开珍患有慢性病，长期卧床；兄弟王友伦也是精神残疾。一家三口老的老、残的残，生活一地鸡毛。虽然政府将其一家纳入兜底保障，每月生活有了来源，但钱到了他们手里，该怎么安排，油、米怎么买都不知道。曾宪伟主动当起了“管家”，每月将必需生活用品买好送到他家。刘开珍生病住院，也是曾宪伟开车去把她接到县城，跑前跑后办好入院手续，叫好外卖才匆匆赶到办公室。每天不管多忙，他都抽出时间至少到医院两趟。每次去入户，他还要帮助王友亮一家打扫卫生、换洗衣被。

背着奶娃去入户

时间虽然过去了三年，但县扶贫办刘安英副主任背着奶娃进村入户的情节仍历历在目、记忆犹新。

2018 年 3 月 26 日，星期一。

上午 9 时许，天空下着蒙蒙细雨，在绥江县南岸镇互助村 19 组泥泞狭窄的山路上，几个人正在吃力地行走着。他们当中，有的拄着棍子，有的提着口袋背着包裹。他们相互搀扶、相互照应着，努力地向着山上前行。这群人中，有一个年轻的女同志特别显眼，只见她背上背着一个四五个月大小的婴儿，手提装满生活用品的塑料袋，小心地走在队伍中间，不时挥洒额头上的汗水，一路招呼着前后的队友。她，就是绥江县扶贫办副主任刘安英。“下乡进村是常事，一个月 20 多天都在下乡，全县的扶贫干部都是这样做的。”刘安英说。

2018 年，是绥江县的脱贫摘帽年，扶贫工作时间紧任务重，扶贫办在职在编干部仅有 9 人。“如果自己继续休产假，就意味着别人的任务会加重；如果提前回到岗位，上山下乡、加班熬夜是常态，未断奶的小孩又怎么办？”想着必须在节点内完成的扶贫工作，刘安英提前结束了自己的产假休息，回到了工作岗位。每月逢“6、7、8”她都和同事们一起下乡入户。由于孩子没有断奶，加之路途遥远当天无法返回，她只好背上孩子去上阵。春末夏初的天气，下雨的时候道路特别泥泞，孩子的脸蛋经常被蚊虫叮咬、被树枝划红。看着孩子的脸，她特别心疼、心酸。可转身到挂钩户家中，她又是一张笑脸，与群众亲切随和交谈，一家一家详细了解他们的务工信息、春耕备耕情况，一笔一笔地为各户预算脱贫账。对不能脱贫的、找不到务工岗位的、春耕备耕安排不科学的，她都耐心地与农户面对面共商帮扶措施、共定脱贫之策，直到农户完全认同。

手牵手过河

2018 年 8 月 28 日，连续几天大雨，挂钩区域的群众农作物受损怎么样、道路是否垮塌、房屋是否受损，成了扶贫办的挂钩干部们最深的牵挂。一大早，他们就冒雨进村入户查看灾情，可走到互助村芭蕉溪的时候，咆哮的洪水却让他们傻了眼。几天的大雨，让平时涓涓细流的小溪变成了奔腾咆哮的山洪，怎么办？继续前行，面临着山洪危险；往回转，洪灾中的群众没了主心骨！

没有经过太多的思考，也没有谁提出要求，大家纷纷弯下腰开始卷裤腿，准备蹚水过河！正当大家准备下水时，县扶贫办副主任许永富从沟边操起一根竹竿，说了一句：“大家不忙，我先走前面去探路。”说着毅然向着咆哮的山洪走去，走到中间河水最急的地方，几次被冲得差点站立不住，但他依然没有退缩，到对面后，他才向大家喊话：“水流太急了，大家手牵手过河吧！”一只一只手有力地握在一起，你的力量传递给我、我的力量牵引着你，洪水猛烈地冲击着他们，他们的身体在水中摇晃着，但坚定的脚步却一步一步地向河对岸移动……他们终于战胜洪水、蹚过河对岸，圆满完成了当天的扶贫帮扶工作任务。

雨中的护送

2020 年 2 月 2 日 22 点 40 分，在社区坚守了整整 1 天的疫情防控网格化值班的我，终于躺在床上休息了。可刚睡下，就被手机铃声惊醒，一看是自己的挂钩户王以华打来的，我赶忙接起电话。手机中传来王以华焦急的声音：“唐同志，咋整，我母亲从宜宾市第一人民医院出院回家。目前在县城的金沙江大桥上，因疫情防控不能进入绥江县境内，我们已经在检查点外面等了几个小时，老人身体本来就不好，快坚持不住了！”等我了解清楚情况后立即向主要领导曾宪伟进行了汇报。曾宪伟一边安排我马上赶往检查点，一边将王以华家的特殊情况向县疫情防控领导小组作汇报，并与入境检查点联系沟通，将王以华几人的健康码扫码情况告诉检查点，征得同意后，让王以华及母亲等一行人入境。接着，我将家里购买的方便面、糕点、面包等熟食带上，赶到设在华峰的金沙江大桥疫情监控检查站。此时，已是夜里 11 点了，天空飘洒着蒙蒙细雨，湖面吹着阵阵冷风，让人感到浓浓的寒意。看到在寒风冷雨中王以华及其母亲等一行人时，我心里一酸，觉得自己来迟了，让他们多受罪了；随即与疫情监控检查站的值班人员沟通。值班同志提来热水，将方便面泡好，并用纸杯倒好热水递给王以华家人。王以华家人吃着面包甜食、喝着热水，吃着泡好的方便面，眼睛湿润了。他不停地说：“唐同志，都 11 点过了，你还来，太给你添麻烦了，我知道这是疫情防控的统一要求，但老人家确实快熬不住了，感谢你们了！”吃完泡面，我和单位的司机潘建华一起将王以华一行人连夜护送到互助村家中，又一次宣讲了疫情防控政策，并要求王以华一家落实好疫情防控期间的居家观察措施……与驾驶员潘建华一起回家时，已是凌晨2点。

几年来，县扶贫办在挂钩帮扶工作中，用自己的真心赢来帮扶群众的真情，不管哪家有点大事小情，总有扶贫办干部的身影。群众家里杀年猪也总会邀请我们干部一起，哪怕仅是一条黄瓜、一杯水都会想着我们的干部，大家不是亲人胜似亲人。现在，茶林片区家家户户都已摘掉穷帽，住上了砖混房，开通了无线网，用上了稳定电。道路宽阔、方竹成林、甜柿即将挂果，生产、生活条件得到极大的改变。无论走到哪里，无论是谁问起，他们总会说一句："感谢党的好政策，感谢扶贫办的干部们！"

（作者时任绥江县扶贫办四级调研员）

真情扶真贫

廖玉兰

扶贫工作开展以来，残联的 5 名挂钩人员通过面对面与群众交流、实打实为群众办事、手拉手帮群众致富、心连心为群众解忧，为绥江县全面决胜脱贫攻坚作出了自己应有的贡献。

如数家珍

扶贫工作，县残联挂钩联系中城镇凤池村。几年来，5 名挂钩人员始终奋战在第一线。尤其是 2017 年，绥江县全县贫困人口精准识别摸底调查工作全面铺开以来，几名挂钩人员更是无论刮风下雨，无论烈日酷暑，起早贪黑，全力以赴，夜以继日开展工作。

入户调查，残联主要负责凤池 16 组、18 组。调查工作中，每到一户，调查人员均耐心细致地了解他们的基本情况，年长的称哥、姐，年迈的喊孃、叔，亲人一样和他们交谈，嘘寒问暖。从 5 月 20 日调查工作全面启动以来，到 7 月中旬，调查人员几乎每天都往返在两个村组群众家中。有的农户家中白天几乎找不到人，我们就选择晚饭后上去，与群众就着萤火微光拉家常。天长日久，与两个组的村民结下了深厚的友谊。有时在路上遇到村民，远远地他们就笑着打招呼：又来了啊，你们这样天天跑，不累啊。办公室主任吴骄果开玩笑说：16 组这 47 户村民，哪户住哪里哪家房子什么结构哪家门朝东门朝西哪家喂了几条狗，我闭着眼睛都能说出来了。

“非常满意”

在入户核实情况的过程中，我们总是想方设法帮助群众解决实际问题：了解到 16 组调查对象王辉金因风湿病，一只手完全丧失了劳动能力，负责该组的调查人员我和吴骄果立即联系医院，让她去鉴定办理了残疾证；得知容兴富的家属在县医院因痔疮手术住院，我们买了水果等食品，到医院看望；吴顺强是一名年过七旬的肢残老人，几个儿子儿媳均在外打工。我们为其送去了一副拐杖，每次路过的时候，总会进门和老人拉几句家常。

刘冲是 80 后，凤池村的群众代表。调查初期，他因没有低保，房子漏水，进不了卡户而很有抵触情绪，并在大小群众会上带动群众不签字，唱反调。经过多次调查了解后，我们发现他没有任何经济负担，一家三口健健康康，居住在几十平方米的砖混房里。不过由于其房子上面没有打板，盖的水泥瓦，确实会造成雨天漏雨的情况。于是我们多次上门开导他，做思想工作。并告知：如果以危房户进入卡户，按规划则需要把现在的房子全部拆除重建，如果只是想解决漏雨的问题，我们可以将你的情况向住建部门反映，以后有危房改造的项目，他们会帮你考虑的。刘冲舍不得拆除自己现在的房子，他说就希望政府补助点钱，让他把板打好。经多方做工作，我们将他的房子以 C 级危房报给了住建局。刘冲对我们的处理结果非常满意，也开始积极主动配合我们的调查。那年 8 月，市检查验收组来抽查时，正好抽到刘冲这户。检查组问，调查人员来过你们家没有，他答，经常来，来了好多次我都记不起了；问你对他们的工作满意不，他答，不是满意，是非常满意。

开展入户调查期间，16 组村民王辉江因整户外出，我们在其住房处取了照片后，按整户外出的情况如实填写。2017 年 6 月底，接到消息说王辉江已经返回，并身患肝癌晚期，我们立即前往医院看望，在送去 400 元慰问金后，又马上重新填写调查表，协调村上将此户作为返贫户及时上报。得知王辉江患病后因手术、治疗，生活极度困难后，我又马上到中城镇民政所，帮助其协调解决了 3000 元困难补助。但由于王辉江已病入膏肓，我们的倾情帮助终未能挽留住他的生命。同年 8 月底，王辉江离开了人世，得知这一消息后，我们帮助他解决了 400 斤大米用于安排后事，又与民政协调帮助办理了火化事宜。

亲如一家

扶贫工作，我们先后挂钩联系凤池村 16、17、18 组共 33 户贫困户。工作中，5 名挂钩人员始终视挂钩对象为亲人，竭尽所能帮助他们排忧解难，脱贫致富。

2016 年，时为残联理事长的我挂钩凤池 17 组 6 户贫困户，2017 年动态调整后，增加到 14 户，非卡户近 60 户，是全县挂钩任务最重的一名扶贫干部。直面肩上的重任，我没有退缩，没有抱怨，而是把自己当成他们中的一分子，与他们融洽相处，交流感情。14 户贫困户，没有人称呼我们的名字或是职务，他们像家人一样，不是喊我二妹，就是二姐。由于孩子年幼，无人照顾，为了圆满完成各项扶贫任务，从 2016 年起，每逢周末、节假日和孩子的假期，我就把五岁的孩子带在身边，一起去扶贫。天长日久，当有人跟孩子开玩笑说：小小扶贫干部，你对你的贫困户了解多少时，他随口就答：14 户 48 人，我都认得路，我跟他们都熟。聂孃孃生病，一直在吃药，肖爷爷家两条狗凶得很……

我的挂钩户李西华属特困户，其家属长年慢性病，两个子女一个高中一个中专，其住房为土墙房子，且因年久失修，房屋中间的房梁已断裂，随时都有坍塌的危险。但无论我怎么做工作，他就是不修房子，理由是，家里太穷，贷了款以后也还不起。从 2016 年 5 月起，我几乎一有空就带着工作人员往他家跑，千方百计帮助其打消顾虑，并承诺其新房建成后，赠送他一台大彩电作为贺礼。李西华的工作终于被做通了，几个月后，一幢结构牢固的砖混房子“取缔”了之前的土墙危房。搬家这天，我们如约将一台 35 英寸的大彩电摆在了李西华的堂屋里。肖永富是一位体弱多病、身带残疾、年近八旬的留守老人，儿子媳妇长期在外务工，无人照料。了解这一情况后，我多次上门看望和陪伴老人。每逢周末，我会带着孩子上门为老人松土，收庄稼，打扫卫生。看到老人一直穿着破破烂烂的衣服，我掏钱为他买了一套新衣服。在老人支支吾吾地说出晚上睡觉手脚一直冰凉时，我又将崭新的被褥和垫絮买来，整整齐齐铺在老人的床上。2016 年年底，肖永富的儿子肖代前全家回家过年，我又为肖代前的女儿（两岁，身患唐氏、先心病等多种疾病）买了新衣服前去看望，并多次联系红会帮助他女儿落实先天性心脏病手术事宜。

我们残联副理事长田德银挂钩联系凤池 18 组 7 户贫困户。2016 年，其挂钩对象杨德全的妻子患了癌症。得知这一情况后，田德银前往杨德全家中看望，嘘寒问暖，并自己掏出 200 元钱给杨德全的家属。2017 年，杨德全又因身患疑难杂症卧病在床，生活不能自理，田德银再次掏出 200 元钱前去表示看望慰问，并想方设法给他联系医院。已不能下床的杨德全眼含热泪，为表示内心的感激之情，他挣扎着滚下了床，跪在地上对田德银千恩万谢；在 18 组非卡户陈昌荣家中查看他的危房改造情况时，得知 70 多岁的陈昌荣老人已卧病在床多日，田德银又悄悄将几百元钱塞在了陈昌荣的枕头下……

荣兴利是一名50多岁的单身残疾人，他的挂钩人员是残联办公室主任吴骄果。结对帮扶以来，吴骄果一直哥长哥短地亲切称呼他，他也一口一个妹子地称呼吴骄果。而我们的干群关系，就是在这看似微不足道的称呼中得以升华。荣兴利是危房户，但由于自己孤身一人，且又在县城从事环卫工作，吴骄果建议他选择进城安置。在吴骄果的多方帮助协调下，2016年，荣兴利在县城B13地块获得一套公租住房安顿了下来。搬家那日，吴骄果自己掏出600多元钱，为荣兴利添置了一套全新的床上用品。荣兴利无比感慨地说：遇到这样的好干部，这是我哪辈子修来的福气啊。

18组贫困户杨德林是一名双目失明的孤寡老人，其挂钩人员是残联驾驶员杨鹏。杨鹏多次对他说，你有任何困难都可以打电话给我，哪怕就是半夜睡不着，也可以打电话给我，我陪你吹牛解闷，当然我会挂了打给你，不用你付话费。只言片语中，无不流露出我们平凡的工作人员对挂钩群众一颗真诚的、炽热的亲民之心。2016年，杨鹏将杨德林从家里接下来，在康复中心参加盲人定向行走训练。训练期间，杨鹏一有空就陪伴着杨德林，端茶递水，像侍候自己的老人一样侍候着杨德林。2017年春节，我和杨鹏到杨德林家中开展春节走访慰问，杨德林当时不在家。杨鹏说，我知道他在哪里，说着就往不远处的一家农家茶馆走去，边走边呼唤杨德林的名字。一会，杨德林果然拄着棍子从这家茶馆走出来，他一边跌跌撞撞摸索着一路小跑，一边孩子一样鹏哥鹏哥地喊个不停，仿佛见到久别重逢的亲人。

杨德华是残联抽到凤池村时任工作队副队长的田方辉的挂钩户。2016年8月，杨德华电话告诉田方辉，由于今年连续暴雨，致建筑材料无法如期运到，不能按原计划完成建房任务。同时，家里还有一大学生，自己所筹学费已投入建房，而政府的补助与贷款还没有兑现，学生开学在即，尚差1万元。田方辉说，没事的，我都帮你想办法，保证材料如期运到，保证学生在开学时拿到学费。第二天，田方辉就通过朋友关系，四处联系车辆，很快将杨德华的建筑材料拉到了他的家里，并为杨德华筹到10000元借款，帮助他渡过了难关。

兴业致富

在残联挂钩联系的33户贫困户中，有9户家中有残疾人。为帮助他们发展产业，脱贫致富，针对凤池村土地退耕还林这一实际，我们经过多方实地考察和调查研究，充分发挥部门优势，决定帮助残疾人家庭发展土鸡养殖业。2016年年底，残联召集挂钩联系的群众进行座谈，鼓励他们发展土鸡养殖业。经过多方努力，筹措资金6万元，让有一定养殖基础的残疾人挂钩户胡泽亮牵头成立专业合作社，发展土鸡养殖项目，并鼓励挂钩户中的残疾人和其他贫困户到合作社领取土鸡进行养殖，成熟后将由残联帮助寻找销路。如今，胡泽亮的合作社已发展土鸡几千只，每天仅靠卖土鸡蛋就能挣上几百元，其余挂钩户认领的几十只土鸡也长势良好。仅2016年，县残联就为挂钩联系的精准脱贫户投入资金95520元。

真情服务

精准扶贫工作中，县残联从自身实际出发，除做好自己挂钩村、挂钩户的脱贫工作外，还结合部门实际，切实帮助全县贫困残疾人解难题：残疾人“两补”政策施行后，为了让更多的残疾人能及时享受到应享受的惠民政策，我们多次走村串户，为20余名瘫痪在床的贫困残疾人上门办理残疾证；为了让会仪镇三渡村一名因贫辍学的残疾高中生重返校园，我们帮助其解决了救助资金3000元；为减轻广大肢体残疾人的家庭经济负担，为他们走出家门，参与社会生活创造条件，我们将23名贫困肢体残疾人送往专业假肢安装机构免费安装了假肢……

几年的扶贫生涯，任重道远，残联 5 名挂钩干部始终心往一处想，劲往一处使用情、用心，用爱开展着亲情扶贫，用自己的绵薄之力，为绥江县的扶贫工作书写着平凡而厚重的一笔。

（作者时任绥江县残联理事长）

扶贫路上播撒博爱阳光

赵冬梅

2015年10月，绥江县委、县政府吹响了扶贫攻坚的集结号。我们红十字会在职在编干部4人，其中1名干部被抽调驻村工作队，全部挂钩到中坝村1组、2组、3组，共挂钩110户456人，其中建档卡户29户114人。五年的艰苦鏖战，笃定前行，倾尽全力，与当地群众结下深厚情谊。回首脱贫路上的艰辛，喜看今日的中坝变化，水清、路畅、果香、畜旺，付出的汗水和泪水，终究换成了群众脸上开心的笑容。

博爱家园项目助脱贫

“赵会长，今年的猕猴桃都快卖完了，我给你带了两箱出来，你品尝一下。”这是博爱家园项目生计基金受益人兰华超打来的电话。博爱家园项目是中国红十字会的品牌项目，主要通过在边远贫困地区建设防灾减灾基础设施，设立博爱生计发展基金，普及红十字特色的防灾减灾、自救互救、逃生避险、卫生健康知识，建立基层红十字组织等，项目实施旨在推动社区发展，助推群众致富。正值脱贫攻坚大决战，我们抓住机遇，通过实地考察，积极向上争取项目落地中坝村。该项目实施周期两年，总投资 40 万元。在项目实施过程中，我们与东西扶贫协作资金整合，修建了 190 平方米村级卫生室，2018 年正式投入使用；投资 10 万元生计项目资金，在中坝 3 组扶持 10 户贫困户发展草莓、猕猴桃，如今已挂果，每户增收 2 万—6 万元；建立红十字工作站，在群众中开展卫生救护知识培训，防灾减灾知识宣传和地震逃生演练，传播红十字文化；开展人道主义救助，共救助大病患者、受灾群众 10 户 1 万元；招募红十字志愿者 25 名。实施红十字博爱家园项目，为中坝村脱贫攻坚注入新动力。

真心为群众办实事

挂钩中坝村开始，我们入户走访群众时了解到 1 组群众饮水困难，且有不卫生的问题。群众有难，挂钩部门责无旁贷。我们组织人员实地走访农户了解情况、察看水源，了解水质状况，召开群众会讨论，收集群众意见建议，集中反映给村上。村上多次讨论后，上报反映到板栗镇水管站，都认为中坝村这个地方不可能缺水。带着群众的期盼和重托，我又多次向有关领导反映：请来县疾控中心技术人员取水化验，检验水质；请县水务局领导、专业技术人员实地调研，终于在 2018 年年底争取到县水务局人畜饮水提质增效项目，投资 20 万元，从 5 公里外引来干净清澈的山泉水，修建蓄水沉沙池，改造原有老化损坏水管，汩汩清泉流进每家每户，彻底解决了中坝村 1—6 组近千人畜用水问题。该工程的实施完工，群众十分满意，红十字会为群众办实事，也赢得了群众的称赞。

2 组建档立卡户喻阳禄，夫妇二人常年在山东打工，两个孩子在镇上读书，家中一个双目失明 80 岁的母亲，完全离不开家人的照顾，喻阳禄只好请 70 岁的岳母来照顾自己的母亲。我们了解到，老人双目失明 20 多年，却未办理残疾证，也就没有享受残疾人补助。其原因是老人年事已高，完全不能坐车，而残疾证又必须到县人民医院，经医生鉴定后方可办理。群众的事，就是自己的事，我多次向残联反映，争取上门鉴定办证。经过多次的协调，终于把县残联负责人请到该户家中，调查走访获取第一手资料后，被认定为一级残疾，后又帮助申请了重度残疾人的相关优惠政策，老人最终享受到每月80元的护理补助和70元的困难生活补助。喻阳禄得知此事，打来电话感激之情溢于言表，连声说："那么多年都没办成的事，红十字会的挂钩干部帮我们办成了，确实在为我们老百姓解决困难，做实事。"

扶贫扶志双管齐下

在精准扶贫工作中，我们始终坚持把扶贫与扶志教育相结合，持续不断地开展"自强、诚信、感恩"教育活动。几年来，召开群众会、党员会数十场，跟群众算账作今昔对比，宣传国家的扶贫政策，教育群众脱贫主要靠自立自强，勤劳致富，只要跟着共产党走，就能脱贫奔小康。

建档立卡户刘传兰、喻扬权、喻阳东、喻阳根、李仟仟等9户家中房子年久失修，漏雨透风，住房安全无保障。他们想修房，又怕自己既无劳力又无资金，顾虑重重。我们就挨家挨户做思想工作，鼓励他们要抓住脱贫攻坚这千载难逢的机遇，建房改善自己的居住条件，并主动帮助农户贷建房款，帮助选地址，联系施工方，联系购买建筑材料，还要帮助监督质量和施工进度。建档立卡户刘传兰家建厨房，砖墙砌起几个月，缺资金一直没盖顶上，我自己拿出2000元帮他解决材料款。一年多的时间，完成了9户新建，3户维修改造，全部住进了宽敞安全的房子。每户搬新家时，我们都要带上礼物去祝贺。

建档立卡户喻阳权、李自才是中坝村出了名的"懒汉"。平日里睡到日上三竿不起床，起床了也只是喝酒打牌，整天醉醺醺，无所事事混日子，家里穷得叮当响，家徒四壁，脏乱如畜圈，全靠民政救济。喻阳权因为懒，老婆生下一个孩子后就跑了；李自才因为懒至今还未娶上媳妇。人穷志短，一直都被周围群众看不起。在我们的教育鼓励和帮助下，协调落实贷款建起了新房，还帮助他们找工作，外出务工。李自才现在中山 TCL 电视机厂打工，月收入 4000 元；喻阳权在河南洛阳帮餐馆，月收入也在 2000 元左右。有了收入后，也就有了生活的信心，恶习也改掉不少，常常跟我微信聊天，精气神完全变了样。

人道救助是红十字会的核心工作，在精准扶贫的路上，我们一直秉承“人道、博爱、奉献”精神，给予重大疾病患者、意外伤害家庭以人道主义的关怀，提供医疗和生活上的关心帮助，给予他们战胜困难病魔的信心和勇气。白血病患者邓奎，肺癌患者杨昌亮，突发疾病的杨秀辉，遭遇车祸残疾的廖成均……五年扶贫路，共计慰问救助 20 户，慰问资金 2 万元，不遗余力在群众中播撒着博爱的种子。

脱贫攻坚要实现“两不愁、三保障”，还要在精气神上有大提升，环境面貌上要有大改观，思想上、观念上要有大转变。我们在人居环境上下了大功夫，整治脏、乱、差的环境。组织召开群众会，以新冠肺炎疫情为契机，反复宣传讲解开展爱国卫生运动的意义。带领群众打扫公路、疏通沟渠，捡拾垃圾，整理家务，修建卫生厕所等等。该片区的环境卫生状况有了明显改变，户户花香满院，环境优美，群众思想观念也在悄悄转变：打麻将的少了，跳舞的多了；袖手旁观的少了，自觉行动的多了；说风凉话的少了，积极参与工作的多了。

关爱留守儿童

喻梦婷是我们到中坝村认识的第一个孩子，是“懒汉”喻杨权的女儿。那时刚上小学二年级，瘦瘦小小的个子，头发乱蓬蓬的，脸上身上衣服脏兮兮的，几乎看不清孩子的长相，见了人也不说话，只是愣愣的。听说这孩子从小就没妈，爸爸又是一个酒鬼，我们对她也是格外关注。

第一次到喻梦婷的“家”，令我们大吃一惊：房子用竹片和木板围起来的，顶上盖的油毛毡，一块脱落在风中飘舞；院坝垃圾杂物一片狼藉；屋里一股混杂的气味直冲鼻子，酸臭，尿臭，腐烂东西的臭，地上一口黑乎乎的锅里不知啥时煮的啥东西，两团黑漆漆的棉絮堆放在木头支撑的木板上，这就是床了。怎么脱贫？我们不禁倒吸一口凉气。

2016 年 5 月，我们动员喻杨权贷款建房，其余的事我们全部包办，前后三个月，终于建起了 90 平方米砖瓦结构住房。接着购置床铺被褥桌椅板凳，锅碗瓢盆生活用品，终于有了家的样子。五年来，喻梦婷就是我们的孩子，教她自理生活，自然成了我们的分内事情。李平部长始终牵挂着喻梦婷，2019 年的春节，亲自把孩子接到家中过年，给她买新衣，带她看电影，吃团年饭，还给压岁钱，让喻梦婷第一次真实地感受到家的温暖；如今喻梦婷已考上了绥江一中初中部学习，我相信这些无私的爱已在她幼小的心灵里扎根。

关注学校发展建设

因看望喻梦婷，我们常常进出中坝小学。了解学校因没有热水器，冬天里孩子们没有热水，住校生的铺盖也很单薄，于是在网络上发起“一被子的温暖”众筹项目，意在为孩子们筹资买铺盖，购置太阳能热水器。项目发起后，迅速在朋友圈中转发，得到县信用联社的大力支持，捐赠铺盖 30 套，同时募集资金 1.3 万元，为中坝小学购置太阳能热水器两个，修建浴室两间，喻梦婷这样的留守孩子，终于在大冬天里也洗上了热水澡。

2018 年，我们组织中坝村 40 多个孩子，参加县上的关爱留守儿童诗歌朗诵比赛，带孩子们逛县城，开眼界；2019 年，争取省红十字会投资 1 万余元，购买图书1000册，为学校建起红十字博爱图书角。同时，我们在学校普及救护知识，把红十字“人道博爱奉献”的精神传播到孩子们的心中。

“赵会长，好久没见到你了，才听说你调走了，我想把那盆兰草送给你。”这是1组邓晓梅的微信留言，看到这样的话语，心里不禁暖暖的。5年扶贫攻坚路，群众从冷嘲热讽、冷漠观望到如今笑脸相迎、电话不断地转变，是我们红十字会挂钩干部用真心真情，为群众做实事改变的，群众的心里有杆秤。看着家家户户越来越好的日子，所有的付出都值得骄傲，我们本就是一群播撒博爱阳光的人。

（作者时任绥江县红十字会专职副会长）

花开应时节

周　萍

宽敞明亮的水泥路，满山遍野的李子树；干净舒适的农家庭院，房前屋后百花飘香；群众焕然一新的精神面貌，欢声笑语其乐融融……这里，是绥江县新滩镇新滩村桂花片区的美丽景象，是绥江审计人忠诚担当笃定前行，携手当地群众合力脱贫攻坚共赴小康，才实现了宛如桂花一般的“一月一花开，花开应时节”的人间愿景。

“头号工程”

桂子月中落，天香云外飘。桂花片区地处偏远山区，贫困面积大，贫困程度深，山路崎岖，交通不便，房屋破旧，群众发展能力弱，收入水平低。我们审计局扶贫挂钩到的 14、15、22、23、24 共 5 个村民小组，有农户 105 户 457 人，其中建档立卡贫困户 68 户 293 人，可谓责任重大、困难重重。

“火车跑得快，全靠车头带。”几年来，审计局始终紧盯精准扶贫“头号工程”，领导率先垂范，靠前指挥，勇于担当。

“董局长，易迁户王作荣的思想又不通了，先答应要搬的，现在又不干了……”挂钩干部王光强焦急地跟董局长打着电话。“光强，不用急，下午我们去他家，再做做他的思想工作。”当天下午，董大英和副局长李平、干部王光强3人来到王作荣家中，了解到王作荣因想到自己是一人户，搬迁进城后同板栗镇的一人户合住，生活不方便，赌气住烂房不搬迁。3位干部以搬迁和不搬迁的利弊权衡、搬迁后的发展变化等，与他交谈了2个多小时，王作荣思想终于通了，同意搬迁。第二天，审计局及时组织人员和车辆协助其搬家。王作荣户的顺利搬迁，实现了审计局挂钩的19户易迁户和4户随迁户应搬尽搬，23户群众开启了新生活。

“好政策都是给‘有关系’的‘富人’，没有哪个眼睛角角挂到我们家……没有收入，反正我家是脱不了贫的，喊签字是不签的。”这是22组赵家四兄弟的口头禅。扶贫开初，他们总会在小组会上或干部入户时，发表不满情绪。几年来，挂钩干部积极为他们联系务工岗位，动员独人户赵品华、赵品富外出务工，帮助他们销售鸡蛋、蕨粉等农副产品；单位主要领导多次入户了解家庭困难情况，说服教育，积极为赵品才户申请低保，为不能外出务工需照顾家庭的赵品贵户协调落实公益性岗位等，通过帮扶，四兄弟的思想认识和自我发展动力有了大幅度的提高，2019年，四兄弟顺利实现脱贫。2020年7月的脱贫普查，赵品贵激动地向普查工作同志说着，几年挂钩干部的辛勤付出，他家享受的扶贫政策，生产生活发生翻天覆地变化……

新滩村14、15组属高二半山区，入秋后常常阴雨绵绵，李平已经记不清多少次天黑了还带着组员们走在山间这条陡峭泥泞的小路上。2018年11月的一个傍晚，他们边走边商量“今天这个小组的会要怎么开”“从哪一户易迁户的危房开始拆”……突然脚下一滑，腰重重地摔在了一个大石头上，同行的王光强赶紧伸手拉她，可她直摇头，右手鲜血直流，额头上汗珠直冒，眼里含着泪花，痛苦地说：“等我缓缓！”……从22组到15组这条平常只走20分钟的山路，当天同事们扶着李平，足足走了2个小时，直到14

组、15 组开完会，深夜 12 点才赶往医院检查治疗。后来，李平告诉董局长，那天她真想大声说："扶贫，我不干了。"可第三天，她实在放心不下拆房安全问题，把医生的叮嘱和丈夫的关爱抛到脑后，又弓着背、打着绷带、拄着拐杖走在了那条泥泞小路上。驻村工作队队长熊世刚，修挂钩户的房子就像修自己家的，从资金、材料、工人到购置家具、搬家入住，样样负责；潘自芳、余晓燕给挂钩户争取所有符合条件的政策，从低保救助到雨露计划，样样不落。

"不出村就能够赚钱"

坐落在群山之间的桂花片区沟壑相连、道路崎岖、信息闭塞，土地多为山坡地、产业发展落后。初到这里时，到组公路只通了毛坯泥巴路，"雨天人难走，晴天车难行。"因气候适宜，全村人民的主导产业是半边红李子，"靠天吃饭"的传统管理模式，李子收成并不高，年轻人大多外出务工，留下老人和小孩在家，即便李子成熟了也背不出大山。"要致富，先修路，发展产业是支柱。"审计干部看在眼里急在心里，局领导班子千方百计想法子，几年来，积极筹措资金，着力为农户改善水、电、路、产、房。2016 年、2017 年，农户房建大面启动，审计挂钩干部亲自协调、运送建房材料甚至帮建，两年时间，一栋栋新楼拔地而起。为了给村民优质的水源，局领导亲自带队寻找水源，现场考察修建地点，筹资为挂钩组修建水池，安装入户供水管。

"李所长，我是审计局董大英，我们挂钩的 15 组张宗清、23 组邓尚平等 7 户的新房子建好了准备搬家，但电未接通，请你安排专业人员来帮忙接通一下。""好的，请涉及农户提交一份申请到村委会。"当天，董大英带着我正好在下乡入户，便及时协助几户农户完善申请，下午 5 点，又亲自把申请书送到了村委会。2016 年至 2017 年间，在半边红李子上市前，我们审计局先后两次筹集资金拉运沙石，组织群众投工投劳铺设到组公路，顺利实现李子外销。2018 年至 2019 年，我们又筹集资金为新滩村 14 组、15 组、22 组、23 组硬化户间道 3.94 公里，为 13、14、15 组硬化通组公路 1.98 公里。施工期间正值炎炎夏日，熊世刚队长连续一周奔赴在这条路上，脸被晒掉一层又一层皮，为的就是把有限的资金最大化用到这条脱贫致富路上。

发展产业是实现脱贫的根本之策。审计挂钩干部瞅准了挂钩帮扶点气候适宜，将李子产业定位为特色主导产业，在原有半边红李子粗放型管理的基础上，向贫困户发放李子苗、化肥等，进行补栽补种、科学管护，加入农民专业合作社。每年，还邀请县镇农业专家，为农户集中开展半边红李子种植管护技术培训，传授栽种、修剪、嫁接、病虫防治方面的知识。随着半边红李子产业科学栽培、科学管护，村民们有了自我“输血”的能力，这让村民们看到了发展产业带来的经济效益，也让他们看到了致富的希望，常年外出务工的年轻劳动力开始合理安排务工和管护产业时间，农户的收入有了双保障。“五年前的荒山，如今半边红李子挂满山坡，李子管起来了，果子大又甜脆，再加之公路通畅了，今年好多老板都亲自开车来地里收购李子了！我的女儿女婿自己开车回来帮我摘还帮我拉出去卖，比起往年，至少节省了好几千的人工运费。”15 组李子大户王远秋喜悦之情溢于言表。“路好了，我开着三轮车在几个组跑卖豆花、包子，做点小本生意，不出村就能够赚钱了，也方便了群众。”23 组罗时兵一边舀着豆花，满脸喜悦地说着。

亲如一家

2020 年年初，虽然疫情严峻，但党和政府的政策却暖意浓浓，外出务工农户可以乘坐政府专列了。2 月 26 日，董大英局长和挂钩干部王光强早早就来到森林公园，等候挂钩户王永强、余梅、王正飞 3 人的到来，为她们提行李，送她们上大巴到宜宾站乘坐政府包的专列去浙江务工。3 月 8 日晚 9 点了，审计干部李琴、熊楠峰、李阿英还在和自己挂钩的外出务工农户电话对接，明早几点坐某某的车到县城森林公园，再坐几点政府的大巴车到宜宾，担心他们误了时间。“你家餐馆还需要人手不？我的挂钩户想就近找点事情做，他以前在餐馆上过班。”对因特殊原因不能外出务工的，审计挂钩干部们又想法子在附近为挂钩户找工作，要么帮助找餐馆或工地务工，要么帮助落实公益岗位、扶贫车间……只要一有线索都第一时间亲自对接联系。

大量年轻劳动力外出务工，家里就剩下老人和小孩。每逢春节、端午节，审计干部都要开展走访慰问甚至陪伴过节。几年来，对留守儿童关爱更是形式多样：寒暑假特别行动、陪伴过“六一”、做留守儿童的贴心家教、把留守孩子接进城过节、照料脑瘫残疾孩子等等。这些如亲人般的陪伴和关爱，切实消除了外出务工父母们的后顾之忧。2020 年的 3 月，一个不平常的 3 月，这些留守孩子的课堂被搬到了各自的家中，伴随他们的是“审计爱心爸爸妈妈们”的悉心陪伴和耐心辅导。“小玥玥，你这篇作文写得非常棒，就是刚才孃孃说的几处错别字要纠正记牢哦！”小玥玥微笑着提起笔就开始改错，站在一旁的奶奶欣慰地看着。8 岁的王汶玥是新滩村桂花小学二年级学生，是一名离异家庭的孩子，爸爸常年在外务工，跟着爷爷奶奶生活，爷爷奶奶年事已高，更不懂如何给孙女辅导。“疫情延迟开学，每天都有学习任务，可把我们急坏了，这下有审计干部们上门耐心辅导，我们就放心了。”玥玥奶奶高兴地说着。新滩村 23 组 15 岁的脑瘫女孩罗润琴，母亲去世，父亲常年外出务工，她和 84 岁年迈的爷爷留守在家，女孩因患脑瘫，智力相当于两三岁的小孩，先天肢体行动不便，生活不能自理。几年来，董大英带着我和李琴、余晓燕，坚持照顾脑瘫女孩，从学习生活、洗头剪发到亲情陪伴，每周必到。2018 年 3 月和 2020 年 6 月，审计挂钩干部两次把留守孩子接进城来和自己家的孩子同游公园、同做家宴、同进晚餐，还带留守孩子选购心爱的裙子，让孩子们感受到亲情陪伴的温暖。“我昨天在孃孃家过得好开心哦！真希望时间慢一点，还停留在昨天。”

董大英为意外受伤的肖金美联系专家并亲自带去医院检查；凌治祥主动带挂钩户龙顺清老人去鉴定并办理残疾证；赵宇鹏为因伤在宜宾住院的李胜银咨询并协助办理医疗报销及大病救助……几年来，只要有挂钩户生病住院，挂钩干部们总是第一时间赶往医院看望慰问。

山乡的变化

阳春三月，阳光灿烂，天空蔚蓝，蜿蜒平整的公路，满山遍野的李花，坐落有致的民居，房前屋后的鲜花，屋子里老人小孩的欢笑声，厨房里锅碗瓢盆洗刷声，其乐融融：“五六年前，我们这里的路还又窄又烂，进出大山的生产生活用品全靠人工背，出门脚上满是泥。而今，家家户户都有了摩托车、农用三轮，甚至还买了小轿车，出门真是方便啊！”“今年我都不出去务工了，前几年干部送来李子苗大面挂果了，科学管护方法把十几亩李子管起来，产量搞起来，真的不愁收入。”“我家上半年两人出去打工挣了 7 万元，这李子又卖了 3 万元，下半年再管管李子，陪陪老人和孩子，扶贫这几年，我们老百姓好挣钱了。”“几年的时间，我们住进新房了，水管接到家里了，厕所干净卫生了；走出门，鞋子干净不粘泥，要进城，车子开到家门口，没想到，我这把年纪的人了还能看到这般变化。”82 岁的罗祖全老人乐得合不拢嘴。

“董局长，你们辛苦几年了，今年我喂了两头年猪儿，腊月二十五专门请你们来家做客，一定要来哦！”23 组罗怀金真诚地邀请着。“这棵李子树是多年的老树，李子口味好，专门跟你们留的……”农户罗祖秀笑眯着和挂钩干部李琴、余晓燕说着。“多亏党和政府的政策好啊！我老伴儿心脏病这几年住院减免报销了十几万，我们贫困户也看得起病了。”15 组王远秋抑制不住内心的感激。“感谢赵副、张钰、王刚他们在集镇进场路边帮我们几户协调落实的好地基，新房子修好了还帮忙联系接通了水电，每年 5 至 7 月把房子租给老板收购李子，我们帮老板摘李子每天 120 元，不出门都能挣钱了！”24 组罗尚别感激地说着……是啊！五年的脱贫攻坚，效果怎样，群众最有发言权。从道路坑洼不平泥泞不堪，到户户通硬化户间道；从房子低矮潮湿墙体裂缝，到崭新民居美丽庭院；从垃圾遍地残垣断壁，到村容村貌干净整洁；从贫困家庭愁眉苦脸，到脱贫致富满脸喜悦；从对帮扶干部陌生观望，到熟悉到亲如一家到感恩奋进……

（作者时任绥江县审计局办公室副主任）

真情扶贫似亲人

李心灵　杨仕书

2015 年，国家扶贫攻坚战的号角吹响后，大批扶贫干部为了让我们的父老乡亲早日过上幸福、美好的生活，他们舍小家、顾大家，顶烈日、冒严寒，把党对人民群众的关怀送到田间地头，送到老百姓的心坎上。绥江县财政局职工、50 多岁的退伍军人方大佑和其他扶贫干部一样，怀着对人民群众深厚的感情走上了扶贫攻坚第一线。从此，在他的日历上，没有了星期天、节假日；也没有了白天和黑夜。扛起锄头种庄稼、拿起扫把搞卫生、一块院坝话发展成了他一天的工作。

绥江县财政局负责扶贫会仪镇黄坪村 10 个组，户数多、时间紧、任务重，而方大佑挂钩的黄坪村 1 组不仅交通条件差、自然环境也十分恶劣。进村入户第一天，当方大佑兴致勃勃地来到会仪镇黄坪村一组邓安国家时，眼前的一幕把他惊呆了：这是一间 40 平方米左右、用竹子和树枝搭成的房子，四面透风，上漏下湿，如果是雨天，在家都需要打伞。当 60 多岁、衣不蔽体的邓安国用无助的眼神看着眼前这位陌生人时，方大佑顿感心酸无比。良久，他才控制住情绪，轻轻地对邓安国说："我是你的挂钩帮扶人，是党和政府派我来帮助你的。"邓安国心里清楚，这几年国家都在帮扶自己，但自己年老体弱，加上身体原因，要脱贫谈何容易！因此，他没有回答方大佑的话，只是轻轻点了一下头，算是明白他的意思了。从此，两个原本素不相识的人走到了一起，成了“一家人”。

邓安国常年多病，有个儿子在外打工多年未归，家徒四壁、空无一物，方大佑看在眼里、记在心上。每次下乡，不管有事无事，方大佑都要去他家坐坐，揭开锅盖看看吃什么，翻翻碗柜看看有没有粮食、缺不缺油盐。他从自己家搬来了电视机、床铺，从同事们那里找来沙发、柜子、厨房用具等，逐步改善了邓安国生活条件。有一次，方大佑在家里正准备吃饭，外面突然雷声大作、暴雨倾盆。方大佑放下端起的饭碗，他心里想：这么大的雨，邓安国安全吗？左想右想，心里始终不踏实，特别是电话打不通，让他十分着急。他对妻子说：“不行，雨太大了，我得去邓安国家看看！”说完，他便冲出家门，消失在滂沱大雨中。当全身湿透的方大佑出现在邓安国面前时，这一次，邓安国哭了。

为了解决安全住房，方大佑动员邓安国父子自建新房，帮助他们根据易地分散安置政策申请到国家 5 万多元的建房补贴，把住房从交通不便的山顶搬到了交通便利的山脚。为了利用好有限的资金，方大佑精心安排，亲自组织人员施工，很快就把房子建好了。望着杂草丛生的院落，他又自己出资 1200 元，叫上挂钩片区的几位同事，花了三天时间，动手为邓安国打了院坝，搬家那天，方大佑专门从城里买来一棵黄桷树，栽在邓安国家的院坝里。当地村民十分感动，把这棵树命名为“脱贫树”。

搬进新家后，邓安国非常高兴，他说：“做梦都没想到我这辈子也能住新房！”他紧紧抓住方大佑的双手说：“方同志，太谢谢你啦，如果不是你，我这辈子都住不上这么好的房子！”住进了新房子，但高兴了几天的邓安国脸上又布满了愁容，他的变化并没有瞒过心细的方大佑。方大佑非常清楚邓安国的心病：就是儿子邓德荣已经 35 岁了，至今还是单身。房子不能遮风挡雨，咋能引来“凤凰”？以前托媒人谈的几个姑娘，只要看见这个“家”便摇头离开了。为此，邓安国经常责备自己无能。他曾对媒人说：如果有姑娘看上他儿子，他愿意让儿子去做上门女婿。现在修了房子，他又开始操心儿子的婚事。在当地农村有“无酒不成席，无媳不成家”的俗语，其实，方大佑也在为邓德荣的婚事操心。除了四处托媒人提亲外，他还经常请下乡的同事留意，遇到合适的姑娘帮忙撮合一下，经过几番周折，终于在 2019 年年底为邓德荣说成了一门亲事。

为了改变邓安国的卫生习惯，每次方大佑下去，都要帮他打扫卫生，把灶台上乱丢乱放的碗筷规范、整齐；把房前屋后清理干净。同事劝他说，这些事情你让邓安国自己做吧。方大佑说："这些群众不注意卫生的习惯是长期养成的。如果话说多了，他们会误认为你拉架子、打官腔；认为你只会指手画脚。这样做，他们不但不接受，甚至会产生抵触情绪。"果然，没过多久，邓安国再也不忍心看着方大佑帮他打扫卫生，而是主动把家里收拾得干干净净。

在方大佑挂钩的贫困户中，他付出最多的是黄坪村一组的罗天奇。这位 77 岁的老人因为有听力障碍，在宣传、交流沟通上很麻烦，院坝会上宣传的许多政策，交代的注意事项他一句都听不见。为了让老人能够领会国家的扶贫政策，方大佑无论多忙，都要抽时间为老人开"小灶"，不厌其烦地给他讲政策，带他到附近搞得比较好的养殖户、种植户家中参观。功夫不负有心人，经过两个多月的努力，老人基本上明白了方大佑经常来他家的目的，方大佑和老人之间经过长时间的接触，双方都能从对方的口型、手势上明白对方要表达的意思。

每次方大佑入户，只要老人在家，他都会像儿子一样依偎在老人身边，两双手握在一起，虽然没有语言的交流，但"此处无声胜有声"，他们在用这种方式表达血浓于水的感情，传递脱贫致富的信心。

看见老人厨房简陋，老人做饭很不方便，方大佑想方设法争取资金，帮老人接通了水管、修缮了厨房，打好了灶台。方大佑帮老人做的每一件事情，老人都用握手的方式表示感谢，在他心里，方大佑已经不只是扶贫干部，而是他的儿子，几天不见，他都要问周围邻居，怎么方同志几天没来了？他在外地的儿子送来了好吃的，或自己家里有好吃的，他都要留着，等着和方大佑分享；方大佑也时刻牵挂着老人的冷暖，经常买些衣服、药品、食物送到老人家中，并叮嘱周围邻居，帮忙照顾老人。在村民眼中，他们已经超越了结对帮扶关系，而是亲亲密密的一家人。老人过上了幸福的生活，他非常感谢党和政府的关心，专门从城里买了毛主席、习近平总书记的标准像，端端正正张贴在堂屋中间。他说："从电视上看到习近平总书记非常亲民，他派来的扶贫干部也这么好，如今自己过上了好生活，但吃水不忘挖井人，感谢党中央，感谢习主席！"

方大佑同志作为一名退伍军人，退伍不褪色。每次下乡，无论是他挂钩的还是别人挂钩的，无论是找他拉家常，还是倾诉家里的难处，他都会耐心听取、详细记录，面对群众需要解决的问题，他都及时向上级反映，并提出解决办法。"悠悠寸草心，报得三春晖"。几年来，方大佑的付出赢得了群众的认可。在全县干部职工和广大人民群众的努力下，绥江县于2018年脱贫。但方大佑依然没有忘记他曾经奉献过的这片土地、没有忘记过他曾经帮扶过的人，只要有时间，他都要到村里去走一走、看一看，和群众促膝谈心、传递党的声音。每次到村里，村民都给予他亲人般的礼仪：迎进家门、送出村口。方大佑说："这几年的精准扶贫，自己确实付出了很多，最大的付出是没有照顾好年迈的双老和幼小的孙子；同时也收获了很多，我从群众身上学会了做人做事、学会了吃苦耐劳、学会了诚实善良……"

（作者李兴灵时任绥江县财政局办公室主任，杨仕书系中国人民银行绥江县分行退休职工）

为扶贫燃尽生命之火

黄　琳

说起刘富堂同志，单位的领导和同事都觉得“老刘精神可嘉，对任何事情都有着自己的坚持，没有什么可以动摇”。以这样的工作态度，在平凡的岗位上一干就是39年。俗话说，一个人做点事情并不难，难就难在持之以恒、始终如一，但难能可贵的是他39年如一日，工作兢兢业业、任劳任怨。而这个爱岗敬业、坚守岗位的好同志，却在2020年6月15日因突发心脏病永远离开了我们。在他逝世的前一天，刘富堂同志还在坚守岗位。

绥江县司法局挂钩会仪镇会仪村10个村民小组，刘富堂同志挂钩着会仪村五马石片区的5户贫困户。自扶贫工作开始以来，刘富堂同志服从单位统一安排，按照县委5682工作机制，经常性地入户关心帮助贫困群众。

让“懒汉”动起来

刘富堂挂钩的贫困户中，有个是村里有名的“懒汉”，父母曾给他留下来3间瓦房，可以遮风避雨。听与老刘同组的雷文艳同志回忆说：“没去过他家的人，完全无法想象他家的环境有多糟糕！当时我和老刘踩着满地的泥巴和鸡屎走进他家，看到堂屋里一张湿答答、油腻腻的破桌子和一把小板凳摆在中央，卧室里污黑的棉被在木板搭成的‘床’上乱作一团，厨房的墙壁倒塌得只剩一半，地上的碗长出了一层黑霉，也不知道是什么时候用过的，一阵阵的恶臭熏得人头发晕。”村民们介绍说：“他整天游手好闲，无所事事，饿了就到别人家地里顺个苞谷烧来吃，累了就回家睡瞌睡，就是不愿意干活路。”

自刘富堂挂钩该户以来，经常性地到他家开展扶贫工作。按照他家的实际情况，有针对性地制订了帮扶计划。刘富堂意识到，要使这户人脱贫致富，精神扶贫是第一步。就是要改变他懒惰的思想和邋遢的习惯，引导他树立起“我要脱贫”的思想理念，在鞭策他在借助外力的同时，强化自身内力修为，鼓励他主动学技术、找门路，用自己的双手摘掉贫困帽。

但是，要劝说多年懒惯了的人勤劳起来，真不是一件容易的事，甚至有村民说：“刘同志，你不要白费力气了，他要是能干活路，太阳都能从西边出来了。”但是以刘富堂执着的性格，他怎么会就这样放弃呢？刘富堂每次到他家做思想工作，都要先挽起袖子，带动他一起搞卫生，经常在他耳边唠叨，给他讲脱贫致富的事例，苦口婆心地劝说他外出务工：“军娃儿，你要勤快，三十好几的人了，身强力壮的，该出去打点工，赚了钱娶个媳妇过好日子，一天在村里懒起，你觉得这样的日子你还想过下去吗？”

功夫不负有心人，他渐渐地开始自发地打扫起了卫生，自己的穿着也收拾得像模像样了。开始，他先在村里帮着干点零活，刘富堂又动员他参加了县里组织的职业技术培训，学习了焊工技能。后来经介绍去了浙江的工厂里做工，找了个女朋友带回家，不久就生了个白白胖胖的儿子。通过刘富堂同志的努力，帮助他申请到了两个低保，在2016年年底帮助他争取到了危房改造的项目，把原来的破旧瓦房，改建成了砖混结构的A级安全住房。刘富堂还联系给他购买水管，从500米外引来了干净的水源……现在再去他家，已没有了原来脏乱的样子：宽敞整洁的院坝，崭新安全的洋房，家中添置了不少新家具，厨房里碗筷干净整洁地放在碗柜里，家里收拾得井井有条。

关心孤儿与残疾人

“小建，你放假回来了，又在帮着你婆婆背柴干活了？”会仪村 10 组的村民们都说，田家的娃儿懂事得很，也可怜得很。听他家邻居说：“小建是个孤儿，他父亲很早就死了，母亲也抛下他离家出走了，剩下他和婆婆相依为命，还要照顾生病的爷爷，以前好造孽哦，刘同志就挂钩这家人。”与老刘同组的谢明辉介绍说：“小建的爷爷是肢体残疾二级，患有脑瘫、高血压、糖尿病，婆婆身体也不太好；他父亲是 2017 年去世的，母亲因为经不起家中的压力，抛下他离家出走了，那年小建刚满 15 岁。这个娃儿倒是懂事得很，经常帮着他婆婆干活，照顾爷爷的生活起居。”“我见过老刘自己掏腰包捐给这家人，还把自己的和亲戚朋友家收来的衣服捐给他们。”

小建初中那时，因家中压力大，成绩也不理想，跟奶奶说他不想读书了，老刘得知这个情况以后，三番五次地去做他的思想工作，后来小建顺利读完初中，考上了绥江职中，老刘还帮他申请了雨露计划，在学校得到了职业高中国家助学免学费及奖学金政策，大大地减轻了家中经济压力。以前听老刘说，小建的奶奶生病，给他打电话，他第一时间赶到县医院，忙前忙后，叮嘱小建要安心读书，他已经请邻居照看好家中的爷爷，奶奶这里他会照顾好的。“小建学习成绩不理想，毕业后为了更好地就业，老刘又为小建联系去中山职业技术学校学职业技术，听说现在已经开始在实习了。”谢明辉回忆说。

“我不能缺席”

“老刘扶贫的工作积极性很高，又在申请下乡了。”分管扶贫工作的许副局长说。“我的挂钩任务还没有办巴适，今天还得去一趟，必须要尽快帮助他家解决问题才行。”单位统一安排下乡车辆，需要下乡的同志要提前一天向局办公室申请，刘富堂对单位安排的扶贫任务都是立即行动、及时解决，遇到解决不了的，就立即向局领导报告，请大家一起群策群力的帮助解决。

2018年年初的一个周六，组织全体干部职工召开扶贫工作会议。刘富堂同志一直以来都患有高血压，当天因着急赶来开会，一口气爬4层楼，到会议室时已气喘吁吁，脸色铁青。同事关心地问："老刘，你是不是身体不舒服？回去休息吧。"刘富堂说："单位要开扶贫工作会，一定是有重要的工作要安排，我不能缺席啊。"话音未落，他就晕倒在地上了。在刘富堂的心里，始终是以工作为重，单位重要的会议从未缺席。自此以后刘富堂被诊断出高血压、肾衰竭，每周一、三、五都需要去医院做透血治疗，身体也大不如前了。

单位考虑到刘富堂同志的身体健康状况，不再安排其下乡开展工作，只是做一点办公室行政方面的内业。但刘富堂同志心里还是放不下他的挂钩户，虽然不能下乡入户，他仍然在电话联系关心着他们。一遇到群众有需要帮助的时候，还是像以前那样，忍不住地向领导申请下乡。看到他失望的样子，我们都感到十分难受，同组的同事都纷纷表示，会代他处理好挂钩户家中的事情。

如今，刘富堂同志虽然离开了我们，但他的事迹会永远被我们铭记。

（作者系绥江县司法局办公室工作人员）

为了岩上那几家人

杜正清

2018年2月，因挂钩调整，我增加了板栗镇板栗村25组的挂钩帮扶。板栗镇板栗村25组地处三合片区偏远的张家岩，也是三合片区唯一一个不通公路的村民小组。这是一个典型的二蹬岩，背靠陡崖，前临深沟，左右两侧各有一条翻山小路连通清水杉木岗和巴壁墙，在深沟沿山脚一条蜿蜒曲折的小路穿过陡峭的山崖手扒岩，这是到达各家各户最近的路。第一次到该组时，由于山高林密，一路上，我们以电线杆为路标，一边扒岩，一边电话询问以前的挂钩干部。走了足足一小时后，终于看到了有人居住的人家。

“老人家，我是县安全生产监督管理局的杜正清。从现在开始，你们25组就由我们单位来挂钩了，以后我会随时到你们这里来。不管生活、生产、就业、上学还是就医，只要有问题，就照着门口张贴的那张联系卡上的电话打给我，我一定尽全力帮助你们解决，即使不能解决也会向村委会、镇人民政府反映。”

第一个接触到的村民，是一位耳朵失聪的老人张天明。在我扯着嗓门自顾说了一大堆后，老人家带着善意的笑容回答我：“同志，我耳朵背，听不见你说什么，等一下我家属赶场回来后再说吧。”随后，老人开始尽地主之谊，热情地给我们烧水、倒茶、擦板凳。等到杨嬢嬢赶场回来后，两位老人又匆匆忙忙地在厨房忙开了，不一会，两碗热气腾腾的红糖鸡蛋就端了出来。亲人般的待遇，让我和同事杨琴深深感受到了山区村民的淳朴与热忱。

据杨孃孃介绍，25 组原本就只有 10 来家人，到湖北定居去了 1 家，有三四家常年在外地打工很少回来，前两年扶贫又搬迁 3 家到县城，背后这家只有贺学仙 1 个人在昆明读书没回来过。这几幢房子右边厢房是老二张平贵家有 5 口人，中间正房是老四张平华家 4 口人，左边厢房是老五张平安家，加上他们俩老人有 7 口人，他们都在昆明打工。老四张平华在部队当兵时患上肺大泡，不能做一点活，经常住院，还有张勤梅在外面读书，他小儿子在三合小学读书，家里只有媳妇徐永会在外面打工找点钱，他们家是建档立卡户。平时队上在家的不到 10 个人，都是老人和读书的孩子，过年打工的回来了就闹热一点。“今天好像老队长徐顺高回他老房子了，你们可以向他详细了解我们队的情况”。

离开张老家，一路都是荒草丛生，和我们从山脚上来的路差不多，除了在有人居住房屋左右有一点蔬菜外，都是耕地里长满多年未除的野草。顺着老人家指的路，我们来到了老队长徐顺高原来居住的房屋。这里也是和张老家一样，房屋呈三合头，中间的正房已全部拆除，只有左右两侧的厢房还在，都比较破旧。徐顺高是一位 70 多岁的老人，说话总喘着粗气，听力和说话的精神还不错。“徐老辈，我们是县安全生产监督管理局的挂钩干部，我叫杜正清，是单位的主要领导，才从板栗桂花村调整到板栗村来，现在三合片区 7 个村民小组全部由我们来挂钩了。”相互的介绍都简短而客气。说明来意后，徐顺高开始给我们详细介绍 25 组的情况。“我们这个组户数不多，岩上的这一片扯得比较远，但只有 14 家人。以前也想过修公路，拿出过几个方案，一个是从清水杉木岗这边过来，但土地不好协调；一个是从巴壁墙（陡峭山崖处，另一侧是悬崖），就是 24 队这边过来，也是因为全部占人家的土地难协调，所以成为这一大片唯一不通公路的。居住的 14 家人，前前后后出去的出去，打工的打工，在家的又没劳力，退耕还林也没搞起来，最近想栽方竹也没种起来，思想不统一，有的想发展这样，有的想发展那样，就此搁置起来了。你们一路上来也看到了，只有张老师家、张天明家和赵礼乾家还种得有点庄稼外，其余的土地都撂荒了，所有的经济来源主要都是靠外出打工。前几年路政大队和镇上挂钩我们的时候，经过大家反复评议，只有我们家、张天富、张平华、吴仕超 4 户进入建档立卡，都是有特殊情况。我们家只有一个劳动力外出务工，两个老年人，三个学生；张天富是视力一级残疾；张平华几乎无劳力，且有两个学生上学；吴仕超是肢体残疾，墙上张贴这些就是当时的评议情况公示，大家都没有异议，其余的都不是。”为了更进一步弄清楚情况，我和杨琴针对居住户一家一户从户主、房屋结构、家庭结构、劳动力、学生、医疗等情况一一记录，并把 25 组每条小路都画下来，标注清楚从哪条路能到哪家。一天下来，我们对有人在家的居住户张天发、吴昆、赵礼乾开展了走访，用同样的询问方法每户问了一遍，全方位核对掌握该组基本情况。

第一轮的走访足足花费了近一个月时间，才通过多次走访加电话咨询的方式完成，并逐一完善了国办、省办和市办扶贫信息系统修改，逐户建立了人口、房屋、学生、医疗、务工、经济收入等台账。这份台账令我们喜忧参半：喜的是凡是有劳动力的家庭，全部都在外务工，忧的是道路修建受地形限制几乎不可能，土地撂荒无产业，留守的是老人和儿童。

在逐户建立台账期间，我把市县出台的扶贫相关政策一项一项对照研究，除了落实性的就医四重保障、学生贷免奖补、民政补助求助等政策外，这里就是典型的不适合居住的区域，要想真正得到发展，唯一的出路就是实施易地扶贫搬迁，留出生态发展空间，挪出村民生存空间，只有这样才能把闲置的土地用于发展，把群众搬迁到集中安置点安居乐业。

带着这样的扶贫规划，从每周片区的圆桌研讨到每月村总片区长圆桌研讨，都把这一思路优劣势全部进行分析，并把每一次研讨结果都与每户群众进行宣传，征求他们的意见建议，逐步形成了共识，最终获准板栗镇脱贫攻坚指挥部同意 25 组作为板栗村整体搬迁组，易地搬迁和随迁至县城兆佳坝集中安置。

剩下来的工作重点就是把各户挂钩干部职工撒到建档立卡户和非建档

立卡户再宣传政策，签订搬迁安置协议，确保12月完成搬迁安置。该组除了张小平、张钧2户由何述成挂钩，吴仕超由廖玉玲挂钩外，其余的11户全部由我挂钩。11户情况千差万别，建档立卡户徐顺高户已于2016年进城入镇安置，其余的非建档立卡户整户常年外出4户，6户有人在县域内；无劳动力老人户1户2人，学生户1人，2户已购买商品房；需要贷款才能交清房款的4户；明确表示不再回绥江购房居住的1户。一户一档案在不断完善中，对已购买商品房的，没有明确是否还能享受随迁政策，需要贷款才能交清房款的是否贴息，因各种原因暂时不能返回的安置协议和购房协议如何签订，一个一个的问题不断提出，一个一个的问题随着时间推移得到了满意解决。

眼看着兆佳坝安置点逐步完工，正加班加点进入最后装修冲刺阶段，正在想松一口气约定入户签订搬迁协议缴纳房款时，赵礼乾户突然提出因交不起房款明确拒绝随迁，我的心情也突然掉入冰谷。即使其他农户全部搬迁了，两位60多岁的老年人如果不搬迁，整组搬迁也是失败的。全片区196户农户该搬迁的搬迁了，该新建的新建了，该修缮加固的修缮加固了，该发展产业的逐步发展起来了，该硬化的公路已开始实施，看到这一片区新变化的成就感瞬间荡然无存。

即使赵礼乾户的房屋是木结构安全房，三五年后独居于此又行动不便的老人如何生存？一连串的担心压得我心痛。在兆佳坝安置点准备开始摇号分房的最后关头，我和杨琴再次来到赵礼乾家中。“老赵，你们家庭比较特殊，从今年年初即将到年底，我们来你家也不少于20回了，我能想到的都掏心掏肺地给你说了。但你想过没有，现在你们俩老人还可以种点庄稼和吃的东西，上面的人都搬走了，种点东西还不够动物虫鸟吃。随着时间推移，你们的年岁也在增长，有个生老病痛能叫谁？现在稍微困难一点，向你在县城和昆明的亲戚朋友借一点，我们也在给你们想办法，争取从其他渠道比如特困救助等帮助你解决遇到的问题，所以我真心劝你从长计议，从改变生活环境开始你们新的生活。”“杜局长唉，我们哪里能借到钱哟，人家都嫌我们老了无能力偿还，我看还是算了吧，谢谢你操心了！”“那这样吧，你看可以不？我代表单位向村总片区长圆桌会议、镇脱贫攻坚指挥部再反映，用单位担保你交一部分款，先进入兆佳坝集中安置点摇号分房，以后的房款再想办法解决。”“感谢了、感谢了，已经决定的事就这样吧。”无奈，我们带着悻悻的不甘离开了。每次到三合片区下乡，都会想起在25组走过的点点滴滴，都不自觉地向群众表示出遗憾、可惜和不甘。

转眼又是一年开春时，入户动员返乡过春节的群众外出务工是这一阶段的重点工作。车辆跑在已经硬化的公路上，万千感慨在心间。看着宣传栏里三合片区的对比变化，一年前我们下乡多是泥巴裹裤腿，即使是猎豹越野车也不是想到哪里就能到哪里，经常从双茶公路开始就走路翻山上来，如今放眼望去，公路两旁停着十多台从外地返乡过年的车辆，从房屋、群众精神状态、环境卫生的变化都超乎当初的想象。

正在沉思之间，我的手机突然响了起来。“杜局长嘛，我是吴万香呀！你怕给我们想想办法哟，去年我们家收到家里的粮食都快被动物和鸟吃光了，种的红薯都被山上的野东西刨完了。现在我们后悔了，后悔当时没有听你的劝，还是要搬迁才得行。”“哦，那我来你们家一趟，见面后再谈吧！但这次不能再反悔了。”到了赵礼乾家，我就开门见山：“到县城兆佳坝集中安置是不可能了，你们对此有什么打算？”赵礼乾岳母接过话茬：“拆除重建房屋的政策还能行吗？既然不能去兆佳坝了，我们还是想回到赵礼乾的老家，24组公路边有点他的土再建房，主要是请求得到你们的帮助，砖呀、水泥、石子砂石看看能不能请你想办法，我们自己出一点，政府补助一点就建了。”“这种方式建房我一个人做不了主，先要到村上提出来研究，报乡镇同意后，我们再想想办法来解决吧！前提是你们必须商量好了定下来才行。”很快，这个方案得到了镇村两级同意，并由赵礼乾本人签订了拆除重建安置房协议，户主自筹资金5000元，东西部协作建房资金补助40000元，砖、水泥、砂石由应急管理局协调企业赞助，由村上雇工人帮建。几天时间内，建材全部拉运到位。地基开挖了，圈梁浇筑了，柱子立起来了，封顶梁板浇筑了，室内粉糊开始了，厨房完成了，卫生间安装到位了，一天一个样。苞谷长到齐腰时，赵礼乾打电话告诉我："杜局长，我们还差一吨水泥，把屋顶、檐沟和猪圈再整整，把水管安好就能搬家了，还是要你再帮助我们一下，解决水管和水泥才干得起。""只要你们能从山上搬下来，我来帮助你们解决！"赵礼乾家终于搬迁到了山下，有了宽敞的院坝、整洁的客厅卧室、明亮的厨房、洁净的环境卫生，一家人说得最多的一句话就是"感谢共产党，谢谢杜局长你们操心了"。

再次走过集中连片的猕猴桃产业基地，望着三合片区一片葱绿的方竹，和着群众开心的笑容，终于有了丝丝安慰！

（作者时任绥江县应急管理局党组书记、局长）

王廷喜一家“变形记”

倪燕晖

2019年的年三十，这对曾经吃穿都愁的王廷喜家来说是个值得纪念的日子，一大桌子丰盛的年夜饭，不仅有鸡、鸭、鱼、牛肉、猪肉……还有老人、孩子发自内心的笑容，大杯的喝酒、大碗的吃肉、大声地说笑，真是好不欢乐。看着朋友圈王廷喜发的视频，我也倍感欣慰。

一个病残交加的家庭

王廷喜，罗坪村3组贫困村民，肢体3级残疾，家有7口人：父亲王朝证（患有淋巴肿瘤）、母亲张付珍、儿子王国军、弟弟王廷文及女儿王国菲、大哥之子王贵银，因缺乏劳动力，被评为建档立卡户。

2015年10月的一天上午11点过，我第一次到他家，看到客厅只有歪歪扭扭的一张长凳和木板搭的一张桌子，房间、厨房到处脏、乱、差。王廷喜在睡觉，王廷文醉倒在客厅长凳上，17岁的王贵银躺在床上玩手机，两位60多岁的老人上坡干活去了，王国军和王国菲两个孩子在罗坪小学上一年级。经过了解，王廷喜于2007年到山东打工，由于工地出了事故，双腿骨折后上了钢板，赔偿的钱被王廷文私自拿去花了，钢板一直未取，虽然能够缓慢行走，但干不了体力活，他最大的愿望就是能有钱把钢板取了，成为一个正常人。王廷喜和王廷文的老婆都嫌家里穷，孩子也不要，跑了。王贵银父母死得早，成了孤儿，从小就跟着爷爷奶奶生活在这个大家庭中。

面对这样一个家庭，老的老、小的小、残的残、懒的懒，最高文化仅有小学三年级，靠低保维持着基本生活，怎么扶？真是个难题。

如果能将王廷喜腿上的钢板取了，那么这个家庭脱贫就有了希望。2016年8月经过秘书长梁任洲和我多方协调，为他父子俩争取了6000元临时救助资金，先后带他们到绥江县医院和宜宾二医院进行检查，结果王廷喜双腿8年前手术失败，钢板取后就可能会直接瘫痪，时间太久，医院也不敢给他取钢板。这对当时年仅30岁的王廷喜来说简直就是晴天霹雳，唯一一线希望破灭了。他仿佛陷入了绝望，失去了活下去的勇气。那段时间我不厌其烦地听他诉说命运的不公、自己的不幸，我不断地安慰和开导他，把大部分的精力和时间放在了他身上。2个月后，他终于慢慢地接受了现实，我带着他到县医院进行残疾认定，到残联给他办了残疾证。

“孙儿要吃糖，没钱买”

要想摆脱贫困，必须得要有收入。于是，我得给他找工作。

县里在发展竹编产业，对下肢残疾的人来说挺合适的，工作灵活，学习期包食宿，结束后还可以在家里做。经过多次做工作，他同意了，我忙前忙后帮他报名、联系车，确定好时间后通知他，结果他说自己学不会，不去了……我又反复上门做工作，仍然无果：王廷喜还是天天闲在家，王廷文这个壮劳力一如既往的无所事事，到处喝酒闲逛；王贵银领着孤儿补助天天在家玩手机、打游戏，两个老人还是养蜂的养蜂、种菜的种菜，一家 7 口人就靠 4 个低保和每年卖点蜂蜜、采点笋维持着最基本的生活。

2017 年 3 月，针对王廷喜家的特殊情况，罗坪村“两委”和我们挂钩单位研究，决定让他来当村保洁员，解决就业问题。我兴冲冲地跑去告诉他，结果他还不愿意，原因是去村委会打扫卫生的工作很丢面子，而且每个月工资才 600 元，太低了。我说服不了他，只能另想办法。后来，他说他想去工地，我担心他受不了，但还是给他在兆佳坝易迁安置点找了活，他又嫌要租房子，太麻烦。他说他想出去打工，我专门请人力资源办的同志帮忙联系中山企业适合残疾人的岗位，他又觉得制度太严、不自由。

2017 年 4 月初的一天傍晚我在路上遇到王廷喜的母亲张付珍，一跛一跛的回来，我问她去哪了，脚怎么了？她说：“我去打笋子了，昨天两个孙儿要吃糖，没钱买，今天找了 40 多块钱，给他们买点吃的。”她说得轻描淡写，似乎习惯了，我却听得心酸。回到家，我一如既往地给 9 岁女儿说着我下乡这天的人和事，她很惊讶，让我哪天带她去看看，然后默默地去收拾了一大包自己的零食和 10 多本课外书，让我明天下乡给那两个孩子带去。第二天，我把东西送到张付珍的手里时，我看见她的眼里含着泪水。这天我非常的气愤，给王廷喜一家开了三个小时家庭会，把家庭的处境、老人的心酸、孩子的失望等给他们讲了很多，还狠狠地骂了王廷文和王贵银这两个寄生虫，要求他们去采笋，采笋季节过了以后，我帮他们联系外出务工。这一年，我三天两头地往他们家里跑，关心着他们家里发生的事，给他们讲很多自力更生的真人真事，力所能及帮他们解决一些生活中的困难，帮他们加入了专业合作社，种植了方竹，参加了技能培训，帮他们转变落后的观念，激发内生动力……终于，功夫不负有心人，王廷文到中山务工，王廷喜也接受了村保洁员的工作，年底顺利地脱了贫。

“自己家的蜂蜜你一定要收下”

脱贫不脱帮扶，我没有因为脱了贫，就减弱挂钩帮扶的力度，一个家庭要真正激发起内生动力，还要做大量的工作，需要很长的时间。

2018年1月寒假里的一天，王廷喜给我发微信，说孩子的作业不会做。第二天，我带着女儿给他们带去了辅导书和一些吃的、穿的，把不会做的题都给他们讲解了，两个孩子高兴地叫我：“孃孃，下次一定还要再来哦！”我也高兴地答应了。

在闲聊中得知王廷文过完年不想去务工了，主要是太累；王贵银也还闲在家里打游戏，日子还没有大的转变。我瞬间心塞，想起头天晚上检查女儿的作业，她在日记中写道：“我就是个留守儿童，爸爸去驻村，妈妈下乡扶贫，我自己起床、自己做作业、自己做饭，所有的事情都是自己做……多希望爸爸妈妈能陪陪我。”想起前两天远在大理的父母和我视频：“你们扶贫有这么多事吗，天天的都去干些啥？两三年都不回来一次……”想起这些，我也迷茫了，我这两三年的付出，值得吗？

我一共挂钩5户贫困户，其余4户已经过上了好日子。在王廷喜家，我把其他户的情况和我们扶贫干部的艰辛都讲给他们听，让他们也了解我们的工作和生活，互相体会和理解。他们很自责，表示春节后外出好好务工。我把从民政局协调来的羽绒服给张付珍穿上，带着女儿如释重负地离开他家。出门的路上，张付珍追上我硬塞给我一瓶蜂蜜，眼里噙着泪水：“姐姐，没有你，我都不知道这个生活要怎样过下去，自己家的蜂蜜，给孙女泡水喝，你一定要收下，我们真不晓得要怎样感谢你。”我宽慰着老人家：“只要年轻人些能好好务工，生活是会越来越好的，您放心，有什么困难给我打电话。”回到家，女儿对我说：“我终于明白你为什么总是去他家了。”

日子越来越甜

2018年过年后，王廷喜去了浙江，王贵银去了浙江和昭通，王廷文在家管护方竹和照顾老人、孩子，偶尔也在合作社做零工。这一年，王廷喜一家收入不错，过年杀了猪，墙壁也变得雪白雪白的，客厅里有了沙发、茶几、电视柜，房间里有了衣柜，孩子们都穿上了漂亮的新衣裳，日子一天天地好起来了。2019年王廷喜回家过年，他告诉我："过完年，我们都要出去打工，在家没意思，找不到钱。"他在外面找了女朋友，两人一起在中山务工，不仅还了之前向我借的6000余元，还每月转2000元给我，让我帮他存着，过年结账，我每月帮他存钱，给他记账。如今，我偶尔去他家，映入眼帘的都是干净、整洁、明亮的家居环境，每个月的人居环境检查评比还上了光荣榜，孩子们都穿上了新衣裳，在广场骑着新单车，老人和孩子脸上都洋溢着喜悦的笑容。

（作者时任绥江县政协提案委副主任）

中国建材集团爱洒绥江

鲁　宽

中国建材集团作为全球最大的建材制造商和世界领先的综合服务商，建材行业的龙头企业，一直以来积极践行社会责任，高度重视定点帮扶工作，同样“牵挂困难群众”。

中国建材集团精心选派扶贫挂职干部到绥江县脱贫攻坚第一线施展才华，带着集团的帮扶大爱，他们努力整合各方资源，有的运用“互联网 +”思维，有的探索“扶贫 + 电商”模式，有的利用所在单位技术优势，整合当地资源为当地群众开辟脱贫致富新路子；有的挂职干部利用自身资源，组织有关单位和个人为定点扶贫村开展捐钱捐物活动，赢得当地百姓称赞。

领导的脚步，帮扶的温度

2018 年 10 月 24 日，中国建材集团董事长、党委书记宋志平一行深入绥江县兆佳坝易地搬迁集中安置点、田坝小学、板栗镇罗坪村易地搬迁集中安置点，走访调研定点扶贫工作开展情况，看望慰问扶贫挂职干部。

该集团挂职绥江县副县长黄斌介绍，这是集团高层第 6 次前来绥江了。

2016年11月21日至23日，时任集团公司党委书记刘志江率队到绥江实地调研；2017年5月24日至26日，中材科技股份有限公司党委书记宋伯庐一行来绥江调研考察；2017年10月23日至25日，集团扶贫项目“禾苞蛋”电商团队负责人张李娜一行来绥江扶贫考察，并达成农特产品销售协议；2017年12月12日，集团党委常委、董事、总经理曹江林及集团党委副书记孙力实率队赴绥江实地调研帮扶工作；2018年8月3日至4日，集团工会主席王于猛率队来绥江考察扶贫项目。从2015年对口帮扶绥江以来，集团高层悉数来到绥江，亲临扶贫一线，有针对性制定帮扶举措。

在2018年10月24日宋志平一行深入绥江走访调研过程中，在塔吊林立、施工车辆穿梭、机器轰鸣，一派繁忙景象的绥江县兆佳坝易地搬迁集中安置点，宋志平详细了解了安置点规划设计、功能定位、建设进度等情况。在板栗镇罗坪村，宋志平一行沿着蜿蜒的水泥连户路边走边看边询问，详细了解安置点群众生产生活、产业培植、务工就业等情况，在苗族风情浓郁、特色鲜明的文化广场上，宋志平说：“要依托当地得天独厚的资源优势，发展特色种植养殖业，发展特色乡村旅游业，解决好群众长远发展致富问题。”宋志平勉励集团到绥江挂职的干部要扎根帮扶一线，依托当地干部群众，扎实勤奋工作，在艰苦的环境中历练自己、干出成绩。

据罗坪村因病瘫痪在床、因病致贫的朱兴贵回忆，2017年的12月初，有一行人来到他家，领头的详细询问了解了他的病情、他们家目前生产生活状况及面临的困难，向他传达了单位的关爱之情、帮扶之意，并把大米、面条、食用油等慰问物资交到他的手中，叮嘱他们一家今后遇到什么困难要及时向当地党委、政府及帮扶干部反映，鼓励他们一家树立信心，注意保重身体，努力克服生活中的困难，尽快走出困境。前往朱兴贵家看望慰问的领导就是中国建材集团党委常委、董事、总经理曹江林一行，那天是2017年12月12日。当天曹江林一行迎着凛凛寒风，踏着泥泞山路，先后前往贫困户家中、罗坪村易地搬迁安置示范点等地调研，详细了解罗坪村脱贫攻坚工作开展情况。据罗坪村委会主任张友强回忆，走在干净整洁的联户路上，望着一幢幢崭新的具有苗族风格的山村别墅矗立在青山绿水间，曹江林感到十分欣慰。他表示中国建材集团将围绕大局，积极献计出力，紧盯脱贫攻坚目标，充分发挥自身优势，科学合理发掘绥江资源优势，凝聚起广大群众的力量，齐心协力开展工作，主动作为、全力完成脱贫攻坚帮扶任务，为绥江县打赢脱贫攻坚战贡献出自己的力量。

每一次集团领导的前来，带来的不仅仅是资金、技术，还送来精干的驻点扶贫队员，崭新的脱贫攻坚思路与打法，压实了绥江脱贫攻坚路的硬度。

合力的付出，帮扶的实度

2018 年 10 月 27 日，星期六。在绥江县担任挂职副县长的黄斌拿出一份挂钩帮扶统计表介绍说："从 2015 年扶贫挂钩绥江县至今，我们集团已累计拨付到位各类援助资金 1174 万元（2018 年计划拨付 1000 万元，目前已经到账 580 万元）。援建了板栗镇关口村槐花自然村公路，罗坪村易地搬迁安置及产业发展，中坝村肉牛养殖，新滩镇合洲小学、中城镇田坝小学，'禾苞蛋'电商平台，板栗集镇文化活动广场及两污处理，中城镇兆佳坝集中安置点卫生服务中心，以及基层党组织建设等项目和工程，有力地助推了绥江县脱贫攻坚工作。"

黄斌表示，这些工作成绩的取得，是当地党委、镇政府和集团以及集团派驻绥江县的扶贫队员通力合作的结果，是集团对被帮扶地区兑现的诺言。

"来到贫穷的罗坪村，看到如此贫困的现状，想到肩上的脱贫重担，我真的是五味杂陈。"这是集团派驻罗坪村党支部第一书记任振城（现已回京）对帮扶点罗坪村的第一认知和心理活动。在驻村的日子里，他带来新思想的同时，还利用新媒体手段辅助脱贫，他创建了"绿水青山罗汉坪"微信公众号，发文宣传罗坪村的特色资源，反映贫困户艰难的生活处境，讲好“干部扶贫·群众脱贫”的好人好事。任振城也通过微信平台呼吁爱心人士为贫困群众献爱心，他们先后得到多家单位和个人的积极响应，收到捐赠的棉衣棉被共计1600余件，全部分发到老乡身上。微信号的传播取得了很好的反响，使罗坪村的贫困问题得到更大范围的重视与关注。

“刚开始，我们当地农户对借助互联网来推广农副产品是有些顾虑的，比如，投入多少？产出能否稳定？如何建立稳定的销售渠道等问题，在农户心里都是未知数，毕竟对乡亲们来说，这是一个新鲜事物，之前没有接触过，所以心里有顾虑。”说到电商平台辅助罗坪村脱贫攻坚的话题时，罗坪村“两委”委员何清雄说：“2017年10月，中国建材集团扶贫项目‘禾苞蛋’电商团队负责人张李娜一行来绥江扶贫考察，并与绥江金龙现代农业公司、绥江东大门特种养殖合作社等多家农特产品公司就绥江农特产品销售达成战略合作协议，我们罗坪村也搭上这趟电商快车，为我们罗坪的农特产品销售带来了利好，我们的蜂蜜、竹笋，还有一部分苗族服饰，都卖到了山外。借助帮扶单位的电商平台，我们老百姓普遍都是受益者。”

王平，该集团现驻绥江罗坪村现任第一书记，80后的年轻人，在帮扶工作上倾注了太多的心血，头发都花白了，看上去像个60后。

黄斌告诉记者，传统的慰问金扶贫方式已不能满足今天的脱贫攻坚需要，他们集团下一步将在理念、思想和产业方面着力，把绥江纳入“百村示范万村整治”乡村振兴盘子，在建设持久造血产业上做大文章，注重市场和渠道建设，同时加强从教育卫生、手工制作、特色食品加工、务工就业等方面入手，引导村民加强自身造血功能，算好增收致富账。

（作者系《云南经济日报》记者）

一群来自省城的“亲人”

杨涛源

村名中有“鱼”的鲢鱼村竟然不是渔村。在鲢鱼村待了快一年的云南省搬迁安置办公室驻鲢鱼村扶贫工作队队员钟铧告诉我：“鲢鱼村虽然依山面水，但大都是散居或聚居在陡坡上的‘山民’，只有很少的一部分居住在江边或公路边。”山上地少人多，条件艰苦。云南省搬迁安置办公室（原云南省移民开发局，以下统称“省搬迁安置办公室”）8名队员，加上1名三峡公司职工，1名大学生村干部，一共10人的驻村扶贫工作队伍，负责着鲢鱼村其中的5个村民小组115户建档立卡贫困户的脱贫任务。他们，是鲢鱼村的贴心人，是村民心中来自省城的“亲人”。他们与鲢鱼村的故事，如金沙江水滔滔不绝。

老王的新厨房

到鲢鱼村驻村扶贫以前，钟铧从没想过这辈子会和老王结缘，认识他并帮助他。

老王名叫王思才，今年59岁，光棍一人，是15组的建档立卡贫困户。

2008 年“5 · 12”地震时，老王享受政策盖了两间 40 平方米的砖混小屋，住的问题基本解决了。但是，他的厨房，却还是很早以前用土基磊成的旧房子，屋顶漏雨、墙面开裂、破烂不堪。厕所和猪圈则是随便搭盖的茅草房，不经风雨。

2018 年 7 月，一场大雨把老王的猪圈冲垮了。幸运的是，人和两头猪都没事。

得知消息后，驻村扶贫工作队队长张明学、副队长郭嘉兴等立马召集队员第一时间赶到现场，帮助老王消除了可能造成二次受灾的安全隐患，并把两头猪暂时寄养在了隔壁二嫂家的猪圈。

“这次幸好是猪圈，如果是厨房和厕所，后果就不堪设想。”为了让老王有个长久安全的居住环境，驻村队员们商量借助“补短板”的机会，帮助老王拆除旧房建一个新的厨房。

第一次上门做工作，老王同意得很干脆：“拆了旧房，自己出一部分钱，你们工作队帮忙补贴一部分，修一个新的厨房和卫生间。”

但是，等到再次上门协商修建方案的时候，老王却后悔了：“盖一个新房子要好多钱，建房请工人还要做饭给他们吃，整不成。”

“你出 3000 元，我们补你 1000 元，做饭的问题你解决好自己就行，修房子我们请村上的人帮你弄，不要你负责做饭。建好以后，你的生活就更加方便了嘛。”

工作队队员们苦口婆心，把建新厨房、卫生间的理由前前后后讲了一大堆，最后才勉强说服老王同意建房。

钟铧回忆，当时为了确保老王不反悔，回来后，他们还商量了把补助的金额从 1000 元增加到了 2000 元。然而，没过几天，老王又不干了，说他拿不出那么多钱。

“老王享受的是 A 类低保，每年有 2736 元保障，加上卖李子有 3000 多元，每年至少收入 6000 多元，而且听说这几年老王还悄悄存了点钱。说到底，他是想多争取点补助资金。”

“不能是贫困户想要多少就给多少，让贫困户牵着鼻子走。驻村精准扶贫的意义，不是在于消除‘等、靠、要’思想，发挥群众自力更生的主观能动性吗？”钟铧说，第三次上门时，他们特意把这些年精准扶贫掌握的资料，详详细细给老王盘了一遍。

这次，老王彻底服了。

“他们辛辛苦苦帮助自己，之前确实是我不对。”10月23日，我来到老王家时，一个18平方米的新厨房已基本建成，正在进行水电安装。为此，老王还特意上街买了一个漂亮的新橱柜。“好马配好鞍。房子是新的，厨具也要新的才行。”

“等全部完工以后，我们还要送一套洗浴用品给老王，让他舒舒服服在家洗一个热水澡。”绕到厨房后面的卫生间时，钟铧一个比画洗澡的动作，让老王哈哈大笑了起来。

脱胎换骨的“懒汉”

“如果没有扶贫工作队的说服帮助，这个家只怕早就散了。”深秋的傍晚，罗天秀卖药归来，遇到前来家访的驻村工作队队员，急忙往家里招呼落座。

打扫得干净整洁的小院里，两棵一抱粗的老核桃树分立两端，不高的院墙把金沙江库区的一湾美景尽收院中，煞是怡人。

“以前，他们家女方常年在外打工，老郭天天只晓得打牌、睡觉，地里的庄稼不管，屋里的家务也不做，甚至厨房的瓦掉落开了‘天窗’，他也不管不顾。”驻村队员秦善斌说，至今他还对老郭家的满屋杂乱和灰尘印象深刻，“第一次来家访时，房间乱得没有站脚的地方，电冰箱的门都用得通洞了，也不收拾打整。”

老郭名叫郭如田，是罗天秀的丈夫。此前，老郭是一个十足的“懒汉”。媳妇外出打工，他借着在家照顾三个小孩上学的名义，整天好吃懒做，好赌成性。夫妻二人就此时常吵架，甚至到了媳妇常年不回家，要闹离婚的地步。

扶贫先扶志！“这个家如果唤不起男主人灵魂深处的动力，那么给再多的扶贫政策也是枉然。”挂钩帮扶人郭嘉兴几次家访回来后，与队员们会商，决定对郭如田家的“一户一策”首先从解决思想问题开始。

一次、两次、三次……经过三番五次的思想动员，郭如田渐渐从一开始对扶贫队员的不理睬、不支持，慢慢道出了自己无心家庭生产的心结：媳妇常年在外不回来，家都不像家了，还有什么奔头？

“你自己如果不振作，不仅媳妇更不会回来，孩子们也会受到影响。”由队长张明学带头，队员们一边坚持开导老郭，一边又悄悄地打电话联系罗天秀，劝说其早日回家，带动丈夫一起搞好发展。

2018 年，借着“查缺补漏”的机会，扶贫队员动员郭如田把破旧的厨房整修一新，并重新粉刷了老屋，还新建了一个既能上厕所，又能洗澡的卫生间。

终于，罗天秀也回来了！夫妻二人在扶贫工作队的引导下，不仅开了一个小卖部，还买来一张可以载货的小三轮，做起了小买卖。

“以前上门家访，下午三四点钟了，郭如田都还在睡觉。现在，几乎都遇不到他了。”秦善斌说，媳妇回来了，老郭仿佛变了一个人，从昔日的懒汉脱胎换骨成了勤快人。

“这几天生意不好做，他就跟着建筑队去盐津打混凝土了。”罗天秀告诉我们，现在郭如田变得勤快了，天天想着挣钱，让他在家休息两天他都闲不住。

“贫困不是你自己没有本事，而是陷入了懒惰的恶性循环。”对扶贫队员的谆谆教诲，郭如田看来是真的明白了。

沉甸甸的脱贫责任

从鲢鱼村委会到官田示范点的道路，是一条蜿蜒曲折的山路。虽然近年经过硬化，群众出行越来越方便了，但遇到下雨路滑，交通事故时有发生。

这条路，驻村扶贫队员们也走了无数次。村民群众的出行安全，时刻揪着他们的心。为了不让村民因发生交通意外而返贫，2018 年，驻村工作队队员集体协商、狠下决心，硬是从紧张的工作经费中挤出 15 万元资金，给道路加装了防护栏、观望镜、警示标志等设施。

恰巧，8 月份一位村民骑摩托车经过最危险的老鹰嘴路段时，不慎发生侧滑，就得益于防护栏的阻挡，捡回了一条命。

“只要能减少一起意外事故，投资都是值得的。”因为扶贫，队员们的心每时每刻都与村民群众紧紧相连。

从大事看担当，从小事见真情。从 2015 年第一批驻村队员进驻鲢鱼村以来，省搬迁安置办公室高度关注鲢鱼村的脱贫问题，先后投入大量人力、物力、财力倾情相助，帮助鲢鱼村在农村基础设施改善、安居房建设、产业培育等方方面面取得了显著成效，使昔日落后、贫困的鲢鱼村发生了华丽蝶变。

鲢鱼村点点滴滴的变化，都牵动着每一位驻村扶贫队员的心。

“做一天鲢鱼村人，就要多争取为鲢鱼村做一件实事。”2018 年，在补短板强弱项提质量过程中，驻村扶贫工作队经过反复走访调研，把建档立卡贫困户的危房加固、厨房改造、厕浴改造列入了工作重点，先后争取资金 30 多万元，帮助建档立卡贫困户们解决了过去“想都不敢想”的厨卫卫生问题。

离开省城来到几百公里外的鲢鱼村，每一个驻村队员，都对绥江、对鲢鱼村倾注了一份特殊的情感。省搬迁安置办公室驻鲢鱼村的驻村扶贫队员中，钟铧、陈斌、李竺晋、杨云涛等人都是第二次回到绥江，他们从新农村建设、“群众路线”教育实践活动到精准扶贫，在最好的青春年华，把大多数记忆留在了帮助绥江脱贫攻坚的路上，但他们却以实践证明：青春无悔！

驻村工作队队员钟铧有一张手绘的鲢鱼村地图。在这张地图上，密密麻麻记录着每一户建档立卡贫困户的详细位置。

“这是刚来鲢鱼村时，为了尽快熟悉情况，第一次走访后凭记忆手绘的。”钟铧说，现在熟悉鲢鱼村，就像熟悉自己家一样，早就不需要靠地图来走访贫困户了。

不是鲢鱼村人，却比村民更熟悉鲢鱼村。一张简单的手绘地图，绘就的是一份沉甸甸的脱贫责任。

2 年，24 个月，730 天。有人会说，在人漫长的一生中，这不过是白驹过隙的一瞬间。然而，对驻村扶贫队员而言，这一瞬间，却要经历多少折磨与无奈。

陈斌驻村时，妻子刚好有 5 个月的身孕。没有海誓山盟，没有日夜陪伴，每天只能通过电话视频安慰妻子，直到临产前一天，他才匆匆赶回去看望 5 个月未见的妻子。

年轻的女队员李竺晋，是复旦毕业的高材生。得知要来鲢鱼村驻村扶贫，她主动请缨，克服当地空气湿热、虫子多等各种困难，每天坚持上山下山走访群众，凭一张坚强的笑脸成为鲢鱼村最美的风景。

队长张明学的妻子骑摩托车摔倒，造成了重度腰椎损伤，生活不能自理，他却只能请护工照顾妻子，自己每月坚持驻村 20 天以上。

钟铧的老岳父生病做了手术，他没能在病床前尽孝；副队长郭嘉兴和儿媳商量好要生个二胎，政策来了，他却当了“逃兵”；秦善斌家孩子没人带，干脆就把孩子领到了村里；三峡公司的雷雨，儿媳怀孕 4 个多月了，却不能陪她去做一次孕检；甚至有年轻的队员到了恋爱结婚的年纪，却没有时间去浪漫……

这一群人，为了同一个梦，成为鲢鱼村最亲、最可爱的人。村民们记着他们的好，每到李子、猕猴桃、核桃上市的季节，都会把最好的拣出来送到驻村扶贫工作队的办公点。有时，他们怕驻村队员们不收，留下东西就溜了。往往，都是队员们经过多方打听，再把钱偷偷塞给对方。2018 年，李子价格不好，队员们倾情而动，联系单位同事、亲戚、朋友，以高于市场的价格为建档立卡贫困户销了 6000 多斤果子。“你们比我女儿来看我的次数还多，比亲人还亲啊。”有一次，李竺晋冒雨走访贫困户时，11 组的李正秀老妈妈激动地拉着她的手发出由衷感慨。不是亲人，胜似亲人。群众脱贫致富，是驻村扶贫队员们最为之振奋的目标。

这些年来，在驻村扶贫队员们的精心帮扶下，15 组王兴龙一家不仅顺利脱贫，还成了村里有名的致富带头户。2018 年，得知王兴龙想扩大养殖，驻村队员们更是忙得不亦乐乎，千方百计帮他争取项目和资金。

“目前鲢鱼村产业结构还比较单一，以后，要扩大林下养殖、中药材种植，发展乡村旅游等，促进群众增收致富。”铁打的营盘流水的兵，驻村队员们都知道终有要离开的一天，然而他们的心，却早已深深刻进了鲢鱼村脱贫致富的土壤。

（作者系《云南经济日报》记者）

永不停歇的步伐

邓家龙

不管是雨天、雪天、太阳天，一个76岁的老人，一个有着40多年党龄的老党员，带着多病的身躯，仍坚守在扶贫一线，固守为民服务的初心，为脱贫攻坚发挥自己的余热，他就是胜利村安家片区支部书记、18组组长夏德荣同志。

党员的本色

胜利村18组老党员夏德财说："九几年我记不清，原胜利办事处因稻谷种掺假，除村主任夏德荣外，其他一帮子人都受到了党纪国法处理，我很佩服他，他很正直。"之后不久，他调到南岸办事处任支书。

"魂飞万里，盼归来，此水此山此地。百姓谁不爱好官？"1997年9月，已年满54岁的夏德荣同志从南岸办事处支书岗位退下来，回到胜利村18组。

回到家乡，他本该尽享天伦之乐、颐养天年，但他一刻也闲不下来，当起了义务养路员。从小组到胜利小学近800米的学生路，他每年都要义务修整四五次，定时不定时的清扫，几乎像他承包了一样，年复一年，一干就是十七八年，从未间断过。

2018 年 7 月 5 日下午 6 时起，全县境内普降暴雨，最大降雨量达到 192 毫米。整晚的强降雨，老党员夏德荣心急如焚，他担心公路受损、担心群众庄稼受灾，最让他放心不下的是夏永生、王国英、夏思明三户房屋背后地质不稳，存在滑坡的可能，也揪心李德恩还住在土墙房里。老夏夜不能眠，在电话里一催再催，叫四户到其他家居住，最后他还放心不下，叫上自己儿子夏钊乾一起冒雨前去查看，直到四户到别家暂住了，他悬着的心才落下来。

当天晚上，夏永生、王国英家后面出现大面积滑坡，两家房屋严重受损。“老夏救了我们全家的命。”王国英感激地说道。

甘于奉献美名扬，赠人玫瑰手留香，扶贫救弱放心上，一心只想把人帮。老夏就是这样一个人，他在随笔录中写道，“我是一名共产党员，要发挥余热，保持共产党员本色，为 2020 年全面建设成为小康社会作出努力”。

负起组长的责任

2007 年，时年 64 岁的夏德荣同志，被推选为胜利村 18 组组长。

自从被推选为组长后，夏德荣同志肩上的责任更重了，更忙了，随时都看到他步履蹒跚地走在田间地头、乡村小道，无我工作。

说得好不如做得好，驰而不息的劲头是夏德荣同志的真实写照。胜利村委会副主任黄宗贵说：“在我的记忆中，村上开会老夏从没有请过假，每次村上开会他是来得最早的。但每次报灾情，他又是最迟的，因为上报前他都要跋山涉水到各个受灾地块去查看，要逐户核实登记好了才上报”。

掌权常忧百姓事，为官固守清廉心。在谈到小组的变化时，老夏总有说不完的话，他说：“在我刚当组长时，全组 43 户人绝大多数都是土墙房子，小组不通公路，当时我最大的心愿就是让大家住上安全的房子，能够通公路。现在好了，每家都住上安全房，公路不但通了，还打成水泥路。是党的好政策帮我完成了心愿，我可以安心退下来了。”但眉梢间带几分忧虑，感叹道：“要是年轻人能在当地有活做、找得到钱，不要让老人和孩子单独留在家里，就好了！”

今年年初，突如其来的新冠疫情打乱了很多家庭的团圆梦，老夏就是其中之一。当听闻武汉封城时，他敏锐感觉到问题的严重性。闻令立动，正月初一起，老夏就召集群众开会，逐家逐户排查回乡人员情况，并一一记在笔记本上。当挂钩帮扶干部入村时，老夏已经全部排查登记好了回乡人员。

正月初五，要求设卡排查时，老夏率先垂范，冒着严寒，带领儿子夏钊乾设卡守点，往往一守就是一天。竹以直而美，人以正而尊。因为老夏带头，其他群众也纷纷参与到守卡中来，有群众给他说：“老夏，你本身就感冒了，年纪也大了，就不要守了，让年轻人守。”他坚持要守，直至撤销卡点。

“思想上‘挂号’，工作中‘上账’。”老夏家里有十多个笔记本，记录了自他当组长以来，每次到镇上、村上开会的会议精神，登记了各项惠农政策、救灾救济物资发放情况，同时也登记了每次公益活动各户的参与情况……当有人说没有享受国家政策时，老夏会拿笔记本，一一予以反驳；当有人在为低保争吵时，他会拿出笔记本，质问：“参加公益活动的时候，你怎么不争？”

自己站得正

身正则刚直，行正则威。夏德荣同志始终以做一名合格党员的标准要求自己，干干净净为群众做事，清清白白为自己做人。

夏德荣同志经常对自己的儿女、孙子们讲：“再穷，也不能没有骨气；再难，也不能坑蒙拐骗。”在他当组长后，严厉地对四个儿子说：“只要是我当组长，你们就别想吃低保。”在他当队长前后近十年时间里，没有一个儿子享受过低保。直到2017年，他的两个儿子家出现了重病人，且一个家里受灾，另一个家里有一个高中生，在群众代表和扶贫工作队的劝导提议下，两个儿子家才吃上低保。之后，他每年参加村上评议低保时，都主动提出让两个儿子退出低保。

老夏的儿子夏钊贵有些无奈地说：“现在高速公路都已经通车了，但高速公路放炮对我们房屋损坏的补偿还没拿下来，也不好去反映，害怕给爸爸抹黑。”

“组织相信我，老百姓推选我当队长，就要行得端、走得正，大家也可以监督我。”老夏在群众会上说。每次在村上领取救灾棉被、农用物资到队上发放时，老夏都会避开经过自己家就近到本组的小路，而负重几十斤绕行七八百米到本组农户聚集的区域，进行公开发放。

夏德荣始终把工作看得很重，把报酬看得很轻，永远不会向组织说一个“不”字，也不会向组织提一个“要”字。2017年，土地确权兑现给夏队长带路和指边界的劳务费1800元，他领取后马上召集党员和群众代表讨论，最后全部用于购买本组活动场所的桌椅。同年，夏德荣同志到村委会开会，路途中不幸摔倒造成腰部损伤，他忍着疼痛用木棒支撑着，踉踉跄跄走到村委会。村委会同志提出找车送他去医院检查医疗，老夏断然拒绝了，并坚持开完了会。会后，老夏自己悄悄到医院治疗，先后花了2000多元。老夏至今未向组织提出任何要求，发生在老夏身上的这种事，还有很多很多……

让党旗飘扬

2016年，夏德荣同志不负组织重托，迎难而上，当选为胜利村安家片区6个村民小组的片区书记，他的家也成了支部活动室。

“我已经向组织递交入党申请书，是老夏找我谈的话，给我当的入党介绍人。”胜利村18组村民苟云学自豪地讲道。经过了解，老夏所在的胜利村安家支部有26名正式党员、2名预备党员，还有3名同志递交入党申请书。

在支部会上，夏德荣书记说：“对那些不参加支部会议、不参加公益活动、不带头发展产业的党员，我们要进行批评教育；对那些思想先进、热心于公益活动、带头发展产业的群众，我们要把他吸纳进组织里来。”夏德荣任支部书记后，他对党员提出了“四个带头”的要求，党员要带头执行政策，党员要带头发展产业，党员要带头参加公益活动，党员要带头搞好家庭环境卫生。他这样要求，也落到了实处。

“这个月的支部活动，我的党员积分被扣了两分，因为我的两个儿子没有交卫生费。”党员夏德财一边走一边说。夏德荣书记将党员和党员的亲属一并纳入党员积分管理，他常挂在嘴边的一名话就是“党员就要带动自己亲属”。

如一个党员连身边的人都不能影响，何以影响他人呢？

党员是一面旗帜，支部是一个阵地。当走进安家支部活动室，留给人的第一感观就是“简陋”。墙上没有高大上的党员形象、支部制度和评分栏，没有专门的会议桌椅，更没有电脑及音响设备，有的只是两张吃饭的方桌及若干胶椅子。

“我们每个季度都要开一次党员会议，每次一开就是半天，每次开会都要在老夏家吃饭。”周光明党员感慨道。在查看安家支部档案时，五个档案盒里的资料几乎都是手写的，不管是会议签到、讲话资料、学习资料、统计表册等，都是夏德荣同志挑灯夜战，一笔一画认真完成的。

“老夏他们每次开党员会议，他头天晚上都要准备半夜，信笺都要写十多二十篇。”夏德荣老伴苟祯明说。夏德荣书记召开的每次党员会议，都要组织学习习近平总书记系列讲话，每年都要给支部党员上两次党课，每次上党课都要提前备好课。这样一干就是四年，不会落下一次会议，不会减少一个活动议程。

德厚者流光，业勤者流芳。作者本人为收集到夏德荣同志的素材，走访了村干部、老党员、群众和老夏的亲人，答案惊人的相同，“老夏工作很负责、很正直，是个好人……”最后要准备采访夏德荣同志时，他正奔波在田间地头检查灾情，与挂钩干部商量迎接脱贫普查，他的步伐一刻也停不下来，践行入党时的初心使命。

（作者时任中共绥江县委统战部副部长，县工商联党组书记、副主席）

村里的小孩儿

李竺晋

小苹果

小苹果的学名叫汪雨洁，是一个住在村委会旁边的小女孩儿，今年6岁了。大大的眼睛，圆圆的脸蛋，腮边两撮高原红，笑起来就像一个红扑扑的小苹果。于是我们驻村队员们都这样叫开了。

小苹果有个姐姐叫汪银堰。我身边很少有人会用“堰”字取名，可是在这个村子里却很常见。离村子不远的地方，有一座堰老沟大桥，我想这大概是诸多名字中“堰”字的由来了。姐姐乖巧懂事，很会照顾人，总是腼腆地站在远处看着我，纤瘦的身形显得安静又单薄，不像肉肉的小苹果总是调皮地四处撒欢。

我送过姐妹俩一些水彩笔和彩色铅笔，小苹果喜欢画了画送我，最频繁的时候几乎每天送一幅。画得最多的是一个穿着花裙子的女生，裙子上各种五颜六色搭配，蝴蝶、蜻蜓、花草、日月、彩虹弥漫，满眼美好的光景，最下面写着“汪雨洁送给 niangniang 的画”。虽然驻村这两年我从来没有穿过裙子，可她还是会说画上的人是我。

小苹果喜欢在我出入村委会的途中大声叫我，或者突然跳出来堵住我，缠着我陪她玩儿。有时候，她也会找各种材料做成手链送我，几颗彩色的塑料珠子，几段彩色的毛线，裹着几点泥水，让人忍俊不禁。

村里的孩子，大抵是孤独寂寞的，父母时常在外，只有年迈寡言的老人守着。于是看到我这样陌生的年轻女人，会本能地感到亲切。不忙的时候，我会在晚饭后跑去和她们玩耍，老鹰捉小鸡，死电活电，烂网捕鱼，捉迷藏，甚至于最简单的跑步比赛，他们也乐此不疲。小苹果最喜欢的是让我抱着她“坐飞机”——从很高的地方跳下来，乐不可支的样子，让我想起儿子也有同样的爱好。

我知道小苹果送我这样那样的小礼物，并不是成人世界礼尚往来的感谢，只是一种自发的好感和亲近。就像她去年请其他男队员把家里的李子带给我，还会特意交代一句“要给那个孃孃吃哦”；就像她今年用小棍子戳姐姐炸的洋芋喂我，还要狡黠地冲着其他男队员笑一句“只给孃孃吃的”；就像她穿了新裙子一定要给我看，爬上宣传栏之后不顾我的劝阻一定要我给她拍照……

于她而言，只是向她认可的人分享一些小快乐、小骄傲；于我而言，却是莫名的感动和自豪。

小村“吴彦祖”

自从 2017 年 10 月县里调整了挂钩帮扶对象之后，我们单位挂钩的建档立卡贫困户集中在了 5 个村民小组，驻村队员分工负责不同的小组。

我负责的村民小组有个 6 岁的小帅哥，名叫钟开鸿，大眼睛、双眼皮、长睫毛，每次见到我都假装一脸惊讶的夸张表情冲我笑道：“哎呀，你又来啦。”尾音拖得老长，脑袋歪到半边，仿佛要侧身 45 度才能上下打量我。

同行的队员调侃他是“少年吴彦祖”。每次入户走访，其他不熟悉这个小组的队员想不起我在说哪一户的时候，只要我一说“少年吴彦祖”，大家就都恍然大悟一般发出“哦”的一声，脑海中立马有了他的样子，以及他家的方位。

小帅哥很活泼，会邀请我到家里看电视，我和他说话的时候也不胆怯。不像村子里其他孩子，总是因为没有父母陪伴而寡言少语，或者因为很少接触外人而与我们保持距离。我想，这得益于他家庭的成长氛围吧。

小帅哥一家四口，除了父母，还有一个 87 岁的曾祖母。老人是我们村小组年纪最大的建档立卡贫困户，瘦小，但精神矍铄，天晴的时候，还能看到她在家门口的大铁盆里洗鞋子，或是一边晒太阳、一边招呼我们进屋里坐。

小帅哥的爸爸是一家之主，在父母早逝、奶奶年迈、幼子嗷嗷待哺的时候，年轻的爸爸并没有自暴自弃，而是留下年轻的妈妈在家带孩子、照顾老人，自己外出打工挣钱。2015 年，年轻爸爸开始用挣到的钱和政府的补助修建新房子，每年建一点点，终于在今年将奶奶一起接进了新居。

这在农村很不容易，我见过为了分户让老人单独居住的；也见过虽然在一个户头，但是老人单独住在破旧的老房子里的；还见过以老人的名义享受各项补助，但实际上从未尽过赡养责任的。父母子女之间尚且如此，年轻的爸爸对自己的奶奶却从不怠慢。

年轻的妈妈看上去也是个忠厚老实人，每次去走访总翻箱倒柜给我找吃的，明明是我去麻烦他们签字填表，可她总不忘对我说谢谢。也许正是妈妈这样温润的性格，才培养了小帅哥性格阳光又有礼貌。

再过几个月，家里又要添丁了，相信无论是弟弟还是妹妹，小帅哥都会是一个温柔谦让的好哥哥。

小蝴蝶

小蝴蝶叫周琳，是我们房东的侄女，住在我们隔壁。

偶尔，我们会在吃过晚饭之后，跑到她家的院坝打羽毛球。她喜欢坐在院子里，一边写作业，一边和我们聊天。天色变暗，她会主动打开外面的灯给我们照明。有一次我换场休息，看到一只蝴蝶停在她手上。她小心翼翼举起手给我看，一脸欢欣雀跃的表情，就像一只欢腾的小蝴蝶。

去年刚见面的时候，她还是一个腼腆害羞的小姑娘，远远见到我会用普通话叫我“姐姐”。明明只比小苹果大一点儿，两个小姑娘却把我叫成了两个辈分。我纠正过几次，可她还是不改口，我心中有些窃喜，也接受了她们对我不同的称呼。就像村里有人叫我“同志”，有人叫我“老师”，只要不叫“领导”，怎么样都行。

相处两年，小蝴蝶渐渐和我熟悉了，会在我面前秀她的溜冰技术，会抓着死鱼带我一起去喂猫，会给我看她刚捉到的蝴蝶，会给我讲她喜欢的科目、期末考的分数。

可能村里的小姑娘总是喜欢阿姨多过叔叔的吧，就像年少时候的我们，男生要和男生玩，女生要和女生玩，小蝴蝶总是本能地对我比对其他男队员更亲近一些。看到我们打球，她会给我倒一杯水，面对其他叔叔开玩笑的央求，她只是“哼”一声就把头扭开了；家里买了橘子，她也会留一个给我，还不忘提醒我打完球记得带着。

有段时间因为晚上要加班，我好久都没有去她家院子里打球了，终于有个周末在去村委会的路上见到她，她一边喊着“姐姐”，一边跑近我，一脸埋怨的表情对着我撒娇：“姐姐，好久不见你啦，想死我了。”

我的心里像有一道电流穿过，竟被震得有种热泪盈眶的感觉。从未想过，会在异地他乡被一个萍水相逢的小姑娘惦念。我从未对她做过什么，也没有给过她家什么帮助，她既不是我驻村帮扶的建档立卡贫困户，也不是我日常调查走访的对象，可是就在这样断断续续的相处中，她对我的依赖和亲近，仿佛歌词里唱的那样："就像一只蝴蝶，飞进我的窗口。"

和村子里的小孩儿相处久了，暂时抛开日常琐碎的工作，反而会觉得，是否我们的驻村生活太专注于争取项目资金，或者太纠结于填报各式各样的表格，抑或太忙碌于召开大大小小的会议，甚至太疲于应付各行各业上传下达的工作要求，以至于把面对的每个村民、经历的每件事情，都当成了不得不完成的一个个工作任务，反而忘记静下心来看看我们所住的村庄，看看我们身边的人和事。

那些小孩子的一颦一笑，一哭一闹，远比一张走访调查表格、一份资金申请文件要鲜活得多，也生动得多。而我，只为有这样的一段经历，心存感恩。

（作者系云南省移民局挂钩帮扶绥江县鲢鱼村工作队队员）

真帮实干唱响“协作曲”

苏嘉威

连雨不知春去，一晴方觉夏深。五月的绥江，天蓝、地绿、山青、水秀，闷热非常。“时间过得真快，三年的时光转瞬即逝，好多事情还要继续努力加油干！”中山市政协办公室副主任、广东省第六扶贫协作工作组挂职干部谢力生感叹时间的流逝，干劲十足的话语中透露着责任与担当。

捧着一颗初心上路

2018 年 5 月 20 日晚上，谢力生接到通知说，中山要选派 4 名副处级干部到昭通的大关、盐津、永善、绥江等四县挂职开展扶贫协作工作。他当时一听就心动了，在几乎没有时间和家人商量的情况下，第二天上午就报名参加组织遴选。

此前，谢力生从未听说过有绥江这样的一个县。临出发前，通过在网上查阅资料，他这才了解到：绥江在经历了 2012 年移民迁建涅槃重生之后，成为云南省唯一一座从规划到建设都从零起步的县城，虽然县城漂亮整洁，是一个山美、水美、人美的好地方，但却很闭塞贫穷，脱贫攻坚工作进行得如火如荼。对于这片陌生的土地，他充满了好奇与渴望。谢力生回忆起当时的状态时说：“当时很兴奋，满脑子装着的都是绥江！”

一喝金（沙）江水，就是绥江人。到绥江后，谢力生挂任县委常委、县人民政府副县长，他一直在思考“到了绥江为什么、来到绥江干什么、离开绥江留什么？”为此他提出“一二三四五”的思路，要始终将东西部扶贫协作置于全县发展战略的大局之中，尽心尽责了情况、搭平台、促交流、觅资源。即树立为实现绥江县脱贫摘帽、巩固提升争作贡献的“一个目标”；实现人、心“两个到位”，不当“看客”，不做“过客”；迅速渡过饮食、语言、孤独“三关”：遵守政治、工作、生活、廉洁“四个纪律”；做好学习调研、产业合作、人才交流、劳务协作、社会帮扶“五项工作”。

怀着一颗热心扶贫

脚上沾了多少泥土，心中就沉淀多少真情。谢力生严格要求自我，始终用心、用情、用力“当好使者、搭好桥梁”，带着感情面对群众、充满激情积极争取、保持韧劲狠抓落实，与当地干部同甘苦，适应当地“五加二，白加黑”的工作状态，参与党委、镇政府两头工作，工作时常连轴转，没日没夜地为绥江脱贫攻坚奋斗着。他说这就是“一来二去”工作法。“一来”就是把中山的资源请进来了解绥江，争取资金支持和项目投资。“二去”，一方面是“走出去”，宣传推介绥江，提高知名度和影响力，吸引外面的资源到绥江发展；另一方面是“沉下去”，深入基层一线调研工作、解决问题，为项目落地和推进提供良好的营商环境。

牵线搭桥，带着感情找到困难群体脱贫“路子”。在谢力生的沟通协调下，中山东区组团 6 个镇区与绥江县 5 个镇实现了全结对，实现了 24 个深度贫困村结对全覆盖；中山一职、东区雍景园小学、中山市博爱医院等单位及企业与绥江对口单位、企业签订结对帮扶协议，全方位开展帮扶工作。2019 年春节前夕，1865 户 7144 名贫困群众从大山深处搬入县城旁边的兆佳坝易地搬迁安置点，在赢凯电子科技有限公司的扶贫车间，100 多名工人正在紧张有序地忙碌着，这些工人大多居住在安置点，步行三五分钟就能到达工厂，工作的同时也能兼顾到家庭。这是谢力生积极协调引进东莞赢凯电子科技有限公司促成的扶贫车间，目前在绥江的 5 个镇搬迁安置点分别设有扶贫车间，帮助 200 多名群众就近就地就业，确保“搬得出、稳得住、能致富”。谢力生不仅心系自己的挂钩户，还将更多困难群众的安危冷暖挂在心上。2018 年 6 月，一场暴雨造成绥江县 3 个镇 12 个村受灾。为了帮助受灾户渡过难关，他联系民盟中山市委会、中山市爱兰基金会负责人到绥江县实地考察并举行赈灾扶困捐赠仪式，向绥江的 185 户贫困户合共捐赠 31.95 万元。2018 年 9 月，在走访板栗镇中坝小学和南岸镇互助小学时，得知这两间学校的学生宿舍楼需要改建和添置供暖设施时，他又联系发动完美（中国）有限公司、澳门中山慈善义工协会分别捐赠 100 万元、20 万元的善款及物资。为了帮助一名贫困户孩子做心包剥脱术治疗，他多方奔走联系中山市博爱医院，成功帮助孩子免费治好了多年的重疾，让贫困家庭真切感受了伟人故里的博爱精神和中山温度。谢力生将教育看作阻断贫困代际传递，改变家庭命运的“法宝”，对贫困群众的子女教育、贫困学生的就学保障、留守儿童的管护等难题一一挂在心上，尽其所能为他们排忧解难。他协调两地搭建东区雍景园小学与绥江凤凰小学“互联网 + 教育”平台，招收 265 名绥江学生免费到中山市第一中等职业学校就读，实现优质教育资源共享，并组织了 1012 名学生赴中山企业开展社会实践活动，获得务工收入 1000 余万。谢力生连续三年邀请在大关、盐津、永善、绥江县医院挂职的中山医疗专家到绥江县开展“粤滇携手一家亲，义诊惠民送健康”培训支医、义诊惠民活动，深受群众欢迎。

整合资源，保持韧劲将产业合作作出“样子”。在谢力生的沟通协调下，中山市大力扶持绥江贫困村发展种植半边红李子、猕猴桃、枇杷和养殖猪、鸡、牛、兔、稻花鱼等，还将石岐乳鸽300对种鸽引进绥江东大门养殖基地良种良法发展乳鸽产业。各类产业项目利益联结贫困户7090户25290人，实现产业扶贫从“大水漫灌”走向“精准滴灌”。结合绥江产业发展实际，因地制宜发展扶贫车间7个，吸纳农村劳动力就地就近就业2000余人，其中建档立卡贫困户500余人。为拓展农产品销售渠道，谢力生积极推动消费扶贫：一是唱好“特色戏”，与绥江县电子商务协会合作搭建“中山——昭通东西部扶贫协作农特产品绥江电商销售平台”，探索“互联网+”消费扶贫。二是念好“会展经”，组织绥江农特产品到广州、深圳、中山参加扶贫展销活动，每年策划在中山举行绥江“半边红”李子宣传推介会。三是打好“生态、科技牌”，牵线搭桥中山市洪力健康食品产业研究院与绥江县裕农农业发展有限公司合作，对绥江特产“半边红”李子开展深加工，制作成在市场热销的佛手红豆李子月饼。

力求实效，充满激情拓展文化扶贫“点子”。谢力生说，扶贫要有适当温度，体现人文关怀。他积极争取和拓展社会帮扶，使更多社会力量参与到文化公益扶贫事业中来，文化公益项目一一落地：策划举办了“心手相牵，快乐成长”中山第一职业学校云南昭通学生研学实践活动暨“迎中秋庆国庆”晚会；邀请广东省著名的词曲家创作歌曲《彩云之北，是我绥江》无偿赠给绥江县；组织中山一职的绥江学子参加中山慈善万人行活动和拍摄庆祝70周年国庆《我和我的祖国》MV；组织电子科技大学中山学院师生、中山市青年摄影家协会等赴绥江开展志愿服务和文化交流活动。2020年年初，面对突如其来的新冠肺炎疫情，谢力生积极与东区街道协调，为绥江募集防疫专项捐款及物资折款100余万元，捐赠救护车1辆，捐赠口罩、防护服等物资价值10万多元……

辛勤的付出换来可喜的收获：中山市和东区街道组团累计投入绥江县帮扶资金1.58亿元，支持绥江打造规模化生猪代养场40个、肉牛标准化养殖场1个、肉兔规模养殖场1个、万亩方竹种植示范基地3个、稻田养鱼基地1个等一批特色产业项目；兴建了手机耳机生产扶贫车间、云绣娘扶贫车间等一批就业基地；支持建成了罗汉坪易地扶贫搬迁安置点文化广场、兆佳坝易地扶贫搬迁安置点服务中心、残疾人康复中心等一批民生项目，共实施扶贫项目105个项目，惠及贫困群众3.6万人，为绥江县高质量打赢脱贫攻坚战注入了强大的动力。

谢力牛一心扑在工作上，对家人深感愧疚。但每当看到在对口扶贫协作之下给当地百姓带去看得见、摸得着的实惠，比如当地百姓住上了新房、有了稳定致富产业、农产品能够走出大山卖上好价钱、外出务工能赚钱等等，谢力生就会觉得无怨无悔，自己所做的努力是值得的。

说绥江话，做绥江人，干绥江事。“这里的山山水水、一草一木都牵动着我的情感。挂职时间有限，要尽可能地为绥江多做一些事，才对得起组织的信任、群众的期盼和自己的良心。”谢力生动情地说，以中山之所能解绥江之所需，念好“山海经”，唱好“协奏曲”，为扶贫事业倾心奉献。

（作者系广东省中山市政协办公室工作人员）

真情真策真帮扶　决战决胜奔小康

刘贤沛

相知无远近，万里尚为邻。昭通，地处乌蒙山区腹地，是云南省脱贫攻坚主战场；中山，位于粤港澳大湾区腹地、珠江口西岸。两个地方一个在东、一个在西，2016 年，借东西部扶贫协作的东风，两地跨越千里、携手前行，不断唱好东西部“双城记”，一幅关乎扶贫、关乎发展、关于民生的壮阔山水之画正徐徐走来，开启了共奔小康的华丽篇章。

“东区组团”来了

“上行而后下效。”自 2016 年 9 月开展对口帮扶对口支援以来，中山与昭通市委、市政府高度重视、高位推动、亲力亲为，将“强化组织领导，完善顶层设计”作为破题之举，多次互访交流，就对口帮扶的盐津、大关、永善、绥江等 4 个县扶贫协作的重点、难点、要点进行专题研究部署，建立健全了扶贫协作长效机制。

2017 年 6 月 29 日，中山东区办事处与绥江县签订了“携手奔小康”框架协议，明确结对关系。2018 年开始，东区、南头、三乡、坦洲、板芙、神湾等六个镇区“组团式”帮扶绥江县。双方成立了东西部扶贫协作工作领导小组、工作专班，签署了对口帮扶合作框架协议，编制完善东区组团·绥江东西部扶贫协作三年行动计划、“携手奔小康行动”计划，从产业合作、民生帮扶、教育协作、健康扶贫、人才支援、劳务协作、社会帮扶、携手奔康等8个方面明确了对口帮扶目标任务，将结对帮扶工作逐步引向深入。绥江县党政领导主动加强与中山东区组团的联络协调，坚持高位推动合作，积极创新协作方式，形成了以市级项目合作推动、深化两地镇区、县协作发展的共识。

“浇花要浇根”

罗坪村是绥江县海拔最高的村寨，发展较为滞后，全村131户中有建档立卡户77户312人，其中苗族45户167人。中山市、中国建材集团挂钩帮扶罗坪村，实施易地扶贫搬迁64户、硬化村组道路4.151公里、新建通组道路4公里、硬化户间道4.6公里，发展草莓50亩、油牡丹4000亩和打造少数民族风情园，并大力发展乡村旅游，促进群众脱贫增收。

“浇花浇根、扶贫扶业”，中山“扶贫协作”坚持“所需”与“所能”结合，“输血”与“造血”并重，通过整合用好扶贫协作和对口支援等各类资源，开展好产业帮扶工作。截至目前，绥江共收到东西部协作资金1.6亿元，紧扣绥江“三园四场”产业，发展生猪代养场、仔猪场、养牛场、猕猴桃、方竹种植基地、扶贫车间等带动贫困村、贫困户稳定增收的富民产业培育，两地之间扶贫协作已从“一产”发展到“三产”，已由单向帮扶转为双向共赢，为绥江稳固脱贫成效注入了不竭动力。

2018年以来，中山东区组团在对口扶贫协作绥江县的进程中，两地充分发挥各自优势，还通过技术改造、良种发放、设备购置、修建养殖基地等方式，大力扶持结对镇区发展种植半边红李子、猕猴桃、枇杷和养鸡、养牛、养兔等特色养殖、种植项目，改“输血式”帮扶模式为“造血式”双赢帮扶模式，搭建双方互相往来的平台，互相取长补短，积极开展消费扶贫，开启双方合作共赢的新局面，补齐镇村集体经济和贫困户富民增收产业薄弱的“短板”。

与此同时，东区组团还协助绥江大力进行招商引资，针对贫困群众就业岗位少的实际，引进企业发展种养殖业和开展农产品深加工，设立扶贫车间，带动贫困人口就业增收：促成广东赢凯电子有限公司、中山食源食品配送有限公司、中山市创晟农业科技有限公司、中山禾晟农业科技有限公司等企业到绥江发展富民产业；邀请北京伊文文创集团、广东省养蜂协会、浙江海盐县和福建漳州的李子和枇杷种植专家到绥江开展刺绣技术、活框养蜂技术、李子全产业链转型、枇杷膏熬制技术等内容的致富带头人培训，助力绥江发展“指尖事业”“甜蜜事业”。

在通过发展富民产业、组织劳务输转等方式进行帮扶的同时，2018 年以来，中山东区组团大力开展“以购代捐”“以购代帮”消费扶贫活动，帮助绥江大力拓展农产品销售渠道，将绥江农产品引入粤港澳大湾区，进都市、进机关、进企业、进市场、进社区。

人才交流硕果累累

输血更要造血，扶贫更需扶智。跨越 1800 公里的“山海情谊”中不仅饱含着资金、项目的帮扶，还有人才的帮扶。中山选派 2 名素质高、能力强的干部挂职绥江县委常委、副县长和绥江县扶贫办党组成员，专门负责落实东西部扶贫协作工作。还采用“长期支援 + 短期支援”的结合方式互派专业技术人才挂职交流锻炼。截至目前，绥江中山两地共互派党政干部和专业技术人才150人。中山到绥江93人，其中干部2人、教师49人、医疗35人、规划人才4人、农技专家3人。绥江到中山57人，其中干部8人、教师26人、医生23人。新角色带来新理念、融入新集体、展现新作为。四年来中山干部人才奔赴绥江，用实际行动书写了东西部扶贫援绥路上的忠诚、使命和担当，为绥江早日脱贫写下了浓墨重彩的篇章。

中山博爱医院儿科专家陈广明、小儿外科副主任医师钟陈作为中山东区组团人才选先后担任绥江人民医院副院长。他们结合临床工作开展技术培训，使儿科医务人员诊疗流程逐步规范化，技术水平得到显著提高，安全隐患大大降低，年轻医生的业务能力得到显著提高，结束了绥江没有儿科手术的历史，填补了单孔腹腔镜手术、小儿腹股沟斜疝、睾丸下降固定术等11项技术空白，使绥江县人民医院儿科诊疗水平上了一个台阶。2018年，中山市博爱医院与绥江县人民医院签订结对帮扶协议、技术共建项目（雾化中心）合作协议，先后共选派了8名优秀医务人员赴绥江采用“长期支援+短期支援”的方式开展支医活动，绥江派到中山跟岗学习的医生18人，打造一支带不走的医疗队。

除了医疗，教育结对帮扶也硕果累累。柯儒杰任绥江一中挂职副校长，她从初三的中考体育入手突破，体育学业水平考试结束，全年级满分209个，平均分48分多（总分50分），刷新了绥江一中体育学业水平考试历史记录。李莉来到绥江县支教挂职凤凰小学副校长，她在凤凰小学掀起一场“阅读革命”，由班到校、由校到县推广小学师生全员阅读计划。她指导的绥江中小学代表队荣获昭通市第四届“中华优秀传统文化知识竞赛”第一名。接着参加全省比赛荣获第三名，取得了绥江县有史以来的最好成绩。

立足“扶志+扶智+扶贫”，在2019年和2020年邀请中山专家到绥江举办脱贫攻坚示范、乡村振兴、心理调适、农业和教育能力提升等专题培训班，培训干部1000多人次、专技人才500多人次；选派贫困村创业致富带头人、基层干部460人赴广东中山、四川沐川县或在绥江县内开展专题培训，创业成功70人，带动贫困人口343人，通过致富带头引领，逐步迈入“村有当家产业、户有致富门路、人有一技之长”的奔小康大道。

劳务协作拓宽致富路

四年来，中山市和东区组团把劳务协作扶贫这篇大文章也做到了极致。

2018 年开始两地通过互建劳务输出服务工作站，累计推送用工信息 21 期，涉及 303 个企业，用工岗位 1046 个，用工需求 4 万余人；举办 76 期培训班，培训 4718 人，帮助建档立卡贫困户 1672 人实现稳定就业。2018 年，绥江县在广东省就业人数达到 2319 人，其中在中山就业的有 411 人，卡户有 220 人。2020 年通过“专车 + 专列”的形式“点对点”“一站式”输出务工人员返岗，不仅有助绥江的群众通过就业实现稳定脱贫，也满足中山本地企业复工的需求。

兆佳坝是绥江县最大的易地扶贫搬迁安置点，投入东西部扶贫协作资金 150 万元建设扶贫车间里，不少大山里的农民“洗脚上田”，走进了工厂车间，让贫困群众在家门口实现就业。

跨越山川来牵手，勠力同心奔小康。东西部扶贫协作，让中山东区组团与绥江县凝聚了血浓于水的亲情，奏响了实现全面小康的新乐章。

（作者系《南方都市报》中山记者站记者）

大事记

2015 年

2015 年 9 月 25 日，《绥江县建立扶贫攻坚“挂包帮”“转走访”长效机制的实施方案》印发，启动“挂包帮”工作。

2015 年 10 月 22 日，《关于组建扶贫攻坚“挂包帮”“转走访”驻村工作队的通知》印发，在全县 34 个村（涉农社区）组建扶贫攻坚“挂包帮”“转走访”驻村工作队。

2015 年 12 月 30 日，中共绥江县委办公室印发《绥江县脱贫攻坚纪律“十不准”》。

2016 年

年初，编制完成了《绥江县“十三五”易地扶贫搬迁发展规划》，并经评审通过后予以批准实施。全县共 36 个安置点，涉及安置农户 5112 户 18434 人。根据《云南省发展和改革委员会关于调整下达易地扶贫搬迁工程

2016 年中央预算内投资计划的通知》（云发改投资〔2016〕908 号），下达绥江县易地搬迁任务建档立卡户 235 户 827 人。

2016 年 1 月 13 日，《绥江县脱贫攻坚领导小组办公室设置方案》（绥组发〔2016〕2 号）印发，细化了脱贫攻坚领导小组办公室职能职责，充实了人员力量。

2016 年 3 月 11 日，《绥江县人民政府关于农村公路硬化建设的实施意见》（绥政发〔2016〕14 号）印发，明确了农村公路硬化建设设计要求、施工管理等。

2016 年 3 月 11 日，《绥江县易地扶贫搬迁项目实施细则（暂行）》（绥政办发〔2016〕15 号）印发。

2016 年 3 月 16 日，《绥江县农危改建设工作领导小组办公室关于预下达脱贫攻坚农村危房改造和抗震安居工程计划任务的通知》（绥农危改办发〔2016〕1 号）印发，下达各镇农村危房改造任务 4280 户，全县掀起了农危改建房热潮。

2016 年 3 月 20 日，全县按照程序确定 2015 年贫困对象动态管理结果为新识别贫困户 900 户 2427 人，脱贫户 1273 户 5094 人。

2016 年 3 月 28 日，《绥江县人民政府关于通组公路建设和改造的实施意见》（绥政发〔2016〕15 号）印发，明确了通组公路建设和改造工作目标、建设模式、建设标准、建设对象、建设程序、资金筹措及管理、养护机制。

2016 年 3 月 28 日，《绥江县人民政府关于"一事一议"农村公路硬化建设施工单位确定及管理的指导意见》（绥政发〔2016〕16 号）印发，明确各镇脱贫攻坚指挥部要建立施工单位库，推荐给村（社区）按照"一事一议"程序和方法选择施工单位。

4 月，中国建材集团派出总裁办副经理丁小敏同志任绥江县挂职副县长，派出集团党群部组织干事任振城任绥江县板栗镇罗坪村第一书记。

2016 年 4 月 13 日，《绥江县雨露计划职业教育工作实施方案》（绥政办发〔2016〕36号）印发，明确了接受中、高等职业教育的建档立卡贫困户家庭子女的补助标准、补助方式等。

4月，启动官田片区示范点建设，之后峰顶山示范点、罗坪示范点、夫人坝示范点、大团岩示范点陆续启动建设。

2016年7月3日，《中共绥江县委、绥江县人民政府关于调整充实绥江县扶贫开发领导小组的通知》印发，实行扶贫开发县委书记、县长双组长工作制，明确了由5名县处级领导担任5个乡镇脱贫攻坚指挥部指挥长。

2016年8月9日，《绥江县易地扶贫搬迁农户进城入镇安置实施细则（暂行）》（绥政办发〔2016〕70号）印发。明确了安置对象、安置方式、程序及补助标准等。

2016年8月23日，《绥江县脱贫攻坚专题宣传方案》（绥办通〔2016〕64号）印发，在全县上下营造良好氛围，树立正确舆论导向。

2016年5月，通过积极争取，争取到农发行易地扶贫搬迁贷款资金30000万元，为绥江县易地扶贫搬迁提供了资金保障。

9月6日，广东省中山市副市长高瑞生带领中山市扶贫办、教体局、城乡规划局、人社局、卫计局、供销社、农业局等相关部门负责人深入绥江县，开展脱贫攻坚对口帮扶调研，拉开了中山市对口帮扶绥江县的序幕。

11月23日，广东省中山市、云南省昭通市扶贫协作示范点建设（绥江罗坪）正式启动。

2016年12月30日，县扶贫开发领导小组组织县直相关行业部门对贫困村出列情况进行了达标认定，中城镇华峰村、大沙村、凤池村，南岸镇南岸村、团结村，板栗镇板栗村，新滩镇石龙村、鲢鱼村共8个贫困村达到出列标准。在贫困对象动态管理工作中，全县按程序新增贫困户160户493人，脱贫户3622户13717人，返贫户18户69人。

2017年

4月1日,《绥江县易地扶贫搬迁工作整改方案》(绥办发〔2017〕7号)印发，调整建档立卡贫困人口建房补助政策。纳入国家控制规模的1480人建档立卡贫困人口，补助方式由按户补助调整为按人补助，补助标准由户均补助6万元调整为人均补助2万元，签订旧房拆除协议并按期拆除的建档立卡贫困人口人均奖励6000元。明晰同步搬迁户户均补助不低于1.5万元、借款不超过6万元政策不变。

5月18日,《绥江县深入开展贫困人口精准识别摸底调查工作方案》(绥办发〔2017〕12号)印发，对全县34个村(社区)762个村民小组30465户农户开展全覆盖精准识别摸底调查工作。

2017年6月29日，中山东区与绥江县签订了“携手奔小康”框架协议，明确结对关系。

9月，争取到国开行基础设施建设贷款资金24000万元，为绥江县农村公路畅通提供了保障。

2017年12月8日,《昭通市全面深入开展易地扶贫搬迁对象摸底调查精准识别工作方案》印发，全县识别出易地扶贫搬迁对象1470户5558人。

2017年12月，绥江县出台“1175”政策，确保户均有1项稳定增收产业。

2017年12月19日，绥江县2017年贫困对象动态管理中，全县新纳入户10户46人，脱贫户2013户8098人，返贫户12户37人，剔除户1040户3934人。

2017年12月21日，县扶贫开发领导小组组织县直相关行业部门对贫困村出列情况进行了达标认定，中城镇后坝村、板栗镇罗坪村2个贫困村达到出列标准。

2018年

年初，创建了“三长负责”组织体系。建立总片区长、片区长、小组长分级负责制，村级设立总片区长，贫困户60户左右设立片区长，贫困户20户左右设立小组长。

年初，建立走访入住、交叉检查、圆桌研讨、绩效考核“四项机制”。

2018年2月22日，《绥江县扶贫开发领导小组关于进一步加强教育扶贫工作的通知》（绥扶组字〔2018〕3号）印发，出台了一系列建档立卡户家庭子女从学前教育到高等教育的资助政策。

4月1日，兆佳坝易地扶贫搬迁安置点由云南建投集团总承包启动建设。新滩集镇易迁安置点于5月14日正式开工建设。会仪镇箭头社区易迁安置点5月中旬开工建设。

2018年4月16日，《绥江县扶贫开发领导小组关于成立脱贫攻坚专项扶贫领导机构的通知》（绥扶组字〔2018〕4号）印发，绥江县专项扶贫领导机构下设健康扶贫、教育扶贫、技能扶贫、产业扶贫、基础扶贫、便民扶贫、金融扶贫、旅游扶贫和兜底保障、档案信息、督办考评11个专项工作领导小组，确保专项扶贫工作扎实推进。

2018年4月28日，《绥江县扶贫开发领导小组关于进一步强化技能培训劳务输出工作的实施意见》（绥扶组字〔2018〕5号）印发，在常抓引导性培训和技能培训的同时，以户为单位实现就业全覆盖，确保每户至少就业1人。

6月6日，《绥江县扶贫开发领导小组关于扶持“三园四场”发展的意见》（绥扶组字〔2018〕7号）印发，推动了“三园四场”落地建设。

7月19日，《绥江县全面开展村村清、户户清行动切实扣好精准扶贫第二粒“扣子”工作方案》（绥发〔2018〕7号）印发，村级施工图、镇级路线图、县级项目库建设工作启动。

2018年8月7日，《绥江县“阳光扶贫、廉洁扶贫”三年行动（2018—2020年）工作方案》（绥办通〔2018〕55号）印发，进一步强化扶贫领域纪律作风问题整治力度。

2018年8月19日，《关于开展农村危旧房拆除和土地复垦的实施意见》（绥扶组字〔2018〕12号）印发，加快推进农村危旧房拆除和土地复垦。

2018年8月20日至9月20日，市委第七巡察组对绥江县开展脱贫攻坚专项巡察。

2018年9月8日至10月23日，省委第九巡视组对绥江县开展了专项巡视。

2018年10月20日，《绥江县脱贫攻坚周调度会议方案》（绥办通〔2018〕81号）印发，县委对脱贫攻坚工作实行每周调度，调度到镇、到村、到单位。

2018年，开启东区、南头、三乡、坦洲、板芙、神湾六个镇区“组团式”帮扶绥江县的模式。

11月，全县脱贫攻坚“决战五十日、会战一百天”启动，把脱贫摘帽作为压倒一切的中心工作，发动全县干部尽锐出战、克服一切困难，坚决确保高质量完成目标任务。

2018年11月19日、20日，绥江县2018年易地扶贫搬迁建设指挥部分别组织了新滩镇2018年度易地扶贫搬迁摇号分房现场会和绥江县2018年易地扶贫搬迁兆佳坝安置点摇号分房现场会，对易地搬迁户进行摇号分房。

2018年12月19日，《绥江县易迁对象进城入镇搬迁安置工作实施方案》（绥扶组字〔2018〕18号）印发，绥江县启动易地扶贫搬迁入住工作，12月31日全部搬迁入住。

2018年12月20日，《绥江县扶贫开发领导小组关于整组易地扶贫搬迁区域发展竹产业的通知》（绥扶组字〔2018〕19号）印发，全面盘活搬迁后存量土地产业发展，确保每户易迁户都有长效产业。

2018年12月开始，全县启动“321”专项行动，即开好小组党员会、代表会和群众会“三个会”，加强群众教育，充分发挥群众的主体作用；抓实诚信感恩和脱贫光荣“两项教育”；抓好人居环境“一整治”，全面备战省考国检。

2018 年 12 月 24 日，《绥江县打赢精准脱贫攻坚战三年行动实施方案》（绥发〔2018〕18 号）和《绥江县脱贫攻坚巩固提升工作方案》（绥发〔2018〕19 号）印发，全面推进未脱贫人口脱贫和已脱贫人口巩固提升工作。

2018 年 12 月 24 日，扶贫开发领导小组组织县直相关行业部门对贫困村脱贫出列情况进行了达标认定，认定中城镇回望村、农业村、绍廷村、田坝村、铜厂村、良姜村；南岸镇互助村、胜利村；新滩镇石溪村、新滩村、银厂村；会仪镇和平村、黄坪村、会仪村、三渡村共等 21 个贫困村达到了脱贫出列标准。2018 年贫困对象动态管理中，全县新识别户 90 户 340 人，脱贫 3944 户 14822 人，返贫户 7 户 22 人，错评户 61 户 210 人。至此，绥江县贫困发生率由 41.3% 降至 1.29%。

2018 年，绥江县党委和政府脱贫攻坚成效考核结果为“好”。

2019 年

2019 年 2 月 19 日至 23 日，西南科技大学共 72 名调查评估人员对绥江县贫困县退出开展了实地评估检查。

2019 年 4 月 30 日，《云南省人民政府关于批准东川区等 33 个县（市、区）退出贫困县的通知》（云政发〔2019〕15 号）印发，批准绥江县退出贫困县。

2019 年 7 月 10 日，《中共绥江县委、绥江县人民政府关于进一步巩固脱贫成效提高脱贫质量的实施意见》（绥发〔2019〕2 号）印发，紧扣贫困退出“571”标准和脱贫成果巩固提升 20 条要求，抓实脱贫退出和巩固提升，着力巩固脱贫成果、提高脱贫质量、推进乡村振兴。

7月10日至13日，绥江县委副书记、县长马康凤，县委常委、副县长谢力生带领县扶贫办、农业和农村工作局、文化旅游局、供销社、投资服务中心、县合作总社等部门负责人一行10人到结对的中山市东区组团镇区对接东西部扶贫协作工作、召开联席会议并在中山市博览中心举办绥江半边红李宣传推介会。

2019年9月11日，《中共绥江县委办公室、绥江县人民政府办公室关于成立绥江县竹产业发展领导小组的通知》（绥办通〔2019〕33号）印发，为进一步做大做强绥江县竹产业，巩固提升全县脱贫成效，成立绥江县竹产业发展领导小组，实行处级领导挂钩联系竹产业建设工作。

2019年11月17日，扶贫开发领导小组组织县直相关行业部门对贫困村脱贫出列情况进行了达标认定，认定中城镇中村村、板栗镇关口村达到脱贫出列标准。至此，绥江县33个贫困村全部出列。2019年度扶贫对象动态管理中，全县新识别户0户0人，脱贫户369户1207人，返贫户0户0人，错评户1户13人，至此，绥江县贫困发生率降至0.21%。

2020年

2020年2月15日，《绥江县脱贫攻坚挂牌督战工作方案》（绥扶组字〔2020〕3号）印发，对已脱贫人口巩固提升、未脱贫人口稳定脱贫、边缘人口动态监测、易地搬迁安置点配套建设、各类问题整改进行挂牌督战，确保决战决胜，交出一份高质量脱贫的时代答卷。

2020年3月13日，《绥江县扶贫开发领导小组关于成立绥江县脱贫攻坚普查领导小组的通知》（绥扶组字〔2020〕4号）印发，脱贫攻坚普查工作拉开序幕。

2020年4月20日，《绥江县决战决胜脱贫攻坚百日总攻行动实施方案》（绥扶组字〔2020〕12号）印发，在6月30日前，奋力夺取脱贫攻坚战全面胜利。

2020年4月20日，《绥江县扶贫资产管理办法（试行）》（绥扶组字〔2020〕8号）印发，全面加强扶贫资产管理。

2020年4月20日，《绥江县防止边缘户和监测户致贫返贫实施方案》（绥扶组字〔2020〕11号）印发，构建防范致贫返贫工作机制。

2020年5月15日，《中共云南省委办公厅、云南省人民政府办公厅关于2019年脱贫攻坚成效考核情况的通报》印发，绥江县2019年度党委和政府脱贫攻坚成效考核评价结果为"好"。

2020年6月25日，县长马康凤走进"深爱圳帮扶——圳帮扶·益起来"助农专场直播间，直播销售半边红李子。

2020年7月20日至8月10日，按照云南省的统一安排，由威信县派出组长1名、副组长2名、普查员114名对绥江县脱贫攻坚工作进行逐户普查；市级派驻彝良的15名驻村督导员为派驻绥江脱贫普查指导员，昭阳区派驻5名数据验收员。8月8日，省级对建档立卡户表采集验收达到100%，8月10日，省级对村表、县表验收达到100%。

《昭通市脱贫攻坚大决战实录》后记

经过半年的筹划，历时一年的编撰，《昭通市脱贫攻坚大决战实录》〔全套书共 19 卷，其中市级 8 卷、县（市、区）11 卷〕终于在党的百年华诞之际与广大读者见面了。这既是政协昭通市第四届委员会文史工作的成果展示，又是对我市脱贫攻坚工作客观真实的记录，更是用真实的故事展示历史资料的大胆尝试。

反贫困是世界性难题，也是现代国家面临的迫切任务。党的十八大以来，以习近平同志为核心的党中央把扶贫开发摆到治国理政的重要位置，提升到事关全面建成小康社会、实现第一个百年奋斗目标的新高度，纳入“五位一体”总体布局和“四个全面”战略布局进行决策部署，加大扶贫投入，创新扶贫方式，出台系列重大政策措施，扶贫开发取得巨大成就。

昭通作为全国、全省脱贫攻坚的主战场，是最难啃的“硬骨头”。2015 年习近平总书记首次离京考察就到昭通，对昭通脱贫攻坚工作提出了“三个更加”的重要指示要求。昭通全市上下牢记习近平总书记的殷切嘱托，坚持把脱贫攻坚作为全市工作的主题主线，坚持“双统领”“双保障”“双推进”，践行“133”工作思路，汇聚中央和省定点单位、东西部扶贫协作、社会扶贫和各族干部群众磅礴力量，在昭通脱贫攻坚主战场上打响了一场史无前例的脱贫攻坚大决战，长期困扰昭通发展的主要“瓶颈”得以突破，实现根本性跨越，全市185.07万贫困人口全部脱贫、1235个贫困村全部出列、10个贫困县（区）全部摘帽，昭通大地发生了翻天覆地的变化，困扰昭通千百年的绝对贫困得到历史性解决。

为充分发挥政协文史资料“存史、资政、团结、育人”功能，客观、真实地记录昭通市在脱贫攻坚中各项建设和群众生活发生的变化，记述各级干部群众在脱贫攻坚工作中可歌可泣的感人故事，市政协党组拟组织相关部门、专家对2015—2020年我市开展脱贫攻坚的重大事件、典型故事进行搜集整理，编撰《昭通市脱贫攻坚大决战实录》丛书。

在市政协成联远主席亲自关心和指导下，编委会拟订了编撰工作的初步方案和《昭通市脱贫攻坚大决战实录》的整体框架，并于2019年8月7日向市委报送了关于编撰《昭通市脱贫攻坚大决战实录》的请示，市委杨亚林书记批示“此项工作很有意义，同意组织编写，请联远主席牵头负责”。按照市委的批示，市政协党组迅速行动，成联远主席亲自安排、统一部署，及时组织专家拟出了《昭通市脱贫攻坚大决战实录》编撰任务分解方案，经反复讨论、多次修改后，于2020年3月30日上报市委，市委杨亚林书记批示“同意所报方案，客观精准务实地做好工作”。

2020年4月14日，市政协组织召开了《昭通市脱贫攻坚大决战实录》专题会议，市委副书记朱家伟出席会议并作动员讲话，编撰工作在全市正式启动，会议统一了认识、明确了要求。为进一步细化任务、落实责任，编委会于2020年4月23日印发了《昭通市脱贫攻坚大决战实录》编撰任务分解方案的通知，加强对市级单位和县区市编撰工作的指导。随后，市政协副主席陶仁带领专家对11个县（市、区）的编撰工作进行了调研、培训、指导、督促，推动各县（市、区）编撰工作有效开展。针对全市编撰工作存在的问题，编委会经反复研究，统一思想，召开了由40多个市级部门参加的征求意见协商座谈会，在此基础上，进一步完善了编撰任务细化量化分解方案，印发到各县市区加强指导，并于2020年7月16日召开了《昭通市脱贫攻坚大决战实录》编撰工作推进暨培训会议，推进编撰进度，提升编撰水平。

为把《昭通市脱贫攻坚大决战实录》打造成“建党一百周年特别献礼工程”“昭通脱贫攻坚工作特别纪念”，市政协抢抓时间，及时出台系列配套文件，明确了市政协机关各委室联系各单位、部门及市政协委员，专门负责催稿工作，2020 年 10 月底稿件收集基本结束。为使编辑审稿工作有序推进，落到实处，市政协从昭通学院和市委党史研究室聘请专家对编辑工作进行审稿（其中，昭通学院教授唐靖负责市级篇章《综合卷》和《巧家卷》，市政协原经农委主任王华国负责市级篇章《产业就业扶贫卷》和《鲁甸卷》，昭通学院教授傅奠基负责市级篇章《基础设施建设卷》和《盐津卷》《大关卷》，昭通学院教授陈玥负责市级篇章《易地搬迁扶贫卷》和《永善卷》，昭通学院教授王琼负责《民生扶贫卷》和《镇雄卷》，昭通学院教授任继敏负责市级篇章《挂钩帮扶及社会扶贫卷》和《水富卷》，昭通学院教授周玲负责市级篇章《扶贫协作卷》和《彝良卷》《威信卷》，市委党史研究室副主任翟昭明负责市级篇章《组织保障卷》和《昭阳卷》《绥江卷》）。2020 年 11 月 18 日，市政协陶仁副主席主持召开《昭通市脱贫攻坚大决战实录》统稿工作会，统一了丛书形式和内容、结构和逻辑框架。

在市政协党组的坚强领导下，在各位编撰专家、市直各单位、市政协机关各委室、各县市区政协以及编撰办公室成员的大力支持和共同努力下，经夏历冬，数易其稿，2021 年 3 月初，《昭通市脱贫攻坚大决战实录》样书基本成型。2021 年 3 月 17 日，市政协副主席陶仁主持召开《昭通市脱贫攻坚大决战实录》样稿讨论会，进一步推动《昭通市脱贫攻坚大决战实录》编辑出版工作。

首先，本丛书的编撰出版得益于各级领导的正确领导，特别是市委杨亚林书记、市政府郭大进市长、市委朱家伟副书记的指导和支持。其次，本丛书的编撰出版得益于市政协党组的坚强领导，特别是成联远主席亲自指挥，亲自督战，亲自修订纲要，并亲自撰写总序和文章。第三，本丛书的编撰出版得益于全市 200 余家单位和部门的积极参与，全市领导干部，基层工作人员，脱贫攻坚督导员、驻村工作队员，政协委员，他们不仅是脱贫攻坚一线指战员，同时还撰写亲身经历脱贫攻坚工作的真实故事。据统计，全市共有 1700 余人参与《昭通市脱贫攻坚大决战实录》撰稿工作中，收到初稿 2526 篇。应该说，本丛书的编撰工作是我市脱贫攻坚工作的有机组成部分，同样也凝聚着全市干部群众的智慧和心血，是集体智慧的结晶。最后，特别要提的是昭通学院对本丛书编撰工作的支持和帮助。昭通学院党委大力支持《昭通市脱贫攻坚大决战实录》的编撰工作，在师资紧缺的情况下，委派出周玲、傅奠基、唐靖、陈玥、任继敏、王琼等六位教授参与编撰工作中，为编撰工作注入了智慧和力量。

在编撰《昭通市脱贫攻坚大决战实录》时，编撰专家精心筛选、整理、提炼，力求将那些散落于基层的珍珠捡拾起来，洗尽铅华，还原本真，形成真实的历史故事。这套书注重文史资料“亲历、亲见、亲闻”原则，以第一人称行文，部分新闻通讯、消息类稿件，在公开媒体上发表过，体现新闻的真实性，也作为资料收录，补充《昭通市脱贫攻坚大决战实录》内容。编者旨在通过真实、感人的故事让脱贫攻坚工作在时代的聚光灯下接受检阅，给过往和经历者以心灵的依稀穿越，获取一种灵魂的战栗和反思。同时，给不曾经历，甚至不曾听闻过的后人以另一种历史的演绎，告诉他们当年自己的祖先那段荡气回肠、可歌可泣的脱贫史。

虽说《昭通市脱贫攻坚大决战实录》丛书已呈现在读者面前，但由于编撰时间紧迫、人手不够、水平有限，不免存在内容欠全面、认知不到位、归类难把握等问题和瑕疵，恳请各位方家在阅读过程中批评指正，不吝赐教，我们定当虚心接受意见建议，进一步加以修改完善，以遗后人，真正达到“存史、资政、团结、育人”之目的。

编委会办公室